《佛冈县档案志》编委会

特邀顾问　张　勇（清远市委副秘书长、清远市档案局局长）

黄荣茂（清远市档案馆馆长）

李贤成（原任佛冈县委常委、县委办主任）

朱世业（现任佛冈县委常委、县委办主任）

曹灿安（县委办副主任、县档案局局长）

顾　　问　陈佛俊　曾素添　钟北湖

主　　任　曹榕村（佛冈县档案馆馆长）

副 主 任　林绍嘉（佛冈县档案馆副馆长）

委　　员　黄榕棠　朱明采　朱海燕

巢柱燊　黄常义　李功杰

特邀指导　廖镜洲（佛冈县史志办公室主任）

黄　亮（佛冈县史志办公室副主任）

特邀编审　李阳光（佛冈县史志办编审）

黄榕棠（原佛冈县档案局局长、档案馆馆长）

何道井（原佛冈县农技中心副主任）

《佛冈县档案志》编辑部

主　　编　曹榕村

副 主 编　林绍嘉

编　　辑　黄榕棠　朱海燕　李功杰　杨炽均　曹锦樱

资 料 员　何文慧　黄丹丹（办公室）　黄丹丹（会计）

范雪秋　邹艳香　宋振喜

《佛冈县档案志》指导单位

佛冈县史志办公室

序

佛冈县是位于广东省中部的山区县，古有“橐钥三州”（广州、惠州、韶州）之称，足见其地理位置之重要。佛冈虽然在清代才形成国家行政区划，但据考古调查，在远古时代佛冈地域就有人类居住活动遗迹，并在长期的繁衍生息中创造地方历史文化，其显著的标志就是在清道光年间刊印的《佛冈厅志》。而清代至民国期间形成的历史资料，因社会动荡和战乱，流传至今的不多。

档案是指过去和现在的机关、团体、企事业单位和其他组织及个人从事经济、政治、文化、社会、生态文明、军事、外事、科技等方面活动直接形成的对国家和社会具有保存价值的各种文字、图表、声像等不同形色的历史记录，是国家和社会的宝贵财富。中华人民共和国成立后，佛冈档案事业经历了从无到有、逐步发展的过程。在党和政府的领导和上级档案部门的支持指导下，经过数十年的努力，佛冈档案事业不断发展并取得显著的成效。佛冈县档案馆为国家县级档案馆，1997 年 3 月被评定为省二级档案馆，2008 年 7 月被评定为省一级档案馆，2017 年 1 月被评为省特级档案馆。其档案管理水平的提升，为今后档案工作的进一步发展奠定了坚实的基础。

《佛冈县档案志（1950—2020）》全面真实地记录了佛冈县档案事业发展的历程，重点记述中华人民共和国成立后佛冈档案收集、整理、保管和利用的情况，特别是档案事业为全县经济社会服务的情况，为今世和后人总结研究佛冈档案事业的发展规律、增强服务功能提供了丰富的参考资料。在《佛冈县档案志（1950—2020）》即将出版问世之际，特作序以为共勉。

曹榕村（佛冈县档案馆馆长）

2021 年 9 月于佛冈

凡　例

一、本志以毛泽东思想、邓小平理论、“三个代表”重要思想、科学发展观和习近平新时代中国特色社会主义思想为指导，坚持辩证唯物主义和历史唯物主义观点，全面、真实、准确地记述佛冈县档案事业的发展史实。

二、本志的历史纪年采用年号纪年，括注公元纪年，中华人民共和国成立后则用公元纪年。记述时限为1950—2020年。文中记述为若干年代的，如未特别说明，均指20世纪。

三、本志采用现代规范汉语记述，按档案事业的内容划分门类，横排纵述，以记事为主，以事系人，详今略古，详特略同，突出地方特色。

四、本志分记、述、图、表、录等体例，篇目按章、节、目编排。专志部分分为8章、18节，共约50万字（含图照）。

五、为便于阅读，本志设“概述”和“大事记”，综合、扼要地介绍佛冈县档案事业发展概况。

六、本志凡第一次出现的名称均用全称，重复出现时则用简称。如“中共”为中国共产党的简称，“省委”“省政府”为中共广东省委、广东省人民政府简称。“省档案局”为广东省档案局的简称，“县委”“县政府”为中共佛冈县委、佛冈县人民政府的简称，“县档案局（馆）”为佛冈县档案局（馆）的简称。其他按此类推。

七、本志使用的度、量、衡单位一般以中文表述，尽量不用符号。专业术语、概念均按规范或习惯用法表述，统计资料按规范的统计用语记述。统计数据优先采用佛冈县统计局公布的数据以及县级历史资料文献的数据。因各类档案统计口径、统计时间不一致，还有后期整理归档的档案按档案发生时间归入前期各年度，如出现文字记述（含附录）与统计表数字不符的，以本志统计表数字为准。

八、本志记述佛冈县总面积时，2000 年前按 1985 年测量面积 1302 平方千米记述，2000 年（含 2000 年）后按 2008 年国土勘测面积 1295.17 平方千米（为佛冈县统计局采用数据）记述，各镇、场区面积记述同上。

九、本志资料来源，以佛冈县档案局（馆）资料为主，并参考《佛冈厅志》《佛冈县志》等内容，省、市档案部门及知情人士也提供了有关资料，因篇幅所限，均不注明出处。本志图片、照片全部由佛冈县档案馆提供，除特别注明者外，其他均摄于 2020 年。

佛冈县地图　比例尺　1:20000

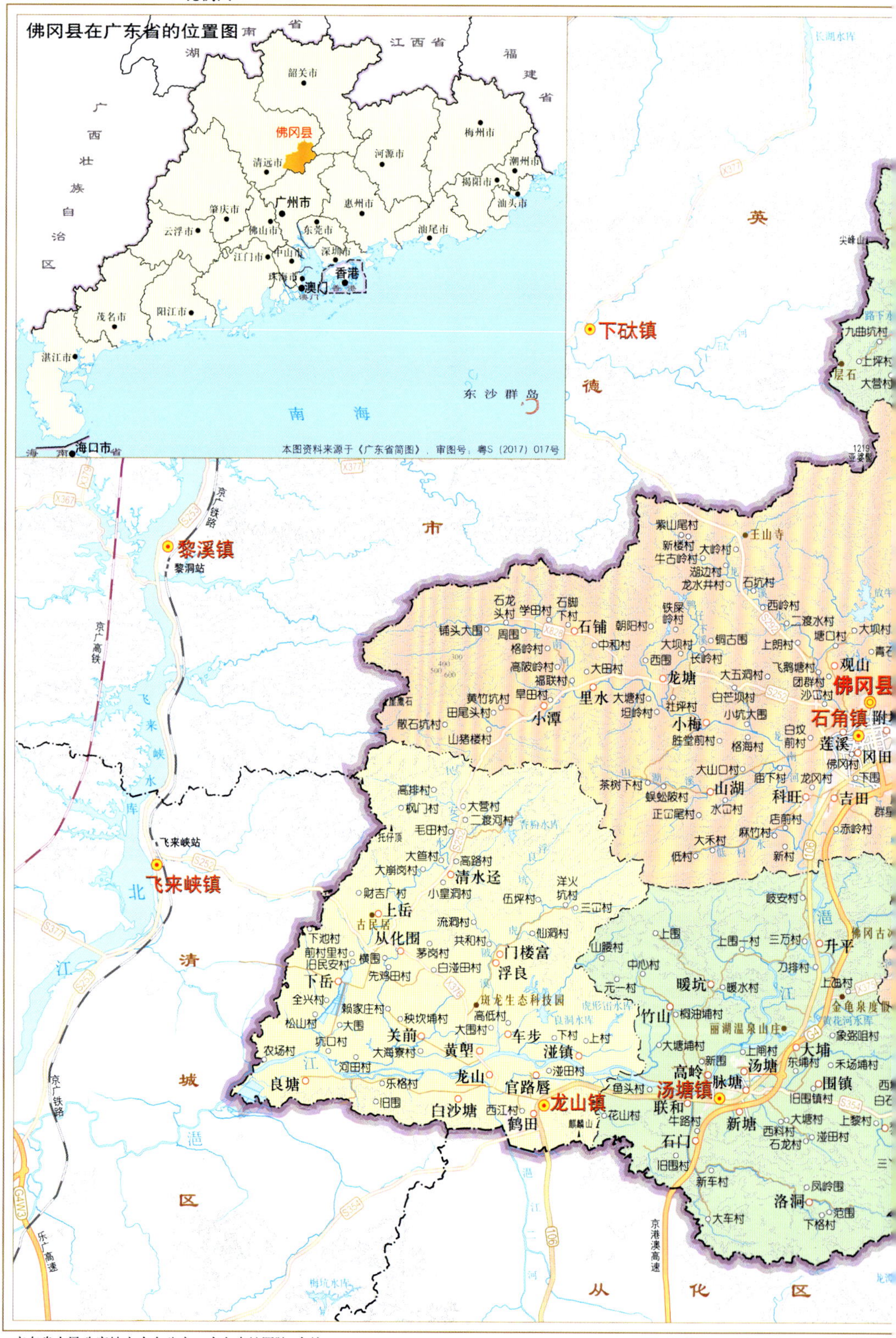

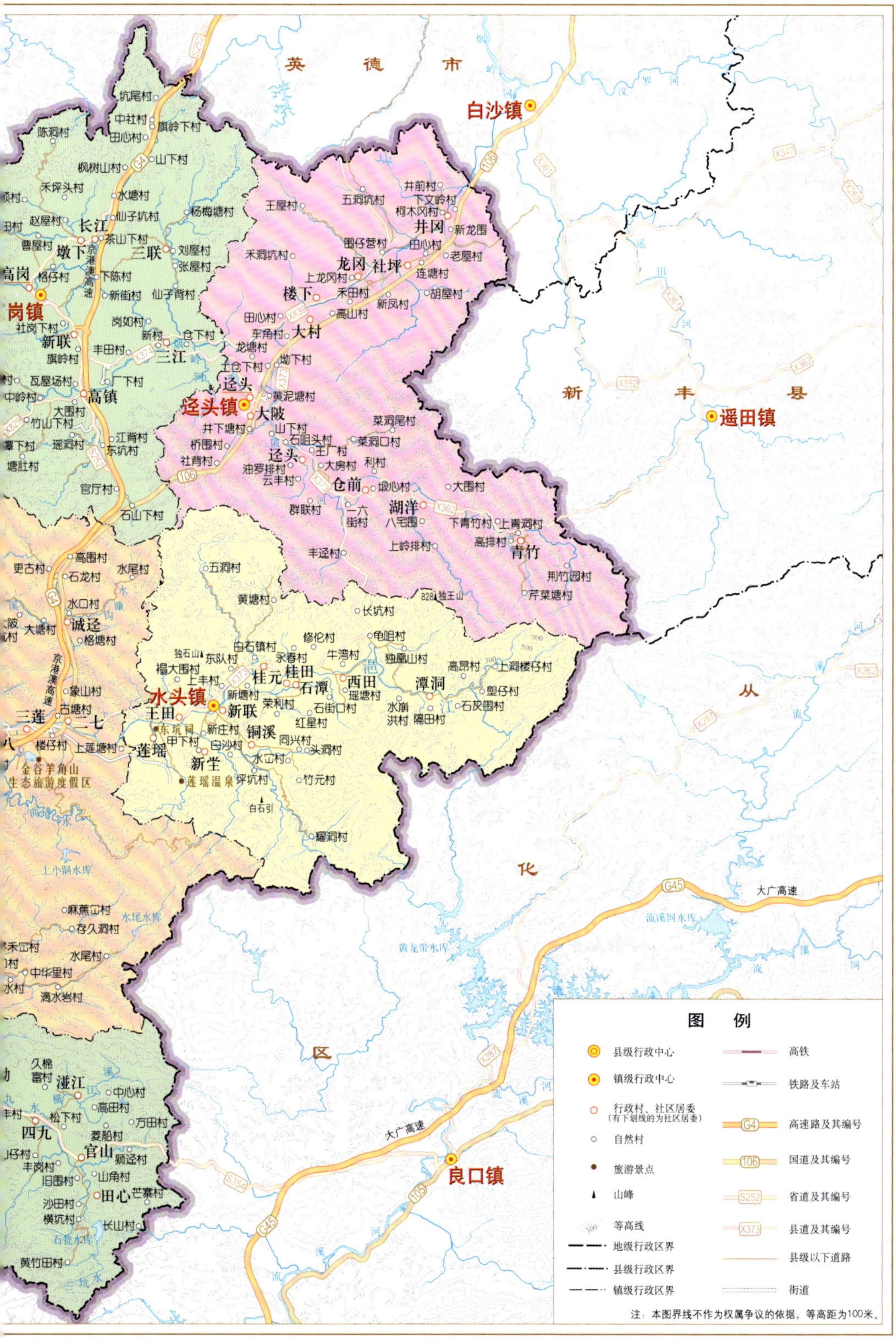

本图资料截止时间为2015年12月　审图号：粤S（清远2018）001号

佛冈县档案大楼（2007年1月建成启用）

1993年4月12—15日，清远市档案局在佛冈县举办第三期清远市档案干部岗位培训班。图为清远市档案局局长李堃林在讲授《文书学》

1997年3月13日，县档案馆召开达省二级标准评审会，清远市档案局副局长朱小兵（右一）代表省档案局颁发证书

1998年3月11—13日，佛冈县档案局举办档案员培训班，图为县档案局局长黄榕棠（中）辅导档案员学习《中华人民共和国档案法》

1998年9月1日，佛冈县档案局举办国际档案周宣传咨询活动，吸引群众踊跃前来咨询档案的作用和档案的利用知识

1999年1月25日，召开佛冈县工商局档案综合管理升省特级评审会

2001年3月29日，清远市档案局在佛冈县召开破产企业档案管理研讨会，佛冈县档案局局长黄榕棠（右三）在研讨会上发言

2002年7月12日，召开佛冈县档案工作暨农业农村档案工作会议

2003年3月4日，清远市档案局领导在县人民中心建设工地实地检查规划中的档案馆馆址

2003年10月22日，广东省档案局局长徐大章（左二）、清远市档案局局长沈六（右一）到佛冈县察看规划建设的新档案大楼选址，佛冈县档案局局长黄榕棠（右三）在馆址做情况汇报

2012年5月28日，县长梁金鉴（右一）到县档案局调研检查工作

2014年8月1日下午,县档案局副局长林绍嘉（讲台右一）到龙山镇进行档案业务授课

2014年9月29日下午，县委书记华旭初（右三）与相关部门领导到县档案馆参观“佛冈县三打行动成果展”

2014年12月26日，清远市档案局副局长朱小兵（左一）到佛冈县档案馆检查指导工作

2015年9月14日，县长梁金鉴（右一）听取县档案局局长曹榕村（左一）汇报工作

2016年10月21日，清远市档案局局长刘龙山到佛冈县调研档案工作，图为调研会场

2017年1月12日，广东省档案局到佛冈县召开佛冈县档案馆晋升省特级档案馆测评会议，测评合格后，省局督导处副处长李彩香（右）代表广东省档案局向佛冈县档案馆授牌

2018年8月7日，县委书记董和平（左二）在县委常委、办公室主任李贤成（左四），县委常委、组织部部长石尚明（左三）陪同下到县档案馆整理室检查民国档案

2019年6月6日，佛冈县档案馆在县人民公园举办“6·9”国际档案日活动，图为市民参观图画展览

县档案馆文件阅览中心阅览台

（2010年摄）

县档案馆文件阅览中心文件柜

（2010年摄）

县档案馆查档室

县档案学会档案整理室

县档案学会数字化加工室

县档案馆爱国主义教育基地（展厅）

县档案馆1号库房

县档案馆2号库房

县档案馆珍藏室档案柜

县档案馆资料室资料柜

县档案馆周界监控设备

县档案馆库房、办公室监控设备

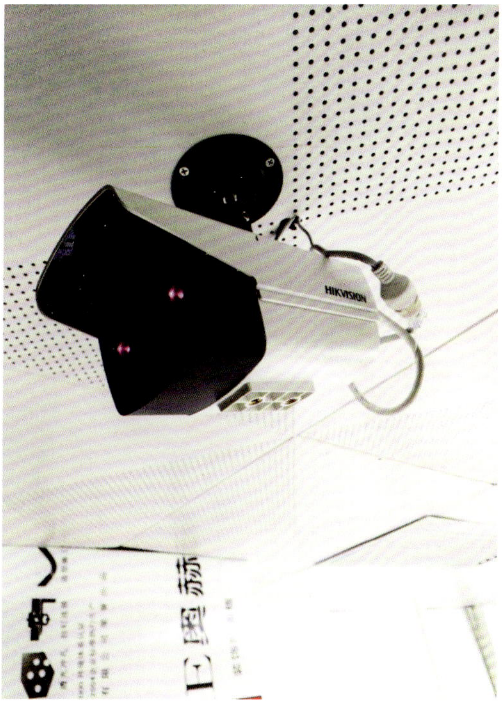

县档案馆库房监控摄像头

县档案馆彩色打印机

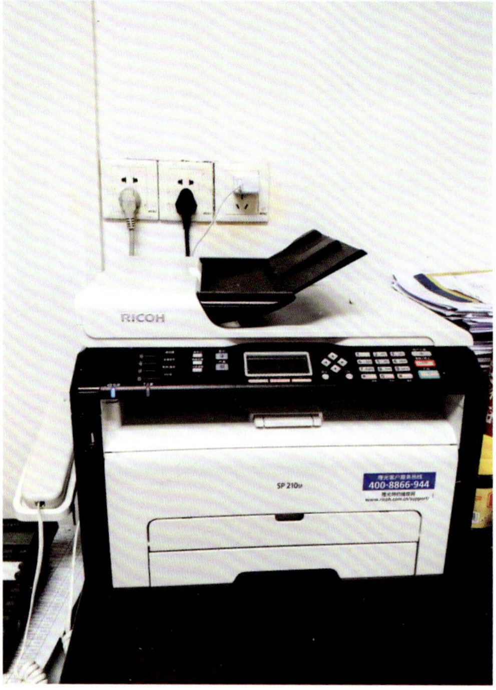

县档案馆传真机

县档案馆打印机

县档案馆复印机

县档案馆高速扫描仪

县档案馆计算机

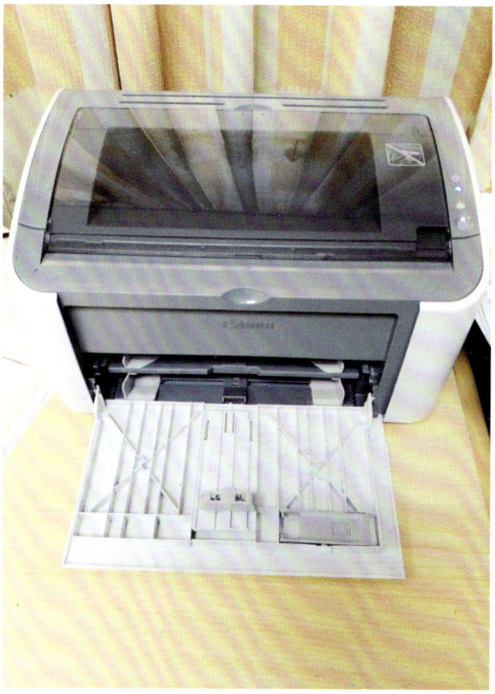

县档案馆佳能打印机

县档案馆平板扫描仪

县档案馆消毒柜

县档案馆档案系统服务器

县档案馆110报警系统布防器

县档案馆七氟丙烷气体自动灭火系统

县档案馆温感探测器

县档案馆远红外视频感应器

县档案馆除湿机

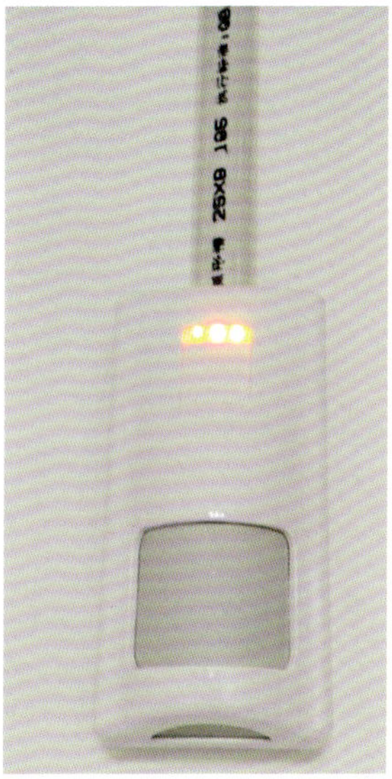

县档案馆库房
门禁感应器

县档案馆
门禁指纹锁

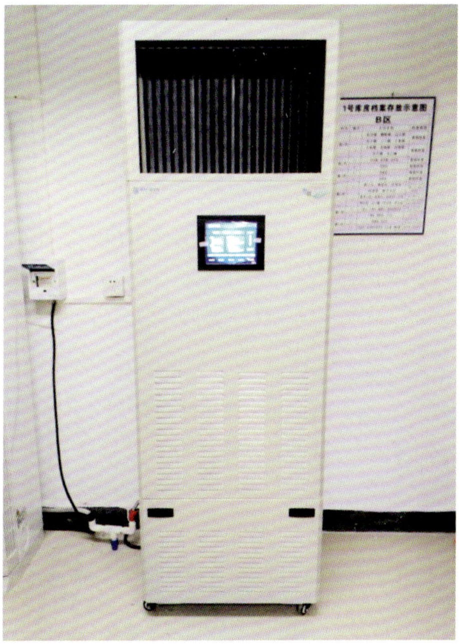

县档案馆恒温恒湿一体机

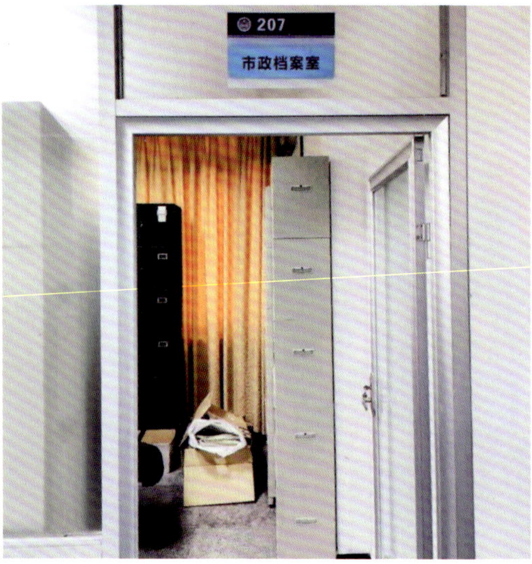

县不动产中心档案室三楼库房

县发改局档案室库房

清远市生态环境局
佛冈分局档案室档案库房

县农业农村局档案室档案库房

县人社局档案室档案库房

县机关事务局档案库房

县城东中学档案室

县一小综合档案室

佛冈一中档案室

石角镇政府档案室

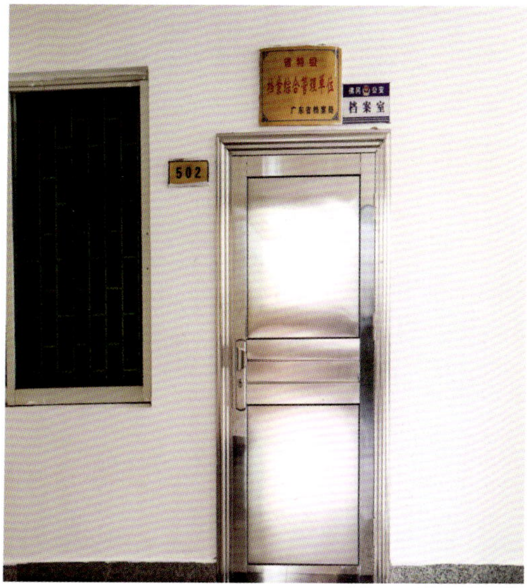

县公安局档案室

县交通局档案室

佛冈县档案局被县委办公室、县政府办公室评为1991年度档案工作先进单位

佛冈县档案局被县委办公室、县政府办公室评为1992年度档案工作二等奖

佛冈县档案局被县保密局评为1995年度保密工作先进单位

佛冈县档案局被县委、县政府评为1997年度文明单位

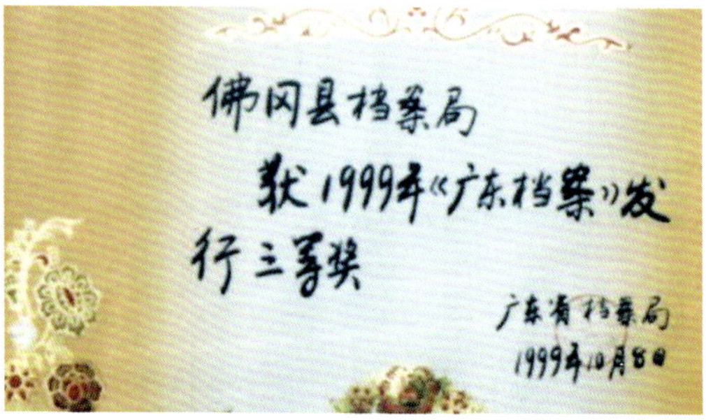

佛冈县档案局被广东省档案局评为1999年《广东档案》发行三等奖

1997年3月，佛冈县档案局被评为省二级档案馆工作达标单位

佛冈县档案局被县委办公室、县政府办公室评为1999年保密工作先进单位

佛冈县档案局被县委办公室、县政府办公室评为1999年度档案工作先进单位

佛冈县档案局被清远市档案局、清远市人事局评为“九五”期间全市档案系统先进集体

佛冈县档案局被佛冈县政协第六届委员会评为2002年度政协提案先进承办单位

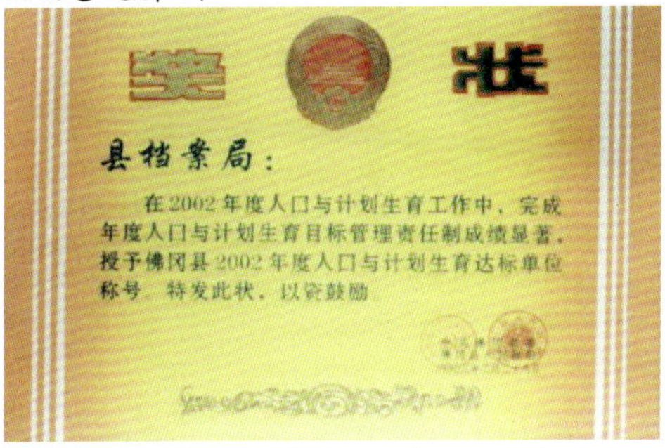

佛冈县档案局被县委、县政府授予2002年度人口与计划生育达标单位

佛冈县档案局被广东省人事局、广东省档案局评为2003年度全省档案系统先进集体

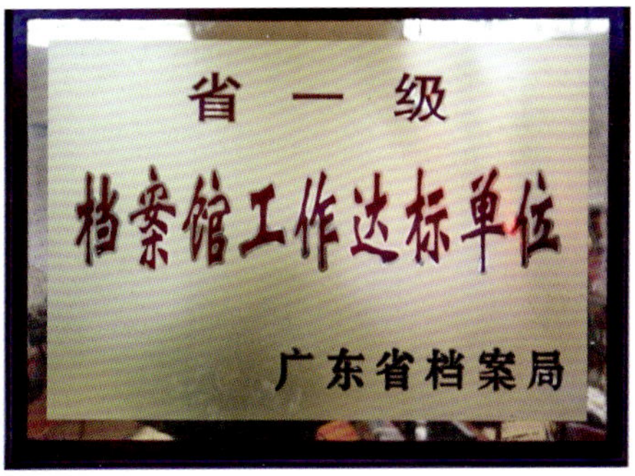

2008年7月，县档案馆被评为省一级档案馆工作达标单位

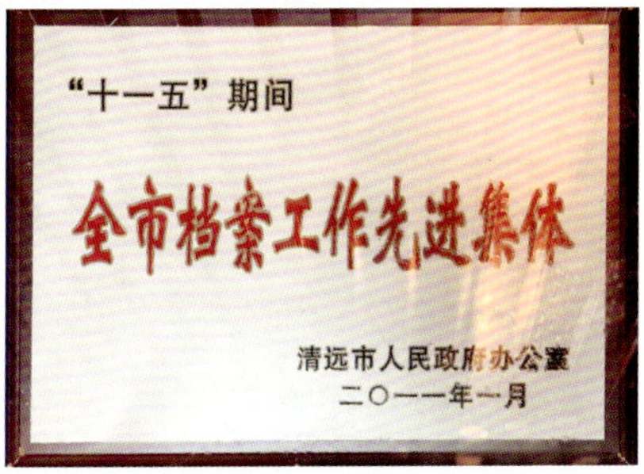

佛冈县档案局被清远市人民政府办公室评为“十一五”期间全市档案工作先进集体

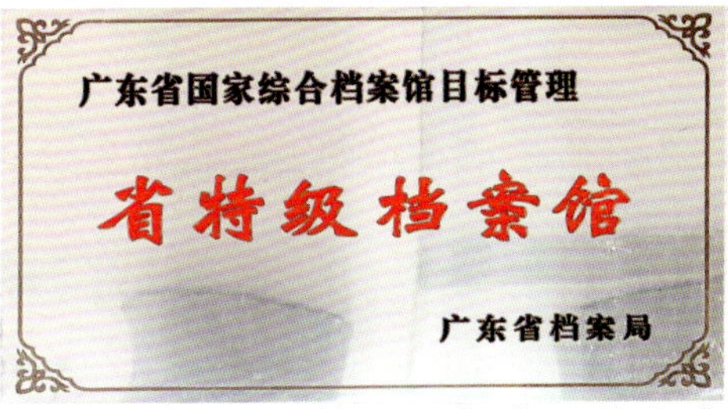

2017年1月，佛冈县档案馆获广东省国家综合档案馆目标管理“省特级档案馆”牌匾

2021年8月10日，《佛冈县档案志》审稿人员在县档案馆大楼前合影
前排左起:林绍嘉、李阳光、曹灿安、黄荣茂、朱世业、曹榕村、黄亮、黄榕棠；
后排左起:钟北湖、黄常义、杨炽均、朱海燕、朱明采、何道井、李功杰

2021年8月10日，在县档案馆四楼会议室召开《佛冈县档案志》编委审稿会议现场

目　录

概　述

一

佛冈县位于广东省中部，与从化、新丰、英德、清城等县（市、区）毗邻。佛冈县地域范围在清代及民国期间仅指佛冈厅范围（今高岗、迳头、水头、石角4个镇），全厅总面积910.96平方千米。1953年2月，清远县第七区（今佛冈县汤塘镇）划归佛冈县管辖；1958年7月，清远县龙山乡（今佛冈县龙山镇）划归佛冈县管辖，当年佛冈县设为8个乡。佛冈县财政管理地域范围（含本志对应时段的财政收支）也按以上地域范围作对应记录（以下不再注明）。1978年，全县有12个人民公社（高岗、烟岭、迳头、水头、三八、石角、龙南、民安、龙山、汤塘、四九、黄花）、115个大队。2004年5月起，全县设6个镇（高岗、迳头、水头、石角、龙山、汤塘）。2005年5月起，全县分设78个行政村、12个社区。2020年户籍人口35万多人，全县总面积（按2008年国土资源勘测面积）1295.17平方千米。

佛冈古代分属中宿（今清远）、浈阳（今英德）。清嘉庆十八年（1813年）设立佛冈直隶军民厅（简称“佛冈厅”），民国三年（1914年）撤厅改县，始称佛冈县。中华人民共和国成立后，佛冈县行政区划归属多次变动，1952年4月至10月佛冈县与从化县合署办公，1958年10月至1961年5月并入从化县，1961年5月恢复佛冈建置。

佛冈县境内的地形以低山、丘陵为主。全县地势东北高、西南低。境内东北部属高丘陵区，中部属中丘陵区，南部为低丘陵平原区。

佛冈主要河流有潖江和烟岭河。潖江属北江水系一级支流，发源于佛冈县水头镇的通天蜡烛山，流经县内的水头、石角、汤塘、龙山等镇，至清城区飞来峡汇入北江，是佛冈境内的第一大河。烟岭河属北江水系二级支流，发源于佛冈县高岗镇的羊子栋，流经县内高岗、迳头两镇，穿过英德市白沙镇后于狮子口汇入滃江。

佛冈县处于亚热带季风区，属南亚热带湿润季风气候，雨量充沛，多年平均降雨量为2210毫米，是广东省3个多雨区之一。由于地形地势影响，佛冈河流落差大，河道弯曲，蕴藏一定的水力资源。

二

佛冈县属欠发达的山区县，历史上以种植业、饲养业、采伐业和捕猎业为主，几乎没有工业，农业也比较粗放，加上没有公路，交通闭塞，对外经济联系少，属于自给自足的小农经济。中华人民共和国成立后，经过变革生产关系，促进生产力发展，全县经济社会逐步发展，城乡建设逐步加强，人民生活水平逐年提高。

佛冈县人口。佛冈县人口数量随着社会进程逐年增加。按户籍人口统计，1950年12.79万人，1960年14.39万人，1970年19.41万人，1980年22.71万人，1990年26.96万人，2000年30.60万人，2010年32.85万人，2015年33.38万人，2020年为35.95万人。

佛冈县经济总量逐年增长。按全县工农业总产值统计，1950年1289万元，1960年2317万元，1970年3787万元，1980年7999万元，1990年3.89亿元，2000年17.04亿元，2010年114.58亿元，2015年189.51亿元，2020年为271.80亿元。按全县财政收入统计，1953年全县财政一般预算收入16万元，财政总收入61万元；1970年全县财政一般预算收入218万元，财政总收入374万元；1990年全县财政一般预算收入1398万元，财政总收入3124万元；2010年全县财政一般预算收入6.89亿元，财政总收入11.83亿元；2020年全县财政一般预算收入10.58万元，财政总收入44.78亿元。

交通水利建设。佛冈县基础设施建设、城乡建设和社会事业全面加强，不断优化经济社会发展环境。佛冈解放初期，组织发动群众修建公路。20世纪90年代起，完成国道G106线佛冈段改造工程，紧接着启动京珠高速公路（后改为京港澳高速公路）佛冈段新建工程。同时开展省道、县道和乡村公路改造延伸建设，实现通行政村和自然村公路硬底化，形成高速公路、国道、省道、县道和乡村公路5个层次有机结合的交通公路网络。水利建设起步于1950年，改革开放后加快建设步伐。先后开展的重点项目有：完成放牛洞水库（中型水库）的除险加固工程，全面开展农村饮水工程建设、县城防洪达标加固工程（“水轴线”工程）顺利完成，同时开展小型农田水利的系列项目建设，佛冈县于2009年获得“全国农村饮水安全工程建设示范县”称号。

能源通信建设。电力和通信建设的重点项目有：在完成对原110千伏变电站改造扩容的同时，新建220千伏变电站和110千伏变电站；全县邮政、电信、移动、联通通信建设同步加强，现代通信信息化覆盖全县。

城乡建设。佛冈县城乡建设稳步推进，全县6个建制镇的镇区建设逐步加强，市政设施不断完善。县城石角镇按照“打造山水园林城市”的规划，以创建省和国家文明卫生县城为目标，先后开展“六纵三横”主干道建设和“三线一中心”（中轴线、水轴线、交通线和人民中心建设工程）。其中县城振兴路成为迎宾大道和商贸中心线，潖江县城段成为亮丽的人工湖，人民中心成为县领导机关所在地和绿色公园。同时，县境内其他5个镇区的建设速度明显加快，建成新的综合办公大楼，其中龙山、高岗、迳头、汤塘先后搬迁至新址办公。各镇区房地产业发展迅速，县城建有多处高尚住宅小区，不仅为城市居民提供住宅服务，而且成为县城的标志性建筑。

社会事业发展。佛冈县巩固和加强科、教、文、体、卫各项事业。着重推动高新技术产业发展，开展科技示范创新工作。先后开展“普九”（普及九年义务教育）、教育资源整合和创新教育强县等工作。加强文化体育设施建设，群众性文艺创作和文化活动蓬勃开展，体育竞技比赛项目也取得重要成就。健全医疗预防保健体系，建立多层次结合的医疗机构网络，完善各级医疗机构的设施。佛冈县党史、民政、档案、气象等各项事业也同步开展并取得显著成效。

三

佛冈在清代和民国期间没有设立专门的档案管理机构，致使许多历史资料散失，清代刊印流传至今的只有《佛冈厅志》（上下两册）。民国时期的档案资料在1949年10月前夕大部分散失损毁。

中华人民共和国成立后，档案事业逐步得到起步和发展。1958年设立佛冈县档案馆，成为佛冈历史上第一个档案管理机构。1984年成立县档案局，与县档案馆合署办公，一直延续至2019年（机构改革后分设办公），为全县档案事业发展提供了组织机构保证。从1949年至2020年，佛冈档案事业经历了起步、发展、挫折、恢复和加快发展几个历史阶段。

1949—1958年，为佛冈县档案事业的起步阶段。档案工作由县委秘书室、县委办兼管，开始收集整理民国时期及中华人民共和国成立后形成的档案资料，为全县档案工作的起步阶段。

1959—1965年为佛冈县档案事业的发展阶段。县档案馆收集整理机关单位的档案资料，全县各人民公社也逐步开展档案工作。1961年5月，佛冈县从从化县分出恢复建置，同时恢复佛冈县档案馆，继续开展档案收集整理工作，档案资料的种类和数量均有增加。

1966—1980年，是“文化大革命”十年、徘徊两年以及改革开放头两年的历史时期，是佛冈县档案事业遭受挫折后开始恢复的时期。在“文化大革命”期间，档案机构被撤销（档案工作由县革委会兼管），档案事业处于瘫痪、半瘫痪状态。特别根据1970年备战形势要求档案“少而精”的精神，销毁了一批重要档案资料，使档案事业遭受重大的挫折，直至1977—1978年徘徊两年的时间仍未恢复。

1981—1990年，是“六五”计划至“七五”计划时期，也是佛冈县档案事业恢复和发展阶段。佛冈县档案设施和档案制度逐步恢复，档案事业逐步发展。1983年在县府大院建立佛冈县档案馆，1984年起建立县档案局，实行局馆合一体制，推动档案工作走向正常化。1987年初建成并启用新档案大楼，贯彻执行《中华人民共和国档案法》（下称档案法），把档案工作纳入法制化轨道，全县档案工作顺利开展。在本时期，县档案局

（馆）开展4项重点工作：①接收县公安局移交的民国时期的档案；②采取“三集中”（集中人员、时间、地点）的方式收集整理档案资料：③配合县政府开展农业区划档案整理归档工作；④按《档案法》规定开展文书档案立卷归档改革工作。1990年，县档案馆馆藏各类档案（累计）34 187卷册件，档案排架总长（累计）330.15米。

1991—2000年，是“八五”计划至“九五”计划时期，也是佛冈县档案事业依法开展并取得较好成效的时期。在本时期，县档案局（馆）开展5项重点工作：①开展《档案法》宣传及有关测验活动，普及档案知识；②县档案馆被评为省二级综合档案馆（1997年）；③开展机关及农村档案室综合管理达标升级活动（1992年起）；④启动农业和农村档案工作；⑤加强对基层档案工作的检查考核工作，推动档案工作规范化建设。2000年，县档案馆馆藏各类档案（累计）89 430卷册件，档案排架总长（累计）891.56米。

2001—2010年，是“十五”计划至“十一五”规划时期，也是进入21世纪后档案事业加快发展的时期，档案管理形成法制化、制度化、规范化发展的新趋势。2007年初，在县人民中心建成启用新的档案大楼，配置档案专用的现代设备，为完善档案设施创造了良好的条件。在本时期，县档案局（馆）开展7项重点工作：①县档案馆晋升为省一级综合档案馆（2008年）；②扩大基层档案室达标升级覆盖面；③开展国有破产企业档案接收整理归档工作；开展农村第二批土地承包档案收集整理工作；④加强档案开放利用工作；⑤举办档案成果展览；⑥开展重点档案（清代及民国时期档案）保护和修复工作；⑦启动档案信息化建设。2010年，县档案馆馆藏各类档案（累计）17 1088卷册件，档案排架总长（累计）1226.88米。

2011—2020年，是佛冈县“十二五”规划至“十三五”规划时期，也是佛冈县档案事业规范、高质、加快发展的时期。2016年起，贯彻执行中共广东省委办公厅、广东省人民政府办公厅印发的《关于加强和改进新形势下我省档案工作的意见》，推动全县档案工作上新台阶、上新水平。在本时期，县档案局（馆）开展8项重点工作：①县档案馆晋升为省特级档案馆（2017年）；②创建社会主义新农村建设档案工作示范县（2013—

2014 年）；③加快档案信息化建设；④巩固和扩大档案开放利用成果；⑤全面完成农业和农村建档工作；⑥全面完成国有破产企业档案收集、整理和归档工作；⑦推进民生档案建设；⑧完善档案工作制度体系。

至 2020 年，佛冈县档案综合情况：

县档案馆大楼为 4 层框架结构，建筑总面积 3040 平方米，其中库房 1058 平方米（其中县档案馆 1 号、2 号库房共 365 平方米）。

县档案馆设有全宗 264 个，其中民国档案（1447 卷）为全宗 1 号。

馆藏各类档案 226 500 卷册件。其中：案卷档案 213 868 卷件（110 660 卷又 103 208 件）；其他档案（图书、资料、实物）12 632 册件。档案排架总长 1449.96 米。

县档案馆为广东省综合管理特级单位（2017 年评定），馆内设有爱国主义教育基地、现行文件阅览中心（与档案阅览室合设）、档案数字化加工室。档案配套设施设备有档案装备、消防设备、消毒设备、联网监控设备、数字化加工设备、温湿度设备、档案管理系统及其他设备。

县档案馆经鉴定向社会开放档案（累计）3340 卷，有档案手检编目 956 册，档案机检目录 918 691 条。

机关立档单位 80 个，档案室各类档案共 262 200 卷册件。其中，案卷档案 209 000 卷件（33 000 卷又 176 000 件）；其他档案（图书、资料、实物）53 200 册件。

镇级档案室 6 个，档案室各类档案共 44 770 卷册件。其中，案卷档案 43 300 卷件（8700 卷又 34 600 件）；其他档案（图书、资料、实物）1470 册件。

行政村（社区）档案室 90 个，档案室各类档案共 6370 卷册件。其中，案卷档案 5400 卷；其他档案（图书、资料、实物）970 册件。

基层档案（机关、镇、村居）综合管理达标单位（按评定时数量统计）178 个，其中合格 88 个，先进 1 个，省二级 36 个，省一级 22 个，省特级 29 个，国家二级 2 个。

历年来，县档案局（馆）被评为省级先进单位 3 次，被评为市级先进单位 5 次，被评为县级先进单位（文明单位）6 次。

大事记

1949 年

10 月 12 日，佛冈解放，县委设立秘书室，兼管档案工作。

1954 年

6 月，县委秘书室改称县委办公室，兼管档案工作。

1958 年

10 月，在县委办设立佛冈县档案馆，未成为单独设置的机构。同月，佛冈县并入从化县，佛冈县档案馆因并入从化县档案馆而撤销。

1961 年

5 月，佛冈、从化分县，恢复佛冈县档案馆，仍归属县委办。

1966 年

是年，县档案馆收存中华人民共和国成立后档案 3962 卷，全部转移到佛冈县看守所保管。

1968 年

是年，因开展“文化大革命”运动，成立县革委会，县档案馆被撤销，档案馆干部被抽调到其他单位。

1969 年

7 月，根据适应战备形势的需要，要求馆藏档案按照“少而精”的要求进行精简，由县革委会组织销毁馆藏档案 3307 卷，销毁后馆藏档案 655 卷。这些档案于当年运到广州市档案馆后库（从化县吕田）保管，1970 年 9 月运回佛冈县。

1980 年

8 月，省档案局举办全省档案干部培训班，佛冈县派员参加。

是年，县档案馆库房面积 280 平方米。

是年，县档案馆各类档案总数（累计）3781（卷册件），其中案卷 3481 卷件，其他案卷 300 册件；案卷排架总长（累计）39.54 米。

1981 年

2 月 24 日至 3 月 8 日，韶关市档案局组织到湖南省参观学习档案先进经验，佛冈县派员参加。

4 月，县委办公室设立档案科，恢复设立县档案馆（设在县委办），陈佛俊任馆长。

1982 年

是年起，县直机关单位档案每年移交县档案馆保存。

1983 年

12 月，县委办、县府办组织开展对全县各区、县直各单位档案及保密工作大检查。

是年，制定《佛冈县档案馆工作实施细则》，内容分为总则、档案的接收与征集、档案的管理、档案的利用等 6 章共 20 条。

是年，县档案馆馆藏档案有全宗 35 个，文书档案 1524 卷。

1984 年

6 月，省档案局在肇庆地委党校举办全省档案干部进修班，佛冈县派员参加。

12 月，撤销县委办内设的档案科，成立县档案局，与县档案馆合署办公。县档案局（馆）成为独立设置单位，归县委办管理。

是年，县档案馆接收档案 2779 卷。

1985 年

4 月 18 日，县档案局发出《关于做好县属机关一九八四年度文件材料立卷归档工作的通知》（佛档〔1985〕2 号），采取“三集中”（集中人员、集中时间、集中地点）的方式开展档案整理工作。

7 月 20—21 日，广州市农业区划委员会、广州市档案局在佛冈县召开全市农业区划档案工作会议。会后，广州市属县（区）先后到佛冈县参观交流。

10 月，县档案馆接收县公安局移交的民国时期档案资料 1135 卷。

11 月 5 日，省档案局举办档案干部培训班，佛冈县派员参加。

是年，县档案馆接收全县各区移交的 1983 年以前的档案 1649 卷。

1986 年

2 月 7 日，国家档案局颁布《各级国家档案馆收集档案范围的规定》，佛冈县按规定执行。

3 月，省政府印发《广东省档案馆收集档案范围实施细则》（粤府〔1986〕142 号），佛冈县按规定执行。

8 月，陈佛俊任县档案局局长，仍兼任馆长。同月，从县委办党支部分出成立县档案局党支部。

是年，在县政府大院建设佛冈县档案大楼。

1987 年

3 月 19 日，县委办发出《关于转发〈佛冈县档案事业发展“七五”

计划（草案）〉的通知》（佛委办〔1987〕6 号）。

4 月，县档案大楼建成启用，位于县政府大院内，为框架 5 层。

8 月 1 日，经县职称改革领导小组批准，成立佛冈县图书文博档案专业技术职务推荐小组，陈佛俊为 5 名成员之一。

10 月 4 日，县档案局发出《关于进一步做好档案安全保管工作的通知》（佛档字〔1987〕2 号）。

10 月 8 日，县档案局发出《关于认真贯彻执行〈中华人民共和国档案法〉的通知》（佛档〔1987〕3 号）。

是年，县档案局（馆）制定《接收档案范围实施细则》。并在档案大楼设置档案资料陈列阅览室（32 平方米）。

1988 年

3 月 7 日，广州市档案局发出《关于改革文书档案立卷方法的通知》（穗档字〔1988〕13 号），佛冈县按规定执行。

5 月 30 日，县委办发出《关于做好对〈档案法〉贯彻执行情况进行检查的通知》（佛委办〔1988〕9 号）。

6 月 8—9 日，清远市档案局在英德召开各县（区）档案局长会议，佛冈县派员参加。

6 月 15—18 日，县档案局开展《档案法》执法情况自查和抽查工作，重点抽查 19 个机关单位档案管理工作。

6 月 16 日，经县职称改革领导小组批准，成立佛冈县文博档案专业技术初级评审委员会，陈佛俊为 7 名成员之一。

8 月 23 日，县委办发出《关于进一步做好档案保护工作的通知》（佛委办〔1988〕12 号）。

1989 年

3 月 1 日至 4 月 30 日，县档案局组织档案员分批参加省档案局在佛山市举办的档案业务培训班。

是月，县档案局转发《广东省国家行政机关文书立卷归档工作实施办法》。

11 月，县档案局组织县直机关档案人员到从化县参观由广州市档案局举办的《发展中的广州档案事业》展览馆。

是年，建立县直机关综合档案室试点（县成人教育办、县国土局）。

1990 年

4 月，县档案局转发《广东省机关档案管理升级考评细则》。

上半年，县档案局举办县直副科级以上单位档案员业务培训班。

是年，县档案馆馆藏各类档案（累计）34187（卷册件），其中案卷29979 卷件，其他档案 4208 册件；档案排架总长（累计）330. 15 米。

1991 年

3 月，县档案局（馆）举办学习市档案局《文书立卷手册》培训班。

12 月 17—19 日，全省档案工作会议暨档案系统表彰大会在广州市召开，佛冈县派员参加。

12 月 26 日，国家档案局印发《各级国家档案馆开放档案办法》（局令第 2 号），佛冈县执行档案开放规定。

是年，县档案局启动县直机关档案综合管理升级工作，试点单位有县审计局、县人民银行。

1992 年

8 月 2 日，县档案局发出《关于转发省档案局重新修定的〈广东省机关档案综合管理升级考核标准〉的通知》（佛档发〔1992〕1 号）。

8 月 13 日，县档案局发出《关于认真组织好全县〈档案法〉普及教育的通知》（佛档字〔1992〕2 号）。

8—9 月，县档案局组织《档案法》及其实施办法有奖测验，10 月 14日在县府礼堂举办抽奖活动。

9 月，人行佛冈支行被评为省一级档案管理单位，成为佛冈县第一个档案综合管理升级单位。

10 月 21 日，县档案局发出《关于转发市档案局〈关于档案专业人员初级职务任职资格评审工作若干问题的通知〉的通知》（佛档字〔1992〕5 号）。

10 月 28 日，县档案局、县人事局联合发出《关于开展全县档案人员岗位培训工作的通知》（佛档字〔1992〕6 号）。

是年，县档案局开展机关单位档案综合管理达标升级工作。在县档案大楼首层设置档案检索室。

是年起，把《档案法》列入五年普法教育内容。

1993 年

4—5 月，县档案局在县林业局举办全县档案专业知识培训班，参加培训人员 92 人。

9 月 20 日，县档案局发出《转发国家档案局〈关于做好防火安全工作的紧急通知〉的通知》（佛档〔1993〕3 号）。

是年，县档案局启动档案专业技术人员初级技术资格申报评审工作。

1994 年

4 月 8—9 日，全省档案工作会议在广州召开，佛冈县派员参加。

1—11 月，人民银行佛冈支行档案综合管理被晋升省特级档案综合管理单位，中国人保佛冈县支公司、县审计局、县税务局被评为省一级档案综合管理单位。

是年，县档案馆购置第一台电子计算机。

是年，县档案馆馆藏档案全宗 58 个，立卷档案 8883 卷（册），其中民国时期档案 1447 卷，中华人民共和国成立后档案 7436 卷。此外，有馆藏资料 3875 卷（册）。

1995 年

2 月 22—25 日，县档案局组织档案员参加市档案干部业务培训班。

8 月 16—24 日，市档案局组织到南京、无锡等地参观学习，佛冈县派员参加。

是年，县检察院、县卫生防疫站评为省一级档案综合管理单位。

1996 年

1 月 23 日，省档案局在广州市珠岛宾馆召开全省档案工作会议，佛冈县派员参加。

是月，中国建设银行佛冈支行档案综合管理评为省特级。

9月，黄榕棠任县档案局局长。

10月24日，县档案局印发《佛冈县档案事业发展“九五”计划》（佛档〔1996〕1号）。

1997年

1月2日，县委办、县府办发出《关于成立佛冈县档案工作达标升级领导小组的通知》（佛委办〔1997〕6号）和《关于印发〈佛冈县档案馆开放档案实施办法〉的通知》（佛委办〔1997〕7号），县委办发出《关于印发〈佛冈县档案馆收集档案资料范围实施细则〉的通知》（佛委办〔1997〕5号）。

2月，黄榕棠兼任县档案馆馆长。

3月13日，县档案馆被评定为省二级综合档案馆。

3月26日，县委办、县府办发出《关于开展机关档案综合管理达标升级工作的通知》（佛委办〔1997〕21号）。

11月17—18日，市档案局副局长朱小兵到佛冈县检查指导档案工作。

是年，贯彻执行市档案局关于档案工作“改革、完善、提高、服务”八字方针开展工作。全县档案管理被评定为省特级单位4个，省一级单位1个，省二级单位3个。

是年，县档案馆对县公安局移交的民国档案资料整理后立卷归档1447卷。

1998年

3月11—13日，县档案局举办全县镇级档案员培训班及有关单位档案综合管理达标升级培训班。

4月29日，县档案局召开档案综合管理达标升级座谈会。

5月1日，县档案局在县影剧院大门前举办“国际档案周”宣传咨询活动。

8月13日，县委办、县府办发出《关于学习贯彻〈广东省档案管理规定〉的通知》（佛委办〔1998〕33号）。

9月1日，在人民公园启动首次“国际档案周”活动。

10月26日，县委办、县府办发出《转发清远市人民政府办公室〈关于开展全市农业和农村档案工作的通知〉》（佛委办〔1998〕53 号）。

是年，佛冈县开展农村管理区档案目标管理试点工作，水头镇坐下管理区被评为清远市农村管理区档案工作目标管理合格单位。

是年，学习贯彻《广东省档案管理规定》。

是年，县财政局档案综合管理被评为省特级单位，龙南镇成为全县首个镇级档案管理省二级达标单位。

1999 年

1 月 25 日，佛冈县工商行政管理局档案综合管理通过省特级考评，总分为 96.8 分。

4 月 7 日，清远市档案局召开全市档案工作会议，佛冈县委常委、县委办主任李玉方和县档案局局长黄榕棠出席会议。

4 月 12 日，县档案局、县民政局联合转发市档案局、市民政局《关于进一步加强我市村民委员会档案工作的通知》（清档字〔1999〕12 号）。

5 月 5 日，县委办、县府办联合发出《关于加强我县机关事业单位档案目标管理工作的通知》（佛委办〔1999〕30 号）和《关于加强我县镇村两级档案工作的通知》（佛委办〔1999〕31 号）。

5 月 14 日，在县迎宾馆三楼会议厅召开全县档案工作会议。

7 月 11 日，县普法办、县档案局联合发出《关于学习宣传贯彻修改后的〈中华人民共和国档案法实施办法〉的通知》（佛普办〔1999〕11 号）。

7 月 19—23 日，省档案局在广州市举办档案新技术研修班，佛冈县档案局林绍嘉参加。

7 月 28 日，县环保局档案综合管理通过省二级考评，总分为 73.1 分。

8 月 17—21 日，县档案局在县公安局举办档案员培训班，参加人员有公安局各股室兼职档案员、各镇派出所专（兼）职档案员共 25 人。

8 月 24 日，市档案局局长沈六、副局长朱小兵、办公室主任李扬爱一行到佛冈县档案局检查指导工作。

9 月 10 日，县贸易局的档案综合管理通过省二级的考评验收，总分为 73.1 分。

9 月 28 日，县信访办的档案综合管理通过省二级的考评验收，总分为 71.5 分。

9 月 29 日，县委办公室的档案综合管理通过省二级的考评验收，总分为77.6分。

10月26日，根据县供电局申报转套企业档案工作目标管理单位的要求，省档案局科长周乐人带队组织7名省级以上评审员，对县供电局的档案工作目标管理进行全面的考核评审，授予佛冈县供电局为国家二级企业档案目标管理单位。

10月27日上午，县农村信用合作社联合社档案综合管理通过省特级考核评审，总分为94.8分。下午，县卫生局档案综合管理通过省特级考核评审，总分为97.3分。

11月16日，县粮食局档案综合管理通过省二级考核评审，总分为73.9分。

11月23日，为了进一步检查全县各单位贯彻执行《档案法》的实施情况，县委办、县府办联合发出《关于在全县开展档案法执法检查的通知》（佛委办〔1999〕66号）。

12月23日上午，县广播电视大学档案综合管理通过省二级考核评审，总分为76.6分。下午，县烟草专卖局档案目标管理，经省烟草系统组织考评组考核评审，总分为72.1分，通过合格级考评验收。

12月24日，县人大常委会办公室档案综合管理通过省二级考核评审，总分为77.2分。

2000年

2月11日，县编委发出《关于印发〈佛冈县档案局（档案馆）职能配置、内设机构和人员编制方案〉的通知》（佛机编〔2000〕9号），县档案局（馆）划归县府办管理。

3月22日，县人事局发出《关于佛冈县档案局列入依照国家公务员制度管理的批复》（佛推公办〔2000〕5号）。

5月22日，县委办、县府办发出《关于向县档案馆移交档案的通知》（佛委办〔2000〕34号）。

是年下半年，县档案局（馆）启动破产企业档案接收并整理归档工作。

是年，县档案局（馆）开始对接收进馆的档案实行计算机案卷级和文件级录入，实行计算机检索。

是年，全县档案综合管理评为省特级单位4个（县国税局、县住建局、县地税局、人保佛冈县支公司），省一级单位2个（县林业局、县物价局），省二级单位4个（县司法局、县机关事务局、县公安森林分局、县计划局）。

是年，县档案局（馆）开展农村第二批土地承包档案收集整理工作。

是年，县档案馆馆藏各类档案（累计）89430（卷册件），其中案卷80490卷件，其他档案8940册件；档案排架总长（累计）891.56米。

2001年

1月3日，县委办、县府办发出《关于国有企业转制档案处置意见的通知》（佛委办〔2001〕2号）。

2月6日，县府办印发《关于档案行政执法检查的情况通报》。

3月5日，市档案局"三讲"教育回头看工作调研组到佛冈县档案局了解情况听取意见。

3月14日，县消防大队到县档案局检查消防设备情况，认为县档案局属重点防火单位，列为全县7个消防安全重点单位之一。

3月29日，市档案局在佛冈县供电局会议室召开破产企业档案管理问题研讨会。

是月，县档案局制定《佛冈县档案事业发展"十五"计划》。

7月2日，民安镇榨油岭村民委员会档案工作目标管理通过省二级认定，总分为66.3分。

9月18日，县档案局、县法制局联合发出《关于在全县开展档案行政执法检查的通知》（佛档字〔2001〕1号）。

9月21日，水头镇丰联村民委员会档案工作目标管理通过省二级认定，总分为70分。

11月1日，县档案局派林绍嘉参加省在中山市召开的全省农业农村档案工作会议。

11月23日，县委党史研究室档案综合管理通过省二级评审，总分为73.8分。

11月27日，龙南镇龙塘村民委员会档案工作目标管理通过省二级认定，总分为65分。

12月18日，县纪检监察局档案综合管理通过省二级评审，总分为78.3分，市纪委副书记赵多想参加评审会。

12月25日，县档案局组织镇级档案行政执法检查。

12月26日，根据佛委办印发的《佛冈县县级党政机构改革方案实施意见》《佛冈县县级机关工作人员定岗定员实施办法的通知》，县档案局（馆）为赋予行政职能的事业单位，保留档案局，与档案馆实行局馆合一体制，为正科级。

2002 年

1 月 9 日，清远市档案局局长沈六、办公室主任李扬爱一行到佛冈县档案局指导工作。

1 月 17 日，县教育局档案综合管理通过省特级评审，总分为 98 分。

5 月 23—27 日，清远市档案局召开全市农业农村档案工作会议，会后到广西、湖南学习，佛冈县档案局林绍嘉参加会议。

5 月 28—30 日，清远市档案局举办文件材料归档方法改革学习班，佛冈县朱海燕等 9 人参加。

6 月 14 日，根据县委组织部通知，县档案局局长黄榕棠参加清远市委党校学习 1 个月。

6 月 26 日，市档案局副局长朱小兵、科长陈南妹一行到佛冈县档案馆检查档案馆安全工作。

7 月 12 日，县政府召开全县档案工作暨农业和农村档案工作会议。各镇分管档案工作的领导、办公室主任、农办负责人，县直副科以上分管档案工作的领导和 1 名专（兼）职档案员参加会议。会上，县政府常务副县长缪树森作总结讲话，并代表县政府与各镇分管档案工作的领导签订了“佛冈县农业和农村档案工作目标责任书”。

7 月 17—22 日，清远市公安局组织档案目标管理评审组到佛冈县检查验收全县 14 个派出所的档案目标管理工作。

8 月 7—8 日，县档案局在县供电分公司举办各镇档案员骨干培训班。

8 月 27 日，市档案局局长沈六、副局长李扬爱、副科长翁惠娜及英德市档案局局长李广禄等一行 9 人到佛冈县检查指导农村档案工作。

12 月 3 日，县档案局对县政协提案《健全和加强基层档案管理》的答复，被县政协评为 2002 年度优秀提案，县档案局局长黄榕棠在表彰会上做了经验介绍。

12 月 12—20 日，县档案局组织对全县 14 个档案目标管理达标满 3 年的单位进行复查。

2003 年

3 月 4 日，市档案局局长沈六、副局长朱小兵、李杨爱一行到佛冈县检查指导新档案馆建设落实情况。

3 月 5—7 日，县档案局局长黄榕棠到惠州市参加全省档案工作会议。

4 月 9—11 日，全市档案工作会议在连州市召开，县档案局局长黄榕棠、副局长林绍嘉参加会议。会上，黄榕棠就如何做好接收破产转制企业档案工作做了经验介绍。

8 月 5—9 日，县档案局副局长林绍嘉参加清远市档案局组织的参观学习村级建档经验活动。

10 月 22 日，省档案局局长徐大章、《广东档案》副主编王恩汉一行，在清远市档案局局长沈六、副局长李杨爱的陪同下到佛冈县档案局（馆）调研。

11 月 20 日，省档案局副局长张平安、处长张中华一行在清远市档案局局长沈六、副局长李杨爱的陪同下到佛冈县检查指导民国档案目录计算机录入情况。

12 月 18 日，佛冈县计划生育局档案综合管理通过考评达到省二级标准。

12 月 20 日，佛冈县气象局被评为省级先进科技事业档案管理单位。

2004 年

3 月 20 日，省档案局局长张光灿、基建办主任车晓明在清远市档案局局长沈六和副局长朱小兵、李扬爱的陪同下，到佛冈县检查档案工作。

4 月 20—29 日，县档案局副局长林绍嘉参加市档案局举办的农业农村档案工作研讨会并到云南参观学习。

8 月 6 日，县公安局档案综合管理评定为省特级单位。

8 月 13 日，龙山镇政府档案综合管理评定为省二级单位。

8 月 25—26 日，县档案局局长黄榕棠到阳山县参加全市农业农村局档案工作会议。

9 月 15 日，县府办发出《关于全县农业和农村档案工作的情况通报》（佛府办〔2004〕59 号）。

12 月，县公路局档案综合管理通过评审达省特级标准。

是年，县档案馆设立现行文件阅览室。

2005 年

3 月 8—9 日，全市农业农村档案工作会议在连山县召开，县档案局局长黄榕棠参加。

3 月 19—22 日，县档案局局长黄榕棠参加广东省档案局在江门市召开的保持共产党员先进性教育活动征求意见会。

4 月 11 日，市档案局局长沈六、副局长李扬爱、科长陈南妹到佛冈县迳头镇检查指导农档工作。

5 月 18 日，清远市人大常委会副主任关淑姝，市档案局局长沈六、副局长朱小兵、科长陈南妹一行到佛冈县开展档案行政执法检查。

6 月 2 日，省档案局对佛冈县档案馆设计方案提出 7 点意见。

7 月 13—20 日，县档案局局长黄榕棠、局办公室主任朱明采参加由县直工委组织的到云南昆明、丽江、香格里拉参观学习。

10 月 3 日，位于县人民中心的佛冈县档案馆大楼正式动工兴建。

10 月 25 日，市档案局局长沈六、副局长朱小兵、李扬爱一行到佛冈县检查农档及档案馆大楼开工情况。

12 月 5 日，根据省、市档案局的工作安排，由市档案局局长沈六、副局长李扬爱、科长梁芬组成的农业农村档案工作检查验收小组第一组到佛冈县检查农业农村档案工作，上午到高岗镇、下午到汤塘镇检查。经检查组验收，全县农业农村档案工作合格。

12 月 26 日，李小珑由县城市监察大队调佛冈县档案局任局长。

是年，全县机关单位档案综合管理累计被评为省二级以上的 72 个，其中国家级 2 个（县供电局、县邮电局），省特级 14 个，省一级 18 个，省二级 38 个。

是年，接收 72 家破产企业档案进馆，经鉴定整理立卷 12224 卷（册），并实行计算机案卷级和文件级录入，实行计算机检索。

2006 年

2 月 21 日，省档案局副局长李士智，在清远市档案局副局长朱小兵的陪同下，到佛冈县检查指导社区档案工作。

4 月 27 日，省档案局局长徐大章，在清远市档案局局长沈六、副局长李扬爱，副县长郑中华和县档案局领导的陪同下，到佛冈县检查新档案大楼建设情况。

6 月 19 日，全市档案工作会议在清远召开。佛冈县李小珑、林绍嘉、朱明采出席会议。会议传达省档案局在南海召开的全省档案业务工作会议，针对档案业务的热点、难点问题，如何统一口径需要解决的一些业务问题做了部署。

6 月 20—23 日，市档案局举办乡镇社区档案干部培训班。佛冈县档案局朱明采和高岗、迳头、水头、汤塘镇的档案员参加培训学习。

11 月 20 日，清远市档案专业初级评委朱明采参加清远市档案专业评审会。

12 月，县档案局制定《佛冈县档案事业发展“十二五”规划实施方案》。

是年，国家档案局发出《机关文件材料归档范围和文件档案保管期限规定》（8 号令）。

2007 年

1 月 29 日，佛冈县档案馆正式搬迁到县人民中心东楼后新档案馆大楼。新档案馆大楼建筑占地面积 650 平方米，框架 4 层，总建筑面积 3040 平方米。在档案资料及设备搬迁时，做到严密组织，保证安全搬迁。

2 月 2 日，清远市公安局交通警察支队高速公路大队档案综合管理通过省特级评审验收。

3 月 12—13 日，县档案局局长李小珑到广州市参加全省档案局（馆）长会议。

3 月 14—15 日，全市档案局长会议在佛冈县新落成的档案馆大楼一楼会议室召开，全市各县（市、区）档案局局长及市局副处以上领导共 15 人参加会议。会议由市档案局副局长李扬爱主持，市档案局局长王振华就 2006 年档案工作情况及 2007 年的档案工作思路，结合全省档案工作会议精神做了讲话。15 日，与会人员前往英德市档案馆参观交流。

4 月 28 日，县政府安排一台国产东风风行 7 座商务车给县档案局使用，从此档案局结束了无公务车的历史。

4 月 29 日，县档案局与江西远洋保险设备实业有限公司签订购置安装档案密集架 216. 1 立方米合同，合同金额 242. 03 万元。

5 月 3—6 日，由县档案局局长李小珑带队，林绍嘉、朱明采、黄榕棠等一行前往江西省樟树市，实地参观考察远洋保险设备实业有限公司生产情况。

5月17日，县委办、县府办联合发出《关于向佛冈县档案馆送交已公开现行文件及资料的通知》（佛委办〔2007〕80号）。

5月19日，县档案局在职干部参加县消防大队举办的消防知识培训班学习。

6月7—8日，连山县档案局和史志办一行7人到佛冈县参观学习。

6月9日，在人民公园开展首次“6·9”国际档案日宣传咨询活动。

6月12日，县档案局副局长林绍嘉到清远市档案局参加档案保管期限改革学习班。

6月18日，江西远洋保险设备实业有限公司在县档案馆二楼大库房安装档案密集架2个团体共16列并进行调试，县长严小康亲临现场检查。

6月20日，广东省档案局副局长李士智在清远市档案局副局长朱小兵的陪同下，到佛冈县档案局检查指导工作。

6月29日，翁源县档案局一行4人到佛冈县档案局参观档案馆库建设情况。

6月底，佛冈县全面完成12个居民社区建档任务。

7月3日，县档案馆举办的“佛冈县改革开放30年成果展”开放展出。

7月11日，连州市档案局一行8人，在局长伍成和的带领下，到佛冈县档案局参观学习。

9月5日，广东省档案局在广州市黄花岗剧院举办纪念《档案法》发布20周年暨庆贺《广东省档案条例》文艺集会，县档案局全体在职人员参加。

9月13—19日，县档案局局长李小珑参加清远市档案局组织的到新疆学习参观考察活动。

9月24日，县府办发出《关于在全县开展档案行政执法检查的通知》（佛府办函〔2007〕86号）。

10月10日，省档案局副局长张光灿一行3人在清远市档案局局长王振华、副局长朱小兵的陪同下到佛冈县，就佛冈县档案馆升省一级进行调研。

10月23日，县委常委、宣传部部长蓝山鹰到县档案馆参观“佛冈县改革开放30年成果展”。

10月30日，省档案局业务指导处吴晓琼，在清远市档案局副局长朱小兵、副处长陈南妹的陪同下，到佛冈县检查档案馆晋升省一级目标管理各项工作落实情况。

11 月 26 日，县府办发出《关于向佛冈县档案馆移交档案的通知》（佛府办函〔2007〕98 号）。

是年，县档案馆建立现行文件阅览中心（与档案阅览室合用，面积 83 平方米）。

2008 年

1 月 22—23 日，县档案局局长李小珑、副局长林绍嘉到清远市参加全市档案工作会议。

1 月 19 日，市档案局副局长朱小兵、调研员陈南妹到佛冈县档案馆检查指导档案馆升省一级工作进展情况。

1 月 27—28 日，县档案局局长李小珑到广州参加全省档案工作会议。

4 月 15 日，清新县档案局一行 6 人在局长陈朝永的带领下到佛冈县档案局参观学习。

6 月 24 日下午，市档案局副局长朱小兵、副处长陈南妹一行到佛冈县指导档案馆晋升省一级目标管理工作。

6 月 2 日，佛冈县精神文明建设委员会、中共佛冈县委宣传部发出《关于命名佛冈县第一批县级爱国主义教育基地的通知》（佛宣发〔2008〕10 号），佛冈县档案馆为第一批县级爱国主义教育基地（历史文化文物教育类型）。

6 月 16 日，县长严小康参观县档案局举办的“佛冈县改革开放 30 年成果图片展”。

6 月 23 日，根据县档案局关于佛冈县档案馆晋升省一级档案馆目标管理的申请，省档案局组成的评审小组到佛冈县档案馆进行晋升省一级标准的考评。经现场考评结果总分及各单项分均达到省一级档案馆的标准，佛冈县档案馆被评为广东省一级综合档案馆。

9 月 3 日，县档案局局长李小珑、副局长林绍嘉随同县政协考察组前往安徽黄山、浙江西湖等地参观考察。

9 月 28 日，韶关市委常委、宣传部部长李萍一行 12 人到县档案馆参观“佛冈县改革开放 30 年成果展”。

10 月 10 日，佛冈县人事局发文，县档案局（馆）列入参照公务员管理范围。

10 月 13 日，县档案局发出《关于转发国家档案局第 8 号令〈机关文件材料归档范围和文书保管期限规定〉的通知》。

12月10日，县委常委、县委办主任何久斌到县档案馆参观“佛冈县改革开放30年成果展”。

12月11日，县档案局组织全体干部到东莞市档案局（馆）参观学习。

12月29日，市档案局11人到佛冈县档案馆参观“佛冈县改革开放30年成果展”，后前往龙山镇上迳村开展党日活动。

2009年

1月14日，县档案局局长李小珑、副局长林绍嘉到清远市参加全市档案工作会议。

3月30日，清远市档案局发出清档发〔2009〕47号文，佛冈县朱明采、朱海燕、朱燕玲、巢柱燊、黄常义为档案综合管理市级评审员，林绍嘉为省级评审员，聘任期为5年。

4月8—10日，县档案局派出林绍嘉到广州参加省档案局举办的全省档案业务指导人员培训班学习。

4月22日，县政府分管档案工作的副县长廖振灵到档案局（馆）检查工作，察看“佛冈县改革开放30年成果展”图片展览和现行文件、政府信息公开查阅室，档案信息化建设，档案管理等情况。

4月27日，县纪委监察局档案综合管理通过省特级评审。

是月，根据县委《关于在县直部分单位设立党组的通知》（佛委〔2009〕8号），佛冈县档案局设立党组，党组成员设3名，其中党组书记、纪检组长和党组成员各1名。

8月20日，根据省档案局通知精神，县档案局发出佛档发〔2009〕2号文，向每个镇政府免费发放《“三农”工作常用文件选编》7本。

12月8日下午，省档案局局长徐大章到县档案局调研、检查指导工作，在清远市档案局局长王振华、县政府副县长廖振灵、县档案局局长李小珑的陪同下，到县档案局（馆）参观“佛冈县改革开放30年成果展”，检查馆库设施情况。随后，会见县委书记李玉楷进行工作意见交流。

12月21日，市档案局发出《关于明确我市现有档案综合管理省级评审员的通知》，县档案局副局长林绍嘉为档案综合管理省级评审员。

12月30日，经省专家委员会评估认定及省档案局审定，佛冈县档案馆因存在年度业务经费少（未达到2元/卷的最低标准），档案目录数字化进度慢的问题，2009 年工作被确定为基本合格等次。

2010 年

5 月，县档案馆被县委、县政府命名为爱国主义教育基地，并悬挂牌匾。

6 月 10 日，县档案馆被县委、县政府评为“2008—2009 年度佛冈县爱国主义教育基地先进单位”。

7 月 27 日，县档案局向县机构编制委员会办公室提出《关于佛冈县档案局（馆）按行政类事业单位认定的申请》。

9 月 30 日，根据清组干〔2010〕335 号文件通知，黄榕棠提前退休，享受副处级待遇。

10 月 28 日，根据清远市委办公室、清远市人民政府办公室《关于评选清远市“十一五”规划期间档案工作先进集体和先进个人的通知》，县档案局向县政府报送评选清远市“十一五”规划期间档案工作先进集体和先进个人的意见（先进集体 5 个，先进工作者 12 名）。

12 月 30 日，根据省档案局专家委员会评估认定、省档案局审核，佛冈县档案馆 2010 年工作被评定为合格等次。

是年，县档案馆馆藏各类档案（累计）171 088（卷册件），其中案卷 159 683 卷件，其他档案 11 405 册件；档案排架总长（累计）1226. 88 米。

2011 年

1 月 5 日，县档案局（馆）、朱海燕被评为“十一五”规划期间全市档案工作先进集体和先进个人。

5 月 12 日，县档案局朱明采参加县电子公文交换系统培训班学习。

5 月 23—26 日，县档案局朱海燕参加广东省档案馆业务人员培训班学习。

7 月 12 日，清城区、清新县档案局一行 7 人到佛冈县档案局学习交流。

10 月 26 日，佛冈县机构编制委员会印发《佛冈县档案局机构编制方案》（佛机编〔2011〕33 号），佛冈县档案局（佛冈县档案馆）为县政府管理的公益一类事业单位，正科级。

11 月 17 日，县档案局朱明采参加清远市初级档案专业职称评审会。

2012 年

3 月 30 日，县档案局向县政府报送 2011 年政务信息公开工作报告。

5 月 28 日，县委副书记、县长梁金鉴和县府办副主任徐金星到县档案局检查指导工作。

6 月 28 日，佛冈县城北中学、佛冈县第一小学档案综合管理通过省特级综合认定。

是月，县档案局（馆）制定《佛冈县档案馆信息化建设“十二五”规划》。

7 月 13 日，由市档案局局长杨宇带队的档案工作调研组一行 13 人到佛冈县开展调研活动。调研组先后到佛冈县上岳古民居、龙南片区社会主义新农村点参观，下午在县档案局会议室召开座谈会，县档案局局长李小珑向市调研组作档案工作汇报。

10 月 15 日，县档案局对全县 27 个单位发出 2011—2012 年度档案综合达标复查时间的通知，明确各单位复查时间。

11 月 16 日，佛冈县人民法院档案综合管理通过省特级综合认定。是日，省档案局督导处副处长许晓云到佛冈县档案馆指导工作。

12 月 24 日，由市档案局副局长刘年强带队的计算机网络安全管理检查组一行，到佛冈县档案局开展档案信息安全保密检查。

2013 年

1 月 7 日，县府办发出《关于佛冈县 2011—2012 年度档案综合管理执法检查的情况通报》。

1 月 14 日，清远市档案局发出《关于表彰 2011—2012 年度档案执法检查先进集体和先进个人的通知》，佛冈县先进集体 4 个，先进个人 10 名。

1 月 25—26 日，县档案局局长李小珑、副局长林绍嘉参加全市档案工作会议。

3 月 13 日，县档案局向县政府要求报送办公设备的请示。

4 月 15 日，清远市国家保密局、清远市档案局联合检查组到县档案局开展全市档案系统专项保密检查，县档案局局长李小珑向检查组做档案安全保密工作汇报。

5 月 10 日上午，县委常委、组织部部长黄永华到档案局召开局领导人事变动会议，宣布县档案局局长李小珑调任佛冈县水务局任党组书记职务，林绍嘉主持县档案局全面工作。

7 月 20 日，县档案局发出《关于转发〈企业文件材料归档范围和档案保管期限规定〉的通知》（佛档〔2012〕3 号）。

8 月，朱荣军任县档案局局长（佛人社干〔2013〕22 号）。

9 月 2 日，县委办发出《关于调整中共佛冈县委保密委员会成员的通知》（佛委办〔2013〕63 号），县档案局局长朱荣军为佛冈县保密委员会成员。

9 月 25 日，在人民中心主楼 307 室召开县政府第十四届 20 次常务会议，会上听取县档案局朱明采关于创建新农村建设档案工作示范县的情况汇报，会议同意由县财政局安排相关工作经费 9.2 万元。

9 月 26 日，县府办发出《关于印发〈佛冈县创建社会主义新农村建设档案工作示范县实施方案〉的通知》（佛府办〔2013〕82 号）。

10 月 11 日上午，县政府在人民中心主楼 110 室召开佛冈县创建社会主义新农村建设档案工作示范县动员大会。

11 月 20 日，翁源县档案局一行 7 人到佛冈县档案局进行工作交流。

2014 年

1 月 18 日，由市档案局、市民政局、市农业局联合组成清远市社会主义新农村建设档案工作示范验收小组到佛冈县迳头镇就该镇创建清远市社会主义新农村建设档案工作示范镇、村情况进行检查验收。验收结果：迳头镇人民政府为清远市社会主义新农村建设档案工作示范镇合格镇，迳头镇迳头村为清远市全社会主义新农村建设档案工作示范村合格村。

2 月 12 日，县委办发出《关于公布佛冈县 2013 年“公述民评”活动评议结果的通知》（佛委办〔2014〕1 号），佛冈县档案局经考核总分为 87.75 分，被评为满意单位。

3 月 19 日，市档案局副局长刘年强、副科长刘仲强等一行 4 人到佛冈县档案局，开展档案信息安全管理调研。

3 月 21 日，省档案局督导处副处长李彩香，在清远市档案局副局长朱小兵、监督指导科科长翁惠娜的陪同下，到佛冈县检查指导新农村档案工作开展情况，佛冈县政府副县长黄丽、县档案局局长朱荣军分别做情况汇报。

3 月 28—29 日，县档案局组织创建社会主义新农村建设档案工作示范县参观学习组一行 6 人，由局长朱荣军带队前往阳山县、连山县、连州市、英德市参观学习。

4 月 16 日下午，县委常委李贤成、南方医科大学领导一行 3 人到县档案馆参观考察。

4 月 21 日，县档案局副局长林绍嘉参加清远市档案局局长座谈会。是日下午，县委办副主任曾庆任、县国家保密局局长钟金环到县档案馆检查档案信息安全情况。

5 月 12 日，县档案局新购买 2 台联想台式计算机，1 台佳能激光打印机，共计经费 1.5 万元。

5 月 15—16 日，县档案局 6 人、清远市档案局监督指导科 2 人、清新区 3 人，由县档案局局长朱荣军带队前往始兴县档案局参观学习，交流创建新农村建档案工作示范县经验。

6 月 13 日下午，县委常委、组织部部长石尚明，分管档案工作的副县长黄丽到县档案局开会，宣布对县档案局领导干部的任免事项，曹榕村任县档案局局长（县档案馆馆长）。

7 月 2 日上午，县政府召开涉农单位创建社会主义新农村档案工作示范县协调会。

7 月 8—11 日，县档案局派朱明采到广州市参加 2014 年广东省档案专业技术人员继续教育培训班学习。

7 月 9 日，佛冈县第四小学档案综合管理通过省一级综合认定。

8 月 1 日，县档案局黄常义、朱海燕 2 人参加佛冈县行政执法人员法律知识培训班学习。

8 月 4—6 日，县档案局派出 3 名合同制工人到清远市参加档案专业六门课岗位培训班学习，经考核成绩合格，取得上岗资格证书。

8 月 21 日，市档案局副局长朱小兵、监督指导科科长翁惠娜到佛冈县档案局，开展上半年档案目标管理工作进展情况调研。

9 月 1—5 日，根据县委组织部的工作安排，县档案局局长曹榕村到湖南省长沙市参加县域经济培训班学习。

9 月 25 日，县档案局在职干部一行 6 人由局长曹榕村带队到市档案局，汇报新农村档案工作开展情况，并学习档案业务知识。

9 月 29 日下午，县委书记华旭初率分管档案工作的副县长、县委组织部常务副部长、县人社局局长、县财政局局长、县编办主任、县委办副主任一行到县档案局（馆）调研，并在局会议室召开座谈会。

12 月 12 日，县档案局局长曹榕村带领全局干部及合同工 11 人到英德市档案局，参观学习档案信息化管理经验。

12 月 26 日，省档案局监督指导处处长李彩香、科长赵修磊一行 3 人在清远市档案局副局长朱小兵、监督指导科科长翁惠娜的陪同下，到佛冈县就创建新农村档案工作省级示范点工作进行检查指导。

12 月 30 日，佛冈县审计局档案综合管理通过考核认定，总分达到 95.6 分，被评为省特级档案综合管理单位。

2015 年

1 月 7 日，县档案馆在原有库房安装报警系统的基础上，再安装电子监控系统并开始启用。如果发现非正常情况，可及时调出录像资料进行分析，确保档案安全。

2 月 2 日，市档案局开展档案业务知识培训，内容涉及实物档案、声像档案、档案规范化管理和档案数字化、档案法律法规、规章制度、作风建设、文明礼仪知识等方面的内容。

3 月 10 日，林绍嘉等到市档案局报送重点档案抢救审批表并做情况汇报。

3 月 16 日，县档案局林绍嘉、巢柱燊等到清远市档案局向市局领导学习了解申办档案学会和晋升国家二级馆的相关工作。

3 月 19—20 日，县档案局林绍嘉、朱海燕等到英德市参加晋升国家二级档案馆研讨会。

4 月 3 日，县委常委、常务副县长冯炽兴听取县档案局局长曹榕村为解决晋升国家二级档案馆资金的情况汇报，并表示一定尽全力配合县档案馆做好相关的工作，解决资金上的困难。

4 月 8—9 日，省、市档案局领导到佛冈县档案馆督查馆库安全及新农村档案建设工作。8 日在县档案馆参观，召开座谈会。9 日到县民政局、县水务局、龙南新农村建设示范点检查工作。

4 月 9 日，县档案局聘请 6 位临工，增加 4 台电脑、2 台高速扫描仪，争取年底完成晋升国家二级档案馆任务。

4 月 13—17 日，县档案局局长曹榕村参加县委组织的县直单位一把手到湖北学习，为期一周。

4 月 16 日，县档案局副局长林绍嘉参加清远市档案学会第四次会员代表大会，审议第三届理事会工作报告，选举第四届理事会，修改《清远市档案学会章程》。

4 月 21—24 日，县教育系统、县直单位共 30 人参加清远市档案学会举办的档案人员信息化管理培训班。

5 月 25—29 日，县档案局局长曹榕村到清远市参加培训学习，为期一周。

6 月 2 日，上午，县委常委、常务副县长冯炽兴到县档案局（馆）调研，先后参观档案检索阅览室、档案展览厅、数字化工作室、档案库房，了解档案的存放保管情况，随后在局会议室召开座谈会。

6 月 4 日，副局长林绍嘉率队到县职校参加县教育系统档案员培训课。

6 月 11 日，下午，市档案局局长杨宁率市档案学会李会长、谢副会长到佛冈县档案局调研。了解佛冈县档案事业“十二五”规划落实情况，新农村档案工作示范县工作情况、创建国家二级档案馆工作准备情况和档案学会筹备情况。

6 月 12 日，上午，佛冈县档案学会成立会议在县人民中心主楼 110 室顺利召开，会议经过 8 项议程圆满结束。会议通过档案学会章程，选举学会理事长、监事长、秘书长各 1 名，常务理事 2 名，理事 3 名。

6 月 24 日，县档案局黄榕棠、巢柱燊、黄常义、朱海燕到清远市档案学会学习。

6 月 25 日，县纪委黄常佳组长、朱燕翼到档案局参加创建国家二级综合档案馆的工作事宜。

是月，县档案局组织开展“6・9”国际档案日活动。

7 月 5 日，上午，市政协副秘书长、原市档案局副局长朱小兵，市档案局局长杨宁及市档案学会会长、秘书长到佛冈县档案局调研，指导佛冈县档案局创建国家二级综合档案馆及学会发展工作。

7 月 23 日，市档案局副局长刘年强到佛冈县档案局调研，检查重要档案抢救情况。

8 月 18 日，县档案馆改造档案库房，进行库房隔热吊顶、增加隔热走廊，地上铺砖，重新布电线，增加漏电保护开关，改善档案的保管条件。办公室从里面一间迁移中间，馆库面积增加 80 平方米。

9 月 14 日，上午，县长梁金鉴，县委常委、常务副县长冯炽兴到县档案局调研，检查指导档案馆创建国家二级综合档案馆工作。

9 月 22 日，按照市委、市政府关于在全市各地组织开展保密技术巡回演示教育活动的工作部署，县档案局领导于当天下午到清远市参加保密技术巡回演示活动。

11 月 12 日，县档案局巢晓敏等参加市档案局举办的全市档案信息资源开发利用培训班。

12 月 4 日，市档案局局长刘龙山带领监督指导科人员到佛冈县，调研佛冈县档案事业发展“十二五”规划执行及创建国家二级综合档案馆情况。

12 月 23 日，县“六五”普法检查小组对县档案局“六五”普法工作进行检查。

是年，县档案馆开展创建国家二级档案综合管理档案馆工作。

2016 年

1 月 11 日，根据《档案法》和《广东省档案条例》等法律法规要求，按照《广东省市、县级国家综合档案馆年度评估等级标准（2015）》规定，经专家委员会评议认定、省档案局审核，佛冈县档案馆 2015 年度档案业务工作被确定为优秀等级。

1 月 13 日，县档案局在一楼展厅建成新农村建设成果展览。本次展览除了“佛冈县概况”外，还展示社会主义新农村建设近十年的历程和取得的成就。

2 月 2 日，县档案局局长曹榕村到县人民中心主楼大礼堂参加县委十二届十次全会。

3 月 6 日，下午，县档案局局长曹榕村到英德市档案局参加清远市档案局召开的档案工作会议暨档案馆建设现场促进会。

3 月 7—10 日，县档案局局长曹榕村参加佛冈县政治协商会议。

3 月 11 日，由县档案局副局长林绍嘉带领局有关干部到佛冈县科技和农业局开展综合档案管理晋升省一级考核认定工作。

3 月 15 日，英德市档案局一行 8 人到佛冈县档案局参观学习新农村建设档案工作及档案学会的申办工作。

4 月 26 日，县档案局举办农村档案培训班，进一步提高基层档案工作人员的业务能力。

5 月 10 日，县档案局购置档案库房温湿度监测仪 2 台、档案消毒机 1 台、档案装订机 1 台，提升档案安全管护能力。

5 月 23 日，市档案局副局长刘年强率队到佛冈县石角镇龙塘村委会开展农村档案管理工作调研。

6月8日，县档案局在县文化公园开展“6·9”国际档案日街头宣传活动。

6 月 10 日，县委、县政府召开精准扶贫会议，黄常义为驻村干部开展扶贫工作。

6 月 20—22 日，省档案局副处长李彩香、市档案局副局长刘年强等到佛冈县档案局初检晋升省特级档案馆材料。

7 月 20 日，县档案局 6 人分三期参加佛冈县公务员全员培训。

7 月 29 日，县档案局采购广东清华文通科技有限公司图文编辑软件 V1.0 版 1 套及三角扫描仪 1 台，专门用于档案数字化处理。

8 月 11 日，县档案馆依法接收佛冈县国家税务局 1998—2007 年文书档案 186 卷又 1930 件。

8 月 19 日，佛冈县档案学会举办档案业务培训班，共有 9 名学员取得培训证书。

9 月 6 日，县档案馆开始对婚姻档案进行数字化录入和全文扫描，使婚姻档案从分类、录入、扫描、归档同步完成。

10 月 18 日，县档案局黄常义、朱海燕 2 人参加行政执法人员执法证培训班，并顺利取得行政执法证。

10 月 21 日，市档案局局长刘龙山率领监督指导科负责人到佛冈县档案局调研和检查省档案行政执法反馈落实情况、党风廉政建设情况及创建省特级综合档案馆验收材料情况，随后参观数字化加工室、展览厅、查档室、库房、珍藏室等。

12 月 2 日，县档案局开展以“弘扬法治精神，服务社会利用档案”为主题的国家宪法日宣传活动。

12 月 22 日，县档案局副局长林绍嘉带领局有关干部到佛冈县大陂中学开展综合档案管理晋升省一级考核认定工作。

2017 年

1 月 12 日，省档案局测评组到佛冈县档案馆，通过自查报告、实地查看、现场咨询、审核自评材料等方式进行测评，最终县档案馆获得 81.34 的高分，顺利通过测评，正式晋升为省特级档案馆。县委常委、常务副县长王卓越出席测评会。

3 月 3 日，县档案局局长曹榕村出席全市档案工作会议。

3 月 27 日，经县编委 2017 年第一次会议研究决定，同意县档案局增设管理股、监督指导股，其中管理股加挂在办公室，监督指导股设股长 1 名。

3 月 30—31 日，省档案局副处长钱淑仪、省农业厅处长张小莲在市档案局监督指导科科长谢丽燕的陪同下到佛冈县调研社会主义新农村建设档案工作。

5 月 11 日，县档案局举办佛冈县档案执法检查、档案综合管理达标后复查工作培训班。这次培训由县档案局副局长林绍嘉讲授档案管理基础知识、法律法规。

5 月 23 日，省文明办检查督导组就县档案馆爱国主义教育基地创文工作开展情况进行现场督导检查。

6 月 9 日，在“6·9”国际档案日到来之际，县档案局工作人员走上街头，通过档案宣传展板展示、发放档案资料、便民咨询服务等形式，宣传档案工作，让市民近距离了解档案知识、档案文化。

7 月 4 日，省档案局、省法制局、五邑大学专家组到佛冈县召开《广东省侨联档案保护管理办法》修订会议。县档案局副局长林绍嘉出席会议。

8 月 7 日，县档案局转发《清远市档案学会〈关于档案专业资格评审工作的通知〉的通知》（佛档发〔2017〕1 号）。

8 月 17 日，县档案局、县扶贫工作领导小组办公室一行 10 人前往兴宁市档案局学习精准扶贫档案管理经验。

9 月 8 日，县档案局、县扶贫办联合组织举办精准扶贫档案培训班。来自全县各镇分管扶贫的领导、资料员、22 个相对贫困村的驻村队长共 50 多人参加精准扶贫档案工作培训。

2018 年

2 月 6 日，县档案局副局长林绍嘉出席佛冈县土地确权档案整理协调会，讨论制定佛冈县确权档案的进馆标准。

3 月 9 日，县档案局局长曹榕村出席全市档案工作会议。

3 月 30 日，县档案局邀请纪委徐浩才参加“设立培训电教室预算方案”会议，党组成员李功杰向纪委汇报设立培训电教室的预算方案，得到纪委的同意批准。局长曹榕村、副局长林绍嘉出席会议。

4 月 2—3 日，县档案局副局长林绍嘉到河源市参加全省中小学档案教育社会实践基地创建活动工作宣贯班。

4 月 10 日，市档案局副局长麦燕滇带领调研组到佛冈县档案局进行精准扶贫档案工作调研活动。

4月11日，县档案局副局长林绍嘉一行4人到连南、连山学习交流土地确权档案整理工作。

4月23日，县档案局副局长林绍嘉一行7人到连州学习交流档案抢救、档案数字化工作。

4月24—26日，县档案局副局长林绍嘉到中山市参加广东省数字档案馆（室）建设标准宣贯及应用示范推广培训班。

4月26日，经佛冈县机关事业单位政府购买服务人员审批领导小组同意，县档案局继续保留政府购买服务人员4名，签订劳动合同期限为3年。

6月9日，“6·9”国际档案日，县档案局工作人员在人民公园开展主题为“档案见证改革开放”的宣传活动，活动通过档案宣传展板展示、发放档案资料、便民咨询服务等形式宣传档案工作。

7月6日，县档案局党员干部与汤塘镇新塘村党员干部一起，到南雄市黎口镇瑶坑村中共广东省委驻地旧址开展支部主题党日活动。

7月9日，县档案局副局长林绍嘉一行5人到市档案局管理科学习交流档案管理经验。

8月1日，市档案局副局长麦燕滇一行5人到佛冈县档案局，就档案馆2017年度工作进行督查，并到各功能室实地查看。

10月8日，在县档案馆展厅布展的《学习十九大　奋进新时代暨爱国主义教育》展览正式开放。

2019年

2月19日，县委办、县府办发出《印发〈佛冈县机构改革方案〉的通知》（佛委〔2019〕13号），规定：县档案馆由在县档案局挂牌调整为单独设置，为县委直属的公益一类事业单位，正科级。

2月28日，县消防大队到县档案馆进行消防安全检查。

3月6日，县档案馆举办消防安全培训班，并在大楼大门外进行消防技能实操培训。

4月25日，佛冈县档案馆举办粤港澳“共读半小时”活动。

4月30日，纪念五四运动100周年大会在人民大会堂召开。佛冈县档案馆全体工作人员在一楼会议室集中收看纪念大会直播。

5月8日，县档案馆在县人民中心主楼110会议室举办2019年档案执法、档案综合管理复查工作培训班。

5 月 17 日，县委机编办〔2019〕32 号文，县档案馆由在县档案局挂牌改为单独设置，为县委直属一类事业单位，正科级。

5 月 22 日，清远市落实档案安全风险隐患排查整治工作领导小组到佛冈县档案馆进行抽查。

6 月 6 日，上午，县档案局联合县档案馆、县普法办在县人民公园开展“新中国的记忆”为主题的“6・9”国际档案日宣传活动。

8 月 20 日，清远市档案学会理事长罗钢一行 3 人到佛冈县档案馆进行档案学术交流活动，双方就档案修复、数字化、整理等问题进行深入交流。

11 月 28 日，市档案馆馆长黄荣茂一行 3 人到县档案馆调研。

是年，举办佛冈县“不忘初心，牢记使命”主题教育暨爱国主义教育展厅展览会。

2020 年

1 月 9 日，县档案馆馆长曹榕村到汤塘镇汤塘村开展档案服务农村基层社会治理试点调研工作。

5 月 9 日，清远市直机关二级巡视员刘龙山率市档案局调研组到佛冈试点之一的石角镇冈田村进行档案工作服务农村基层社会治理的实地考察调研。

5 月 28 日，县档案局局长曹灿安、馆长曹榕村在县档案馆一楼收看收听清远市档案工作电视电话会议。

6 月 5—9 日，县档案局、县档案馆在县人民公园举办“6・9”国际档案日宣传活动，活动的主题是“档案见证小康路、聚焦扶贫决胜期”。

9 月 3 日，连南县档案馆副馆长张红荣等一行 5 人到佛冈县档案馆开展档案工作交流活动。

10 月 14 日，市档案馆馆长黄荣茂到县档案馆查阅馆藏照片，并到汤塘镇洛洞村查看上山下乡知青原址。

12 月 23 日，县档案馆到县城明珠花园开展“双报到、双服务”活动，向群众宣传《档案法》知识，并派发社会主义核心价值观宣传挂历和档案知识宣传单张。

是年，县档案馆馆藏各类档案（2020 年案卷数为立档数）累计 226 500（卷册件），其中案卷 213 868 卷件，其他档案 12 632 册件；档案排架总长（累计）1449.96 米。

第一章　档案管理机构

第一节　佛冈县档案局（馆）

一、机构沿革

中华人民共和国成立前，佛冈县未设立专门的档案管理机构，民国时期档案分别由县政府各部门存放，主要有县政府、警察局、税务局、法院档案。

1949 年 10 月 12 日佛冈全境解放，民国时期档案统一由县公安局收集存放。佛冈解放后发生的档案，由县委秘书室兼管。

1954 年 6 月，县委秘书室改设县委办、由县委办兼管档案工作。

1958 年 10 月，成立佛冈档案馆，归属县委办管理，设专职档案管理员 1 人。同月，佛冈县并入从化县，佛冈县档案馆并入从化县档案馆。

1961 年 5 月，佛冈、从化分县，恢复佛冈县档案馆，仍归属县委办，设专职档案管理员 1 人。

1968 年 12 月，佛冈县革委会设立办事组，县委办及档案馆并入办事组，由办事组兼管档案工作。

1973 年 1 月，设立县委与县革委会合署办公的办公室，兼管档案工作。

1981 年 1 月，恢复设立县委办公室，兼管档案工作。是年 4 月，县委办设立档案科，恢复设立佛冈县档案馆，配备专职档案管理员 3 人。

1984 年 12 月，根据广东省编委〔1984〕256 号文件精神，撤销县委办档案科，成立佛冈县档案局，成为独立机构，与佛冈档案馆合署办公，为县委正科级单位，归口县委办管理。是年，按县编委《关于县档案科改局牌子的通知》（佛编〔1984〕10 号）挂牌运作。

2000 年 2 月起，根据县机构改革的规定，县档案局（馆）从县委办划归县府办管理。

2001 年 12 月，全县机构改革，县档案局（馆）定为县政府公益一类事业单位，核定事业编制 5 名。

2019 年 3 月，全县机构改革（佛委〔2019〕13 号），县档案局为县委管理的行政单位（正科级），牌子挂在县委办；县档案馆为县委直属事业单位，县档案局（馆）仍为合署办公单位。

2019 年 5 月，根据县委机编办《关于明确佛冈县档案馆机构编制事项的通知》（佛机编办〔2019〕32 号），县档案馆为单独设置，为县委直属的公益一类事业单位，正科级。

二、档案大楼

（一）早期档案馆

1983 年，设立县档案馆，馆址位于县政府大院（县城建设路 15 号）办公楼西面第三、第四层，总面积 350 平方米，其中库房面积 210 平方米。

（二）原档案大楼

大楼建设

1987 年 4 月，建成县档案大楼并启用。大楼位于县城建设路 15 号县政府大院（今为县中医院），为独立建筑物。大楼框架 5 层，建筑占地面积 88 平方米，总建筑面积 663 平方米，使用面积 470 平方米，建设投资 17 万元（其中本县财政投入 12 万元，广州市档案局支持 5 万元）。

大楼布局

大楼建成后，首层设档案整理室（兼阅档室）和档案查阅室，2～4 层为档案库房。2000 年，大楼总体布局为：首层设办公室 1 间，工作室 1 间，阅档室 1 间；二层设档案库房、资料室；3～5 层均为档案库房。在使用面积（470 平方米）中，库房面积 380 平方米，档案工作室 20 平方米，办公室 20 平方米，阅档室 20 平方米，附属设施 20 平方米，其他设施 10 平方米。

五层	库房		步梯	库房
四层	库房		步梯	库房
三层	库房		步梯	库房
二层	库房		步梯	资料室
首层	办公室	档案整理室	步梯	阅档室
		大　门		

注：原档案大楼指1986年建成的档案大楼。

图1－1　2000年佛冈县原档案大楼布局图

（三）新档案大楼

大楼建设

建设概况。新档案大楼建设项目于2000年12月立项，2005年10月动工兴建，2006年12月竣工。2007年1月，新档案大楼建成启用。大楼位于县人民中心东楼后面，为独立建筑物。大楼框架4层，占地面积760平方米，建筑总面积3040平方米（其中库房面积1058平方米），建筑投资700万元。大楼内安装消防报警系统设备和防盗监控系统设备，设施设备在全省山区县中处于先进水平。大楼对外服务用房720平方米，档案业务和技术用房500平方米，办公和辅助用房150平方米，其他用房（含走廊、消防和电梯、机房、楼梯、杂物房等）620平方米。档案馆总面积及各功能用房面积符合《档案馆建设标准》县级二类标准。2008年7月晋升为省一级档馆。

选址布局。佛冈县国家综合档案馆位于佛冈县石角镇振兴北路县人民中心内，周边有佛网县党政机关办公楼主楼、东楼、西楼、社会综合服务中心，城市公用设施较完备。馆址地势较高、排水通畅、空气流通、环境安静，紧靠主要通道和公交车站，面向社会，交通便利，符合《档案馆建设标准》关于选址的规定。

功能布局。档案馆设置有文书档案、专门档案、声像档案、破产企业档案、国土档案、纪检档案、组织人事档案、资料室、珍藏室等档案库房，还设有档案检索阅览室、政府信息公开阅览室（现行文件阅览中心）、综合展厅（爱国主义教育基地）、整理室、监控室、消毒室、数字化加工室、培训室等功能区域和用房。

建筑设计。佛冈县档案馆为相对独立建筑，共4层，全框架结构。档案楼房设计承重1200千克/平方米，抗震度6度4级，设置客货电梯1部，电梯载重量各为1000千克，各类档案业务和技术用房设置符合要求。

大楼设施设备

档案防护。档案库房为全封闭式，温湿度自动调节监控、门禁管理、水喷淋消防系统和气体自动消防，布防有与110指挥中心联网监控系统，内部及周界视频监控系统。设有档案消毒室，采用低温冷冻、药物熏杀等消毒设备，对入库档案全部进行消毒处理。定期打扫，投放防虫防霉药剂。各类库房符合要求。

防火设计。1号和2号库房、珍藏室、纪检档案、组织人事档库房采用七氟丙烷气体自动火和自动报警消防系统，办公及其他用房采用水喷淋消防自动灭火及自动报警系统，还配有手提式干粉灭火器、专业消防工具等消防器材。库房门采用甲级防火防盗门，整体安装防雷击系统、总电源避雷器。

建筑设备。档案馆配置有各种先进的设施设备及管理系统。主要包括：办公区域中央空调和柜式空调、库房中央空调和柜式空调、高压细水雾自动消防系统、七氟丙烷气体自动消防系统、水喷淋消防系统、库房温湿度自动监测调控系统、库房门禁管理系统、馆内库房和重要功能室（包括查阅利用室、数字化加工室、整理室、消毒室等）视频监控系统、大楼公用地方和周边视频监控系统、110联网自动报警系统、计算机内外网络系统、案信息综合管理系统、档案查询系统和办公自动化系统。

安防监控设备。安装视频控头23个，远红外感应器16个。

门禁设备。配有库房、信息化加工场所门禁管理系统，有门禁指纹机4个，并设置使用权限。

自动消防报警和灭火系统设备。设置52个烟感探测器、52个温感探测器、7处消防报警按钮。同时，各楼层和库房均配备消防栓和灭火器，累计配备消防栓12个，灭火器16个、定期进行专业检测，确保功能正常。

温湿度调控设备。有中央空调系统1套，库房、珍藏室，资料室为中央空调和柜式空调机，有温湿度自动调控监测功能和净化灭菌型除湿一体机，另有智能抽湿机5台，实行24小时自动监控、调控、记录。

防有害生物设施。采用低温冷冻、药物熏杀灭菌消毒等设备对入库档案进行消毒。库房内定期投放防虫防霉药剂。

馆内及周界电子巡查设备。馆内检索阅览室、政府信息公开阅览室

（现行文件阅览中心）、数字化加工场所均有视频监控设备；馆库周界设有视频监控设备。

数字化加工设备。数字化加工场所除安装有全方位无死角视频监控外，计算机全部安装保密软件。

大楼布局（2020 年）

首层：前排为公开文件阅览室兼业务培训室、学会及信息化室；后排为机房、检索室兼阅览室、展厅（教育基地）。

二层：前排为办公室、馆长室、编研室、人社局档案室；后排为 1 号库房、人社局档案库房。

三层：前排为档案整理室、资料室、组织部档案室；后排为 2 号库房、珍藏室、组织部档案库房。

四层：前排为副馆长室、学会档案室、国土档案库房、县纪委档案室；后排为党员档案管理室、档案馆仓库、国土档案阅览室、县纪委档案库房。

大楼功能分区（2020 年）

按使用功能分区划分，大楼分为 5 个功能区：①档案库房；②对外服务用房；③档案业务与技术用房；④办公和辅助用房；⑤其他。

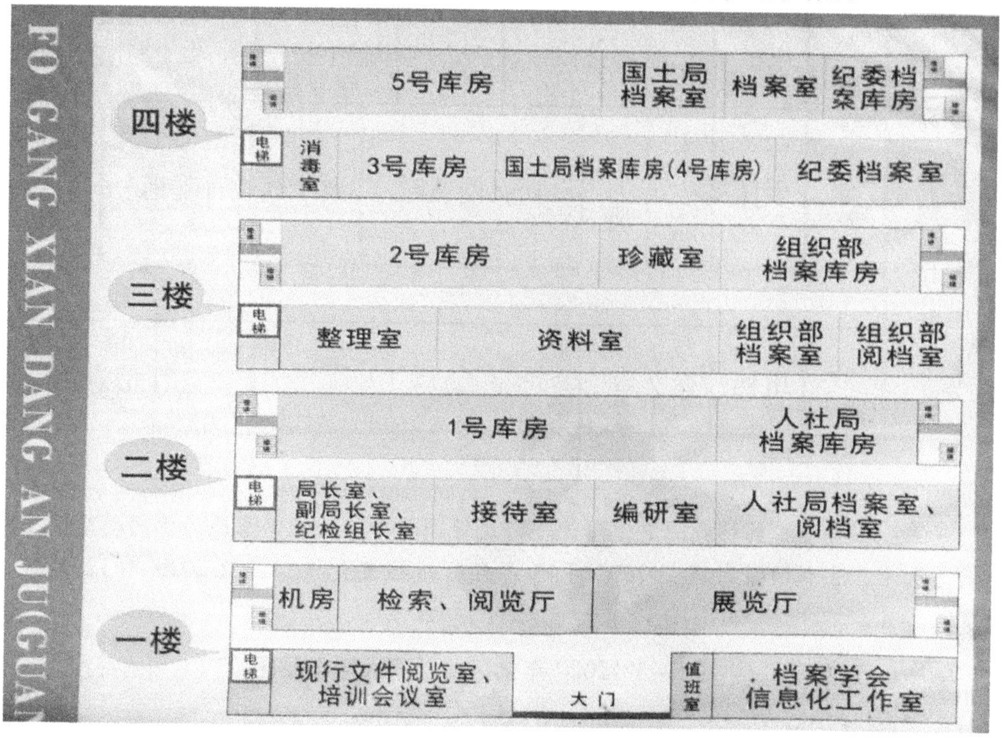

图 1－2　2010 年佛冈县档案大楼布局图

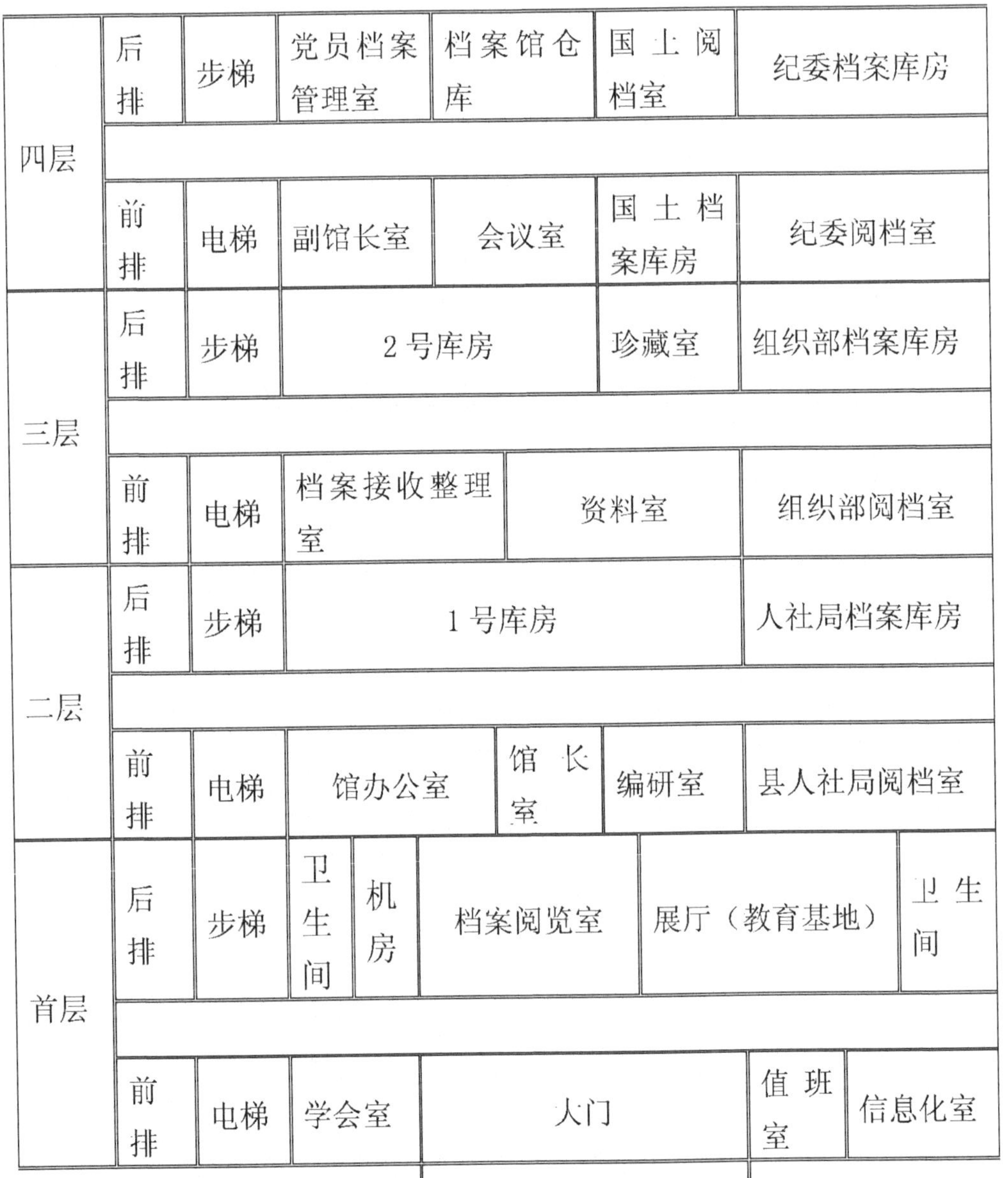

注：①大楼首层档案阅览室同为现行文件阅览中心，教育基地为佛冈县爱国主义教育基地。②本档案大楼指2007年建成启用的档案大楼，记录2020年12月布局情况。

图1－3　2020年佛冈县档案大楼布局图

表 1－1　若干年度佛冈县档案馆馆库设施对比表

馆址	统计时间（年）	总建筑面积（平方米）	实用面积（平方米）	库房数量（间）	库房总面积（平方米）	办公室数量（间）	办公室面积（平方米）	对外服务面积（平方米）	其他面积（平方米）
早期馆	1986	350	350	2	210	1	20	20	100
原馆	2006	663	470	7	380	1	20	20	50
新馆	2020	3040	3040	10	1058	4	150	720	1112

注：①本表对外服务面积，指档案阅览室、展厅等面积。②本表其他面积，指档案整理室、会议室以及机房、楼（电）梯、走廊、卫生间等面积。

表 1－2　2020 年县档案大楼功能分区表

分区	功能	面积（平方米）
合计		3040
（1）档案库房	包括二楼 1 号档案库房 195 平方米；三楼 2 号档案库房 170 平方米、珍藏室 53 平方米、资料室 103 平方米；四楼纪检档案库房 75 平方米、国土档案库房 95 平方米、预备库房①160 平方米、预备库房②57 平方米。另有二、三楼人事、组织档案库房 150 平方米。	1058
（2）对外服务用房	包括一楼大堂 90 平方米、值班室 45 平方米、档案信息检索查阅室 105 平方米、政府信息公开（现行文件）查阅中心 150 平方米、展览厅 170 平方米；四楼纪检档案阅览室 100 平方米、国土档案阅览室 65 平方米和厕所 4 间 80 平方米等。另有二、三楼人事、组织档案阅览室 200 平方米。	1005
（3）档案业务和技术用房	包括一楼馆藏数字化加工室 115 平方米、服务器用房 12 平方米；三楼档案整理室、鉴定室、接收室、裱糊修复室、除尘室 85 平方米；四楼消毒室 56 平方米等。	268
（4）办公和辅助用房	局（馆）在编人员、档案学会、技术聘员、临聘人员等办公用房等。	150
（5）其他	包括走廊、消防和电梯、机房、楼梯、杂物房等。	559

三、单位职能与领导设置

（一）单位职能

1983 年，《佛冈县档案馆工作实施细则》规定的县档案馆的基本任务是：在维护党和国家历史真实面貌的前提下，集中统一地管理党和国家的档案及有关资料，维护档案的完整与安全，积极提供利用，为社会主义现代化服务。具体工作任务是：①接收与征集档案；②科学地管理档案；③开展档案的利用工作；④参与编史、修志的工作。

根据 1996 年修正公布的《档案法》规定，县级以上地方各级人民政府的档案行政主管部门主管本行政区域内的档案事业，并对本行政区域内机关、团体、企业事业单位和其他组织的档案工作实行监督和指导。中央和县级以上地方各级各类档案馆，是集中管理档案的文化事业机构，负责接收、收集、管理、保管和提供利用各分管范围内的档案。

2000 年，县编委（佛机编〔2000〕9 号文）规定的县档案局（馆）职能是：①贯彻执行党和国家关于档案工作的方针政策，制定佛冈县档案事业发展规划和档案工作规章制度，并组织实施；②监督、指导县直机关、事业单位、群众团体、县属企业、重点工程建设及各镇的档案工作，依法查处档案违法行为；③组织开展档案宣传、档案理论与科学技术研究和科研成果推广应用；④组织档案专业教育和档案专业干部培训工作，负责档案专业技术职务评聘的有关工作；⑤集中统一管理各类历史档案资料和中华人民共和国成立后县直单位的重要档案资料，保守党和国家机密，维护档案的完整与安全；⑥负责县直及有关单位档案资料的接收、征集、整理及档案的展览、陈列、编纂出版工作，为社会广泛提供利用；⑦承办县委、县政府和上级档案管理部门交办的其他事项。

2019 年 5 月，根据县编办佛机编办〔2019〕32 号）文，县档案馆的主要职能任务是：①贯彻执行党和国家档案事业的方针、政策，落实省市档案事业发展规划、计划和相关政策；②负责接收和保管县级党政机关、事业单位、人民团体、国有企业和其他组织等本馆保管范围内对党、国家和社会有保存价值的各类档案（包括电子档案等）、资料和政府公开信息，并提供利用；③研究制定本馆进馆档案的接收标准和规范，负责各单位进馆档案整理质量检查和移交工作；负责编制进馆单位全宗号；④负责组织征集整理散存在县内有重要价值的档案资料；⑤利用档案为县委和县政府决策服务；⑥配合县委和县政府重大活动，开展档案展览、陈列、编纂出版工作；⑦组织进馆单位依法依规开展馆藏档案解密、开放鉴定、销毁工作；⑧依法依规开放档案信息资源；⑨维护馆藏档案安全，承担重要档案异地异质备份工作；⑩组织实施县直单位电子档案移交系统或数据接口部署，承担本馆档案信息化建设、馆藏电子档案的备份、馆藏档案和资料数字化等工作；⑪承担本馆数字档案馆、网络安全系统、计算机系统、办公自动化系统的建设、运行、管理和维护等工作；⑫承担馆藏档案资料的修复、缩微等抢救保护工作；⑬承担县委、县政府交办的其他工作任务。

（二）局（馆）长任职

任职情况

1961 年恢复县档案馆。1966 年 10 月，孙秀华任副馆长（至 1967 年 1 月止）。

1981 年 4 月，县委办设立档案科、档案馆，陈佛俊任副科长、馆长。

1984 年 8 月，陈佛俊任县档案科科长，仍兼任馆长。

1984 年 12 月，县编委根据广州市编委〔1984〕256 号文，将佛冈县档案科改为佛冈县档案局。县档案局、县档案馆为局、馆合一体制。

1986 年 8 月，陈佛俊任县档案局局长（兼任馆长）。

1988 年 3 月，曾素添任副局（馆）长。

1996 年 9 月，陈佛俊转任正科级协理员。

1996 年 9 月，黄榕棠任局长。

1997 年 2 月，黄榕棠兼任馆长。

1997 年 5 月，林绍嘉任正股级干部。

1998 年 3 月，陈佛俊退休。

2000 年 1 月，曾素添转任正科级调研员。

2001 年 3 月，曾素添退休（留用至 2002 年 3 月）。

2002 年 1 月，林绍嘉任副局（馆）长。

2005 年 12 月，黄榕棠不再担任局（馆）长，李小珑任局（馆）长。

2006 年 2 月，黄榕棠离岗退养，4 月转任正科级干部。

2010 年 11 月，黄榕棠退休，享受副处级待遇。

2012 年 4 月，林绍嘉兼任主任科员。

2013 年 5 月，李小珑调离，不再担任局（馆）长。

2013 年 8 月，朱荣军任局长，任至 2014 年 7 月（受查处免职）。

2014年7月，曹榕村任局（馆）长。

2019年2月19日，根据县委、县政府《印发〈佛冈县机构改革方案〉的通知》（佛委〔2019〕13号），将县档案局的行政职能划入县委办公室，县委办公室对外加挂县档案局牌子，县档案馆作为县委直属事业单位。不再保留与县档案馆合并设立的县档案局。

2019年7月19日，根据县委组织部《关于曹榕村等同志任职的通知》（佛组干〔2019〕87号），曹榕村任佛冈县档案馆二级主任科员，林绍嘉任佛冈县档案馆二级主任科员。

2019年8月，佛冈县档案馆馆长：曹榕村（续任），副馆长林绍嘉（续任）。

2020年4月，佛冈县档案局局长：曹灿安（县委办副主任兼）。

表1－3　1984—2020年县档案局（馆）任职名录表

职务	姓名	性别	籍贯	任职时间	备注
馆长	陈佛俊	男	广东省兴宁县	1981. 4—1986. 8	局长兼馆长
局（馆）长	陈佛俊	男	广东省兴宁县	1986. 8—1996. 9	转任科级协理员
	黄榕棠	男	佛冈县水头镇	1996. 9—2005. 12	转任科级干部
	李小珑	男	佛冈县迳头镇	2005. 12—2013. 5	调离
	朱荣军	男	佛冈县迳头镇	2013. 8—2014. 7	受查处免职
	曹榕村	男	佛冈县龙山镇	2014. 7—2019. 8	
局长	曹灿安	男	佛冈县龙山镇	2020. 4—	县委办副主任兼任
馆长	曹榕村	男	佛冈县龙山镇	2019. 8—	续任馆长
副局（馆）长	曾素添	女	广东省兴宁县	1988. 3—2000. 1	转任科级调研员
	林绍嘉	男	佛冈县龙山镇	2002. 1—2019. 8	
副馆长	林绍嘉	男	佛冈县龙山镇	2019. 8—	续任副馆长

注：①1996年9月陈佛俊转任县档案局（馆）正科级协理员。②2000年1月，曾素添转任正科级调研员；黄榕棠任局长（1997年2月兼任馆长。）③2006年4月10日，据佛组干〔2006〕3号文，黄榕棠任县档案局（馆）正科级干部。④2012年4月，林绍嘉兼任主任科员。⑤2014年7月，朱荣军因任县档案局长前的行为受查处开除党籍、公职。⑥2020年4月，曹灿安为县委办副主任兼任县档案局局长。⑦2019年7月19日，据佛组干〔2019〕87号文，曹榕村、林绍嘉任县档案馆二级主任科员。

领导班子分工

2017 年 12 月，根据县档案局佛档发〔2017〕7 号文，县档案局（馆）领导班子成员分工如下。

党组书记、局（馆）长：曹榕村，主持局（馆）全面工作。

党组成员、副局（馆）长：林绍嘉，协助局（馆）长工作；负责档案保管利用、档案业务指导、行政执法检查、法制宣传教育培训、档案信息化建设及修裱工作；分管管理股、监督指导股、联系县档案学会。

党组成员、副主任科员：李功杰，协助局（馆）长工作；负责党务（组织、人事、纪检）、保密、综治、信访、财务、政务公开、档案文化建设（征集、编研、展示）、爱国主义教育基地管理工作；分管办公室。

四、内设机构及人员

（一）内设机构及职能

1984 年 12 月，县档案局（馆）内设机构只有办公室。此后因编制人员少，从 1984 年 12 月至 2017 年 3 月，县档案局（馆）的内设机构仍只有办公室。

2017 年 3 月，根据佛机编〔2017〕26 号文，县档案局（馆）内设办公室、管理股、监督指导股，其中管理股挂在办公室。

2019 年 5 月，根据佛机编办〔2019〕32 号文，县档案局（馆）内设办公室、管理股、监督指导股。

办公室

县档案局（馆）先后任办公室主任的有：朱明采、朱海燕、李功杰。

县档案馆（2019 年 5 月起）办公室主任为李功杰。

2000 年 2 月，根据县编委佛机编〔2000〕9 号文，县档案局（馆）办公室的主要职能是：①协助局（馆）领导组织机关工作，负责本机关的会议组织、文电处理、秘书事务、档案资料、信访保密、财产、财务、安全保卫、计划生育、对外活动等行政管理事务，以及人事、党务、纪检、监察和档案专业技术职务评聘的有关工作；负责档案宣传和档案统计工作。②负责监督指导县直单位和各镇的档案工作，对县直企业和事业单位的经济、科技档案业务进行协调，开展咨询服务；组织实施各类档案管理的标准和规范；统筹规划档案现代化管理；协同有关单位查处档案违法行为；组织实施档案于部的教育和培训工作。③负责对档案资料的接收、征集、整理、保护及鉴定工作；负责档案资料保管和检索工具编制工作；审查确定开放范围；负责档案资料开发利用工作；负责馆藏档案的裱糊修复和保护技术的研究等；研究汇编、出版管藏的档案史料，承办公布档案史料的审核工作；负责档案史料的陈列、展览工作；编辑出版本县大事记及各种专业性档案和各类重点档案。

2017 年，根据佛机编〔2017〕26 号文，县档案局（馆）办公室职能是：①组织协调局（馆）日常工作；②负责文电、会务、档案、信息、保密、信访、督查、固定资产管理、政务公开、财务装备、人事、机构编制、内部审计、党务、工青妇及计划生育、精神文明建设等工作；③负责人大建议及政协提案等工作；④负责离退休人员服务工作；⑤负责本单位的纪检监察、行风建设和党风廉政建设。

管理股

根据佛机编〔2017〕26 号文，县档案局（馆）设立管理股，巢柱燊任股长。管理股挂在办公室。

2017 年，县档案局（馆）规定的管理股主要职能是：①依法接收、征集应由县档案馆保存的档案资料，对馆藏档案、资料进行规范化、科学化保管和统计；②负责区分控制与开放档案资料，编制目录，依法向社会开放档案，及时准确地为利用者提供档案、资料；③负责馆藏档案资料利用方面的咨询服务和复制等工作；负责馆藏档案、资料编辑、研究工作，编制全宗卷，按规定公布档案史料和档案目录；④负责计算机管理档案的工作；⑤承办局领导交办的其他工作。

监督指导股

根据佛机编〔2017〕26 号文，县档案局（馆）设立监督指导股，黄常义任股长。

2017 年，县档案局（馆）规定的监督指导股主要职能是：①负责全县档案业务指导、监督工作；②宣传贯彻《档案法》及党和国家的档案工作方针政策；③草拟档案工作的各项制度，组织档案干部业务学习、培训；④协助全县重点档案的筹备、建档工作；⑤参与全县档案综合管理目标认定工作，查处违反《档案法》的案件。

（二）机构人员编制

人员情况

1958 年 10 月，设立佛冈县档案馆，配备档案干部 1 人（孙秀华）。

1961 年 5 月，佛冈县从从化县分出，同年恢复佛冈县档案馆，配备档案干部 1 人（孙秀华）。

1963 年，县档案馆干部增加到 2 人（陈佛俊、孙秀华）。

1981 年 4 月，恢复佛冈县档案馆和县委办档案科，共有档案干部 2 人（陈佛俊、张伟林）。

1984 年，县档案局（馆）事业编制 5 名。

1990 年，有编制人员 5 人（陈佛俊、冯雪霞、朱明采、曾素添、林绍嘉）。

1991 年，根据县编委佛编〔1991〕35 号文，增加事业编制 1 名。是年起，县档案局（馆）事业编制增加到 6 名，其中馆员 2 人，助理馆员 3 人，管理员 1 人。

1992 年，朱海燕调入县档案局（馆）。

1993 年，县档案局（馆）有人员 6 人，其中行政管理人员 3 人，专业技术人员 2 人，后勤服务人员 1 人，

1995 年，县档案局（馆）编制为事业编制人员有 6 名。

1998 年，郑卓英调入县档案局（馆），任副科级协理员。

2000 年，根据县人事局佛推公办〔2000〕5 号文，县档案局（馆）列入依照国家公务员制度管理。

2000 年，根据县编委佛机编〔2000〕9 号文，县档案局（馆）事业编制 6 名。在馆人员（按进馆时间先后排列）有：朱明采、曾素添、林绍嘉、朱海燕、黄榕棠、郑卓英。

2000 年，根据佛推公办〔2000〕52 号文，黄榕棠、曾素添、郑卓英、朱明采、林绍嘉、朱海燕 6 人过渡为国家公务员。

2001 年，根据佛委办〔2001〕72 号文，县档案局（馆）事业编制 6 名。是年，罗显武调入县档案局（馆），任副科级调研员。

2004 年，巢柱燊、黄常义调入县档案馆，均任副科级干部。

2007 年，县档案局（馆）有编制人员 6 人，其中科级干部 1 人，副科级干部 4 人（实职领导干部 1 人，非实职领导干部 3 人），股级干部 1 人。另有离岗退养干部 2 人。

是年，宋振喜由县机关事务局派驻县档案局（馆），任技术工人（司机）。

2009 年，罗显武享受正科级待遇。

2010 年 12 月，有编制人员 6 人，分别是：朱明采、林绍嘉、朱海燕、巢柱燊、黄常义、李小珑。另宋振喜为县机关事务局派驻的司机。

2011 年，钟北湖调入县档案局（馆），任党组成员、纪检组长，正科级干部。

2017 年，李功杰调入县档案局（馆），任党组成员、副科级干部。

2019 年 2 月 19 日，根据县委办、县府办佛委办〔2019〕13 号文，县档案馆由在县档案局挂牌调整为单独设置，为县委直属的公益一类事业单位，正科级。5 月 17 日，县委机编办〔2019〕32 号文确定以上机构设置。

2020 年，县档案馆有编制人员 6 人，其中正副科级干部 5 人：曹榕村（馆长、正科级），林绍嘉（副馆长，主任科员），曹柱燊（副科级，享受正科级待遇），黄常义（副科级），李功杰（副科级）；股级干部 1 人：朱海燕（正股级）。另宋振喜（技术工人）为县机关事务局派驻人员。

2020 年，县档案馆退休干部 6 人（按退休时间先后排列）：陈佛俊（正科级退休）、郑卓英（副科级退休）、曾素添（正科级退休）、罗显武（副科级退休，享受正科级待遇）、黄榕棠（正科级退休，享受副处待遇）、钟北湖（正科级退休）、朱明采（副科级退休）。

2020 年，县档案馆聘请人员 5 人。其中，政府购买服务 4 人：杨炽均、曹锦樱（女）、黄丹丹（女，办公室）、何文慧（女）；临聘人员 2 人：黄丹丹（女，会计）、范雪秋（女）。

表 1－4　1984—2020 年县档案局（馆）编制人员名单表

（按进馆时间排列）

姓名	性别	籍贯	在馆时间	备注
陈佛俊	男	广东省兴宁县	1981. 4—1998. 3	退休
张伟林	男	佛冈县汤塘镇	1981. 6—1987. 12	调离
冯雪霞	女	广东省广州市	1984. 8—1999. 3	退休
欧阳倩	女	佛冈县龙山镇	1985. 6—1987. 11	调离
朱明采	男	佛冈县高岗镇	1987. 12—2017. 11	退休
曾素添	女	广东省兴宁县	1984. 12—1985. 12 1988. 3—2002. 3	留用后离馆
林绍嘉	男	佛冈县龙山镇	1988. 12—	
朱海燕	女	佛冈县龙山镇	1992. 7—	
黄榕棠	男	佛冈县水头镇	1996. 9—2010. 11	退休

续上表

姓名	性别	籍贯	在馆时间	备注
郑卓英	男	佛冈县迳头镇	1998.8—2002.2	退休
罗显武	男	佛冈县高岗镇	2001.8—2004.9	离岗退养后退休
巢柱燊	男	佛冈县石角镇	2004.5—	
黄常义	男	佛冈县水头镇	2004.9—	
李小珑	男	佛冈县迳头镇	2005.12—2013.5	调离
宋振喜	男	佛冈县石角镇	2007.5—	机关事务局派驻
钟北湖	男	佛冈县石角镇	2011.6—2017.6	退休
朱荣军	男	佛冈县迳头镇	2013.6—2014.6	受开除处分
曹榕村	男	佛冈县龙山镇	2014.6—	
李功杰	男	佛冈县水头镇	2017.12—	

注：①1984 年 12 月前进馆时间：陈佛俊 1961 年 5 月，张伟林 1981 年 6 月。②1995 年，冯雪霞任正股级干部，林绍嘉任副股级干部；1997 年，林绍嘉任正股级干部；1998 年，郑卓英任副科级协理员；1999 年，朱海燕任副股级干部；2001 年 3 月，曾素添退休，留用至 2002 年 3 月；2001 年，罗显武任副科级调研员；2004 年，曹柱燊、黄常义、朱明采任副科级干部，朱海燕任正股级干部；2009 年，罗显武享受正科级待遇。2010 年 10 月，黄榕棠退休享受副处级待遇；2015 年，朱海燕享受比现职级（科员级）高一级别生活福利待遇；2016 年，巢柱燊享受正科级待遇；2017 年，李功杰任党组成员、副主任科员。

职称情况

1987 年，陈佛俊任佛冈县文博档案初级评审员、馆员。

1988 年，有馆员 2 人：陈佛俊、曾素添；管理员 1 人：冯雪霞。陈佛俊为广东省档案学会会员。

1991 年，朱明采、林绍嘉任管理员。

1996 年 9 月，黄榕棠调入，为政工师。

2002 年，黄榕棠、林绍嘉、朱明采、朱海燕任助理馆员。

2003 年，朱明采任馆员。

2009 年，根据清远市档案局文件，佛冈县档案局（馆）朱明采、朱海燕、巢柱燊、黄常义为档案综合管理市级评审员，林绍嘉为省级评审员。

（三）档案编制及人事文件

1984年12月19日，县编委《关于县档案科改挂局牌子的通知》（佛编〔1984〕10号）。

1991年12月20日，县编委《关于县档案馆增加人员编制的批复》（佛编〔1991〕35号）。

2000年2月11日，县编委《关于印发〈佛冈县档案局（馆）职能配置、内设机构和人员编制方案〉的通知》（佛机编〔2000〕9号）。

2000年3月22日，县人事局《关于佛冈县档案局列入依照国家公务员制度管理的批复》（佛推公办〔2000〕5号）。

2000年3月24日，县人事局《关于佛冈县档案局（档案馆）国家公务员职位设置方案的批复》（佛人公〔2000〕2号）。

2000年11月27日，佛冈县推行国家公务员制度领导小组办公室《关于黄榕棠等6位同志向国家公务员过渡的批复》（佛推公办〔2000〕52号）。

2008年10月10日，佛冈县人事局（佛人〔2008〕15号），县档案局（馆）列入参照公务员管理范围。

2011年10月26日，县机编委《关于印发〈佛冈县档案局机构编制方案〉的通知》（佛机编〔2011〕33号）。

2017年3月27日，县机编委《关于同意县档案局增设股室的批复》（佛机编〔2017〕26号）。

2019年5月17日，县机编办《关于明确佛冈县档案馆机构编制事项的通知》（佛机编办〔2019〕32号）。

五、党群组织

（一）党组（2009.4—2019.3）

2009年4月，根据佛委〔2009〕8号文，设立县档案局党组，设书记1名，成员（兼纪检组长）1名。

2019年3月14日，县委发出《关于撤销和设立有关单位党组的通知》（佛委〔2019〕16号），撤销县档案局党组。根据2019年7月佛组干〔2019〕85号文，免去县档案局党组书记及成员职务。

党组书记：李小珑（2009.8—2013.5），朱荣军（2013.8—2014.6），

曹榕村（2014.6—2019.7）。

党组成员：林绍嘉（2009.8—2019.7），钟北湖（兼纪检组长）（2011.6—2014.6），李功杰（副主任科员）（2017.12—2019.7）。

（二）党支部（1984.12—）

县档案局（含档案馆，下同）党支部于1984年12月从县委办党支部分出成立，归属县直机关党委。2002年1月归属县直机关工委。

党支部委员会

党支部成立后，设书记1名，先后任书记人员名单如下：

陈佛俊（1984年12月至1998年11月）；

黄榕棠（1998年11月至2006年3月）；

李小珑（2006年3月至2013年5月）；

朱荣军（2013年8月至2014年6月）；

曹榕村（2014年6月起）。

2001年9月起，设立支部委员会、支部委员。先后任支部委员的有曾素添、林绍嘉、朱明采、钟北湖、黄常义、李功杰。

党员队伍

1984年12月（党支部成立时），有党员4人，其中男性2人，女性2人。1995年，有党员5人，其中男性3人，女性2人。2000年，有党员7人，其中男性4人，女性3人。2010年，有党员12人，其中男性10人，女性2人；在职7人，退休5人。2020年，有党员13人，其中男性12人，女性1人；在职6人，退休7人。

（三）群团组织

县档案局（馆）工会组织

县档案局（馆）成立后，设立工会小组，归属县直机关工会委员会。

2017年4月10日，根据县总工会《关于成立佛冈县档案局工会委员会的批复》（佛工总〔2017〕8号），成立佛冈县档案局工会委员会。林绍嘉任工会主席，黄常义任副主席，巢柱燊、朱海燕为工会委员；杨炽均任经费审查委员会主任，巢晓敏、胡翠雯为委员。

县档案局（馆）共青团组织

县档案局（馆）成立后，设立团小组，归属县直机关团委。

县档案局（馆）妇女组织

县档案局（馆）成立后，设立妇女小组，归属县直机关妇委会。

县档案局（馆）关心下一代工作委员会

县档案局（馆）关心下一代工作委员会（简称“关工委”）由关工小组改称。2012 年建立关工委，归属县直机关关工委。

2012—2020 年，林绍嘉任关工委主任，黄榕棠任关工委常务副主任，朱明采、黄常义任关工委委员。

（四）佛冈县档案学会

第一次会员大会

2015 年 6 月，成立佛冈县档案学会。学会为档案学术团体，经县民政局〔2015〕12 号批复成立。6 月 12 日，召开学会成立大会，通过《佛冈县档案学会章程》，选举产生学会第一届理事会。2015 年 6 月 26 日，县民政局发出《关于同意成立佛冈县档案学会的批复》（佛民批〔2015〕19 号）。

2015 年 6 月 12 日，召开佛冈县档案学会成立大会

第一届理事会名单（2015 年 6 月起）：会长朱海燕，监事长黄榕棠，秘书处长罗春燕，常务理事曹榕村、林绍嘉，理事朱明采、巢柱燊、黄常义。县档案学会第一届会员共计 60 人。

《佛冈县档案学会章程》内容分为 8 章。第一章总则，规定学会的性质与宗旨。其中学会的性质，是具有独立法人资格的、由佛冈县档案工作者自愿组成的学术性非营利性社会团体。第二章业务范围，规定学会的业务范围是进行档案社会化服务、档案业务指导和管理等 8 项业务。第三章会员，规定学会会员的种类（单位会员、个人会员）、条件（4 条）、入会程序、会员权利和义务。第四章组织机构和负责人产生、罢免，规定学会大会、理事会及各类负责人的职权、产生和罢免程序。第五章资产管理使用原则，规定学会经费来源、会费、财务制度等内容。第六章章程的修改程序，规定修改程序 2 条。第七章终止程序和终止后的财产处理共 5 项规定。第八章附则，共 3 项。

第二次会员大会

2020 年 7 月 24 日，召开佛冈县档案学会第二次会员大会

2020 年 7 月 24 日，佛冈县档案学会第二次会员大会在县档案馆召开。县档案学会应到会会员 55 人，实到会会员 40 人。大会由温毅聪主持。大会议程有 12 项：①佛冈县档案学会关于第二届代表大会筹备工作报告；②第一届理事会工作报告；③第一届理事会财务工作报告；④第一届监事工作报告；⑤通过佛冈县档案学会第一届工作报告、财务报告及监事工作报告；⑥做《佛冈县档案学会章程》的修改说明并审议通过《佛冈县档案学会章程》；⑦宣读佛冈县档案学会第二届理事会候选人名单；⑧选举第二届理事会理事；⑨召开第二届理事会第一次会议；⑩选举第二届理事会会长、秘书长；⑪领导致辞；⑫大会结束。

佛冈县档案学会第一届理事会代表杨炽均做“佛冈县档案学会第一届理事会工作报告”；黄丹丹做“佛冈县档案学会第一届理事会财务工作报告”；邹艳香做“佛冈县档案学会第一届监事工作报告”。

《佛冈县档案学会章程》

大会审议通过修改《佛冈县档案学会章程》。

经大会选举和第一次理事会选举，佛冈县档案学会第二届理事由 5 人组成。其中：会长温毅聪，秘书长邹艳香，理事冯樱宁、黄丹丹、黄紫贤；学会第二届监事罗颖怡。

第二节 基层档案机构

一、机关单位档案室

（一）档案室设置

《档案法》（1996 年 7 月 5 日修订发布）规定：机关、团体、企业、事业单位和其他组织应当确定档案机构或者档案工作人员负责管理本单位的档案，并对所属单位的档案工作实行监督和指导。

佛冈县机关单位档案室包括行政企事业单位各自建立的档案室。部分单位如公安局、银行等，在佛冈解放后即设立简易档案室。

20 世纪 80 年代，县档案馆成立后，指导有关单位建立档案室。县直机关主管单位及部分下属单位逐步建立档案室，未建立档案室的单位也指定兼职人员管理档案。1984—1985 年，县农业局、县农科所结合开展农业区划普查工作，各自建立档案室，收集保管农业区划普查形成的农业科技档案。1986 年，县机关单位 85 个，设立档案室 44 个，其中设有独立档案库房 4 个（面积共 49 平方米），在办公室设立专柜保管档案的 40 个。1987 年起，许多单位自觉调剂办公用房设立档案室。1988 年，县检察院等单位先后设立档案室。至 1990 年，县直机关单位 85 个，建立档案室 84 个，其中综合档案室 2 个（县财委、县文卫），文书档案室 78 个，科技档案室 4 个。

20 世纪 90 年代，结合机关档案综合管理达标升级工作，县档案局（馆）开展对机关单位建立档案室和达标升级的指导工作，机关单位设立档案室数量逐步增加。县档案局加强对升格单位、新设单位的指导工作，帮助机关单位设立档案室。如县新华书店、县饮服公司、县税务局（从财政局分出），从原未设立档案室，都迅速调整办公用房设立档案室。同时，县档案局指导调整撤并单位，做好档案室的撤并工作。至 2000 年，全县县直机关（含部、委、办、局、公司、厂矿）建立档案室 85 个。

2001—2010 年，继续结合机关单位档案达标升级和机关单位机构改革调整工作，由县档案局（馆）指导机关单位档案室的设立、撤并工作。根据国有企业破产转制撤并档案室的情况，开展招商引资企业、民营企业建立档案室的指导工作。2004 年，指导佛冈县铸造协会（由县内 33 家铸造厂组成）建立综合档案室。至 2010 年，县直机关单位建有全宗的档案室 96 个。

2011—2020 年，继续做好县直机关单位档案室的设立、巩固和完善工作。在开展机关单位档案综合管理达标升级工作中，指导一批机关、学校建立档案室，并指导撤并单位做好档案室的撤并工作，新设立的单位迅速设立综合档案室。至 2020 年，县直机关单位建有全宗的档案室 80 个。

（二）档案管理人员

机关单位（含党政企事业单位，下同）档案室由单位领导指定 1 名副职领导分管，具体工作由单位办公室负责，档案室设专职或兼职档案员 1 ~ 3 人。1988 年，全县县直单位 108 个，配有专兼职档案员 102 人，其中专职文书档案员 1 人，兼职文书档案员 95 人，兼职科技档案员 7 人。至 1990 年，机关单位设专兼职档案员 96 人，其中专职 1 人。

20 世纪 90 年代，随着机关单位档案室的调整，档案管理人员也有所调整。1992 年，县内有中外合作企业 15 家、“三来一补”企业 8 家，档案管理人员共 21 人（均为兼职）。1993 年起，开展档案专业技术职称申报评定工作，县机关档案管理人员得到较好的稳定。至 2000 年，机关单位有专兼职档案员 85 人，其中专职 20 人，兼职 65 人。

2001 年起，结合机关单位档案综合管理达标升级工作以及档案专业技术职称评定等工作，进一步调整充实机关单位档案管理队伍。至 2010 年，县机关单位有专兼职档案员 90 人，其中专职 20 人，兼职 70 人。

2011—2020 年，继续加强机关单位档案管理队伍建设。至 2020 年，县机关单位有专兼职档案员 85 人，其中专职 20 人，兼职 65 人。

表 1 – 5　2020 年佛冈县部分机关单位专兼职档案员一览表

单位	姓名	性别	任职时间（年）	专职或兼职
县人行	潘希考	男	2000	兼职
人保公司	巫汉辉	男	2000	兼职

续上表

单位	姓名	性别	任职时间（年）	专职或兼职
审计局	何丽君	女	2014	兼职
税务局	林远云	女	2015	专职
检察院	梁小清	女	2013 专职	
	谢建锭	男	2020	兼职
卫监所	杜　平	女	2005	兼职
县建行	范桂松	男	2007	兼职
统战部	黄秉和	男	2004	兼职
法院	谢小容	女	2015	专职
供电局	聂巧芬	女	2020	专职
	黄　蕾	女	2013	兼职
财政局	黄石桂	女	2019	兼职
气象局	周国明	男	2003	兼职
	廖素慧	女	2016	兼职
工商市监	邓英妮	女	2007	专职
环保局	李清秀	女	2016	兼职
烟草局	钟燕儿	女	2010	兼职
林业局	周金连	女	2018	兼职
司法局	朱健萍	女	2020	兼职
机关事务	孔卫民	男	2019	兼职
住建局	朱燕伶	女	2000	兼职
	黄冬梅	女	2003	兼职
	曹美玲	女	2003	兼职
森林分局	林　丽	女	2000	兼职
纪检监察	吴穗芳	女	2020	兼职
组织部	李海燕	女	2020	专职
	黄小玲	女	2019	专职
国土资源	罗艳园	女	2010	专职

续上表

单位	姓名	性别	任职时间（年）	专职或兼职
人事人社	罗春燕	女	2018	专职
教育局	陈海燕	女	2008	兼职
卫健局	郭迎春	女	2019	兼职
公安局	崔杏红	女	2009	专职
	黄敏娟	女	2019	专职
	黄东升	女	2000	专职
交通公路	曾小菊	女	2014	兼职
县农行	陈思思	女	2017	专职
	曹　莹	女	2016	专职
佛冈一中	陈双任	女	2013	专职
城东中学	巢晓敏	女	2017	兼职
振兴小学	张良活	男	2018	兼职
社保局	刘恩娜	女	2008	专职
	黄华英	女	2015	专职
城北中学	宋彩颜	女	2012	兼职
县一小	彭　静	女	2019	兼职
佛冈中学	曾蓝云	女	2019	兼职
	廖银好	女	2020	兼职
县四小	范秀篩	女	2019	兼职
	李启定	男	2019	兼职
县三小	郑秀谊	女	2017	兼职
高岗中学	宋创文	男	2020	兼职
大陂中学	胡冬萍	女	2015	专职
	范志军	男	2015	兼职

注：①本表单位内各股室设置兼职档案员，只录单位档案员。②本表专兼职档案员名单，按各单位报送情况录入。

（三）县档案大楼内的单位档案室

纪检监察档案室

县档案大楼四楼纪检监察档案库房

纪检监察档案室设立于 20 世纪 80 年代，2001 年被评为省二级。2007 年搬迁至县新档案大楼四楼，库房面积 75 平方米，阅档室面积 100 平方米，设置专人管理，2009 年档案综合管理晋升为省特级。库房设有移动密集架（6 列）。2020 年室藏案卷类档案（累计）4004 卷又 7855 件，其他类档案（图书资料、实物等）633 册（件）。

县委组织部档案室

县委组织部档案室保管科级干部档案，后增设党员信息档案。

科级干部档案室在县档案大楼三楼，档案室总面积 120 平方米，其中库房面积 59 平方米，有移动密集架 9 列，档案柜 5 套。2020 年（累计），有科级干部档案 1392 卷，已故科级干部档案 43 卷。

党员信息档案室在县档案大楼四楼，档案室总面积 97 平方米，其中库房面积 40 平方米，有移动密集架（8 列），2020 年（累计），有党员信息档案 7912 卷。

县档案大楼党员档案管理室库房

县档案大楼三楼组织部干部档案库房

国土资源局（自然资源局）档案室

国土档案室设立于 20 世纪 80 年代，2007 年搬迁至县新档案大楼四楼，档案室总面积 130 平方米，其中库房面积 95 平方米，阅档室面积 35 平方米，设置专人管理。库房设有移动密集架（13 列）。2010 年，室藏案卷类档案（累计）15 770 卷又 8357 件，其他类档案（图书资料、实物等）100 册（件）。

2019 年机构改革后，改为县自然资源局档案室。2020 年，有案卷类档案（累计）28 124 卷又 13 676 件，其他类档案（图书资料、实物等）150 册（件）。

人事（人社）局档案室

人事（人社）局档案室设立于 20 世纪 70 年代，2007 年搬迁至县新档案大楼二楼，档案室总面积 175 平方米，其中库房面积 75 平方米，阅档室面积 100 平方米，设置专人管理。库房设置移动密集架（10 列）。2010 年，室藏案卷类档案（累计）113 卷又 13 774 件，其他类档案（图书资料、实物等）100 册（件）。2020 年室藏案卷类档案（累计）113 卷又 22 649 件，其他类档案（图书资料、实物等）250 册（件）。

县档案大楼四楼县国土（自然资源局）档案库房

县档案大楼二楼县人事（人社）局档案库房

（四）特级综合档案室选介

中国人民银行佛冈县支行综合档案室

中国人民银行佛冈县支行综合档案室于 1992 年对原档案室改建后设立，设在支行办公楼四楼。1992 年被评为省一级，1994 年晋升为省特级。1994 年起，档案室总面积 47 平方米，其中库房 35 平方米，阅档室、办公室共 12 平方米。库房安置移动密集架（11 列）。1997 年及其前的文书档案已移交县档案馆。2020 年，室藏案卷类档案（累计）3575 卷又 2651 件，其他档案（图书资料、实物等）235 册（件）。

佛冈县审计局综合档案室

佛冈县审计局综合档案室于 1994 年对原档案室改建后设立，2003 年起，设在县审计大楼。2015 年搬迁至县财政局大楼四楼。1994 年评为省一级，2014 年晋升为省特级。2015 年起，档案室总面积 80 平方米，其中库房70平方米，库房安置有移动密集架（8列）。2015年，室藏案卷类档案（累计）1993卷又1711件，其他类档案（图书资料、实物等）100册（件）。2020年，室藏案卷类档案（累计）2351卷又3249件，其他类档案（图书资料、实物等）175册（件）。

县人行档案库房

县审计局档案室档案库房

佛冈县人民检察院综合档案室

佛冈县人民检察院综合档案室于1995年对原档案室改造后设立，设在县检察院大楼六楼。1995年被评为省一级，1997年晋升为省特级。档案室总面积63平方米，其中库房42平方米，阅档室、办公室共21平方米。库房安置移动密集架（10列）。2010年，室藏案卷类档案（累计）4290卷又4660卷，其他类档案（图书资料、实物等）1490册（件）。2020年，室藏案卷类档案（累计）6136卷又11 186件，其他类档案（图书资料、实物等）2644册（件）。

县检察院档案室档案库房

佛冈县财政局综合档案室

佛冈县财政局综合档案室于1998年对原档案室改建后设立，1998年评为省特级。2003年起，设在县财政大楼七楼，档案室总面积100平方米，其中库房80平方米，阅档室、办公室共20平方米。库房安置有移动密集架（11列）。2010年，室藏案卷类档案（累计）9275卷又12 593件，其他类档案（图书资料、实物等）100册（件）。2020年，室藏案卷类档案（累计）12 708卷又30 036件，其他类档案（图书资料、实物等）150册（件）。

佛冈县工商行政管理局综合档案室

佛冈县工商行政管理局综合档案室于1998年对原档案室改造后设立，1999年被评为省特级。2003年起设在县工商大楼六楼，档案室总面积20平方米，其中库房18平方米。库房安置有移动密集架（10列）。2008年，室藏案卷类档案（累计）12 664卷，其他类档案（图书资料、实物等）500册（件）。2020年，佛冈县市场监督管理局（机构改革后改名）室藏案卷类档案（累计）9722卷又136件，其他类档案（图书资料、实物等）572册（件）。

县财政局档案室档案库房

县市场监督局档案柜库房

佛冈县卫生局综合档案室

县卫健局档案库房

佛冈县卫生局（卫生健康局）综合档案室于1999年对原档案室改造后设立，同年被评为省特级。2005年设在县卫生局大楼六楼。档案室总面积119平方米，其中库房45平方米，阅档室、办公室共74平方米。库房安置有移动密集架（9列）。2020年，佛冈县卫生健康局（机构改革后改名）室藏案卷类档案（累计）918卷又1551件，其他类档案（图书资料、实物等）350册（件）。

佛冈县国税局综合档案室

佛冈县国税局综合档案室于1994年对原档案室改造后设立，2000年被评为省特级。2018年设在县税务局（机构改革后改名）大楼五楼。档案室总面积64.1平方米，其中库房38.4平方米，阅档室、办公室共25.7平方米。库房安置有移动密集架（6列）。2000年，室藏案卷类档案（累计）7430卷，其他类档案（图书资料、实物等）160册（件）。2020年，佛冈县税务局（国税、地税合并后改名）室藏案卷类档案597卷又23 038件，其他类档案（图书资料、实物等）84册（件）。

县税务局档案库房

佛冈县建设局综合档案室

佛冈县建设局综合档案室于1999年对原档案室改造后设立，现设在县住建局大楼九楼（2003年起）。2000年被评为省特级。2003年起，档案室总面积280平方米，其中库房150平方米，阅档室、办公室共130平方米。库房安置有移动密集架（22列）。2000年，室藏各类档案1347卷（册），另有图书资料249册。2010年，室藏案卷类档案（累计）4875卷又2184件，其他类档案（图书资料、实物等）632册（件）。2020年，佛冈县住建局（机构改革后改名）室藏案卷类档案（累计）15 498卷又7979件，其他类档案（图书资料、实物等）757册（件）。

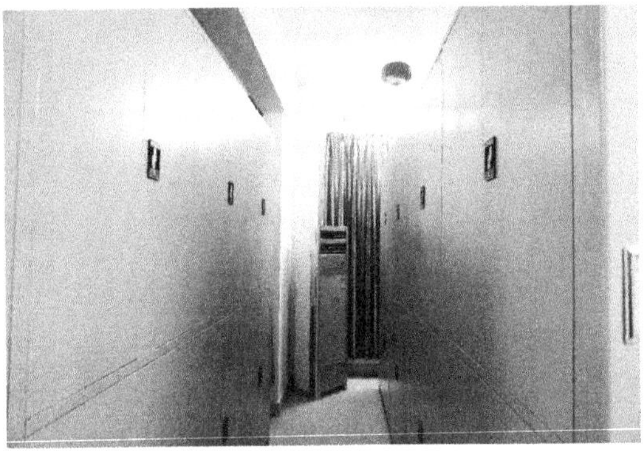

县住建局档案库房

中国人民保险公司佛冈县支公司综合档案室

中国人民保险公司佛冈县支公司综合档案室于1992年对原档案室改造后设立。1994年被评为省一级，2000年晋升为省特级。2000年起，档案室总面积106.3平方米，其中库房56.3平方米，阅览室、办公室共50平方米。2000年，室藏案卷类档案（累计）2272卷（册），其他类档案（图书资料、实物等）195册（件）。此后，档案资料归市级公司管理。

县教育局档案库房

佛冈县教育局综合档案室

佛冈县教育局综合档案室于1999年对原档案室改造后设立，2002年被评为省特级，2005年设在县教育大楼八楼。档案室总面积 155 平方米，其中库房 43 平方米，阅档室、办公室共 112 平方米。库房安置有各类档案柜 20 套。2002 年，室藏案卷类档案（累计）2141 卷，其他类档案（图书资料、实物等）367 册（件）。2020 年，室藏案卷类档案（累计）3299 卷又 20 375 件，其他类档案（图书资料、实物等）562 册（件）。

佛冈县公安局综合档案室

佛冈县公安局综合档案室于 1997 年对原档案室改造后设立，设在县公安局大楼五楼（1988 年起）。2004 年被评为省特级。档案室总面积 175 平方米，其中库房 100 平方米，阅档室、办公室、资料室共 75 平方米。2004 年，室藏案卷类档案（累计）5635 卷又 2830 件，其他类档案（图书资料、实物等）342 册。2020 年，库房安置有各类档案柜 60 套，室藏案卷类档案（累计）25 126 卷又 22 900 件，其他类档案（图书资料、实物等）560 册（件）。

清远市佛冈公路局综合档案室

清远市佛冈公路局综合档案室于 2004 年对原档案室改建后设立，设在公路大厦十一楼。2004 年被评为省特级，2004 年起，档案室总面积 100 平方米，其中库房 50 平方米，阅档室、办公室共 50 平方米。库房安置有移动密集架（8 列）。2004 年，室藏案卷类档案（累计）5400 卷，其他类档案（图书资料、实物等）250 册（件）。2019 年县公路局并入县交通运输局后，改名为佛冈县公路事务中心档案室（仍位于原公路大厦十一楼）。2020 年，室藏（公路事务中心）案卷类档案（累计）2317 卷，其他类档案（图书资料、实物等）500 册（件）。

县公安局档案库房

县交通公路档案库房

佛冈县社会保险基金管理局综合档案室

县社保局档案库房

佛冈县社会保险基金管理局综合档案室于2009年（在原档案室改建）设立，2009年起设在社保（人社）大楼四楼。2011年评为省特级。2010年起，档案室总面积102平方米，其中库房57平方米，阅档室、办公室共45平方米。库房安置有移动密集架11列。2010年，室藏案卷类档案（累计）4299卷又40 542件，其他类档案（图书资料、实物等）249册（件）。2020年，室藏案卷类档案（累计）9550卷又20 7127件，其他类档案（图书资料、实物等）511册（件）。

佛冈县人民法院综合档案室

佛冈县人民法院综合档案室于2012年对原档案室改建后设立，设在县法院大楼六楼。2012年评为省特级。2012年起，档案室总面积257平方米，其中库房176平方米，阅档室、办公室共81平方米。库房安置有移动密集架28列。2010年，室藏案卷类档案（累计）36 856卷又3386件，其他类档案（图书资料、实物等）500册（件）。2020年，室藏案卷类档案42 526卷又3386件，其他类档案（图书资料、实物等）533册（件）。

佛冈一中综合档案室

佛冈一中档案库房

佛冈一中综合档案室设立于2010年，设在佛冈县第一中学育才楼三楼。2011年11月被评为省特级。档案室总面积84平方米，其中库房面积35平方米，阅档室、办公室共49平方米。库房安置有档案密集架4列、各类档案柜18套。2010年，室藏案卷类档案（累计）782卷又6067件，其他类档案（图书资料、实物等）1642册（件）。2020年，室藏案卷类档案(累计)1062 卷又 8293 件,其他类档案(图书资料、实物等)1895 册(件)。

佛冈中学综合档案室

佛冈中学综合档案室于 2012 年对原档案室改造后设立，设在学校综合楼三楼。2013 年评为省特级。档案室总面积 105 平方米，其中库房 81 平方米，阅档室、办公室共 24 平方米。库房安置有各类档案柜 93 套。2010 年，室藏案卷类档案（累计）427 卷又 6204 件，其他类档案（图书资料、实物等）198 册（件）。2020 年，室藏案卷类档案（累计）496 卷又 9888 件，其他类档案（图书资料、实物等）282 册（件）。

佛冈中学档案库房

城北中学综合档案室

城北中学综合档案室于 2011 年设立，设在学校综合楼四楼。2012 年评为省特级。档案室总面积 72 平方米，其中库房 32 平方米，阅档室、办公室共 40 平方米。库房安置有各类档案柜 75 套。2010 年，室藏案卷类档案（累计）519 卷又 3299 件，其他类档案（图书资料、实物等）475 册。2020 年，室藏案卷类档案（累计）799 卷又 3775 件，其他类档案（图书资料、实物等）554 册（件）。

城北中学档案室

城东中学综合档案室

城东中学综合档案室于 2010 年设立，设在学校综合楼四楼。2011 年评为省特级。档案室总面积 72 平方米，其中库房 36 平方米，阅档室、办公室共 36 平方米。库房安置有移动密集架 8 列。2010 年，室藏案卷类档案（累计）205 卷又 2399 件，其他类档案（图书资料、实物等）68 册（件）。

县城东中学档案库房

2020 年，室藏案卷类档案（累计）251 卷又 6759 件，其他类档案（图书资料、实物等）123 册（件）。

2020 年，按 22 个县直机关单位档案室统计，档案室总面积 2587 平方米，其中库房面积 1437 平方米；库房安置移动密集架共 192 列，档案柜 456 个；有立卷档案共 178 519 卷又 406 509 件，其他档案（图书资料、实物等）共 11 530 册（件）。以上情况参见表 1－6。

表 1－6　2020 年佛冈县部分机关单位档案室情况表

单位	档案室总面积（平方米）	其中库房面积（平方米）	密集架（列）	档案柜（个）	立卷档案		其他档案册、件	评定级别
					卷	件		
合计	2587	1437	192	456	178 519	406 509	11530	
县人行	47	35	11	20	3575	2651	235	省特级
审计局	80	70	8	20	2351	3249	175	省特级
税务局	64	38	6	20	597	23 038	84	省特级
检察院	63	42	10	5	6136	11 186	2644	省特级
组织干部	120	59	9	5	1435			未评
党员信息	97	40	8	5	7912			未评
国土资源	130	95	13	5	28 124	13 676	150	未评
法院	257	176	28	10	42 526	3386	533	省特级
人事人社	175	75	10	5	113	22 649	250	未评
财政局	100	80	11	10	12 708	30 036	150	省特级
工商市监	20	18	10	5	9722	136	572	省特级
住建局	280	150	22	10	15 498	7979	757	省特级
纪检监察	170	75	6	20	4004	7855	633	省特级
教育局	155	43		20	3299	20 375	562	省特级
卫健局	119	45	9	20	918	1551	360	省特级
公安局	175	100		60	25 126	22 900	560	省特级
交通公路	100	50	8	10	2317		500	未评
佛冈一中	84	35	4	18	1062	8293	1895	省特级
城东中学	72	36	8	10	251	6759	123	省特级
社保局	102	57	11	10	9550	207 127	511	省特级
城北中学	72	32		75	799	3775	554	省特级
佛冈中学	105	81		93	496	9888	282	省特级

注：①本表“组织干部”指县委组织部档案室，“党员信息”指县委组织部党员信息化室。②本表收录 22 个综合档案室情况，按各单位报送数字收录。

二、镇村（居）档案室

（一）镇档案室设置及人员

镇级设置

镇档案室指镇级建立的档案室，于中华人民共和国成立后建立。镇行政区域变更后，档案室也随之归并。中华人民共和国成立后，县政府下辖一级政权组织先后称为区、乡、人民公社、区、乡或镇、镇。

1961 年 5 月至 1983 年 12 月，全县设 12 个公社。

1983 年 12 月至 1987 年 1 月，全县设 12 个区。

1987 年 1 月至 1994 年 1 月，全县设 6 个乡、6 个镇。6 个乡是烟岭乡、迳头乡、三八乡、龙南乡、民安乡、黄花乡；6 个镇是高岗镇、水头镇、石角镇、四九镇、汤塘镇、龙山镇。

1994 年 2 月至 2002 年 5 月，全县 6 个乡改镇，设 12 个镇。2002 年 5 月改为 11 个镇（黄花镇并入石角镇）。

2004 年 5 月起至 2020 年，全县设 6 个镇（高岗镇、迳头镇、水头镇、石角镇、汤塘镇、龙山镇）。

镇级档案室管理

《档案法》（2020 年 6 月 20 日修订公布）规定：乡镇人民政府应当指定人员负责管理本机关的档案，并对所属单位、基层群众性自治组织等的档案工作实行监督和指导。

20 世纪 80 年代初起，佛冈县 12 个区形成的档案资料主要移交到县档案馆立卷归档，余下的档案资料由区办公室保管。1986 年，在全县 12 个乡镇中，设立档案室 4 个（面积共 39 平方米），在办公室设置档案。至 80 年代后期，全县 12 个乡镇均建立档案室。

2002 年 5 月，黄花镇并入石角镇，黄花镇档案室也并入石角镇档案室。并入后，全县有镇级档案室 11 个。

2004 年 5 月，全县 11 个镇撤并为高岗、迳头、水头、石角、汤塘、龙山 6 个镇，档案室合并为 6 个。其中，烟岭镇档案室并入迳头镇档案室，三八、龙南镇档案室并入石角镇档案室，四九镇档案室并入汤塘镇档案室，民安镇档案室并入龙山镇档案室。此后至 2020 年，全县有镇级档案室 6 个。

镇级档案管理人员

20 世纪 80 年代后期镇级档案室建立后，各镇档案工作由镇领导班子指定 1 名副职领导分管，具体工作由党政办负责。档案室设专职或兼职档案员一两人。2020 年，全县 6 个镇设专兼职档案员 6 人，其中专职档案员 1 人，兼职档案员 5 人。

表 1－7　2020 年佛冈县镇级专兼职档案员一览表

镇名	姓名	性别	任职时间（年）	专职或兼职
高岗	林云霄	女	2017	专职
迳头	范东燕	女	2020	兼职
水头	郑国语	女	2019	兼职
石角	陈榕华	男	2018	兼职
汤塘	钟诗君	女	2019	兼职
龙山	陈珊珊	女	2020	兼职

注：本表按各镇报送情况录入。

（二）镇级档案室简介

高岗镇档案室　高岗镇档案室设在镇办公大楼四楼，2005 年被评为省二级。2020 年，档案室总面积 31 平方米，其中库房 31 平方米。库房安置有档案柜。是年，室藏案卷类档案（累计）6524 卷又 4000 件，其他类档案（图书资料、实物等）285 册（件）。

迳头镇档案室　迳头镇档案室设在镇办公大楼四楼，2005 年被评为省二级。2020 年，档案室总面积 52 平方米，其中库房 52 平方米。库房安置有档案柜 128 个。是年，室藏案卷类档案（含原烟岭镇档案）1665 卷又 17 536 件，其他类档案（图书资料、实物等）168 册（件）。

高岗镇政府档案库房

迳头镇政府档案库房

水头镇档案室 水头镇档案室设在镇办公大楼三楼，1999年被评为省二级。2020年，档案室总面积105平方米，其中库房60平方米，阅档室、办公室共45平方米。库房安置有档案柜4排。是年，室藏案卷类档案（累计）596卷又6938件，其他类档案（图书资料、实物等）238册（件）。

石角镇档案室 石角镇档案室设在镇办公大楼四楼，2004年被评为省二级。2020年，档案室总面积144平方米，其中库房96平方米，阅档室、办公室共48平方米。库房安置有档案柜4排。是年，室藏案卷类档案（含三八、龙南镇）5665卷又7707件，其他类档案（图书资料、实物等）971册（件）。

水头镇政府档案库房

石角镇政府档案库房

汤塘镇档案室 汤塘镇档案室设在镇办公大楼三楼，2004年被评为省二级。2020年，档案室总面积82平方米，其中库房82平方米。库房安置有档案柜217个。是年，室藏案卷类档案（含原四九镇）3313卷又1329件，其他类档案（图书资料、实物等）350册（件）。

龙山镇档案室 龙山镇档案室设在镇办公大楼四楼，2004年被评为省二级。2020 年，档案室总面积 36 平方米，其中库房 20 平方米，阅档室、办公室共 16 平方米。库房安置有档案柜。是年，室藏案卷类档案（含原民安镇）累计 1552 卷又 13281 件，其他类档案（图书资料、实物等）402 册（件）。

汤塘镇政府档案库房

龙山镇政府档案库房

（三）村（居）档案室设置及人员

村（居）设置

20 世纪 50 年代，全县在区下设乡，先后设 1—4 个区，3—10 个乡。60 年代、70 年代，全县在人民公社下设大队，先后设 12 个公社 110—115 个大队。

20 世纪 80 年代、90 年代，全县在镇（区、乡）下设管理区、行政村。90 年代起在镇区设立社区居委会。至 2000 年，全县有行政村 114 个，社区居委会 14 个（其中石角镇 3 个，其他镇各 1 个）。

2004 年 5 月和 2005 年 5 月，镇村撤并后，全县有行政村 78 个，社区居委会 12 个（其中石角镇 6 个，汤塘镇 2 个，其他镇各 1 个）。以上村（居）设置，至 2020 年不变。

2005 年起，全县 6 个镇 78 个行政村是：高岗镇 8 个：长江、墩下、宝山、高岗、新联、高镇、三江、三联村；迳头镇 10 个：青竹、湖洋、仓前、迳头、大陂、大村、楼下、龙冈、井冈、社坪村；水头镇 10 个：潭洞、西田、石潭、桂田、桂元、新联、王田、莲瑶、铜溪、新坐村；石角镇 17 个：科旺、诚迳、二七、三莲、三八、冈田、凤城、莲溪、吉田、观山、黄花、小潭、石铺、里水、龙塘、小梅、山湖村；汤塘镇 19 个：黎安、围镇、脉塘、汤塘、大埔、升平、暖坑、竹山、高岭、新塘、联和、石门、洛洞、菱塘、江坳、四九、湴江、官山、田心村；龙山镇 14 个：关前、黄塱、门楼富、浮良、车步、湴镇、官路唇、鹤田、白沙塘、良塘、清水迳、上岳、下岳、从化围村。

全县6个镇12个居民社区是：高岗镇高岗社区，迳头镇迳头社区，水头镇水头社区，石角镇城东、附城、振兴、站前、城南、沿江社区，汤塘镇汤塘、四九社区，龙山镇龙山社区。

村（居）档案室设置

村（居）档案室指在行政村委会和社区居委会设立的档案室，收集和保管所辖范围内发生的档案资料。1998年前，佛冈县村（居）级未设立档案室。部分村级档案资料交由村文书保管，大部分村没有将档案资料立卷装订保管，村级档案资料散乱遗失现象较为普遍。1998年开展农业农村档案管理试点工作，水头镇坐下管理区列为县的试点村，成为县内第一个设立档案室的行政村。2001—2006年，全县铺开农业农村建档工作，行政村档案室逐步建立。至2006年，全县78个行政村已全部设立档案室。

2006—2007年，开展社区居委会档案室建设，至2007上半年，全县12个社区居委会均设立档案室。

村（居）档案室设立后，每年开展巩固、完善、提高工作。至2020年，全县90个村（居）均设立档案室。其中，村委会档案室78个，被评为省合格的75个，被评为省二级的3个；居委档案室（12个）全部被评为省合格单位。

村（居）档案人员

自2001年起，行政村和居民社区档案室先后设立后，由行政村和社区指定一名副职领导分管档案工作，并配备一两人作为档案管理人员（均为兼职档案员）。至2020年，全县行政村和居民社区共90个，设有档案分管领导90人，配备村（居）兼职档案员110人。

第二章　馆（室）藏档案

第一节　县档案馆馆藏档案

一、馆藏档案类别及总量

（一）馆藏档案类别

档案，是指过去和现在的机关、团体、企业事业单位和其他组织以及个人从事经济、政治、文化、社会、生态文明、军事、外事、科技等方面活动直接形成的对国家和社会具有保存价值的各种文字、图表、声像等不同形式的历史记录。以上录自《档案法》（2020 年 6 月修订公布）。

2015 年 10 月 22 日，县府办《关于向佛冈县档案馆移交档案的通知》（佛府〔2015〕45 号），明确移交档案的范围为文书档案、专门档案、声像档案、档案资料。本志记述馆藏档案类别，主要从以下 3 方面分类记述。

按档案内容和载体分，县馆藏档案分为案卷档案和其他档案。其中案卷档案包括文书档案、破产企业档案、专门档案；其他档案包括图书资料、编研材料、实物档案。

按档案形成时期分，县馆藏档案分为清代档案、民国时期档案、中华人民共和国成立后档案。

按档案保管时限分，县馆藏档案分为永久档案、长期档案、定期（30 年或 10 年）档案。

（二）馆藏档案总量

1966 年，县档案馆馆藏档案（案卷）3962 卷。

1969 年，县档案馆管馆藏档案（案卷）增加到 4025 卷。

1970 年，县档案馆管馆藏档案（案卷）于 1969 年销毁 3370 卷后存有 655 卷。

1975 年，县档案馆管馆藏档案（案卷）增加到 859 卷。

1979 年，县档案馆管馆藏档案（案卷）增加到 1215 卷。

1980 年，县档案馆各类档案总数（累计）3781（卷、件、册）。其中案卷档案（含文书档案、破产企业档案、专门档案）3018 卷又 463 件，其他档案（图书资料）300 册。

1990 年，县档案馆各类档案总数（累计）34 187（卷、件、册）。其中案卷档案（含文书档案、破产企业档案、专门档案）25 155 卷又 4824 件，其他档案（含图书资料、编研材料、实物档案）4208 册（件）。

2000 年，县档案馆各类档案总数（累计）89 430（卷、件、册）。其中案卷档案（含文书档案、破产企业档案、专门档案）67 955 卷又 12 535 件，其他档案（含图书资料、编研材料、实物档案）8940 册（件）。

2010 年，县档案馆各类档案总数（累计）171088（卷、件、册）。其中案卷档案（含文书档案、破产企业档案、专门档案）94 912 卷又 64 771 件，其他档案（含图书资料、编研材料、实物档案）11 405 册（件）。

2020 年，县档案馆各类档案总数（累计）226 500（卷、件、册）。其中案卷档案（含文书档案、破产企业档案、专门档案）110 660 卷又 103 208 件，其他档案（含图书资料、编研材料、实物档案）12 632 册（件）。

表 2-1　若干年度佛冈县档案馆馆藏各类档案简表

年度	案卷档案		其他档案（册、件）			
	卷	件	小计	图书	编研	实物
1980	3018	463	300	300		
1990	25 155	4824	4208	2631	15	1562
2000	67 955	12 535	8940	4461	26	4453
2010	94 912	64 771	11 405	6236	39	5130
2020	110 660	103 208	12 632	7440	59	5133

注：①本表立卷档案包括文书、破产企业、专门档案；其他档案包括图书资料（含全国、省、市和佛冈县内图书资料）、编研材料及实物档案。②本表各年度数字为到期累计数。③本表案卷档案栏数字摘自表 2-2，其他档案栏数字摘自表 2-3。

表 2－2　若干年度县档案馆案卷档案分类统计表

年度	案卷总数		文书档案		破产企业	专门档案	
	卷	件	卷	件	卷	卷	件
1980	3018	463	2662	463	230	126	
1990	25 155	4824	14170	4637	7536	3449	187
2000	67 955	12 535	22 943	12 348	36 042	8970	187
2010	94 912	64 771	25 190	64 584	51 038	18 684	187
2020	110 660	103 208	25 680	103 021	51 401	33 579	187

注：①本表案卷总数摘自表 2－4、表 2－5。②本表年度数字为到期累计数。

表 2－3　若干年度佛冈县档案馆图书资料实物表（累计数）

项目	1990	2000	2010	2020
合计	4208	8940	11405	12632
图书（册）	2631	4461	6236	7440
地图（卷）	11	11	11	11
声像（照片）		74	127	127
报纸（册）	1231	2015	2634	2634
编研材料（册）	15	26	39	59
废旧印章（枚）	311	2337	2337	2337
其他（件）	9	16	21	24

注：①本表图书包括市级及以上图书和县内图书。②光盘包括录音、录像光盘，其中照片以 50 张为 1 册计算，编研材料包括专题资料、专题文件。③本表各年度数字为到期累计数。参见表 2－14。

表 2-4　各时段佛冈县档案馆馆藏档案（案卷）数量统计表

时段	时段内归档数量		到时段末累计数量		
	卷	件	卷	件	排架（米）
1950—1980	3018	463	3018	463	39.54
1981—1985	10 130	2073	13 148	2536	172.57
1986—1990	12 007	2288	25 155	4824	330.15
1991—1995	19 066	3684	44 221	8508	580.40
1996—2000	23 734	4027	67 955	12 535	891.56
2001—2005	16 481	20 164	84 436	32 699	1075.89
2006—2010	10 476	32 072	94 912	64 771	1226.88
2011—2015	6060	14 623	100 972	79 394	1311.77
2016—2020	9688	23 814	110 660	103 208	1449.96

注：①本表归档数量包括文书档案、破产企业档案、专门档案。②本表 1950—1980 年立卷数量中，1950—1979 年立卷 1215 卷，1980 年立卷 1803 卷又 463 件。③本表时段末累计数量，为累计到期实有数。至 2020 年止，县档案馆累计案卷总数为 110 660 卷又 103 208 件。④本表数字摘自表 2-5、表 2-6，其中 2020 年立卷归档数为接收后已整理归档的数字（不含正在整理的档案资料）。

表 2-5　1979—2020 年佛冈县档案馆分年度立卷（案卷）数量表

年度	当年归档总数		文书档案		破产企业档案	专门档案	
	卷	件	卷	件	卷	卷	件
1979	1215		1215				
1980	1803	463	1447	463	230	126	
1981	1777	325	1063	325	458	256	
1982	1908	403	1193	403	526	189	
1983	2134	435	1148	385	699	287	50
1984	2174	427	1025	389	785	364	38

续上表

年度	当年归档总数		文书档案		破产企业档案	专门档案	
	卷	件	卷	件	卷	卷	件
1985	2137	483	1019	458	825	293	25
1986	2222	383	1120	369	703	399	14
1987	2365	482	1025	470	882	458	12
1988	2229	375	1247	364	699	283	11
1989	2284	488	1101	475	832	351	13
1990	2907	560	1567	536	897	443	24
1991	3520	750	1147	750	1844	529	
1992	3902	632	750	632	2570	582	
1993	4113	759	980	759	2565	568	
1994	3491	754	650	754	2298	543	
1995	4040	789	644	789	2890	506	
1996	3997	711	975	711	2458	564	
1997	4374	665	860	665	3012	502	
1998	4152	598	846	598	2690	616	
1999	4809	932	950	932	3320	539	
2000	6402	1121	971	1121	4859	572	
2001	4144	3250	560	3250	2599	985	
2002	3981	3967	429	3967	2250	1302	
2003	3277	3369	289	3369	2033	965	
2004	2927	4580	118	4580	1908	901	
2005	2152	4998	158	4998	1125	869	

续上表

年度	当年归档总数		文书档案		破产企业档案	专门档案	
	卷	件	卷	件	卷	卷	件
2006	1937	5522	102	5522	1055	780	
2007	2438	5802	269	5802	1132	1037	
2008	2042	4470	93	4470	1052	897	
2009	2047	6658	107	6658	954	986	
2010	2012	9620	122	9620	888	1002	
2011	1365	3325	124	3325	258	983	
2012	1385	2251	102	2251	25	1258	
2013	1154	3200	34	3200	17	1103	
2014	1069	2589	55	2589	12	1002	
2015	1087	3258	38	3258	24	1025	
2016	1459	3755	39	3755	14	1406	
2017	1572	3400	47	3400	5	1520	
2018	1379	5897	51	5897	8	1320	
2019	1042	7127		7127		1042	
2020	4236	3635		3635		4236	

注：①本表统计的各年度归档数，其中2020年数字为12月底前已归档数（不含正在整理未归档部分）。②1979年数字为历年至1979年止的累计数。③排架长度单位为米。④2020年数字仅为接收后已整理归档的数字（不含正在整理的档案资料）。

（三）档案排架长度

档案排架长度按案卷装盒厚度排列量度，每卷为1盒（单件档案约30件为1盒），以实测总长记录。据县档案馆已接收归档的166个全宗排列实测，2020年排架总长（累计）为1449.96米。其中，文书档案483.88米，国有破产企业档案713.19米，专门档案239.36米，其他档案13.53米。

1990年，县档案馆案卷排架（累计）330.15米。

2000年，县档案馆案卷排架（累计）891.56米。

2010年，县档案馆案卷排架（累计）1226.88米。

2020 年，县档案馆案卷排架（累计）1449.96 米。其中，文书档案 483.88 米，破产企业档案 713.19 米，专门档案 239.36 米，其他档案 13.53 米。

表 2－6 2020 年佛冈县档案馆各全宗排架长度表

单位：米

全宗号	单位	单位小计	文书	破产企业	专门	其他
合计		1449.96	483.88	713.19	239.36	13.53
1	民国档案	26.28	26.28			
2	县委办	44.00	44.00			
3	人大办	4.98	4.98			
4	县府办	39.20	38.85		0.35	
5	革委会	7.70	7.70			
6	政协办	3.59	3.59			
7	纪检	1.40	1.40			
8	党校	2.70	2.70			
9	直属工委	3.50	3.50			
10	老干局	0.76	0.76			
11	机编	4.99	4.99			
12	人事局	12.44	8.15		4.29	
13	档案局馆	11.69	4.20		2.63	4.86
14	总工会	4.40	4.40			
15	团县委	4.80	4.80			
16	妇联	5.50	5.50			
17	农会	0.09	0.09			
20	计划局	3.23	2.70		0.53	
21	农委	0.25	0.25			
22	经贸局	8.35	8.35			
23	外贸局	1.60	1.60			
24	环保建设	6.90	6.90			
25	科技局	2.90	2.10		0.80	
27	体育局	0.37	0.37			
28	计生局	28.60	28.60			

续上表

全宗号	单位	单位小计	文书	破产企业	专门	其他
29	选举委	0.70	0.70			
30	人口普查	1.90			1.90	
31	地名普查	0.18			0.18	
35	林业局	1.65	1.65			
36	水利局	0.50	0.50			
37	畜牧水产	2.50	2.50			
40	乡镇企业	0.40	0.40			
41	农机局	10.04	2.19	7.85		
42	审计局	1.05	1.05			
44	统计局	18.50	8.70		9.80	
45	物价局	7.29	6.20		1.09	
46	劳动局	2.25	2.25			
47	物资局	19.36		19.36		
48	人民银行	13.85	13.85			
54	财政局	7.80	7.80			
55	税务局	5.40	5.40			
56	贸易局	0.95	0.95			
57	二轻局	14.29		14.29		
61	医药局	33.37		33.37		
62	石英粉厂	9.48		9.48		
63	商业局	17.00		17.00		
65	粮食储备	5.22	5.22			
66	工商局	4.10	4.10			
67	对外贸易	12.64	3.65	8.99		
68	教育局	25.35	16.45		8.90	
69	文化局	2.15	2.15			
71	卫生局	25.49	16.00		9.49	
72	人民医院	0.70	0.70			
73	民政局	61.02			57.76	3.26
74	法院	6.06	6.06			
75	检察院	5.60	5.60			

续上表

全宗号	单位	单位小计	文书	破产企业	专门	其他
76	司法局	14.21	14.16		0.50	
77	高岗镇	19.67	10.92		4.63	4.12
78	烟岭镇	4.27	2.67		1.60	
79	迳头镇	6.29	3.32		2.97	
80	水头镇	12.50	8.00		4.50	
81	三八镇	5.18	3.28		1.90	
82	石角镇	15.98	4.98		11.00	
83	龙南镇	7.45	5.60		1.85	
84	汤塘镇	14.35	7.00		7.35	
85	四九镇	5.75	3.20		2.55	
86	龙山镇	16.40	12.00		4.40	
87	民安镇	4.85	3.20		1.65	
88	黄花镇	0.69	0.09		0.60	
90	信访办	0.39	0.39			
91	报社	0.45	0.45			
92	良安公社	0.03	0.03			
93	卫生防疫	1.14	1.14			
94	国税局	14.12	14.12			
95	地税局	8.40	8.40			
96	工业普查	0.65			0.65	
97	监察局	0.15	0.15			
99	氮肥厂	2.94	1.20	1.74		
100	组织部	13.46	1.76		11.70	
101	宣传部	1.61	1.61			
102	统战部	0.75	0.75			
103	政法委	20.59	6.70		12.60	1.29
104	环保局	0.33	0.33			
105	党史室	1.30	1.30			
106	路灯所	0.65	0.65			
108	公安交警	1.66	1.66			
109	建筑公司	6.96		6.96		

续上表

全宗号	单位	单位小计	文书	破产企业	专门	其他
110	新华书店	29.50		29.50		
111	社保局	1.30	1.30			
113	公安局	15.70	15.70			
116	落实政策	0.88	0.88			
118	残联	0.04	0.04			
122	审计事务	2.16	2.16			
132	烟草局	1.10	1.10			
134	饮服公司	7.94		7.94		
135	知青办	1.90	1.90			
137	林业公安	0.76	0.76			
146	矿产局	2.58		2.58		
149	煤矿	3.90		3.90		
150	煤炭公司	3.78		3.78		
151	水泥一厂	13.75		13.75		
152	亨地公司	33.60		33.60		
153	味精厂	62.95		62.95		
155	机关事务	58.94			58.94	
160	土地承包	12.25			12.25	
161	黄花湖区	0.03	0.03			
167	香料厂	8.20		8.20		
168	耐火厂	48.54		48.54		
169	三讲小组	0.84	0.84			
170	三个代表	0.45	0.45			
172	广佛电工	4.90		4.90		
173	乡镇企业	3.18	3.18			
174	五金厂	14.40		14.40		
175	村居选举	0.24	0.24			
177	燃料公司	5.15		5.15		
178	百货公司	10.10		10.10		
179	华侨公司	9.03		9.03		
180	友谊公司	5.23		5.23		

续上表

全宗号	单位	单位小计	文书	破产企业	专门	其他
181	食品公司	10. 90		10. 90		
182	酒厂	14. 40		14. 40		
183	非典防治	0. 24	0. 24			
184	印刷厂	13. 35		13. 35		
185	造纸厂	21. 33		21. 33		
187	菌种厂	2. 40		2. 40		
188	陶瓷厂	17. 12		17. 12		
189	交运公司	2. 74		2. 74		
190	龙辉家私	4. 60		4. 60		
191	五金交电	7. 19		7. 19		
192	丝绸公司	14. 14		14. 14		
193	机械厂	14. 81		14. 81		
194	南方包装	6. 18		6. 18		
195	民爆器材	2. 63		2. 63		
196	纺织公司	4. 53		4. 53		
197	机电厂	6. 01		6. 01		
199	石厂	7. 89		7. 89		
200	农资公司	7. 60		7. 60		
201	新发房产	3. 39		3. 39		
202	农村税改	0. 48		0. 48		
203	招待所	28. 00		28. 00		
204	东方纸箱	3. 47		3. 47		
205	床垫厂	14. 40		14. 40		
206	橡胶厂	0. 03		0. 03		
207	城市信用	57. 26		57. 26		
208	工贸公司	1. 26		1. 26		
209	搪瓷厂	10. 16		10. 16		
210	松香厂	3. 55		3. 55		
214	山林纠纷	0. 15	0. 15			
218	三打两建	1. 10	1. 10			
219	科学发展	1. 65	1. 65			

续上表

全宗号	单位	单位小计	文书	破产企业	专门	其他
223	五个一流	0.21	0.21			
224	先进教育	1.40	1.40			
225	争先创优	0.66	0.66			
232	萤石粉厂	1.27		1.27		
233	二轻供销	3.27		3.27		
234	液化石油	3.66		3.66		
235	工艺厂	16.30		16.30		
236	医疗所	1.12		1.12		
237	宝敏公司	1.04		1.04		
238	小水电站	2.53		2.53		
239	家私纸品	2.70		2.70		
240	三棵松场	1.07		1.07		
241	建筑设计	6.86		6.86		
242	石油化工	0.05		0.05		
247	骏兴碳素	2.29		2.29		
261	万胜公司	2.46		2.46		
262	石宝公司	2.16		2.16		

注：①本表全宗号264—275为空置号，其他缺全宗号的单位未向县档案馆移交档案，无排架长度。②本表“专门”栏，4号（县府办）为会计报表，12号（人事局）为已故人员档案，13号（县档案馆）为照片、光盘，68号（教育局）为已故人员档案。73号、77号、78号、79号、85号为婚姻档案，100号（组织部）为已故人员档案，155号（机关事务局）为会计档案。③本表“其他”栏，13号（县档案馆）为地图档案、废旧印章、佛冈在香港地产档案。

二、县档案馆全宗

（一）县档案馆全宗设置

档案馆全宗是按照《广东省机关档案分类办法》的规定，于 1983 年起设立。全宗按年度问题分类法分类，每个立档单位安排一个序号，将其每年向县档案馆移交的档案资料按年度、保存期限（永久、长期、短期）和类别，按序号归入本单位全宗。其中佛冈县档案局（馆）全宗号为 13 号。

全宗的设置根据机构改革单位撤并情况调整，全宗数量有所变化。

1983 年，县档案馆设有全宗 35 个，主要是县委、县政府档案。

1985 年，县档案馆全宗增加到 55 个。1988 年，县档案馆全宗增加到 59 个。

1990 年，县档案馆设有全宗调整为 61 个。

1996 年，县档案馆对全宗设置进行调整，主要是调整全宗 2 号和 4 号设置。原全宗 2 号为县委档案，包括 10 个部门：①办公室；②组织部；③宣传部；④统战部；⑤农村部；⑥政法委员会；⑦保密委员会；⑧党史办公室；⑨对台工作办公室；⑩整党办公室。原 4 号为县政府（县人委）档案，包括 10 个部门：①办公室；②财贸办公室：③侨务外事办公室；④农林水办公室；⑤文教办公室；⑥征用土地办公室；⑦房屋普查办公室；⑧经济技术协作办公室；⑨环保办公室；⑩行政科。

1996 年调整后，全宗 2 号只设县委办公室，全宗 4 号只设县政府办公室，其他部门档案分单位增设全宗。此后，根据单位设立撤并情况对全宗设置进行适当调整及增设，全宗数量有所变化。

2000 年，县档案馆设有全宗 107 个。

2005 年，县档案馆设有全宗 111 个。

2010 年，县档案馆有档案全宗 250 个，馆藏档案资料 106 296 卷（件、册），分为五个部分：第一部分是明清、民国档案，共有 1447 卷，明清档案有咸丰元年石印版本的《佛冈厅志》（上下册）及中华人民共和国成立后《佛厅志》译本。民国档案主要有国民党时期佛冈县政府、县党部、县三青团部、地方政府看守所、清剿工作团、警察局、政府人事科、地方法院等机关形成的档案。第二部分是中华人民共和国成立后佛冈县行政、事业单位的文书档案 89 774 卷（件），主要是中华人民共和国成立后佛冈县委、县政府及其直属行政、事业机关和各公社在社会主义建设事业中形成的档案，以及 1968 年后中央、国务院、广东省委省政府、韶关地委专署、广州市委市政府、清远市委市政府的重要文件。第三部分是专业档案 18871 卷（件），包括佛冈县第二轮土地承包合同档案、人口普查档案、地名普查档案、婚姻登记档案、照片档案（包括陈永贵、王首道、乔石、谢非等党和国家领导人视察佛冈的照片及 1951、1954、1955 年广东省各界人民代表会议代表合影）、已故人员档案、印章档案、地图档案等。第四部分是破产转制企业档案 5 1038 卷，主要是县内破产转制企业的文书、会计、基建、人事、技术等档案资料。第五部分是各种图书资料实物，共 11384 册（件），主要是各种工具书、资料书、史书、报刊、简报、通讯、政策法令文件汇编及本县编纂出版的地方党史、地方志、族谱等史（资）料。参见表 2－2、表 2－3。

2010 年，县档案馆有全宗号 250 个。

2015 年，县档案馆设有全宗 264 个。

2017—2019 年，根据县直单位撤并设立情况（包括 2019 年机构改革单位变动）调整补充全宗设置。至 2019 年 12 月，县档案馆设有全宗 264 个，全宗序号为 1～276 号（其中 264～275 为空置号），全宗 1 号为民国档案，全宗 276 号为佛冈县第三小学。

2020 年，根据县直单位撤并设立情况，对 2019 年 12 月全宗进行调整补充。调整补充的主要内容有：①保留已设置的全宗号及单位；②新设立单位与全宗号单位职能相近的归并入原全宗号；③新设立单位另立全宗号。

至 2020 年，县档案馆设有全宗 264 个，全宗序号为 1～276 号（其中 264～275 为空置号）。参见表 2－7。

（二）县档案馆全宗类别

在 2020 年 264 个全宗中，全部档案分为 2 大类：①立卷归档案卷（包括文书档案、破产企业档案、专门档案）共 110 660 卷又 103 208 件，其中文书档案 25 680 卷又 103 021 件，破产企业档案 51 401 卷，专门档案 33 579 卷又 187 件；②其他档案（包括图书、编研、实物）共 12 632 册（件）。参见表 2－2、表 2－3。

表 2－7　2020 年佛冈县档案馆全宗排列表

序号	全宗名称
1	民国档案
2	中共佛冈县委办公室
3	佛冈县人民代表大会常务委员会
4	佛冈县人民政府（人民委员会）办公室
5	佛冈县革命委员会（办事组、政工组、保卫组、生产组）
6	佛冈县人民政治协商委员会
7	中共佛冈县纪律检查委员会
8	中共佛冈县委党校
9	中共佛冈县直属机关工作委员会
10	佛冈县离退休干部管理局（原县委老干局）
11	佛冈县机构编制委员会
12	佛冈县人事局
13	佛冈县档案局、档案馆
14	佛冈县总工会
15	共青团佛冈县委员会
16	佛冈县妇女联合会（含托幼办公室）
17	佛冈县农会（贫协）
18	佛冈县工商联合会
19	佛冈县华侨联合会
20	佛冈县计划局（原计划委员会）
21	佛冈县农业委员会
22	佛冈县经济贸易局（佛冈县经济委员会）
23	佛冈县经济对外贸易局（原佛冈县对外经济委员会）
24	佛冈县环保和建设局
25	佛冈县科学技术局（原佛冈县科学技术委员会）
26	佛冈县科学技术协会
27	佛冈县体育局（原佛冈县体育运动委员会）
28	佛冈县计划生育局（原佛冈县计划生育委员会）
29	佛冈县选举委员会

续上表

序号	全宗名称
30	佛冈县人口普查办公室
31	佛冈县地名普查办公室
32	佛冈县农业区划委员会
33	佛冈县国土局
34	佛冈县农业局
35	佛冈县林业局
36	佛冈县水利局（原佛冈县水电局）
37	佛冈县畜牧水产事业局
38	佛冈县安全生产监督管理局
39	佛冈县气象局
40	佛冈县乡镇企业总公司（原佛冈县乡镇企业委员会、企业局）
41	佛冈县农机管理事业局（广东省佛冈县农业机械供应总公司）
42	佛冈县审计局
43	佛冈县技术监督局（原佛冈县计量局）
44	佛冈县统计局
45	佛冈县物价局（含物价检查所）
46	佛冈县劳动局
47	佛冈县物资总公司（原佛冈县物资局）
48	中国人民银行佛冈县支行
49	中国工商银行佛冈县支行
50	中国建设银行佛冈县支行
51	中国农业银行佛冈县支行
52	中国银行佛冈县支行
53	中国人民保险公司佛冈县支公司
54	佛冈县财政局（含国有资产管理局）
55	佛冈县税务局
56	佛冈县贸易局（原佛冈县财贸委员会）
57	佛冈县二轻工业总公司（原佛冈县二轻局）
58	佛冈县交通局
59	佛冈县邮电局

续上表

序号	全宗名称
60	佛冈县供电局
61	佛冈县医药总公司（原佛冈县医药局）
62	佛冈县石英粉厂
63	佛冈县商业总公司（原佛冈县商业局）
64	佛冈县供销联合总社（原佛冈县供销合作联社）
65	佛冈县粮食管理储备局（原佛冈县粮食局）
66	佛冈县工商行政管理局
67	佛冈县对外贸易总公司（原佛冈县外贸局）
68	佛冈县教育局
69	佛冈县文化局
70	佛冈县广播电视事业局（原佛冈县广播电视局）
71	佛冈县卫生局
72	佛冈县人民医院
73	佛冈县民政局（含复退军人安置办、老区建设办）
74	佛冈县人民法院
75	佛冈县人民检察院
76	佛冈县司法局（含公证处）
77	佛冈县高岗镇（含公社、区公所）
78	佛冈县烟岭镇（含公社、区公所、乡）
79	佛冈县迳头镇（含公社、区公所、乡）
80	佛冈县水头镇（含公社、区公所）
81	佛冈县三八镇（含公社、区公所、乡）
82	佛冈县石角镇（含公社、区公所）
83	佛冈县龙南镇（含公社、区公所、乡）
84	佛冈县汤塘镇（含公社、区公所）
85	佛冈县四九镇（含公社、区公所）
86	佛冈县龙山镇（含公社、区公所）
87	佛冈县民安镇（含公社、区公所、乡）
88	佛冈县黄花镇（含公社、区公所、乡）
89	佛冈县石角镇（居委会）

续上表

序号	全宗名称
90	佛冈县信访办公室
91	佛冈县报社（佛冈县五四三办公室、文明办）
92	佛冈县良安公社
93	佛冈县卫生防疫站
94	佛冈县国家税务局
95	佛冈县地方税务局
96	佛冈县工业普查领导小组办公室
97	佛冈县监察局
98	佛冈县黄花湖经济开发区
99	佛冈县氮肥厂
100	中共佛冈县委组织部
101	中共佛冈县委宣传部
102	中共佛冈县委统战部（含对台办）
103	中共佛冈县委政法委员会（含综治办）
104	佛冈县环境保护局
105	佛冈县党史研究室
106	佛冈县路灯管理所
107	佛冈县成人教育办公室（电大）
108	佛冈县公安局交通警察大队
109	佛冈县建筑安装工程公司
110	佛冈县新华书店
111	佛冈县社会保险事业局（社保局）
112	佛冈县农村信用合作社联合社
113	佛冈县公安局
114	佛冈县人民武装部
115	佛冈县地方编纂委员会办公室
116	佛冈县落实政策办公室
117	佛冈县人民政府法制局
118	佛冈县残疾人联合会
119	佛冈县旅游局

续上表

序号	全宗名称
120	佛冈县侨务办公室
121	佛冈县外事办公室
122	佛冈县审计师事务所
123	佛冈县房地产管理事业局（原佛冈县房地产管理局）
124	佛冈县房地产开发公司
125	佛冈县自来水公司
126	佛冈县建筑设计室
127	佛冈县市政建设事业局
128	佛冈县城乡规划管理办公室
129	佛冈县电影公司
130	佛冈县人民保险公司
131	佛冈县人寿保险公司
132	佛冈县烟草专卖局
133	佛冈县石油公司
134	佛冈县饮食服务公司
135	佛冈县知识青年上山下乡办公室
136	佛冈县爱国卫生运动委员会办公室
137	佛冈县林业公安分局
138	佛冈县中医院
139	佛冈县妇幼保健院
140	佛冈县卫生进修学校
141	佛冈中学
142	佛冈县第一中学
143	佛冈县职业中学
144	佛冈县教师进修学校
145	佛冈县城东中学
146	佛冈县矿产资源管理局（佛冈县矿委办）
147	佛冈县公路局
148	佛冈县汽车站
149	佛冈县煤矿（地方国营）

续上表

序号	全宗名称
150	佛冈县煤炭公司
151	佛冈县水泥（一厂）
152	佛冈县亨地实业公司（二厂）
153	佛冈县味精厂
154	佛冈县食品卫生监督所
155	佛冈县机关事务管理局（原佛冈县行政科）
156	清远市生态环境局佛冈分局（原佛冈县环境保护局）
157	佛冈县城市建设管理监察大队
158	佛冈县电池实业公司
159	佛冈县公安局石角镇分局
160	佛冈县调整完善农村土地承包责任制办公室
161	佛冈县黄花湖管理区
162	佛冈县人民政府勘界工作领导小组办公室
163	佛冈县公安局城东派出所
164	佛冈县公安局沿江派出所
165	佛冈县公安局城南派出所
166	清远市公安局交通警察大队高速公路大队
167	广州佛冈香料厂
168	广州耐火材料厂佛冈分厂
169	中共佛冈县委“三讲”教育领导小组
170	中共佛冈县委“三个代表”重要思想学习领导小组
171	佛冈县消防大队
172	广佛电工材料公司
173	佛冈县乡镇企业供销公司
174	佛冈县五金综合厂
175	佛冈县村（居）民委员会选举工作领导小组
176	佛冈县勘界工作领导小组
177	佛冈县燃料公司
178	佛冈县百货公司
179	佛冈县华侨公司

续上表

序号	全宗名称
180	佛冈县友谊公司
181	佛冈县食品公司
182	佛冈县酒厂
183	佛冈县非典型肺炎防治工作领导小组
184	佛冈县印刷厂
185	佛冈县造纸厂
186	佛冈县邮政局
187	佛冈县联合菌种厂
188	佛冈县陶瓷厂
189	佛冈县交通运输公司
190	佛冈县龙辉家私厂
191	佛冈县五金交电公司
192	佛冈县丝绸公司
193	佛冈县通用机械厂
194	佛冈县南方包装公司
195	佛冈县民爆器材专卖公司
196	佛冈县纺织品公司
197	佛冈县机电修造厂
198	广州一大昌合资汽车服务有限公司佛冈分公司
199	佛冈县石厂
200	佛冈县农资公司
201	佛冈县新发房地产开发公司
202	佛冈县农村税费改革领导小组办公室
203	佛冈县招待所（迎宾馆）
204	广州市东方纸箱厂佛冈分厂
205	佛冈县床垫厂
206	佛冈县橡胶厂
207	佛冈县石角城市信用合作社
208	佛冈县经济工贸实业公司
209	佛冈县搪瓷厂

续上表

序号	全宗名称
210	佛冈县松香厂
211	佛冈县无线电管理委员会
212	佛冈县城北中学
213	佛冈县第一小学
214	佛冈县人民政府调处山林纠纷办公室
215	佛冈县第二小学
216	佛冈县振兴小学
217	佛冈县第四小学
218	佛冈县“三打两建”领导小组办公室
219	中共佛冈县委深入学习实践科学发展观活动试点工作领导小组
220	佛冈县德城投资有限公司
221	佛冈县社会主义新农村建设试验区管理委员会
222	中共佛冈县委党的基层组织建设工作领导小组办公室
223	佛冈县争创“五个一流”活动领导小组办公室
224	佛冈县保持共产党员先进性教育活动领导小组
225	佛冈县争先创优活动领导小组办公室
226	佛冈县扶贫开发领导小组办公室
227	佛冈县土地开发储备局
228	大陂中学
229	水头中学
230	高岗中学
231	石角中学
232	佛冈县莹石粉选厂
233	佛冈县二轻供销公司
234	佛冈县液化石油气公司
235	佛冈县工艺厂
236	佛冈县医疗所
237	佛冈县宝敏公司
238	佛冈县小水电管理站
239	佛冈县家私纸品厂（亨地）

续上表

序号	全宗名称
240	佛冈县三棵松猪场
241	佛冈县建筑工程设计室
242	佛冈县石油化工公司
243	中共佛冈县委农村工作委员会办公室
244	佛冈县不动产登记中心
245	清远市公共资源交易中心
246	清远市粤运汽车运输有限公司佛冈分公司
247	佛冈县骏兴碳素有限公司
248	佛冈县公安局民安派出所
249	佛冈县黄花中学
250	佛冈县农村土地承包经营确权登记办公室
251	中共佛冈县委防范和处理邪教问题办公室
252	佛冈县工业园管理委员会
253	佛冈县汤塘中学
254	佛冈县汤塘第二中学
255	佛冈县农村金融改革创新综合试点工作领导小组办公室
256	佛冈县发展和改革局
257	广东佛冈观音山省级自然保护区管理处
258	中国民主同盟佛冈县基层委员会
259	佛冈县人民政府行政服务中心
260	国家税务总局佛冈县税务局
261	佛冈万胜精细粉体有限公司
262	佛冈县石宝建材有限公司
263	佛冈县退伍军人事务局
276	佛冈县第三小学

注：①本表为2020年全宗设置表，全宗总数为264个（末号为276号，全宗号264～275号为空置号）。

②本表含设立全宗后仍保存的已撤销、已合并或已改名称的单位。

（三）全宗档案（案卷）数量

1980 年，按 35 个全宗单位进馆立档的案卷统计，累计有案卷 3018 卷又 463 件，排架总长（累计）39.54 米。

1990 年，按 61 个全宗单位进馆立档的案卷统计，累计有案卷 25 155 卷又 4824 件，排架总长（累计）330.15 米。

2000 年，按 107 个全宗单位进馆立档的案卷统计，累计有案卷 67 955 卷又 12 535 件，排架总长（累计）891.56 米。

2010 年，按 250 个全宗单位进馆立档的案卷统计，累计有案卷 94 912 卷又 64 771 件，排架总长 1226.88 米。

2020 年，按 264 个全宗单位进馆立档的案卷统计，累计有案卷 110 660 卷又 103 208 件。排架总长（累计）1449.96 米。

以上档案数量参见表 2－4。

三、县档案局（馆）本部门全宗

县档案局（馆）本部门档案全宗号为 13，保存有 1983—2020 年档案，目录号 A12·1。

1990 年，保存文书档案累计总量为 50 卷，档案排架总长（累计）0.785 米。

1995 年，保存文书档案累计总量为 83 卷，档案排架总长（累计）1.225 米。

2000 年，保存文书档案累计总量为 146 卷，档案排架总长（累计）1.805 米。

2005 年，保存文书档案累计总量为 146 卷 964 件，档案排架总长（累计）2.465 米。

2010 年，保存文书档案累计总量为 146 卷又 1982 件，档案排架总长（累计）3.145 米。

2015 年，保存文书档案累计总量为 146 卷又 2938 件，档案排架总长（累计）3.875 米。

2020 年，保存文书档案累计总量为 146 卷又 3808 件（不含 2020 年正在整理未归档的档案资料），档案排架总长（累计）5.194 米。

表 2－8　1983—2000 年县档案馆本部门档案统计表

（全宗号 13）

年度	历年累计			当年立卷（卷）			当年单件文件（件）			
	卷	件	排架	小计	永久	长期	小计	永久	长期 30 年	短期 10 年
1983	1		0. 015	1	1					
1984	5		0. 045	4	1	3				
1985	13		0. 165	8	2	6				
1986	22		0. 305	9	4	5				
1987	31		0. 485	9	3	6				
1988	38		0. 595	7	5	2				
1989	43		0. 675	5	3	2				
1990	50		0. 785	7	4	3				
1991	57		0. 875	7	2	5				
1992	66		0. 995	9	2	7				
1993	72		1. 065	6	2	4				
1994	77		1. 125	5	2	3				
1995	83		1. 225	6	2	4				
1996	89		1. 315	6	2	4				
1997	103		1. 435	14	6	8				
1998	112		1. 525	9	2	7				
1999	128		1. 655	16	4	12				
2000	146		1. 805	18	8	10				
2001	146	210	1. 965				210	50	100	60
2002	146	389	2. 085				179	39	78	62
2003	146	575	2. 235				186	41	43	102
2004	146	755	2. 355				180	63	50	67
2005	146	964	2. 465				209	87	56	66
2006	146	1145	2. 615				181	69	112	
2007	146	1305	2. 715				160	54	106	

续上表

年度	历年累计			当年立卷（卷）			当年单件文件（件）			
	卷	件	排架	小计	永久	长期	小计	永久	长期30年	短期10年
2008	146	1587	2.915				282	164	118	
2009	146	1769	3.015				182	94	78	10
2010	146	1982	3.145				213	80	127	6
2011	146	2144	3.295				162	46	116	
2012	146	2330	3.395				186	83	103	
2013	146	2553	3.535				223	82	141	
2014	146	2724	3.665				171	63	108	
2015	146	2938	3.875				214	104	94	57
2016	146	3056	3.995				118	45	47	25
2017	146	3295	4.435				239	75	93	71
2018	146	3514	4.645				219	114	46	59
2019	146	3658	4.945				144	89	30	25
2020	146	3808	5.194				150	82	59	9

注：①本表1983—2000年以卷归档，2001年起以件归档。②至2020年止累计，县档案馆本部门档案总数146卷又3808件（不含2020年正在整理未归档的档案）。③排架长度单位为米。

四、县档案馆馆藏档案分类

（一）全部档案分类

佛冈县档案馆馆藏档案分为13类，分别以英文字母为代字，有A、B、D、E、F、G、H、K、N、Q、R、S、Y、Z，共14类。

分类内容见表2－9。

表 2－9　2020 年佛冈县档案馆馆藏档案分类说明表

序号	全宗号	档案名称	分类说明
1	各全宗	文书档案	代字为 A，各全宗内按机构或问题分类
2	2、4	电子档案	代字为 Z，接收县委办公室及县直机关单位及全文数字化、电子目录数字化、原生电子文件数据档案
3	2、4、13、56、110	声像档案	代字为 F，接收县委办、县府办、县档案局、县贸易局、县新华书店等单位的照片、光盘
4	7	纪检、监察档案	代字为 G，接收 1951—2006 年县纪委、监察局处分的干部处分档案
5	13	地图档案	代号为 N，接收省、佛冈县 1961—1979 年有关地图
6	13	印章档案	代字为 Y，接收全县撤并单位的印章
7	13	荣誉实物档案	代字为 S，接收个有关单位的奖旗、奖杯、奖牌等荣誉实物档案
8	20	立项批复档案	代字为 G，接收佛冈县计划委员会 1990—2000 年的立项批复档案
9	21	公证档案	代字为 G，接收佛冈县司法局 1974—1999 年的司法档案
10	30	人口普查档案	代字为 R，接收佛冈县人口普查办公室 1981—1989 年的人口普查档案
11	31	地名普查档案	代字为 K，接收佛冈县地名普查办公室 1981 年的地名普查档案
12	35	山林权证档案	代字为 B，接收县林业局的 1981 年的山林权证档案
13	45	价格评估档案	代字为 G，接收佛冈县物价局 1989—2003 年的价格评估档案
14	各镇政府、县民政局	婚姻登记档案	代字为 H，接收各镇政府、县民政局 1961—2014 年的婚姻登记档案

续上表

序号	全宗号	档案名称	分类说明
15	73	社团、民办非企业登记档案	代字为G3，接收县民政局的社团、民办非企业登记的档案
16	73	低保档案	代字为G4，接收县民政局的低保档案
17	73	五保档案	代字为G5，接收县民政局的五保档案
18	73	殡葬改革和殡葬管理档案	代字为G13，接收县民政局的殡葬改革和殡葬管理档案
19	78	司法合同档案	代字为G3，接收烟岭镇政府1985—1997年的司法合同档案
20	79	司法合同档案	代字为G3，接收迳头镇政府1985—1997年的司法合同档案
21	96	工业普查档案	代字为Q，接收佛冈县工业普查办公室1986年的工业普查档案
22	12、68、71、100	已故人员档案	代字为E，接收属原县人事局、教育局原卫生局、县委组织部管理的已故干部档案
23	103	涉法涉诉档案	代字为S1，接收县委政法委综合治理办公室的涉法涉诉档案
24	103	百日防护期档案	代字为S2，接收县委政法委综合治理办公室的百日防护期档案
25	103	个案卷宗	代字为G，接收县委政法委综合治理办公室个人案件档案
26	116	落实知识分子政策档案	文书档案，代字为A，接收县委落实知识分子政策办公室1970—1989年落实知识分子政策档案
27	135	知青档案	代字为A，接收广州、佛冈县等知青赴佛冈下乡的档案
28	160	土地承包档案	代字为G，接收佛冈县调整完善农村土地承包责任制办公室1999年形成的土地承包合同档案
29	169	“三讲”档案	文书档案，代字为A，接收2000年佛冈县开展“三讲”教育工作形成的档案

续上表

序号	全宗号	档案名称	分类说明
30	170	“三个代表”档案	文书档案，代字为A，接收2001年佛冈县学习“三个代表”重要思想活动形成的档案
31	176	勘界档案	代字为G，接收佛冈县勘界工作领导小组的勘界档案
32	183	“非典”档案	代字为A，照片档案为F，接收佛冈县非典型肺炎防治工作领导小组2003年形成的档案
33	202	农村税费改革档案	文书档案，代字为A，接收佛冈县农村税费改革领导小组办公室2003年形成的农村税费改革档案
34	214	山林纠纷档案	代字为G，接收佛冈县人民政府调处山林纠纷办公室1986—1987年形成的山林纠纷调处档案
35	218	“三打”档案	文书档案，代字为A，接收佛冈县“三打两建”领导小组办公室2012年形成的“三打两建”档案
36	219	科学发展观档案	文书档案，代字为A，接收2009—2010年佛冈县深入学习科学发展观活动形成的档案
37	223	“五个一流”档案	文书档案，代字为A，接收佛冈县争创“五个一流”活动领导小组办公室2008年形成的争创“五个一流”档案
38	224	先进性教育档案	文书档案，代字为A，接收2005—2006年佛冈县开展保持共产党员先进性教育活动形成的档案
39	225	“创先争优”档案	文书档案，代字为A，接收佛冈县创先争优活动领导小组办公室2010—2012年形成的“创先争优”档案
40	155、各破产转制企业	会计档案	代字为D，以报表1、账簿2、凭证3、工资及其他4代各属类，接收县机关事务局、各破产转制企业等会计档案
41	各破产转制企业	个人资料	代字为R，各破产转制企业的个人有关资料
42	4、45、56、150、155、184	基建档案	代字为B，接收县机关事务局、县政府广州办事处、县物价局、县贸易局、县煤炭公司、县印刷厂的基建档案

（二）各类案卷馆藏量

县档案馆立卷档案（案卷）主要包括文书档案、破产企业档案及专门档案3类。若干年度案卷数量参见表2－2。

1. 文书档案馆藏量

文书档案包括各级各单位列入全宗的文件、总结、报告等公用文书类档案，是立卷档案的主要组成部分。1950—2000年，文书档案以“卷”为单位归档；2001—2020年，文书档案以“卷”和“件”为单位归档。

1966年，县档案馆馆藏文书档案资料（累计）3962卷。

1970年，按上级指示对馆藏文书档案进行压减处理，县档案馆文书档案减少至655卷。

1980年，县档案馆文书档案增加到2662卷又463件，占案卷（卷件）总数的89.5%。

1990年，县档案馆文书档案增加到14 170卷又4637件，占案卷（卷件）总数的62.7%。

2000年，县档案馆文书档案增加到22 943卷又12 348件，占案卷（卷件）总数的38.8%。

2010年，县档案馆文书档案增加到25 190卷又64 584件，占案卷（卷件）总数的56.2%。

2020年，县档案馆文书档案增加到25 680卷又10 3021件（其中2020年立档数字不含正在整理未立档的档案），占案卷（卷件）总数的66.4%。

表2－10　若干年度县档案馆部分全宗（文书）档案数量表

全宗	名称	1990年		2000年		2010年		2020年	
		卷	件	卷	件	卷	件	卷	件
	合计	14 170	4637	22 943	12 348	25 190	64 584	25 680	103 021
1	民国	1447		1447		1447		1447	
2	县委办	1557		2122		2169	4900	2169	9225
3	人大	62		139		139	1612	139	3402
4	县府	849		1346		1418	8567	1418	15 722

续上表

全宗	名称	1990 年		2000 年		2010 年		2020 年	
		卷	件	卷	件	卷	件	卷	件
5	革委	439		439		439		439	
6	政协	38		93		98	1740	98	2715
7	纪委	58		108		108		108	
8	党校	73		181		213	88	213	512
9	直属机关	61		84		121	211	121	1179
10	老干局	11		24		34	100	34	237
11	编办	26		146		172	762	172	2346
12	人社局	101		279		302	1928	302	3808
13	档案局	50		146		146	1965	146	3524
14	工会			260		260		260	
15	团委	151		223		223	1208	223	1208
16	妇联	57		122		122	2209	122	2872
17	农会	8		8		8		8	
20	计委	194		270		270		207	
22	经委	278		375		393	427	393	427
23	外经委	58		102		102		102	
24	建设局	177		418		619		619	
25	科技局	118		122		122		122	
27	体育局	3		24		24		24	
28	计生局	71		364		1292		1702	
29	选举委	11		29		36		36	
35	林业局	84		102		102		102	
37	畜牧水产	56		74		74		74	
41	农机局	44		83		83		83	
42	审计局	67		67		67		67	
44	统计局	40		52		52	374	52	1175
45	物价局	90		314		501		501	

续上表

全宗	名称	1990年		2000年		2010年		2020年	
		卷	件	卷	件	卷	件	卷	件
46	劳动局	37		59		59		59	
48	人民银行	151		799		799		799	
54	财政局	360		623	801	623	2532	623	2532
55	税务局	428		669		669		669	
56	贸易局	18		65		65		65	
65	粮食局	228		311		311		311	
66	工商局	321		509		509		509	
68	教育局	577		1127	2796	1127	2796	1127	2796
69	文化局	95		136		136		136	
71	卫生局	356		795		899	3383	899	3383
72	人民医院	20		46		46		46	
73	民政局	15		15		15		15	
74	法院	212		353		353		353	
75	检察院	171		345		345		345	
76	司法局	41		94		104	2091	104	3704
77	高岗镇	142	4637	142	5703	142	8234	142	8234
78	烟岭镇	134		134	207	134	207	134	207
79	迳头镇	113		174		174		174	
80	水头镇	259		501		501		501	
81	三八镇	128		128		128		128	
82	石角镇	139		277		277		277	
83	龙南镇	361		361		361		361	
84	汤塘镇	202		356		356	737	356	737
85	四九镇	104		104	717	104	717	104	717
86	龙山镇	244		347	204	347	3435	347	3435
87	民安镇	104		104	292	104	292	104	292
88	黄花镇	41		41		41		41	

续上表

全宗	名称	1990 年		2000 年		2010 年		2020 年	
		卷	件	卷	件	卷	件	卷	件
89	信访办	8		27		31		31	
91	报社文明	13		35		35		35	
92	良安公社	15		15		15		15	
93	卫生防疫	89		89		89		89	
94	国税局			267		313	2741	313	6007
95	地税局	80		323		695	422	695	2256
97	监察局	13		13		13		13	
100	组织部	18		143		191	3901	191	7607
101	宣传部	4		34		39	704	39	1129
102	统战部	2		17		32	232	32	325
103	政法综治	5		34	39	91	841	201	2039
104	环保局	18		18		18		18	
105	史志办	10		14		101		134	
108	交警大队	34		171		171		171	
111	社保基金	8		58		58		58	1043
113	公安局	814		1311		1311		1311	
114	人武部	40		48					
116	落实政策	41		41		41		41	
118	残疾人会	2		27		27		27	
122	审计师所	23		198		198		198	
132	烟草局	32		133		133		133	
135	知青办	350		350		350		350	
137	森林分局	52		113		113		113	
161	黄花湖区	4		4		4		4	
169	三讲			52		52		52	
170	三个代表				602		602		602
175	村居选举			243		243		243	

续上表

全宗	名称	1990 年		2000 年		2010 年		2020 年	
		卷	件	卷	件	卷	件	卷	件
183	非典防治				397		397		397
202	农村税改			39		39		39	
218	三打两建						1600		1600
219	科学发展						1715		1715
223	五个一流				237		237		237
224	保持先进						2318		2318
225	创先争优				126		126		332
251	防邪教办				227		974		1432

注：①本表收录部分全宗单位归档档案数量。②省、市直管单位及部分县直单位档案由各单位档案室自行归档保管。③本表各年度数字为累计数，其中 2020 年立档数字不含正在整理的档案。④本表合计数摘自表 2－2。

2. 破产企业档案馆藏量

破产企业档案是指企业在经营体制改革中实行转制、申报破产后，把相关档案移交县档案馆接收整理及立卷的档案（简称“破产企业档案”）。

1980 年，县档案馆接收立卷的破产企业档案累计 230 卷，占案卷（卷件）总数的 6.6%。

1990 年，县档案馆接收立卷的破产企业档案累计 7536 卷，占案卷（卷件）总数的 25.1%。

2000 年，县档案馆接收立卷的破产企业档案累计 36 042 卷，占案卷（卷件）总数的 39.7%。

2010 年，县档案馆接收立卷的破产企业档案累计 51 038 卷，占案卷（卷件）总数的 32.0%。

2020 年，县档案馆接收立卷的破产企业档案累计 51 401 卷，占案卷（卷件）总数的 24.3%。

表 2－11 若干年度县档案馆部分全宗破产企业档案数量表

全宗	单位名称	1990 年	2000 年	2010 年	2020 年
		卷	卷	卷	卷
合计		7536	36 042	51 038	51 401
41	农机供应公司	21	402	476	476
47	物资总公司	62	1035	1086	1086
57	二轻局	2843	4787	5672	5814
61	医药总公司	42	1439	1746	1746
62	石英粉厂	68	439	496	496
63	商业局	226	2284	2376	2376
67	对外贸易总公司	185	809	1044	1044
99	氮肥厂	99	158	179	179
109	建筑安装工程公司	139	308	315	315
110	新华书店	512	900	1123	1123
134	饮食服务公司	118	365	387	387
146	破产管理局	28	157	224	224
149	煤矿（地方国营）	23	197	371	371
150	煤炭公司	83	292	292	292
151	水泥一厂	98	675	1074	1074
152	亨地公司（水泥二厂）	535	1652	1652	1652
153	味精厂	267	1853	2403	2403
167	佛冈香料厂	97	343	359	359
168	耐火厂佛冈分厂	84	321	321	321
172	广佛电工公司		254	254	254
173	乡镇企委	61	785	794	794
174	五金综合厂	230	638	665	665
177	燃料公司	71	296	324	324
178	百货公司	168	520	533	533
179	华侨公司	130	519	520	520

续上表

全宗	单位名称	1990 年	2000 年	2010 年	2020 年
		卷	卷	卷	卷
180	友谊公司	84	272	285	285
181	食品公司	191	515	727	727
182	酒厂	116	681	744	744
184	印刷厂	129	621	801	801
185	造纸厂	119	918	999	999
187	联合菌种厂	46	201	211	211
188	瓷厂	22	935	1283	1283
189	交通运输公司	34	215	260	260
190	龙辉家私厂	3	225	353	353
191	五金交电公司	27	437	439	439
192	丝绸公司		89	94	94
193	通用机械厂	35	491	971	971
194	南方包装品公司		265	346	346
195	民爆器材公司		132	210	210
196	纺织品公司	20	418	432	432
197	机电修造厂	15	345	530	530
198	广州—大昌佛冈分公司	3	380	380	380
199	石厂	19	314	589	589
200	农资公司	38	530	542	542
201	新发房地产公司	36	200	231	231
203	迎宾馆	12	767	1241	1241
204	广州纸箱佛冈分厂	26	294	407	407
205	床垫厂	21	751	1028	1028
206	佛冈县像胶厂		44	44	44
207	佛冈县石角城市信用社		1050	1347	1347
208	佛冈县经济工贸公司		102	108	108
209	佛冈县搪瓷厂	7	581	630	630

续上表

全宗	单位名称	1990 年	2000 年	2010 年	2020 年
		卷	卷	卷	卷
210	佛冈县松香厂	33	312	336	336
232	佛冈县萤石粉选厂	29	98	113	113
233	佛冈县二轻供销公司	3	196	312	312
234	佛冈县液化石油气公司	9	249	334	334
235	佛冈县工艺家具厂	11	693	926	926
236	佛冈县温泉医疗所		102	105	105
237	佛冈宝敏塑料容器公司		152	153	153
238	佛冈县小水电管理站	12	199	328	328
239	佛冈县家私纸品厂	34	232	232	232
240	佛冈县三棵松猪场	53	81	88	88
241	佛冈县建筑工程设计室	159	345	437	437
242	佛冈县石油化工公司		4	7	7
247	佛冈县炭素厂				120
261	佛冈万胜精细粉体公司			19	107
262	佛冈石宝建材有限公司		178	194	210

注：①本表 2010 年合计数含其他企业 7536 卷。②本表各年度数字为累计数，其中 2020 年不含正在整理未归档的档案。③本表合计数摘自表 2－2。

3. 专门档案馆藏量

专门档案，是指在专门部门形成有固定形式以及特殊载体的档案，主要是除文书档案、破产企业档案以外的专业性档案。专门档案包括人事档案、会计档案、婚姻档案等。

1980 年，县档案馆馆藏专门档案累计 126 卷，占案卷（卷件）总数的 3.6%。

1990 年，县档案馆馆藏专门档案累计 3449 卷又 187 件，占案卷（卷件）总数的 12.1%。其中：①地图档案 11 卷；②已故人员档案 348 卷；③会计档案 149 卷；④婚姻档案 1500 卷：⑤基建档案 36 卷；⑥其他档案

1405 卷又 187 件。

2000 年，县档案馆馆藏专门档案累计 8970 卷又 187 件，占案卷（卷件）总数的 10.1%。其中：①地图档案 11 卷；②已故人员档案 730 卷；③会计档案 854 卷；④婚姻档案 2421 卷：⑤基建档案 73 卷；⑥其他档案 4881 卷又 187 件。

2010 年，县档案馆馆藏专门档案累计 18684 卷又 187 件，占案卷（卷件）总数的 11.8%。其中：①地图档案 11 卷；②已故人员档案 1261 卷；③会计档案 3073 卷；④婚姻档案 5168 卷：⑤基建档案 84 卷；⑥其他档案 9087 卷又 187 件。

2020 年，县档案馆馆藏专门档案累计 33579 卷又 187 件，占案卷（卷件）总数的 13.9%。其中：①地图档案 11 卷；②已故人员档案 1978 卷；③会计档案 3242 卷；④婚姻档案 8383 卷：⑤基建档案 84 卷；⑥其他档案 19 880 卷又 187 件。

表 2-12　若干年度县档案馆专门档案分类表

	1990		2000		2010		2020	
	卷	件	卷	件	卷	件	卷	件
合计	3449	187	8970	187	18 684	187	33 579	187
地图档案	11		11		11		11	
已故人员档案	348		730		1261		1978	
会计档案	149		854		3073		3242	
婚姻档案	1500		2421		5168		8383	
基建档案	36		73		84		84	
其他档案	1405	187	4881	187	9087	187	19 880	187

注：①本表各年度数字为到期累计数（其中 2020 年数字不含正在整理未立档的档案）。②其他档案包括人口普查、地名普查、社团登记、公证、司法、综治等档案。③本表合计数摘自表 2-2。

表 2－13　若干年度县档案馆各全宗专门档案数量表

全宗	单位名称	1990 年		2000 年		2010 年		2020 年	
		卷	件	卷	件	卷	件	卷	件
合计		3449	187	8970	187	18 684	187	33 579	187
4	县政府地图	11		11		11		11	
4	县政府会计	21		21		21		21	
12	人社故人员							250	
20	计委会计	12		41		44		44	
20	计委立项	2		24		24		24	
25	科委	104		108		108		108	
30	人口普查	62		62		62		62	
31	地名普查办	16		16		16		16	
35	山林权证	17		17		17		17	
44	统计年报	115		242		663		878	
44	统计局会计	70		242		477		563	
45	物价局基建	3		3		3		3	
45	物价局会计	5		44		77		77	
45	价格评估	3		54		71		71	
56	贸易局基建	4		4		4		4	
68	教育故人员	93		251		517		743	
71	卫计故人员					177		177	
73	民政局婚姻			68		1767		4360	
73	民政局婚姻					204		826	
73	社团登记			20		80		80	
73	民政局低保			27		238		238	

续上表

全宗	单位名称	1990 年		2000 年		2010 年		2020 年	
		卷	件	卷	件	卷	件	卷	件
73	民政局五保			12		43		43	
73	殡葬改革					4		4	
73	民政局地名					7		7	
76	司法局基建	4		4		4		4	
76	国内公证	793		2066		2066		2066	
76	国外公证	210		461		461		461	
77	高岗（结婚）	175		234		273		273	
77	高岗（离婚）			39		42		42	
78	烟岭司法		50		50		50		50
78	烟岭（结婚）			65		91		91	
78	烟岭（离婚）								
79	迳头会计	21		31		31		31	
79	迳头司法		137		137		137		137
79	迳头（结婚）	100		176		176		176	
79	迳头（离婚）	10		20		24		24	
80	水头（结婚）	156		219		268		268	
80	水头（离婚）	10		15		21		21	
81	三八（结婚）	60		77		107		107	
81	三八（离婚）			15		16		16	
82	石角（结婚）	242		377		798		798	
82	石角（离婚）	69		99		99		99	
83	龙南（结婚）	84		115		120		120	
83	龙南（离婚）	6		7		7		7	

续上表

全宗	单位名称	1990年		2000年		2010年		2020年	
		卷	件	卷	件	卷	件	卷	件
84	汤塘（结婚）	235		347		480		480	
84	汤塘（离婚）	20		22		32		32	
85	四九（结婚）	90		150		158		158	
85	四九（离婚）	8		11		12		12	
86	龙山（结婚）	130		233		305		305	
86	龙山（离婚）	7		9		16		16	
87	民安（结婚）	70		82		111		111	
87	民安（离婚）	1		1		1		1	
88	黄花（结婚）	22		32		32		32	
88	黄花（离婚）	5		8		8		8	
96	工业普查	30		30		30		30	
100	组织故人员	255		479		567		808	
103	综治（个案）					4		209	
103	综治（涉诉）					1		3	
103	综治（防护）							9	
103	综治（考评）							783	
105	史志办	43		51		52		52	
155	事务局基建	25		62		73		73	
155	事务局会计	2		360		1854		1854	
160	第二轮调土地			1646		1646		1646	
176	勘界小组			35		35		35	
207	接待科会计	14		86		539		622	
214	山林纠纷	10		10		10		10	
另	其他	4		29		30		4236	

注：①本表2010年卷数含其他类3449卷。②本表各年度数字为累计数，其中2020年数字不含正在整理未归档的档案。③本表合计数摘自表2－2。

（三）其他档案馆藏量

1. 图书资料馆藏量

全国、省、市图书资料分类目录

全国、省、市图书资料分类目录分为17类，分别以英文字母为代号。分类目录如下。

各种报刊登载佛冈县材料（剪辑）

（1）中国共产党党务类（代号：A）。A1：马恩列斯著作；A2：中央、地方文件汇集；A3：党的领导人著作；A4：党史史料；A5：党务学习资料；A6：组织；A7：纪检；A8：宣传；A9：政治运动。

（2）国家政务总类（代号：B）。B1：人大工作；B2：政府工作；B3机构、人事；B4：外事、侨务、宗教。

（3）政法、武装（代号：G）。

（4）政协、群团（代号：D）。

（5）文化教育、卫生体育（代号：E）。

（6）科学研究（代号：F）。

（7）计划统计（代号：G）。

（8）财税审计、金融保险（代号：H）。

（9）农林牧水产（代号：J）。

（10）工业交通、邮电（代号：K）。

（11）基本建设、环保（代号：L）。

（12）文史资料（代号：M）。M1：中华民国史料；M2：文史资料；M3 人物：M4：大事记。

（13）史志、工具书、地图（代号：N）。N：年鉴；N2：词、字典；N3：地方志、史；N4：地图。

（14）报刊类（代号：P）。P1：人民日报；P2：新华月刊；P3：解放军报；P4：南方日报；P5：广东农民报（南方农村版）；P6：清远日报（广州日报）；P7：红旗、求是；P8：党的文献、理论研究、南方；P9：

广东史志、其他史志参考资料。

（15）照片（代号：Q）。

（16）档案工作（代号：R）。

（17）上级文件汇编（代号：AB）。

佛冈县档案馆图书资料分类目录

佛冈县档案馆图书资料分为10类，分类目录如下。

（1）综合类：①县委文件汇编；②县政府文件汇编；③县党政领导讲话；④县党政机关简报；⑤小报、剪报；⑥其他资料。

（2）党政群团类：①县历届党代会文件汇编、资料；②县委会议、扩干会议文件汇编、资料；③历届人代会文件汇编、资料；④农代会、先代会、劳模会文件汇编；⑤党的历次政治运动材料（镇反、三反五反、肃反、审干、反右等）；⑥组织工作；⑦机构编制；⑧统战、侨务、外事工作；⑨政协、民主党派、工商联；⑩工会工作；⑪青年团工作；⑫妇联工作。

（3）计统、基建、环保类。

（4）农林水牧类。

（5）工业交通类。

（6）财税审计金融保险类。

（7）宣传文教卫生类。

（8）政法武装类。

（9）史志类。

（10）其他类。

县档案馆图书资料馆藏量

县档案馆馆藏图书资料包括两部分：①佛冈县外（全国、省、市）图书资料；②佛冈县内图书资料。以下各年度馆藏图书资料总量见表2－3、表2－14。

1990年，县档案馆馆藏图书资料共2631册，其中佛冈县外（全国、省、市）图书资料2290册，佛冈县内图书资料341册。

2000年，县档案馆馆藏图书资料共4461册，其中佛冈县外（全国、省、市）图书资料3881册，佛冈县内图书资料580册。

至2002年，县档案馆有图书、报纸、刊物等资料共27种5901册，主要是：政策法令法规汇编、内部文件汇编、报刊、简报、通信、史书、地方志、族谱、各类工具书等；报刊有佛冈县并入从化县时期（1958—1961年）《从化日报》；史书有汉书、三国志、魏书、晋书、梁书、陈书、南北齐书、隋书、宋书、辽史、后汉书、金史、元史、明史、南北史、史记、白话25史、资治通鉴、四库全书、中国通史、共和国重大事件纪实、曾国藩文集、中华典故、传家宝等。

2010年，县档案馆馆藏图书资料共6236册，其中佛冈县外（全国、省、市）图书资料5349册，佛冈县内图书资料887册。

2020年，县档案馆馆藏图书资料共7440册，其中佛冈县外（全国、省、市）图书资料6274册，佛冈县内图书资料1166册。

2. 编研材料馆藏量

编研材料是指县档案馆为开发利用档案而编辑的材料，分为专题材料、专题文件两种。以下各年度编研资料总量见表2－3、表2－14。

1981年，恢复成立县档案馆后，即开展编研材料的编纂和收集工作。此后，每年坚持开展编研材料的编辑工作。至1990年，馆藏编研材料累计15册；2000年，馆藏编研材料26册；2010年，馆藏编研材料增加到39册；2020年，馆藏编研材料增加到59册。

3. 实物档案馆藏量

县档案馆实物档案包括奖状奖杯、领导题字、废旧印章及声像资料等。实物档案由县档案馆每年开展收集工作。其中，奖状奖杯奖旗有全国、省、市授予佛冈县、县直机关、镇及集体的荣誉（50多件）；领导题字有时任全国政协副主席叶选平题写的“佛冈中学”校名，时任中共中央政治局常委谢非视察佛冈的题词。照片有党和国家领导人陈永贵、王首道、乔石、谢非等视察佛冈的照片，有1951年广东省第二届各界人民代表会议代表合影，1954年、1955年广东省第一届人民代表大会第一次、第二次代表合影，1965年广东省贫下中农代表和农业先进单位代表会议（汕头、韶关、佛山、肇庆）代表合影，1966年韶关“四清”运动工作总团学习毛主席著作积极分子代表会议代表合影等照片，有中国男排到佛冈黄花湖佛宝矿泉水厂参观照片。实物档案有中国男排在佛冈县城举办表演赛后队员签名留念的排球。以下各年度馆藏实物总量见表2－3、表2－14。

1990年，县档案馆馆藏实物档案（累计）1562件。

2000年，县档案馆馆藏实物档案（累计）4453件。

2010年，县档案馆馆藏实物档案（累计）5130件。

2020年，县档案馆馆藏实物档案（累计）5133件。

表 2－14　2020 年佛冈县档案馆馆藏其他档案数量表

项目	1990	2000	2010	2020
合计	4208	8940	11 405	12 632
1. 图书资料（册）	2631	4461	6236	7440
（1）县外	2290	3881	5349	6274
（2）县内	341	580	887	1166
2. 编研材料（册）	15	26	39	59
（1）专题材料	5	11	20	28
（2）专题文件	10	15	19	31
3. 实物档案（件）	1562	4453	5130	5133
（1）奖状奖杯奖旗（件）	8	15	20	23
（2）领导题字（件）	1	1	1	1
（3）废旧印章（枚）	311	2337	2337	2337
（4）声像（盘册）		74	127	127
（5）报纸（册）	1231	2015	2634	2634
（6）地图（册）	11	11	11	11

注：①本表各年度数字为到期累计数，其中 2020 年不含正在整理未归档的档案。②声像档案中的照片以组合册计算，每册照片 50 张。③地图 11 册中共有地图 252 幅，另作资料存查的地图 15 卷盒 252 幅未列入本表统计。④本表合计摘自表 2－3。

第二节　机关及镇村（居）档案室室藏档案

一、机关单位档案室室藏档案

机关单位（含党政企事业团体）档案室建立时间先后不同，最早的如公安、金融等单位在佛冈解放初期就建立档案室。此后，机关单位档案室逐步增多，室藏档案数量也逐步增加。

机关单位档案室室藏档案的分类、立卷归档与县档案馆基本相同。若干年度机关单位档案室立卷档案数量如下。

1986年，立全宗的机关单位有55个，立案卷（累计）8108卷。其中，有文书档案3617卷（永久776卷，长期1056卷，短期1785卷）；专门档案3813卷，包括会计档案3526卷、水利电力工业档案135卷、气象专业档案29卷、统计档案107卷、机关技术档案12卷、审计档案5卷；科技档案678卷。

1987年，县机关单位设全宗57个，有案卷（累计）9703卷，其中文书档案4015卷（其中永久1033卷、长期718卷、短期2264卷），科技档案706卷，专门档案4982卷。另有图书资料实物550册（件）。

1988年，县机关单位设全宗69个，有案卷（累计）8500卷，其中文书档案4719卷（其中永久1240卷、长期896卷、短期2583卷）；科技档案789卷，专门档案2990卷。另有图书资料实物759册（件）。

1990年，县机关单位设全宗84个，有案卷（累计）6387卷，其中文书档案4567卷（永久1423卷、长期1448卷、短期1696卷）；科技档案611卷；专门档案1209卷。另有图书资料实物1078册（件）。

2000年，县机关设全宗85个，有案卷（累计）15 000卷，另有图书资料实物18 000册（件）。

2010年，县机关设全宗96个，有案卷（累计）25 000卷又9600件，另有图书资料实物37 200册（件）。

2020年，县机关设全宗80个，有案卷（累计）33 000卷又176 000件，另有图书资料实物53 200册（件）。

表2－15　若干年度佛冈县机关单位档案室档案数量表

年度	立档单位	案卷档案		其他档案	
	个	卷	件	册	件
1990	84	6387		928	150
2000	85	15 000		13 600	4400
2010	96	25 000	96 000	28 000	9200
2020	80	33 000	176 000	40 000	13 200

注：①本表立卷档案包括文书、科技、专门档案，其他档案包括图书、编研材料及实物（奖状、奖杯等）档案资料。②本表各年度档案数字为到期累计数（移交县档案馆档案除外），其中2020年不含正在整理未归档的档案。

二、镇级及村（居）级档案室室藏档案

佛冈县各镇（佛冈县解放后先后称为区、乡、人民公社、区、乡或镇、镇）档案室从 20 世纪 80 年代起建立，2000 年全县有 12 个镇，2014—2020 年全县有 6 个镇。

镇下辖行政村（中华人民共和国成立后先后称为乡、村、大队、乡、管理区、村）及居民社区档案室在 2005 年起建立。2005—2020 年全县有 90 个村（居），其中村 78 个，居民社区 12 个。其中，高岗镇行政村 8 个，居民社区 1 个；迳头镇行政村 10 个，居民社区 1 个；水头镇行政村 10 个，居民社区 1 个；石角镇行政村 17 个，居民社区 6 个；汤塘镇行政村 19 个，居民社区 2 个；龙山镇行政村 14 个，居民社区 1 个。

（一）镇级档案室档案

1986 年，全县有乡镇 12 个（均建立全宗），共有案卷（累计）834 卷，其中文书档案 584 卷，专业档案（会计）250 卷。

1987 年，全县 12 个乡镇全部建立全宗，有案卷（累计）1109 卷，其中文书档案 704 卷（永久 207 卷、长期 178 卷、短期 319 卷），专业档案 405 卷（会计档案）。另有图书资料 25 册。至 1990 年，全县 12 个乡镇档案室（累计）有案卷 1470 卷，另有图书资料实物 225 册（件）。

90 年代，通过贯彻《档案法》和省档案工作规定，镇级档案工作有所加强，镇档案室档案数量有所增加。至 2000 年，全县 12 个镇档案室（累计）有案卷 5070 卷，另有图书资料和实物档案 800 册（件）。

2001 年起，结合农业和农村档案建设工作，推动镇级档案收集整理工作的开展。至 2005 年，全县撤并后的 6 个镇（累计）有案卷 5960 卷又 24 603 件。另有照片档案 24 册。至 2010 年止累计，全县 6 个镇（累计）有案卷 6900 卷又 28 600 件，另有图书资料及实物档案 1200 册（件）。

2011—2020 年，结合镇级档案达标升级工作和农业农村档案建设，不断加强镇级档案建设。至 2020 年止累计，全县 6 个镇（累计）有各类档案 44 770 卷册件，其中案卷档案 8700 卷又 34 600 件，其他档案（图书资料及实物）1470 册（件）。

表 2-16　若干年度佛冈县镇级档案室档案数量表

年度	镇数	案卷档案		其他档案	
	个	卷	件	册	件
1990	12	1470		200	25
2000	12	5070		600	200
2010	6	6900	28 600	850	350
2020	6	8700	34 600	1020	450

注：①本表立卷档案包括文书、科技、专门档案，其他档案包括图书、编研、实物等档案材料。②本表年度档案数字为累计数，其中2020年不含正在整理未归档的档案。

表 2-17　2020年度佛冈县各镇室藏档案数量表

镇名	档案总数（卷册件）	案卷档案		其他档案	
		卷	件	册	件
合计	44 770	8700	34 600	1020	450
高岗	4534	950	3364	150	70
迳头	6145	1020	4935	130	60
水头	7104	780	6164	110	50
石角	11 287	2650	8277	250	110
汤塘	8381	1600	6471	230	80
龙山	7319	1700	5389	150	80

注：①本表案卷档案包括文书、科技、专门档案，其他档案包括图书、编研、实物等档案材料。②本表按各镇报送数字录入。

（二）村（居）级档案室档案

20世纪90年代前，全县行政村（居民社区）未设立档案室，未开展档案工作。90年代后期（1998年），挑选水头镇坐下管理区为农村档案达标升级试点，启动行政村级档案管理工作。当年，坐下管理区档案室收集档案30卷。至2000年，全县114个行政村中，有45个行政村建立档案室，室藏档案（累计）1350卷（平均每村30卷），图书资料及实物300册（件）。

2001年起，开展农村村级建档工作。至2005年，全县撤并后6个镇78个行政村全部建立档案室，室藏档案（累计）共2500卷。其中：高岗镇8个行政村案卷160卷；迳头镇10个行政村案卷297卷；水头镇10个行政村案卷142卷；石角镇17个行政村案卷783卷；汤塘镇19个行政村案卷761卷；龙山镇14个行政村案卷357卷。

2006年起，开展居民社区（居委会）建档工作。至2007年上半年，全县6个镇12个居委会全部建立档案室。

至2010年止累计，全县90个村（居）档案室室藏案卷档案共3600卷，有图书档案及实物共500册（件）。

至2020年止累计，全县90个村（居）档案室室藏案卷档案共5400卷，图书资料及实物档案共970册（件）。

表2-18　若干年度佛冈县村（社区）档案室档案数量表

年度	村（居）数（个）		档案室数（个）		案卷档案	其他档案	
	村	居	村	居	卷	册	件
2000	114	14	45		1350	200	100
2010	78	12	78	12	3600	350	150
2020	78	12	78	12	5400	650	320

注：①本表立卷档案包括文书、科技、专门档案，其他档案包括图书、编研等档案资料。②本表年度档案数字为累计数，其中2020年不含正在整理未归档的档案。

第三章　档案设施与整理归档

第一节　档案设施

一、县档案馆档案设施

（一）库房设置

1983年前，县档案馆收存的档案设放在县委办公室，未单独设立档案库房。

1983年，在县政府大院内设立档案库房，为简易楼房建筑，总面积350平方米，其中档案库房210平方米。在库房内划分为几个档案存放区，分别放置档案。

1986年，在县政府大院建成框架5层档案大楼，1987年4月启用。大楼总建筑面积663平方米，使用面积470平方米。其中，设库房7个总面积380平方米，档案资整理室20平方米，办公面积20平方米，附属及其他设施50平方米。

2007年初，在县人民中心东楼背后建成并启用框架4层新档案大楼。总建筑面积3040平方米。在大楼2—4层设置档案库房6间（编号为第一库房、第二库房及其他库房），库房总面积1058平方米。

2015—2016年，结合县档案馆创建省特级档案馆工作，对馆内功能区作重新调整。至2020年，分为5个功能区，其中库房总面积1058平方米。库房包括：二楼1号库房（195平方米）；三楼2号库房（170平方米），珍藏室（53平方米），资料室（103平方米）；四楼纪检档案库房（75平方米），国土档案库房（95平方米），预备库房①（160平方米），预备库房②（57平方米）；另有二楼及三楼人事、组织档案库房150平方米。

（二）配套设施

1986 年前，县档案馆使用的档案装具主要是木柜、铁皮箱，设施简陋。档案整理装钉主要是靠手工操作。

1986—1990 年，逐步开展档案装具改造。1986 年，县档案馆有档案柜 38 只，其中双面档案柜 20 只，铁皮档案柜 12 只，玻璃资料柜 6 套。1987 年，在县政府大院建成档案大楼后，在一段时间内仍然保留木柜、铁皮箱，购置打字机 1 台，安装排气扇 8 台。1989 年，新购置 6 套铁皮档案柜，对馆藏 5700 卷案卷装具进行调整。1990 年，逐步改用立式档案铁柜，其他资料使用铁皮箱装载。

1991—2000 年，继续改善档案配套设施。1992 年，添置一批铁皮柜更换旧式箱柜，并购置县档案馆第一台电子计算机。1996 年起，结合县档案馆创建省二级工作，由县政府拨付专项经费加强档案馆库房硬件设施建设，增加 4 台空调机（其中省档案局赠送 3 台）。2000 年，县档案馆设备有电脑 2 台、复印机 1 台、空调机 6 台、吸湿机 2 台，档案装具有五层档案柜 60 套、资料柜 16 套，安全设施有电子联网报警器 1 台（1996 年安装）。

2001—2005 年，县档案馆档案管理配套设施有较大改善。2001 年，县档案馆经县消防大队鉴定，列为全县消防安全重点 7 个单位范围。县档案馆更新添置一批消防设施，制定安全防火制度。同时，维修馆内顶层天花板和下水道。2003 年，县档案馆设备有电脑 2 台、复印机 1 台、空调机 8 台、吸湿机 5 台、消毒机 1 台、铁柜 159 个。2005 年，县档案馆有电脑 2 台、复印机 1 台、空调机 10 台、除湿机 5 台、消毒柜 1 台、扫描仪 1 台、激光打印机 1 台、传真机 1 台、档案专用缝车 1 台、数码相机 1 部、档案柜 125 套。

2007 年起，在县人民中心建成新档案大楼后，档案库房使用移动式密集架（容量 216 立方米）。2008 年，结合创建省一级综合档案馆，逐步更新、购置配套设施，改善档案管理环境。是年，新增华夏文档一体化管理系统网络版 1 套（含服务器）、刻录机 2 台、摄像机 1 台。

2011 年起，围绕创建省特级综合档案馆和档案信息化建设，开展档案设施配备工作。2013 年，县档案馆新购电脑 5 台，打印机 1 台、碎纸机 1 台，更新原设施一批。至 2016 年，馆内 1 号和 2 号库房移动密集架总容量 486 立方米（其中 1 号库房密集架 216 立方米，2 号库房密集架 270 立方米）。馆内各库房设置气体灭火系统、110 报警系统、视频监控集成系统、恒温恒湿系统和门禁系统。2020 年，按设备功能划分，可分为 8 类：①档案装备；②消防设备；③消毒设备；④联网、监控设备；⑤数字化加工设备；⑥温湿度设备；⑦档案管理系统；⑧其他设备。

表 3 –1　2020 年县档案馆设备一览表

设备类型	设备名称	数量	启用时间	使用地点
档案装备	密集架	1 套	2013. 7	二楼 1 号库房
	密集架	1 套	2015. 7	三楼 2 号库房
	铁皮柜	122 套	2007. 1	资料室,3、4、5 号库房
	资料柜	7 套	2007. 1	资料室
消防设备	气体灭火自动消防系统	1 套	2007. 1	2、3 号库房
	烟感探测器	52 个	2007. 1	各库房、功能室、办公室
	温感探测器	52 个	2015. 5	
	消防报警按钮	7 个	2015. 5	
	消防栓	12 个	2007. 1	
	4 kg ABC 干粉灭火器	16 个	2007. 1	
消毒设备	低温冷冻消毒机	1 台	2007. 1	三楼消毒室
	臭氧消毒柜	1 台	2015. 7	四楼消毒室
联网、监控设备	视频监控头	23 个	2015. 7	各功能室
	远红外视频感应器	16 个	2007. 1	走廊
	档案室周界监控	1 套	2015. 7	办公区域和馆周界监控
	门禁设备	1 套	2015. 7	
	110 联网监控设备	1 套	2015. 7	二、三、四楼及库房
数字化加工设备	平板扫描仪	1 台	2013. 5	数字化加工室
	普通扫描仪	1 台	2013. 9	数字化加工室
	高速扫描仪	1 套	2015. 5	数字化加工室
	数字化加工软件	1 套	2015. 7	数字化加工室
	保密软件	1 套	2015. 7	数字化加工室
	计算机	14 台	2007. 1	数字化加工室

续上表

设备类型	设备名称	数量	启用时间	使用地点
温湿度设备	中央空调	1 套	2007. 1	办公区域
	空调柜机	12 台	2015. 7	一、二、三楼办公室及 1 号、2 号库房
	恒温恒湿系统	1 套	2015. 12	1、2 号库房
	抽湿机	5 台	2007. 1	珍藏室、资料室
档案管理系统	华夏文档管理系统 B/S 版	1 套	2007. 1	查档室、数字化加工室
	华夏文档管理系统网络版（含服务器）	1 套	2008. 6	查档室、数字化加工室
其他设备	台式电脑	24 台	2007 前	各功能室、办公室
	复印机	2 台	2007 前	查阅室、办公室
	打印机	6 台	2007 前	办公室
	传真机	1 台	2007 前	办公室
	密码柜	1 个	2007 前	办公室
	碎纸机	1 台	2007 前	查阅室
	摄像机	1 台	2007 前	办公室
	相机	1 台	2007 前	办公室

注：本表中“其他设备”，是 2007 年 1 月前置备，2007 年 1 月从原档案大楼搬迁至新档案大楼后继续使用。

（三）档案库房分布

县档案馆档案（包括立卷档案、其他档案）均在档案大楼分类存放，各类档案分别存放于 1 号库房、2 号库房、编研室、资料室、珍藏室、学会档案室、档案阅览室、展厅（教育基地）。设置大楼内的县人社局、县委组织部、县纪委、县国土局档案库房分别存放各单位档案。2020 年各库房分布如下。

1 号库房

县档案馆 1 号库房位于大楼二楼后排，面积 195 平方米，设置移动密集架 21 列 30 排，总容量 216. 1 立方米。1 号库房存放馆藏全部全宗的文书档案，分为 A、B 两区存放。其中，A 区（1～15 列）存放序号 1～30

号单位和各镇的文书档案；B 区（1~6 列）存放序号 1~12 号单位和各镇的专门档案（含婚姻、各类普查、社团、勘界、公证、会计、司法合同等）。

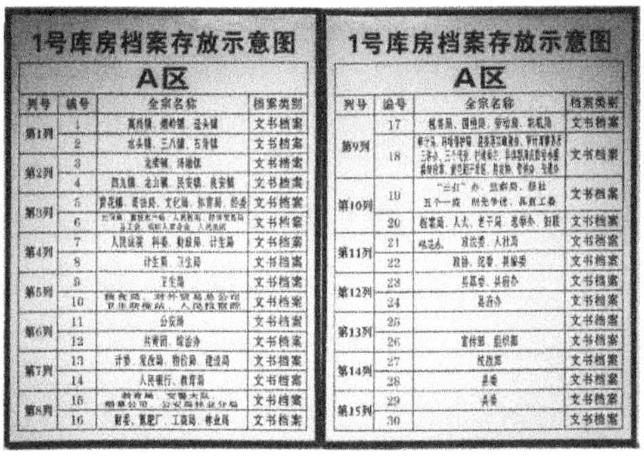

县档案馆 1 号库房档案存放示意图（A 区）

县档案馆 1 号库房档案存放示意图（B 区）

2 号库房

县档案馆 2 号库房位于档案大楼三楼后排，面积 170 平方米，设置移动密集架 8 列共 24 排，总容量 270 立方米。2 号库房存放馆藏破产企业档案、相关单位的科技档案，分为 A、B 两区存放。其中，A 区（1—8 列）存放序号 1~16 号单位文书、个人资料、会计等档案；B 区（1~2 列）存放序号 1~4 号单位文书、个人资料、会计等档案。

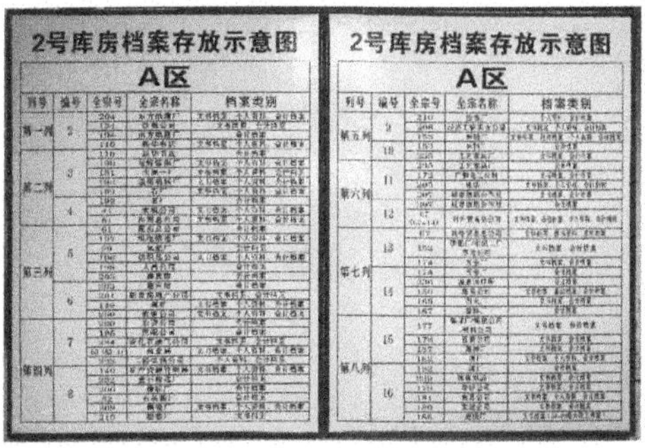

县档案馆 2 号库房档案存放示意图（A 区）

县档案馆 2 号库房档案存放示意图（B 区）

编研室

县档案馆编研室位于大楼二楼前排，面积 103 平方米，设置柜、箱共 10 套（个）。编研室兼作档案鉴定室、接收室、裱糊修复室、除尘室。

资料室

县档案馆资料室位于大楼三楼前排，面积 103 平方米，设置档案柜 3 排共 84 套（个）。资料室存放的资料有各类图书及报刊。

县档案馆编研室

县档案馆资料室大门

珍藏室

县档案馆珍藏室位于档案大楼三楼后排，面积 53 平方米，设置档案柜 3 排。珍藏室存放的资料有民国档案、废旧印章、领导题字、奖杯奖牌，地图、重要会议记录等。

学会档案室

县档案馆学会档案室位于大楼首层前排，面积 114 平方米（含办公室），设置档案柜、箱共 10 套（个）。学会档案室主要用于学会接收整理档案。

县档案馆珍藏室

学会档案整理室

档案阅览室

县档案馆档案阅览中心原为档案检索室（1992 年）、档案阅览室（2004 年），2007 年改设为现行文件服务中心（档案阅览室）。档案阅览室位于档案大楼首层后排，面积 83 平方米，设置检索计算机 2 台、复印机 1 台、查阅档案手检编目、查阅档案枱椅等。

县档案馆查档室内部设施

展厅（教育基地）

县档案馆展厅（教育基地）位于档案大楼首层后排，面积 170 平方米。展厅除用于各时段的专题展览布展外，在固定位置放置档案实物（奖状奖匾）。2020 年，放置国家、省、市级奖状奖匾 25 件，其中国家级奖 9 件，省部级奖 15 件，市级奖 1 件。

县档案馆“爱国主义教育基地”牌匾

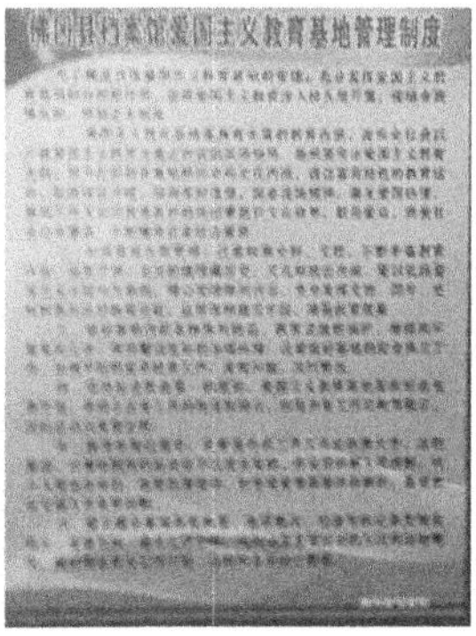

《佛冈县档案馆爱国主义教育基地管理制度》

（四）办公及管理设施

2006 年以前，县档案馆馆址面积窄小，办公及管理设施不配套不完善。2007 年，县档案新大楼建成后，档案馆办公及管理设施逐步完善。至 2020 年，办公及管理的主要设施如下。

馆长室

馆长室位于大楼二楼前排，分设接待点和办公点。

副馆长室

副馆长室位于大楼四楼前排，分设接待点和办公点。

县档案馆馆长室

县档案馆副馆长室

办公室

办公室位于大楼二楼前排，安置6套办公设施。

会议室

会议室位于大楼四楼前排，作会议及培训用。

县档案馆办公室

县档案馆会议培训室

二、机关单位档案设施

20世纪80年代前，县机关单位档案存放设施十分简单，多用木柜、木箱存放档案，各类档案由单位办公室临时保管。档案资料较多的单位，如县公安局及银行等设有档案室保管档案。

20世纪80年代，县机关单位逐步建立档案室，档案室设施也逐步改善，一些单位档案室设立全宗，文书档案、科技档案分类存放保管。1988年起，通过宣传贯彻《档案法》，县直单位档案室逐步建立，设立单独档案库房的单位增多。1988年，全县机关单位新购置铁皮档案柜62套。至1990年，在县机构单位设立的84个档案室中，档案库房面积有所扩大，部分木柜、木箱改换为铁皮柜。

20世纪90年代，结合机关档案综合管理达标升级工作，县机关单位档案室设施有较大的改善。1991年，以开展机关档案综合管理达标升级为重点，推动机关单位档案配套设施建设。其中县审计局、中国银行佛冈县支行、县检察院3个单位作为试点，设立综合档案室，完善档案室的排气、装具以及安全防护等设施，不少机关单位档案室配套设施得到较好的改善。是年，县档案局根据机关单位购买档案柜的需要，主动与档案柜生产厂家联系，帮助13个单位购买档案柜30套，改善这些单位档案保管条件。1992—1993年，中国人民银行佛冈县支行、中国银行佛冈县支行档案综合管理先后被评定为省一级，带动一批单位在档案达标升级中改善档案设施。至2000年，在机关单位设立的 85 个档案室中，大部分按“八防”要求配备相应的设施设备，一些单位在档案库房设置移动密集架。

2001—2010 年，县机关单位继续结合档案达标升级工作完善档案室设施。每年通过指导机关单位档案综合管理达标升级，机关单位档案算配套设施逐步完善。

2011—2020 年，县机关单位继续完善档案室设施。其中，被评为国二级、省特级和省一级单位，均设有符合档案保管条件的设施设备。

三、镇村（居）档案设施

（一）镇档案库房

20 世纪 80 年代前，全县 12 个人民公社均未设立独立的档案室，只在公社办公室设置档案柜、档案箱临时保管档案。

80 年代，全县各区（乡镇）档案移交到县档案馆立卷归档。1988 年起，通过宣传贯彻《档案法》，全县 12 个乡镇逐步建立档案室。此后，按照农村档案管理达标升级的部署，各乡镇加强档案设施建设。

20 世纪 90 年代，结合农业农村建档工作，全县 12 个镇先后设立独立档案室，档案室的主要设施为木制档案柜、档案箱，后逐步更换铁皮档案柜。

2001—2010 年，结合农村档案建档和达标升级工作，逐步完善镇级档案设施。各镇档案库房面积有所扩大，库房按照档案保管“八防”要求配置设施设备。2004 年 5 月，全县镇域撤并，撤并后有高岗、迳头、水头、石角、汤塘、龙山 6 个镇，各镇均建有档案室。档案室设库房、阅档室、工作室。

2011—2020 年，全县镇级档案室设施逐步完善。至 2020 年，在 6 个镇级档案室中，档案室均分设库房、工作室、阅档室，其中库房全部未设置移动密集架，档案装具主要有木柜、铁皮柜及立式资料柜。

（二）村（居）档案库房

20 世纪 80 年代，全县有村民委员会（简称“村委会”）113 个，居民委员会（简称“居委会”）2 个（均在石角镇），村委会、居委会均未设有独立档案室。

20 世纪 90 年代后期，结合农业农村建档工作，以水头镇坐下管理区为试点建立村级档案室，1998 年被评为省级达标单位。此后，全县村委会（管理区）逐步建立村级档案室，设置档案库房。

2001—2010 年，继续开展农业农村建档工作。至 2001 年，全县有村委会 115 个，已建档的有 30 个。2004 年增加到 65 个，占当年村委会总数的 56. 5%。2005 年 5 月，全县 115 个村委会撤并为 78 个村委会，另设社区居委会 12 个。至是年底，全县 78 个村委会已全部完成建档工作，其中评为省合格级村 1 个（水头镇坐下村）、被评为省二级村 3 个（民安榨油岭村、水头丰联村、龙南龙塘村）。2006 年初，全县 12 个居委会，已建档的 4 个。2006—2007 年上半年，开展居民社区（居委会）建档工作。至 2007 年上半年止，全县 6 个镇 12 个居委会全部建立档案室，全面完成社区建档工作。至 2010 年，全县 90 个行政村（社区）居委会均以设立档案室，档案库房大部分设置木柜、木箱放置档案，只有少数铁皮档案柜。

2011—2020 年，继续完善村（居）档案室设施，全县 90 个村（居）档案室均按“八防”要求配备设施设备，档案库房均设置铁皮或木制档案柜存放档案。至 2020 年止统计，全县 90 个村（居）档案室总面积 1800 平方米（平均每个档案室 20 平方米）。

第二节　档案整理归档

一、县档案馆档案整理归档

1958 年，成立县档案馆，逐步开展对县内各级档案的整理归档工作。1966 年起，处于“文化大革命”时期，档案整理归档工作处于停顿状态。

1981 年恢复县档案馆，1984 年成立县档案局，档案整理归档工作逐步开展，并逐步走向正常化。

县档案馆整理归档的档案，按档案发生的时期划分，可分为清代档案、民国时期档案和中华人民共和国成立后档案 3 大部分，在整理归档时按档案特点开展工作。

（一）档案整理归档方法

1989 年起，根据广东省档案局印发的《广东省国家行政机关文书立卷归档工作实施办法》开展档案立卷归档工作。

档案分类大纲

佛冈县档案馆档案分为 4 类：文书（党政工团）档案、破产企业档案、科技档案、专门档案。

文书（党政工团）档案包括党群工作类、政务工作类、组织人事类、业务工作类。

破产企业档案包括破产企业文书档案、会计档案、人事档案。

科技档案包括基建档案、设备仪器档案、科研项目档案、产品工艺档案。

专门档案包括会计档案、已故人员档案、声像档案、婚姻登记档案、土地房产档案、山林权证档案、人口普查档案、土地承包档案、农村社教档案、第三产业普查档案、工业普查档案、基本单位普查档案、地名地图档案等。

档案整理

档案整理是指对收集进馆的文件资料，按类别加工整理后归档。

档案整理的程序要求是：①对收集的文件资料检查、登记、接收。②开展分类、装订、立卷工作。③对整理后的档案归档，并做好编目登记工作。

档案立卷

在档案整理程序中，档案立卷是关键环节。只有准确立卷，才能保证组卷的准确性。档案立卷的方式要按文件资料的不同类型而采取不同方法，一般有 6 种方式，即按内容立卷、按作者立卷、按名称立卷、按时间立卷、按地域立卷、按收发文机关立卷。

档案组卷

档案组卷是指立卷档案的文件排列次序，使卷内文件形成有机联系的整体。组卷一般要按照时间先后、正件附件、转发件与原件、总件与分件等次序排列。

案卷标题

案卷标题是每个案卷的名字，为查找利用案卷提供线索。案卷标题一般由作者、问题和名称 3 部分组成。

卷内文件页号和目录

卷内文件页号按顺序编写，以确定文件位置。卷内文件目录要注明顺序号、文号、作者、标题、日期、页号等，以方便查找检索。

档案编目序号

档案编目序号分为 3 种，顺序为：大类（英文字母）—永久（序号1）—长期（序号2）—短期（序号3）。如永久和长期合卷的，在英文字母后标 12；永久、长期、短期合卷的，在英文字母后标 0（即 123）。

根据以上序号名称，档案编目的序号排列顺序为：档案大类（英文大写字母）—永久档案（序号 1）—长期档案（序号 2）—短期档案（序号3）。如永久和长期档案合卷的，可列 12，后加园点排流水号。如文书档案永久、长期合卷，可列为“A12・1”“12・2”……等；文书档案永久、长期、短期合卷的，可列为“A0・1”“A0・2”等。

档号结构

档号结构是指档号和案卷的排列编号。根据各类档案的不同性质，档号结构可分别采取如下 3 种。第一种档号结构为：全宗号—目录顺序号—案卷号—件（页）号。第二种档号结构为：全宗号—类别号—案卷号—件（页）号。第三种档号结构为：类别号—项目号—案卷号—件（页）号。

（二）对清代及民国时期档案的整理归档

对清代档案的整理归档

清代，佛冈县已立卷档案只有 1 部《佛冈厅志》（上、下两册）。

《佛冈厅志》于清道光十七年（1837 年）至十八年（1838 年）龚耿光任佛冈厅同知时组织编纂，于清咸丰元年（1851 年）由佛冈厅同知夏承煜组织印刷成书。《佛冈厅志》记述时限为清嘉庆十八年（1813 年，建佛冈厅）起，至清道光十八年（1838 年）止，前后共 26 年，部分史料上溯或下延。《佛冈厅志》的编印，为佛冈地域留下宝贵的历史资料，流传至今的只有 1 本孤本，由县档案馆保存。

1983 年县档案馆设立全宗后，把《佛冈厅志》列为珍藏档案保存。

对民国时期档案的整理归档

民国时期，佛冈县从县级到属下各部门均没有设立档案机构，发生的档案资料由各部门存放。由于社会动荡、战乱频繁，许多资料没有收集，加上管理不善，档案资料少而散乱。

中华人民共和国成立前夕，佛冈县国民党党部和县政府将大部分重要档案资料烧毁或带走，只有极少数资料在佛冈解放初由县公安局收集。县公安局收缴的档案资料，大部分是国民党县党部、县政府各科室以及一些名单等零星杂乱的资料。这些档案资料虽然经过公安局多次整理，后形成资料 1135 卷，但仍十分杂乱。1985 年 10 月，县公安局将档案资料 1135 卷移交给档案馆。1997 年，结合县档案馆达标升级工作，对民国档案重新整理归档，共 1447 卷。

对民国时期档案（1447 卷），县档案馆列为全宗 1 号保存。

（三）对中华人民共和国成立后档案的整理归档

中华人民共和国成立后，即开展收集各时期发生的文书档案。1950—1954 年，县档案馆未设立，各地各部门发生的档案资料由各地各部门收集保管。1958 年在县委办设立县档案馆，未成为单独设置的机构，加上同年 10 月佛冈县并入从化县，县档案馆也并入从化县档案馆，因而未履行县档案馆的职责。

1961 年 5 月，佛冈、从化分县，恢复佛冈县建置，同时在县委办复设县档案馆。县档案馆复设后，即开展档案收集整理工作，重点是县委、县政府（县人委）及各部门的档案资料。因当时县档案馆人员少，职责不明确，加上库房狭窄和设施简陋，至 1967 年收集整理的文书档案数量不多，县内各地的文书档案仍由各地收集保管。

1968 年 1 月（“文化大革命”期间）成立佛冈县革命委员会（简称“县革委会”），县革委会下设四大组，其中办事组兼管档案工作，实际上全县的档案工作已陷入瘫痪状态。1969 年，根据当时的战备形势，县革委会按上级关于档案“少而精”的部署，组织销毁部分档案。当年销毁的档案共 3307 卷，致使县档案馆档案从 3962 卷减少至 655 卷，造成档案事业的重大损失。

1971—1975 年（“四五”计划期间），档案工作仍处于瘫痪半瘫痪状态，只收集部分“文化大革命”期间形成的少量档案资料。

1976—1980 年（“五五”计划期间），前期仍受“文化大革命”的影响，档案工作仍未恢复，只由各部门收集少量的档案资料，后期各单位收集“文化大革命”结束后 1977—1978 年的档案资料，但未开展整理归档工作。至 1979 年，全县档案数量（累计）1215 卷（均为文书档案）。1980 年，按县档案馆成立后开展整理归档（按档案发生时间归档），当年立卷数量 1803 卷又 463 件，其中文书档案 1447 卷又 463 件，破产企业档

案230卷，专门档案126卷。（注：本年度及以下年度档案数字参见表2－4）

1981—1985年（“六五”计划期间），改革开放的新形势为全县档案事业的恢复和发展提供了条件和动力。1981年，在县委办恢复设立档案馆，县档案工作逐步恢复。1984年12月，佛冈县档案局成立，担负对档案事业的行政管理和对各单位档案工作的指导、检查和监督职责。县档案局与县档案馆实行局、馆合一的体制，从县委办分出成为独立单位，由县编委核定人员编制，县财政拨付工作经费。在此期间，全县各单位档案室也逐步恢复，开展档案整理工作。1985年，县公安局向县档案局（馆）移交民国时期档案资料（1993年经县档案馆整理后立卷1447卷）。同年，全县各区向县档案馆移交1983年前的档案资料。5年内，县档案馆整理归档立卷档案（按档案发生时间归档）共10 130卷又2073件，其中文书档案5448卷又1960件，破产企业档案3293卷，专门档案1389卷又113件。

1986—1990年（“七五”计划期间），档案工作逐步开展。1986年，在广州市档案局（馆）的支持下，在县政府大院内建成档案大楼。大楼为框架5层，总建筑面积663平方米。档案大楼的建成，为档案工作的开展提供了较好的设施。1987年，《档案法》《广东省实施〈中华人民共和国档案法〉办法》《广东省档案工作条例》等法律法规相继颁发，把档案工作纳入法制化轨道。在此期间，县档案局（馆）根据法律法规规定，制定一系列的档案工作制度，开展档案立卷归档工作。在此期间，采取“三集中”（集中时间、集中人员、集中文件材料）的方式对档案立卷归档，原来散乱的档案得到清理，县档案馆和单位档案室档案藏量有所增加。5年内，县档案馆整理归档立卷档案（按档案发生时间归档）共12 007卷又2288件，其中文书档案6060卷又2241件，破产企业档案4013卷，专门档案1934卷又74件。

1991—1995年（“八五”计划期间），以开展档案管理质量提升为中心，推动档案立卷归档工作规范化。1992年，开展县档案馆及机关企事业单位档案综合管理达标升级工作，各单位档案资料收集、移交、整理和立卷归档工作也扎实开展。5年内，县档案馆整理归档立卷档案（按档案发生时间归档）共19 066卷又3684件，其中文书档案4171卷又3684件，破产企业档案12 167卷，专门档案2728卷。

1996—2000年（“九五”计划期间），加强依法治档和档案管理工作。县档案馆和各单位立卷归档的档案数量有所增加。5年内，县档案馆整理归档立卷档案（按档案发生时间归档）共23 734卷又4027件，其中文书档案4602卷又4027件，破产企业档案16 339卷，专门档案2793卷。

2001—2005年（“十五”计划期间），是进入新世纪的前5年，全县档案工作承上启下，加大行政执法力度，提高为社会经济服务的水平。县档案局（馆）每年组织对全县单位档案的检查工作，并对管理达标期满三年的单位开展复查。开展对破产企业档案接收、清理和立卷归档工作，并完成农业农村档案工作任务。5年内，县档案馆整理归档立卷档案（按档案发生时间归档）共16 481卷又20 164件，其中文书档案1554卷又20 164件，破产企业档案9915卷，专门档案5012卷。

2006—2010年（“十一五”规划期间），重点是按省、市档案部门的部署，开展档案“双百”达标工作，同时做好全县镇村撤并的档案移交接收和整理工作。2006年选取汤塘镇社区为试点，以点带面开展全县社区建档工作，2007年上半年全面完成工作任务。2008年，县档案馆档案综合管理晋升为省一级。档案信息化工作逐步加强，在县政府门户网站设置档案网页，为社会公众查阅利用档案提供信息平台。同时，对馆藏档案进行案卷级和文件级电脑录入，至2010年完成案卷级档案目录电子化录入71 370卷。5年内，县档案馆整理归档立卷档案（按档案发生时间归档）共10476卷又32 072件，其中文书档案693卷又32 072件，破产企业档案5081卷，专门档案4702卷。

2011—2015年（“十二五”规划期间），档案工作的重点是县档案馆创建新农村建设档案工作示范县，并继续开展档案数字化录入工作。继续加强档案法制建设，做好档案综合服务、档案编研、档案信息资源利用等系列工作，2011年举办“佛冈改革开放30周年成果展”，2015年举办“佛冈县社会主义新农村建设成果展”。同时，继续开展馆藏档案机检目录数据输入工作，采取扫描、刻录光盘等方式进行备份管理，抢救民国期间档案15卷522页。为加强档案理论研究和实践经验总结工作，2015年6月成立佛冈县档案学会，成为县内档案的学术团体。5年内，县档案馆整理归档立卷档案（按档案发生时间归档）共6060卷又14 623件，其中文书档案353卷又14 623件，破产企业档案336卷，专门档案5371卷。

2016—2020年（“十三五”规划期间），档案工作的重点是县档案馆创建省特级和国二级工作，抢救修复破损档案，开展开放档案鉴定、档案编研以及编修《佛冈县档案志》等工作，同时继续加强档案信息化建设。5年内，县档案馆整理归档立卷档案（按档案发生时间归档）共9688卷又23 814件，其中文书档案137卷又23 814件，破产企业档案27卷，专门档案9524卷。

二、县档案馆立卷档案整理归档

（一）文书档案整理归档

1980年前，县档案馆馆藏文书档案数量不多。至1979年，馆藏文书档案859卷（包括1966年起收集的档案）。1980年，县档案馆立档文书档案1803卷又463件。至1980年止，馆藏文书档案累计2662卷又463件。

1981年起，恢复县档案馆，负责档案的整理归档。1983年，制定《佛冈县档案馆工作实施细则》，对文书档案整理工作作出规定。1985年，县档案局发出《关于做好县属机关一九八四年度文件材料立卷归档工作的通知》，采取“三集中”（集中人员、集中时间、集中地点）的方式开展档案整理归档工作，同时接收全县各区移交的1983年以前的档案材料。1986年，按照《广东省档案馆收集档案范围实施细则》开展文书档案接收和整理归档工作。1987年起，通过贯彻实施《档案法》及其《实施办法》和《广东省机关档案工作业务建设规范实施细则》等法律法规，文书档案立卷归档及管理工作有所加强。1989—1990年，执行省档案局《广东省国家行政机关文书立卷归档工作实施办法》，建立文书立卷归档制度，对文件材料实行分年度、分机构、分问题、分保管期立卷归档，并编制《档案目录》和检索序号。1981—1990年，县档案馆整理归档文书档案11 508卷又4201件。至1990年止，馆藏文书档案累计14 170卷又4637件。

1991—2000年，执行《文书立卷手册》规定的立卷归档程序，加强文书档案立卷归档工作。县档案局每年对县直机关（战线）发出文件材料立卷归档工作的通知，采取“三集中”的方式开展文书档案整理归档工作。10年内，县档案整理归档文书档案8773卷又7711件。至2000年止，馆藏文书档案累计22 943卷又12 348件。

2001—2010年，对文书档案立卷归档工作进行多次改革。2002年起，按照省档案局印发的《文书档案立卷改革》的要求，改革立卷归档方法，县档案馆实行文书单件归档，以“件”为单位排列编号后归档，并在机关单位档案室推行。2003—2006年，认真做好文书档案的接收整理归档工作，增加馆藏文书档案数量。2007年，以县府办名义印发《关于向县档案馆移交档案的通知》，进一步明确移交档案的范围和程序，县档案馆按规定接收整理归档的文书档案 4491 卷件。2008 年 1—7 月，县档案馆接收 59 个全宗单位文书档案 2961 卷又 3811 件，经整理后归档。2009 年，执行国家档案局 8 号令规定，开展文书档案保管期限改革。县档案局发出机关文件材料归档范围和文书档案管理期限的规定，全县各单位文书档案保管期限从原来规定的永久、长期、短期 3 种期限，改为永久、定期（定期 30 年、10 年）两种期限。2010 年，县档案馆接收整理文书档案 557 卷又 2751 件。10 年内，县档案馆整理归档文书档案 2247 卷又 52 236 件。至 2010 年止，馆藏文书档案累计 25 190 卷又 64 584 件。

2011—2020 年，继续执行文书档案立卷归档规定，结合档案信息化、数字化建档系统开展文书档案建档工作，完善文书档案立卷归档制度，把目录条款录入档案管理软件，提高文书档案立卷归档的科学化水平。每年依法接收文书档案进馆，按规范要求开展整理归档工作。10 年内，县档案馆接收整理立档文书档案 490 卷又 38 437 件。至 2020 年止，县档案馆累计文书档案馆藏总量为 25 680 卷又 103 021 件。

表 3－2　各时段佛冈县档案馆文书档案归档数量表

时段	时段内归档数量		到时段末累计数量	
	卷	件	卷	件
1980	2662	463	2662	463
1981—1985	5448	1960	8110	2423
1986—1990	6060	2241	14 170	4637
1991—1995	4171	3684	18 341	8321
1996—2000	4602	4027	22 943	12 348
2001—2005	1554	20 164	24 497	32 512
2006—2010	693	32 072	25 190	64 584
2011—2015	353	14 623	25 543	79 207
2016—2020	137	23 814	25 680	103 021

注：①本表 1980 年归档数量（2662 卷又 463 件）为 1950—1980 年累计数。②本表数字摘自表 2－2、表 2－5、表 2－10。③本表 2020 年数字不含正在整理未立档档案。

（二）破产企业档案整理归档

2000年下半年，县档案馆按照国家档案局《国有企业资产与产权变动档案处理暂行办法》和省档案局印发的《实施细则》的规定，启动破产企业档案接收整理归档工作。2001年起，破产企业档案接收整理归档工作投入运行。破产企业档案主要包括文书档案、会计档案、职工人事档案、其他档案（基建、设施等）。对接收整理后的破产企业档案，按档案发生时间归入相应年度馆藏档案。

2001年3月29日，清远市档案局在佛冈县召开破产企业档案管理研讨会，佛冈县档案局局长黄榕棠（右三）在研讨会上发言

1980年，破产企业档案归档累计230卷。

1981—1990年，破产企业档案归档7306卷。至1990年止，馆藏破产企业档案累计7536卷。

1991—2000年，破产企业档案归档28 506卷。至2000年止，馆藏破产企业档案累计36 042卷。

2001—2010年，破产企业档案归档14 996卷。至2010年止，馆藏破产企业档案累计51 038卷。

2011—2020年，破产企业档案归档363卷。至2020年止，馆藏破产企业档案累计51 401卷。

表3－3　各时段佛冈县档案馆破产企业档案归档数量表

时段	时段内归档数量	到时段末累计数量
	卷	卷
1980	230	230
1981—1985	3293	3523
1986—1990	4013	7536
1991—1995	12167	19 703
1996—2000	16 339	36 042
2001—2005	9915	45 957
2006—2010	5081	51 038
2011—2015	336	51 374
2016—2020	27	51401

注：本表数字摘自表2－2、表2－5、表2－11。

表3－4　若干年度县档案馆破产企业档案分类表

单位：卷

年度	合计	文书档案	会计档案	职工人事档案	其他档案
1980	230	162	68		
1990	7536	3519	4017		
2000	36 042	5853	17 632	2821	9736
2010	51 038	7140	25 582	4678	13 638
2020	51 401	8819	29 427	6868	6287

注：①本表破产企业含转制企业。②本表各年度数字为累计数。

（三）专门档案整理归档

专门档案，是指在一些专门部门形成的有固定形式以及特殊载体的档案，主要是专业性档案。专门档案主要包括科技档案、人事档案、会计档案及民生档案等档案。

1950 年起，县内一些专门部门如公安、民政、法院、金融等部门就建立单位档案室，在后期成立的专门单位（如工商管理、检察等）在成立后建立档案室。80 年代前，县档案馆及单位档案室均未分设专门档案。

1983—1986 年，县档案馆整理专门档案 177 卷，1990 年增加到 3449 卷又 187 件。

20 世纪 90 年代，按照档案综合管理达标升级的规定，县档案馆继续开展专门档案整理归档工作，1996 年馆藏专门档案 3449 卷又 187 件。部分专业部门按要求和标准建立专门档案。2000 年，馆藏专门档案（累计）8970 卷又 187 件。

进入新世纪后，专门档案立卷归档数量增多，收集管理制度也逐步健全。2007 年 12 月，按照国家档案局《关于加强民生档案工作的意见》和省、市相关文件，开展民生档案范围内的档案收集管理工作。

至 2020 年，县档案馆馆藏档案中有专门档案（累计）33 579 卷又 187 件。

科技档案整理归档

20 世纪 80 年代前，县档案馆科技档案立卷归档数量很少。因未建立科技档案管理制度，发生的科技档案大多由单位各股室保管，移交到单位档案室的不多，由单位档案室移交到县档案馆的更少。

1983 年，县档案馆科技档案归档单位 15 个，是县内味精厂、农械厂、氮肥厂、酒厂、自来水厂、汽车修理厂、农业局、农科所、水电局、基建局、林业局、科委、设计室、交通局、公路工区。

1990 年起，贯彻执行省档案局《关于加强科学技术档案工作的意见》和省、市科技档案工作会议精神，逐步建立全县科技档案立卷归档工作制度。

1995 年起，按照国家技术监督局《科技档案案卷构成》的一般要求立卷归档。此后，各机关单位结合档案综合管理达标升级活动开展科技档案的立卷归档工作，县内基建、电力、水利、邮电、金融等部门科技档案数量增加。

至2020年，县档案馆馆藏科技档案192卷。

人事档案整理归档

人事档案分为职工（含合同制职工）、干部和已故人员档案。其中职工档案由劳动部门保管，干部档案由人事部门保管。县人力和社会保障局成立后，劳动和人事部门档案由县人力和社会保障局接收保管，另由县委组织部设立党员档案和科级干部档案室。县档案馆保管已故人员的人事档案，由劳动、人事部门和县委组织部在人员亡故后向县档案馆移交。2001年开展接收破产企业档案，同时接收原由各企业自行保管的人事档案。

1990年，县档案馆保管已故人员档案（累计）348卷。

2000年，县档案馆保管已故人员档案（累计）730卷。

2010年，县档案馆保管已故人员档案（累计）1261卷。

2020年，县档案馆保管已故人员档案（累计）1690卷。

会计档案整理归档

会计档案由设立会计制度的单位定期向县档案馆移交，由县档案馆整理归档。

县档案馆会计档案

1966年，财政部、国家档案局印发《预算会计账簿、凭证、报表保管销毁暂行办法》，佛冈县档案馆按规定接收预算单位的会计档案。

1986年，县财政局成立清理会计档案小组，对86个单位的会计档案进行清理后，向县档案馆报送会计档案。经县档案馆接收整理，各种会计账簿、凭证、年度和月季报表等共2544卷（册），其中需继续保留的350卷（册），期满予以销毁的2194册。

1990年，县档案馆保管会计档案（累计）149卷。

2000年，县档案馆保管会计档案（累计）854卷。

2010年，县档案馆保管会计档案（累计）3073卷。

2020年，县档案馆保管会计档案（累计）3242卷。

婚姻档案整理归档

婚姻档案包括结婚档案、离婚档案，由县民政局及各镇民政室分别向县档案馆移交。

1990年，县档案馆保管婚姻档案（累计）1500卷，其中结婚档案

1364 卷，离婚档 136 卷。

2000 年，县档案馆保管婚姻档案（累计）2421 卷，其中结婚档案 2175 卷，离婚档 246 卷。

县档案馆查档室婚姻档案编目柜

2010 年，县档案馆保管婚姻档案（累计）5168 卷，其中结婚档案 4890 卷，离婚档 278 卷。

2020 年，县档案馆保管婚姻档案（累计）5168 卷，其中结婚档案 4890 卷，离婚档 278 卷。

基建档案整理归档

基建档案包括基建资料及图纸，主要由县基建（建设）部门设立档案室保管，另有单位（镇）档案馆保管本单位（镇）发生的基建档案。县档案馆接收保管相关单位移交的基建档案。

1990 年，县档案馆保管基建档案（累计）36 卷。

2000 年，县档案馆保管基建档案（累计）73 卷。

2010 年，县档案馆保管基建档案（累计）84 卷。

2020 年，县档案馆保管基建档案（累计）84 卷。

专门档案中的其他档案整理归档

专门档案中的其他档案包括人口普查、社团登记、五保低保、殡葬改革、司法公证（合同）、工业普查、综合治理、农村土地调整承包、勘界及地名、调处山林纠纷、统计年报等档案资料，由相关单位移交县档案馆整理归档，各种档案数量较少（参见本志第二章）。

1990 年，县档案馆保管专门档案中的其他档案（累计）1405 卷又 187 件。

2000 年，县档案馆保管专门档案中的其他档案（累计）4881 卷又 187 件。

2010 年，县档案馆保管专门档案中的其他档案（累计）9087 卷又 187 件。

2020 年，县档案馆保管专门档案中的其他档案（累计）19 880 卷又 187 件。

表 3－5　各时段佛冈县档案馆专门档案归档数量表

时段	时段内归档数量		到时段末累计数量	
	卷	件	卷	件
1980	126		126	
1981—1985	1389	113	1515	113
1986—1990	1934	74	3449	187
1991—1995	2728		6177	187
1996—2000	2793		8970	187
2001—2005	5012		13 982	187
2006—2010	4702		18 684	187
2011—2015	5371		24 055	187
2016—2020	9524		33 579	187

注：本表数字摘自表 2－2、表 2－5、表 2－12、表－13。

（四）民生档案整理归档

民生档案根据 2007 年 12 月国家档案局印发《关于加强民生档案工作的意见》和省、市档案部门印发的文件立档。县档案局（馆）按照文件规定的范围和标准，划定县内民生档案立卷归档的范围、类别和标准，并指导县直机关和各镇建立民生档案。

县档案馆扶贫工作资料

民生档案是社会管理活动的历史记录，主要包括劳动就业、社会保障、教育、医疗、食品安全、社会管理等社会领域中产生形成的档案。民生档案涉及的单位包括民政、国土、劳动、社保、教育、工商、行政、工会、妇联、司法、卫生、计生、房管、文体、食品药品监督、交警、旅游、民族宗教、农业、市政建设、质监、县直工委、人力资源、工商联、农林水、招商、安监等。县档案馆按照规定，坚持以人为本，从 3 个方面开展民生档案工作：①将馆藏民生档案及接收的民生档案列为专项档案类别，分别列入全宗立卷档案，做好类别统计工作。②建立民生档案接收、整理、归档和保管工作。③调整馆藏档案收集范围，以民生需求为导向，以丰富民生档案资源为手段，整合各类民生档案资源，建立面向民生的多元化档案资源体系。

2010 年，县档案馆馆藏民生档案（累计）50 413 卷，占当年馆藏档案总量（94 912）的 53. 1%。

2011 年起，县档案局（馆）按照省档案局关于“建立民生幸福档案”的部署，加强民生档案的收集和集中整理归档工作。县档案馆馆藏民生档案有县属破产转制企业档案、婚姻登记档案、低保档案、环保档案、社团与民办非企业档案、殡葬改革与殡葬管理档案、知青档案、地图档案、山林权证档案等类别。2020 年，根据全县“打赢脱贫攻坚战”中心任务，开展扶贫脱贫档案接收整理工作。

至 2020 年，县档案馆馆藏民生档案 61 166 卷，占当年馆藏档案总量（110 660 卷）的 55. 3%。

表 3－6　若干年度佛冈县档案馆民生档案统计表

单位：卷

项目	1990 年	2000 年	2010 年	2020 年
合计	10 414	36 591	50 413	61 166
婚姻登记	1500	2421	5168	9340
山林纠纷	10	10	10	10
土地承包		1646	1646	1646
勘界		35	35	35
公证	1003	2527	2527	2527
林权	17	17	17	17
知青		74	74	74
已故人员	348	730	1261	1978
地名			7	7
破产企业	7536	29 131	39 668	45 532

注：①本表婚姻登记档案包括结婚登记、离婚登记。②本表公证档案包括国内公证、国外公证。③民生档案中的包括低保、五保、社团组织、殡葬改革等档案未列入本表。④本表各年度数字为累计数。

（五）重点建设项目档案整理归档

1988 年，国家档案局印发《基本建设项目档案资料管理暂行规定》，对开展基本建设项目档案资料收集管理作出明确规定。基本建设项目资料是指在整个建设项目从酝酿、决策到建成投产（使用）过程中形成的、应当归档保存的文件材料，包括文字材料、图纸、图表、计算材料、声像材料等形式与载体的文件材料。基本建设项目的档案材料工作要与项目建设进程同步。项目申请立项时，即应开始进行文件材料的积累、整理、审查工作；项目竣工验收时，完成文件材料的归档和验收工作。基本建设项目档案资料的保管期分为永久、长期、短期 3 种（后改为永久、定期 2 种）。

1990 年起，佛冈县档案馆加强与建设项目单位联系，逐步开展基本建设项目的文件材料收集和整理归档工作。

2005 年起，按照《清远市重点建设项目档案管理办法》的规定，开展重点工程项目档案整理归档工作。至 2006 年，及早介入工程档案跟踪工作，对已竣工的县城中轴线、县人民中心等重点工程项目发生的档案材料及时收集整理，对仍在建设中的县城水轴线、“五路一桥”工程项目档案工作加强跟踪监督指导，及时收集档案，确保重点工程档案的完整与安全。截至 2005 年，收集整理 1988—2006 年已竣工的 19 个重点工程项目档案，整理归档档案共立案卷 614 卷，接收档案资料共 1829 份，照片 300 张，录像带 3 盒。19 项重点建设项目包括电网工程 4 项，县城中轴线改造工程 1 项，县人民中心办公楼主楼工程 1 项，水利工程（含县城防洪达标加固工程）6 项，公路桥梁工程 6 项，其他工程 1 项。

2007—2020 年，继续做好重点建设项目档案工作。县档案局切实履行监督指导职责，做好积极介入、主动服务工作，会同规划建设部门开展档案收集和整理归档工作。通过努力，县内 30 个重点建设项目档案得到及时收集和整理归档。至 2020 年止，县档案馆累计收集整理 49 个重点工程项目档案。

（六）红色档案整理归档

县档案馆整理归档的红色档案包括3类：①革命文物；②党内文件资料；③红色书刊。

革命文物。县档案馆收集的革命文物（实物）2件，为“闹钟剧社”道具箱、社员徽章。1937年全面抗战爆发后，中共党员邹华衍、廖鉴明等在佛冈组织“闹钟剧社”（闹钟意为催人觉醒），开展抗日救亡宣传活动。县档案馆收集有闹钟剧社道具箱、社员徽章。

党内文件资料。县档案馆收集整理的党内文件资料主要有中共中央、中共广东省委、中共广州市委、中共清远市委、中共佛冈县委（含县委职能部门）等历年印发的文件及有关资料，共2672盒（其中县委及职能部门2556盒）。另购进上级部门结集刊印的文件汇编有《中共中央文件选集》14册，《中国共产党党内法规选编》1册。

红色书刊。县档案馆收集保存的红色书刊（党史、革命史）包括县外（上级）及县内出版刊印的各类图书。①县外(上级)红色书刊有:《中国共产党历史》(第一卷、第二卷)《中国共产党历史大事记》《红旗》《求是》《中国共产党七十年》《中国共产党的九十年》《中国共产党简史》以及党的代表大会辅导材料等50多册。此外,有《广东革命历史文件汇集》1套共160册。《中国共产党组织史资料》第一至第九卷及《附卷》共19册，《中共党史人物传》43册，《党史通讯》12册，《马克思恩格斯全集》44册，《列宁选集》2册。②县内红色书刊有：《中国共产党佛冈县历史》（第一卷、第二卷、第三卷）《中国共产党佛冈县历史资料汇编》（第一辑、第二辑、第三辑）《佛冈革命故事》《红色丰碑》《佛冈革命史迹通览》《佛冈革命老区》《佛冈县革命老区发展史》《中国共产党佛冈县组织史资料》（第一卷、第二卷）《中国共产党佛冈县历次代表大会文件选编》等。

三、县档案馆其他档案整理归档

其他档案指图书资料、编研材料、实物档案。相对于立卷档案（案卷）来说，其他档案种类和数量均较多。其他档案的收集、整理和归档工作大多与立卷档案一起开展，只有在特殊的情况下另行接收归档。

（一）图书资料整理归档

图书资料分为佛冈县外（国家、省、市）图书、佛冈县内图书两类整理归档。图书资料由相关单位向县档案馆移交，县档案馆接收后分类整理归档。以下各年度数字参见表2－14。

1990年，县档案馆接收整理归档图书资料（累计）2631册，其中县外（国家、省、市）2290册，县内341册。

2000年，县档案馆接收整理归档图书资料（累计）4461册，其中县外（国家、省、市）3881册，县内580册。

2010年，县档案馆接收整理归档图书资料（累计）6236册，其中县外（国家、省、市）5349册，县内887册。

2020年，县档案馆接收整理归档图书资料（累计）7440册，其中县外（国家、省、市）6274册，县内1166册。

佛冈县外（国家、省、市）图书整理归档

佛冈县外（国家、省、市）图书接收后，县档案馆按全国、省、市图书资料目录（17类）整理归档（分类情况参见本志第二章第一节）。

2020年，佛冈县外（国家、省、市）图书资料（累计）归档6274册。

在文史资料类（代字M）中，馆藏全套的图书有：①中华民国史料丛稿大事记，第一至第二十五辑，1923—1939年中华书局出版。②人物传记辞典，第一至第二十八册，1980—1988年中华书局出版。③文史资料选辑，第一至第九十三辑，1980—1993年分别由文史资料出版社、北京出版社、中华书局出版。④广东文史资料，第一至第七十辑，1963—1993年广东省政协文史资料研究会编。⑤广州文史资料，第一至第三十九辑，1979—1989年广州市文史资料研究委员会编。此外，有马克思恩格斯全集44册，列宁选集2册。

2020年，佛冈县外（国家、省、市）图书资料（累计）归档6274册。

在报刊类（代字P）中，有《人民日报》等报纸7种，《红旗》（《求是》）等刊物6种。另剪辑各种报刊登载佛冈县材料51册。

专题资料《求是》

《广东革命历史文件汇集》

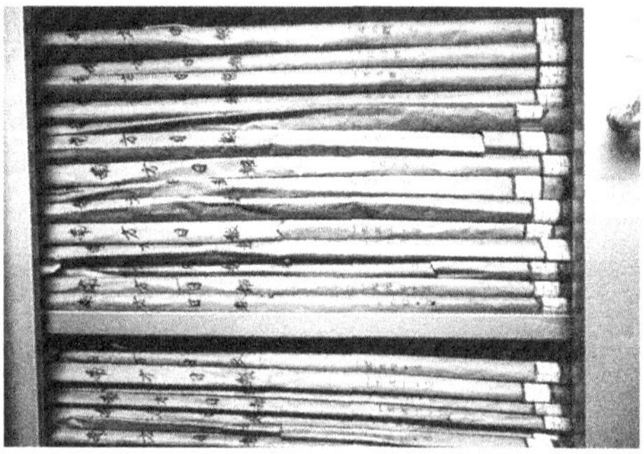

馆藏报纸《南方日报》

藏书《资治通鉴》等

表 3－7　若干年度佛冈县档案馆馆藏县外图书资料数量表

序号	资料分类	分类号	1990 年（册）	2000 年（册）	2010 年（册）	2020 年（册）
合计	17 类		2290	3881	5349	6274
1	中国共产党党务类（A）	A1/10	588	713	797	892
2	国家政务总类（B）	B1/B10	137	282	377	465
3	政法、武装类（C）	C	18	37	43	45
4	政协、群团类（D）	D	13	20	20	20
5	文体、卫生、体育类（E）	E	10	22	30	38
6	科学研究类（F）	F	4	5	6	6
7	计划统计类（G）	G	55	56	56	56
8	财税审计金融保险类（H）	H	55	58	59	59
9	农林牧水产类（J）	J	33	35	35	35
10	工业交通、邮电类（K）	K	7	9	10	10
11	基本建设、环保类（L）	L	5	6	6	6

续上表

序号	资料分类	分类号	1990 年（册）	2000 年（册）	2010 年（册）	2020 年（册）
12	文史资料类（M）	M	189	209	210	224
13	史志工具书、地图类（N）	N	156	416	461	504
14	报刊类（P）	P	775	1499	2438	2964
15	照片类（Q）	Q	11	11	11	11
16	档案工作类（R）	R	93	167	276	338
17	上级文件类（AB）	AB	141	336	514	601

注：①本表各年度数字为累计数。②本表合计摘自表 2－14。

佛冈县内图书整理归档

佛冈县内图书接收后，县档案馆按佛冈县内图书资料目录（10 类）整理归档（分类情况参见本志第二章第一节及表 2－14）。

2020 年，佛冈县内图书资料（累计）归档 1166 册。

在（一）综合类资料中，包括 6 类资料：①县委文件汇编；②县政府文件汇编；③县党政领导讲话；④党政机关剪报（各级各种报刊有关佛冈县的信息报道）；⑤小报（佛冈通讯、佛冈信息、佛冈情况、佛冈调研、佛府工作、佛府简讯、佛冈纪检、佛冈监察、佛冈政务）等；⑥其他资料。

在（三）计统基建环保类资料中，收藏有 1949 年起历年国民经济统计资料（汇编）。

在（十）其他资料中，收藏有县内各地交到县档案馆保存的姓氏族谱，计有朱、黄、刘、钟、林、邓、胡、巢、郑、丘、周等姓氏族谱 20 部。

若干年度佛冈县档案馆馆藏县内图书资料数量见表 3－8。

县档案馆馆藏县内图书（一）

县档案馆馆藏县内图书（二）

表 3－8　若干年度佛冈县档案馆馆藏县内图书资料数量表

序号	资料分类	分类号	1990 年（册）	2000 年（册）	2010 年（册）	2020 年（册）
合计	10 类		341	580	887	1166
1	综合类（一）	1—6	102	160	310	553
2	党政群团类（二）	1—12	77	107	132	143
3	计统基建环保类（三）		18	33	45	45
4	农林水牧类（四）		11	17	19	19
5	工业交通类（五）		12	13	14	14
6	财税审计金融保险类（六）		4	5	6	6
7	宣传文教卫生类（七）				13	17
8	政法武装类（八）	1	2	2	2	2
9	史志类（九）	35	103	230	328	340
10	其他类（十）	11	12	13	18	27

注：①本表年度数字为累计数。②本表合计摘自表 2－14。

（二）编研材料整理归档

编研材料包括专题资料、专题文件两大类。县档案馆自 1981 年恢复成立后，就开展编研材料的编纂及整理归档工作。至 2020 年县档案馆整理归档的编研材料（累计）59 册。

县档案馆编研材料内容参见本志第五章第三节。

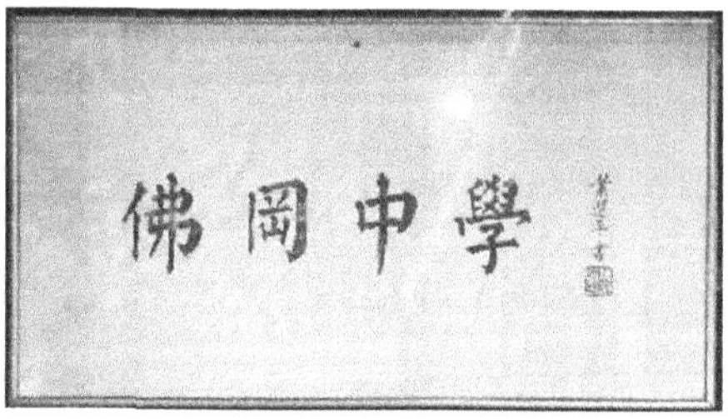

1991 年 2 月，广东省省长叶选平题字“佛冈中学”

（三）实物档案整理归档

实物资料指以物件形式收集的档案资料（图书资料、编研材料除外），包括奖状奖旗、领导题字、废旧印章、声像

（录音录像、光盘、照片）档案等。县档案馆自1981年恢复成立后，即开展实物档案的接收与整理归档工作。

1990年，县档案馆接收与整理归档的实物档案（累计）1562件。

2000年，县档案馆接收与整理归档的实物档案（累计）4453件。

2010年，县档案馆接收与整理归档的实物档案（累计）5130件。

至2020年，县档案馆接收与整理归档的实物档案（累计）5133件。是年各类实物数量如下。

奖状奖旗：共23件，其中奖状14张，奖旗3面，奖杯6个。

领导题字：共1幅。

废旧印章：共2337枚。

声像资料：共127件，其中光盘档案2册（57盘），电子档案1盘（移动硬盘），照片档案68册（2873张），其他1件。

报纸地图：共2645件，其中报纸2634件（册），地图11件（册）。

以上相关年度实物档案数量，参见表2－14。

印章档案

馆藏实物奖杯及部分县内图书

四、机关档案室档案整理归档

20世纪80年代前，县机关（含党政机关和企事业单位，下同）大部分未设立独立的档案室，机关单位形成的档案资料基本上移交县档案馆整理归档。

1983年起，档案工作得到有关领导的关心和支持，越来越多单位采取“三集中”的方式整理档案。1984年，县档案馆贯彻全省农业科技档案座谈会和番禺现场会议精神，主动到农业局、农科所指导农业科技档案整理归档工作。是年，以上2个单位对1956年起的科技档案进行系统整理，分为综合、种子、粮食产量、土壤肥料、植保、经济作物、畜牧水产、科普8大类，在单位档案室立卷，归档136卷。农业科技档案归档工作经广州市档案局检查验收后评为良好。1987年起，通过宣传贯彻《档案法》，要求机关单位设立档案室，集中管理本单位形成的各种档案资料，包括文书档案、会计档案、科技（基建）档案和专业档案，均由机关档案室实行综合管理。1988年，县直单位购置铁皮档案柜62套，改善档案保管条件。是年，有85个单位开展对上年度档案资料整理归档，县档案馆对单位进行分类指导，对不熟悉立档业务的单位进行重点指导帮助。通过指导帮助，全县85个机关单位档案立卷归档1029卷，并重新抄写654卷卷内目录，顺利完成对上年度档案资料的立卷归档工作。1990年，审计、中行、检察院开展升级达标准备工作，带动机关单位完善档案设施，有13个机关单位新购置档案柜50套。县房管所对房产档案、县人口普查办对第四次人口普查档案进行重新整理归档。是年，县机关单位84个档案室总面积620平方米，室藏各类档案（累计）7465卷（册件），其中案卷6387卷，其他档案（图书资料、实物等）1078册（件）。

1991年起，根据省、市档案局提出的要求，结合机关单位档案综合管理达标升级试点工作，及时组织对上年度档案资料的整理归档工作。1991—1992年，县档案局在指导县审计局、县中行、县检察院、县人行、县委党校等单位开展档案综合管理达标升级工作中，指导这些单位做好档案整理归档工作。其中县检察院立卷档案1535卷，分为文书、诉讼、控申、经济、法纪、会计6类档案分别立卷归档。县委党校在设立综合档案室的基础上，把70年代以来的文件材料分类整理，立卷归档共236卷，分为教学工作类、学生学籍类、党务校务行政类、声像实物类、会计类5大类档案归档。此后至2000年，县档案局采取“全面要求、重点指导”的方式，推动机关档案室开展档案整理归档工作。至2000年，全县机关85个单位档案立卷归档（累计）1.5万卷，其他档案（图书资料、实物等）1.8万册（件）。

2001—2010年，县档案局继续把指导机关单位档案室开展档案整理归档工作作为重点任务，结合县直机关机构改革单位设立撤并，在持续开展机关单位档案综合管理达标升级工作中，加强对机关单位档案整理归档工作的指导帮助。其中，在此期间评为省特级的县公安局、县公路局、县农行、县纪委监察局等单位做好档案整理归档工作。至2010年，全县机关96个单位档案立卷归档（累计）2.5万卷又9.6万件，其他资料（图书资料、实物等）3.72万册（件）。

2011—2020年，县直机关单位档案整理归档工作面向全面、规范方向发展。通过贯彻落实国家档案局8号令印发的《机关文件材料归档范围和文书保管期限规定》，加强档案立卷归档工作。特别是在开展民生档案建档工作取得较好进展，机关单位通过开展社保、房产、婚姻、林权、国土等民生档案整理归档，加强民生档案的依法归档、规范管理和有效利用工作。在此期间，对县内重点建设项目和重大活动的档案整理归档工作也得到有效的加强。至 2020 年，全县机关 80 个单位档案立卷归档（累计）3.3 万卷又 17.6 万件，其他档案（图书资料、实物等）5.32 万册（件）。

以上相关年度机关档案数量，参见表 2－15。

五、镇、村（居）档案室档案整理归档

（一）镇级档案室档案整理归档

20 世纪 80 年代前，县内各镇（先后称为区、乡、人民公社等，下同）未设立档案室，镇档案资料全部移交给县档案馆整理归档。

1983 年起，县档案馆开展对镇级档案工作的指导帮助工作，由各镇组织开展档案整理和立卷归档工作。1986 年，全县 12 个乡镇重新整理 1983 年前档案，立卷归档共 434 卷，并抄写卷内目录。1988 年起，全县各镇档案室开展档案整理归档工作。1988 年，石角镇档案室收集 1972—1986 年期间积存的人事档案，组织人员集中整理归档，立卷归档 19 卷。此后，县档案局指导各镇档案室开展档案整理归档工作。1990 年，县档案局指导帮助全县 12 个乡镇做好农村土地承包合同档案整理归档工作。同年，全县 12 个乡镇立卷归档档案（累计）1470 卷，其他档案（图书资料、实物等）225 册（件）。

20 世纪 90 年代，县档案局继续指导各镇开展档案整理归档工作。1993 年，重点指导三八乡整理人事档案和文书档案，归档档案 145 卷。1998 年起，通过贯彻《广东省乡（镇）档案管理办法》，开展镇级档案达标升级试点工作，挑选石角镇为试点，县档案局派出专人指导，通过建立制度、完善措施，集中 2 个月时间开展档案整理归档工作，较好地完成镇级档案达标试点工作。龙南镇于 1998 被评为省二级达标单位，为全县开展镇级档案整理归档工作起到示范作用。至 2000 年，全县 12 个镇立卷归档档案（累计）5070 卷，其他档案（图书资料、实物等）800 册（件）。

2001—2010 年，在全面铺开镇级档案综合管理达标升级的基础上，做好镇级撤并后的档案室撤并工作，推动镇级档案整理归档工作的开展。2001 年起，根据农业农村档案工作的部署，有计划地指导镇级档案综合管

理达标升级工作，全面推进镇级档案整理归档工作。其中在2002年5月黄花镇并入石角镇，2004年5月全县11个镇撤并为6个镇，撤并镇档案均得到有序的归并处理，并在归并后进行开展档案整理归档工作。至2010年，全县6个镇立卷归档档案（累计）6900卷又28 600件，其他档案（图书资料、实物等）1200册（件）。

2011—2020年，全面加强对镇级档案整理归档工作的指导，推动镇级档案工作的开展。2013年，佛冈县启动创建社会主义新农村建设档案工作示范县，确定迳头镇为示范镇，随后推开至全县各镇。至2014年底，全县6个镇全部通过档案合格验收。通过开展创建活动，全县镇级档案整理归档工作规范开展。至2020年，全县6个镇立卷归档档案（累计）8700卷又34 600件，其他档案（图书资料、实物等）1470册（件）。

以上相关年度镇级档案数量，参见表2－16、表2－7。

（二）村（居）档案室档案整理归档

20世纪90年代前，全县行政村（先后称为乡、管理区等）未设立档案室，村委会（居委会）形成的档案全部交由所在镇保管。

1998年起，通过贯彻《广东省农村管理区档案工作目标管理试行办法》，加强对村级档案管理的指导工作。1998年，挑选水头镇坐下管理区为达标升级试点，取得经验后在全县铺开。至2000年，在全县114个行政村村委会中，有45个村委会建立档案室，有室藏档案1350卷，其他档案（图书资料、实物等）300册（件）。

2001年起，开展村级建档工作，并由县财政拨付补助经费（4.5万元）设立村级档案室。2004年，在全县115个行政村村委会中，累计有85个村委会建立档案室。至2005年，全县撤并后的78个行政村均已完成村级建档任务，设立行政村村委会档案室78个。

2006年起，开展居民社区（居委会）建档工作。至2007年上半年止，全县6个镇12个居委会全部建立档案室，全面完成社区建档工作。

2010年，全县90个村、社区（村78个、社区12个）档案室，有案卷档案（累计）3600卷，其他档案（图书资料、实物等）500册（件）。

2013年，启动创建社会主义新农村档案工作示范县，对村（居）档案整理归档工作加强指导，巩固和扩大村（居）建档成果，其中汤塘镇围镇村、水头镇莲瑶村等一批行政村档案设施进一步改善。2015年，在汤塘镇、石角镇设立“村档镇管”实验基地，推进村（居）档案整理归档工作。建立“村档镇管”档案管理利用模式，在镇级档案室可以通过计算机查阅利用镇内行政村的档案数据。至2020年，全县90个村（居）立卷归档档案（累计）5400卷，其他档案（图书资料、实物等）970册（件）。

以上相关年度村（居）档案数量，参见表2－18。

第四章　档案业务管理

第一节　档案业务管理概况

一、档案管理五年计划

1984 年 12 月，成立佛冈县档案局（馆），此后，每年开展年度工作总结，并作出翌年工作计划。1987 年起，县档案局制定佛冈县档案事业发展五年计划，由县委办印发实施。以上计划全文参见本志“附录”。

县档案“七五”计划

1987 年 3 月，县档案局制定《佛冈县档案事业发展“七五”计划（草案）》（1986—1990 年，简称县档案“七五”计划），于是年 3 月 19 日由县委办转发实施（佛委办〔1987〕6 号）。

县档案“七五”计划根据国家和省、市、县国民经济和社会发展“七五”计划关于“加强档案事业”的精神制定。

县档案“七五”计划包括 4 部分：①指导思想和奋斗目标；②档案馆工作；③机关档案工作；④科技档案工作。

县档案“八五”计划

“八五”期间（1991—1995 年），佛冈县档案局未形成县档案“八五”计划文本，在此期间主要按照省、市关于档案工作的部署和县内的实际，结合年度工作总结提出年度工作计划要点。5 年内重点工作计划有：1991 年，开展档案升级试点工作；1992 年，开展县档案馆达标升级工作；1993 年，开展档案岗位培训教育工作和机关档案综合管理达标升级工作；1994 年，继续开展机关档案达标升级工作，加强档案利用工作，组织档案专业技术职务申报评审工作；1995 年，加强档案法律法规宣传和档案综合管理达标升级的指导工作。

县档案“九五”计划

1996年10月，县档案局制定《佛冈县档案事业发展“九五”计划》（1996—2000年，简称县档案“九五”计划），以佛档〔1996〕1号文印发。

县档案“九五”计划在回顾总结“八五”计划期间档案工作的基础上，提出“九五”期间全县档案工作的奋斗目标、指导思想、工作重点和主要任务。其中主要任务包括：①档案法制建设；②档案馆工作；③机关档案工作；④档案教育和科技工作。同时，提出完成“九五”计划的主要措施。

县档案“十五”计划

2001年3月，县档案局制定《佛冈县档案事业发展“十五”计划》（2001—2005年，简称县档案“十五”计划）。

县档案“十五”计划内容包括2大部分：“九五”计划期间档案工作的回顾；“十五”计划期间的主要工作任务。

县档案“十五”期间的工作任务内容有：①指导思想和奋斗目标；②档案法制建设；③档案馆工作；④机关档案工作；⑤经济科技档案工作；⑥档案的培训、宣传工作。

县档案“十一五”规划

2006年12月，县档案局制定《佛冈县档案事业发展“十一五”规划》（2006—2010年，简称县档案“十一五”规划）。

县档案“十一五”规划包括4部分：①“十五”规划发展回顾；②“十一五”档案指导思想与发展目标；③主要任务；④保障措施。

县档案“十一五”规划期间的主要任务：①档案法制建设；②档案信息化建设；③档案资源建设；④档案安全保管保护体系建设；⑤档案服务机制建设；⑥档案信息开发利用工作；⑦机关企事业单位档案工作；⑧档案科技、宣传、人才工作。

县档案事业发展“十二五”规划

“十二五”规划（2011—2015年）期间，县档案局（馆）根据《清远市档案事业“十二五”规划实施方案》，制定《佛冈县档案局贯彻实施〈清远市档案事业“十二五”规划实施方案〉任务分解表》，于2013年5月15日佛档字〔2013〕2号印发。

2013年5月23日，县档案局制定《佛冈县档案事业“十二五”规划实施方案》，内容包括3部分。①工作目标。包括3个方面：档案法制体系建设、县档案馆现代化设施建设、机关和农村档案设施建设。②主要任务。内容包括8个方面：加强档案法制建设、优化档案管理体制、加强档案馆（室）基础设施建设、强化国家档案资源体系建设、加强档案安全保障体系建设、健全档案利用服务体系、全面推进档案信息化建设、加强档案人才工作。③保障措施。内容包括4个方面：加强对档案工作的领导、完善档案工作监管机制、加大档案工作宣传力度、开展档案学术交流和研究活动。

县档案“十三五”规划

“十三五”规划期间（2016—2020年），县档案局未形成“十三五”规划文本，只在2016年提出“十三五”规划期间档案事业发展的初步设想，包括：①制定前瞻性、基础性、长远性规划；②继续搞好馆库建设、资源建设、信息化建设、国家重点档案抢救保护以及依法治档等工作；③抓好保障体系建设，贯彻落实中办、国办《关于加强和改进新形势下档案工作的意见》以及省、市部署，切实解决好影响和制约全县档案事业科学发展的人、财、物等问题。

2020年3月，县档案馆编制《佛冈县档案事业发展“十三五”规划执行情况自查报告》，对全县“十三五”规划期间的档案事业进行系统的总结（参见本志“附录”）。

二、档案综合管理

20世纪80年代前，佛冈县档案机构不稳定，档案管理制度为建立，未开展档案综合管理工作。

1981—1985年，县档案馆建立后，逐步开展档案综合管理工作。1983年，县委办档案科印发《佛冈县档案工作实施细则》(简称《实施细则》)，细则根据中共中央、国务院关于档案工作的决定和指示精神制定，内容包括4章共20条：第一章总则，包括县档案馆的职责及主要工作；第二章档案的接收与征集，包括县档案馆接收档案的范围、要求和手续；第三章档案的管理，包括档案全宗、库房、鉴定、统计工作；第四章档案的利用，包括提供利用服务手续以及资料编研工作。1984年成立县档案局，负责档案行政管理工作。1985年，县档案局发出关于做好县属机关文件材料立卷归档工作的通知，采取“三集中”（集中人员、集中时间、集中地点）的方式，集中整理各单位及各区在上一年度形成的各种文件材料（此后在相关年度由档案局发文开展档案“三集中”整理工作）。

1986—1990年，县档案综合管理工作向正常化方向发展。1986年，按照国家档案局《各级国家档案馆收集档案范围的通知》及省《实施细则》开展档案收集工作。1987 年，县档案大楼建成启用，为开展档案综合管理提供硬件基础。是年，县档案局发出《关于做好档案安全保管工作的通知》（佛档字〔1987〕2 号），要求县直单位和各乡镇贯彻“以防为主、防治结合”的原则，做好档案“五防”（防霉菌滋生、防有害生物、防尘、防火、防盗）工作。1988 年，县委办发出《关于进一步做好档案保护工作的通知》，要求各单位、各乡镇按照《档案法》的规定，改善档案保管条件，做好档案保护工作。是年，执行广州市档案局《关于改革文书立卷归档方法的通知》（穗档字〔1988〕13 号），改进文件组合方法、案件装订包装方式。1989—1990 年，开展机关档案管理升级考评工作，推动机关档案建设。

1991—1995 年，以开展机关单位档案综合管理达标升级工作为重点，加强档案综合管理工作。1992 年起，结合档案综合管理达标升级工作，开展档案规范化管理工作。1993 年，县档案局发出《转发国家档案局〈关于做好防火安全工作的紧急通知〉》（佛档〔1993〕3 号），要求县直单位、各乡镇切实做好档案防火工作。1994—1995 年，县直机关 6 个单位被评为档案综合管理省特级、省一级单位。

1996—2000 年，继续加强档案综合管理工作。1997 年，县委办发出《关于印发〈佛冈县档案馆收集档案资料范围实施细则〉的通知》（佛委办〔1997〕5 号），要求按细则范围收集档案资料。是年 3 月，县档案馆被评为省二级综合档案馆。1998 年，开展农村管理区档案工作目标管理试点工作。1999—2000 年，根据县委办、县府办《关于加强我县机关事业单位档案目标管理工作的通知》和《关于加强我县镇村两级档案工作的通知》，开展县直机关和镇村档案建设和综合管理工作，县直机关单位档案综合管理达标升级单位数量增多。

2001—2005 年，结合机构改革和档案中心任务加强档案综合管理。2001 年，按照市档案局、市机编办《关于在机构改革中加强档案管理的通知》精神，做好机构变动单位的档案管理工作。是年，县档案局（馆）被县消防大队列为消防重点单位。2002 年起，农业农村档案工作加快推进，开展对县直单位达标升级档案综合管理的复查工作，并启动破产企业档案的接收、整理和归档工作。2005 年，全面完成农业和农村档案（镇村两级）工作。

2006—2010 年，档案综合管理工作有较好的进展。2006 年，开展各镇社区（全县 12 个社区）建档工作（于 2007 年上半年完成）。2007 年 1

月，县档案馆新大楼建成启用，全面改善档案综合管理的基础和条件。是年，县委办发出《关于向佛冈县档案馆送交已公开现行文件及资料的通知》（佛委办〔2007〕80 号），规定移送文件的范围和内容、移送时间及要求。是年，县档案局发出《关于印发〈佛冈县档案馆灾害应急预案〉的通知》（佛档发〔2007〕3 号），规定灾害应急的组织领导、应急行动及善后工作等内容。2008 年，利用新档案大楼建成启用的优越条件，完善档案管理配套设施，推动档案管理规范化建设。县档案馆被评为广东省一级综合档案馆，并被县委宣传部评为佛冈县爱国主义教育基地。2009—2010 年，重点做好档案数字化、信息化管理工作，提高档案管理的规范化、科学化水平。

2011—2015 年，以开展档案信息化为重点加强档案综合管理工作。2013 年，县档案局发出《关于转发〈企业文件材料归档范围和档案保管期限规定〉的通知》，规范企业文件材料归档和保管工作。是年起，开展创建社会主义新农村建设档案工作示范县。

2016—2020 年，县档案馆开展档案综合管理的重点工作是：以创建省特级综合档案馆为动力，加大档案宏观管理力度，优化馆藏资源结构，夯实基础业务，增强创新能力，推动档案事业进入科学发展、率先发展、和谐发展的轨道。2016 年，在县档案馆建立档案数字化办公室，加强档案数字化管理工作。2017 年 1 月，县档案馆被评定为省特级综合档案馆。2018 年，继续充实民生档案管理工作，开展抢救国家重点档案（民国档案）工作。2019—2020 年，全面巩固和加强档案综合管理的各项工作，加强依法治档、档案安全管理以及档案信息化管理和档案开发利用工作，推动档案综合管理向制度化、规范化、科学化方向发展。

三、档案分类管理

20 世纪 80 年代，县档案馆馆藏档案只进行简单的分类，主要分为立卷档案（案卷）及其他档案（图书、实物）等。其中立卷档案（案卷）主要是文书档案，另有少量科技档案、会计档案。1992 年，根据省档案馆《广东省机关档案分类办法》的规定，县档案馆将馆藏档案重新分类编排。

（一）分类原则

机关档案分类原则是：①以一个立档单位所形成的全部档案为对象，

依据机关职能、档案内容和档案载体分类。②分类后的档案，分别用英文字母（大写）为代字，按顺序编排大类代字。③对一个全宗的全部档案进行实体分类、组卷和排架管理，有类设类，无类空类。

（二）类别设置

类别的设置分为大类、一级属类、二级属类等。一个全宗的档案原则上分为7大类：①党政工团档案（代字A）；②基建档案（代字B）；③设备、仪器档案（代字C）；④会计档案（代字D）；⑤已故人员档案（代字E）；⑥声像档案（代字F）；⑦专门档案（代字G）。

大类（英文字母）以下的属类用阿拉伯数字作代号，从左至右依次为一级属类、二级属类。

各级档案馆的7个大类设置应按省档案局要求编排，其他可根据实际情况增加设置。

佛冈县档案馆在原设置7大类档案的基础上，后根据档案类别增多的情况逐步增设大类档案。至2020年止累计，县档案馆馆藏档案增设至14个大类（A、B、C、D、E、F、G、H、K、Q、R、S、Y、Z），共计42种类型。以上14大类和42种类型说明见本志第二章。

（三）编号方法

档案分类后的编号方法，按大类的特点分别采用不同的编号。

党政工团（文书）档案编号

党政工团（文书）档案编号，结构模式为：大类代字+保管期限代号+目录序号+案卷顺序号。其中保管期限代号为：永久（代号1）、长期（代号2）、短期（代号3）。永久、长期合卷为12，长期、短期合卷为23，永久、长期、短期合卷为0。

已故人员档案编号与党政工团（文书）档案编号同。

党政工团（文书）类编号举例：A1表示文书永久档案；A12表示文书永久、长期合卷档案；A0表示文书永久、长期、短期合卷。

基建档案编号

基建档案编号，结构模式为：大类代字+分类号+案卷序号，即大类代字B、一级类属（工程项目代号）、案卷顺序号。

设备、仪器、会计、声像档案编号与基建档案编号同。

四、检索目录编制及管理

县档案馆检索目录包括馆藏档案检索目录（手检式、机检式）、馆藏资料检索目录（手检式、机检式）、档案资料专题目录。

（一）馆藏档案检索目录

馆藏档案检索目录编制概况

1981年以前，县档案馆未恢复设立，馆藏档案少，未形成档案检索目录系统。

1981年恢复成立县档案馆，即逐步开展馆藏档案目录的编制工作，为手检目录。1983年起，结合档案收集整理和立卷归档工作，编写卷内目录和档案检索目录，方便查找档案。1987年，根据省档案局《关于做好档案馆规范化工作》的文件精神，县档案馆指定人员相对集中时间整理编制档案目录，抄写案卷目录和卷内目录共30多册1342页。1990年，加强档案目录工作，按全宗分类编制目录，补录人口普查、山林纠纷及其他档案119卷目录。截至年底，馆藏档案手检目录累计50多册共1700多页，馆藏95%以上的档案已建立起手检目录。

1991年起，对接收进馆的档案均按统一规范编制检索目录，连同历年馆藏档案目录形成档案手检目录系统。1997年，结合县档案馆达标升级，重新整理编排文书档案的卷号、目录号，整理编成馆藏档案手检目录累计80册。

2001年起，县档案馆根据档案管理信息化的要求，逐步开展档案机检目录工作，主要是继续坚持建立手检目录的同时，对每年接收的档案目录进行计算机录入，为建立机检目录系统打下基础。2007年，利用建成新档案大楼的有利条件，不断完善档案信息化设备，开展全面建立档案机检目录系统工作。2008年起，县档案馆组织对案卷级和文件级的电脑录入工作，加快档案机检目录建立的进程。到2010年，馆藏档案手检目录（累计）870册；完成档案目录电子化数量共800 670条，其中案卷级71 370条、文件级729 300条。

2011—2020年，县档案馆加强档案信息化工作，通过建立档案目录信息中心建设，加快档案机检目录的建立完善工作。2015年起，县档案馆根据全省档案信息化工作会议精神，结合创建国家特级档案馆工作，建立数字化办公室，进一步开展档案目录计算机录入工作。至 2017 年底止，县档案馆馆藏档案目录计算机录入实现 100%，全面完成档案机检目录工作。2018—2020 年，对每年接收入馆的档案继续进行数字化录入。至 2020 年，县档案馆档案手检目录（累计）956 册，并完成档案目录电子化目录编制工作，机检目录（含档案目录、资料目录）累计 933 521 条（其中机检档案目录 918 691 条，机检资料目录 14 830 条）。

馆藏档案检索目录编制规定

根据广东省档案局《广东省国家行政机关文书立卷归档工作实施办法》（1989 年 1 月 15 日印发）的规定，汇编《档案目录》应有封面，封面后有“立卷说明”“案卷目录”“卷内文件目录”3 个部分。其中“立卷说明”的内容包括：本机关工作职能、年度工作概况、组织机构设置与变化情况；本机关党政主要领导人任职及变化情况；本年度文书立卷情况。档案目录封面应有的内容为：“档案目录”、全宗名称、全宗号、目录号、起止年度。

县档案馆于 20 世纪 90 年代初起制定《档案整理编目制度》（此后按需要修订），编制不同门类档案的检索编目。

2020 年县档案馆档案检索目录（手检目录部分）

2020 年，县档案馆档案检索目录（手检目录部分）共计 956 册，按全宗、类别分别合订为 9 类。其中包括：

1. A（文书档案）：共计目录 673 册，其中民国档案目录 23 册，中华人民共和国成立后档案目录 650 册。以上目录均按全宗排列。

2. D（物价、会计）：共计目录 57 册，其中物价 5 册，会计 52 册。

3. E（已故人员、外贸）：共计目录 4 册，其中已故人员 3 册，外贸 1 册。

4. G（计委、科委、林业、统计、教育已故人员、民政、公证、维稳、调处土地）：共计目录 57 册，其中计委 3 册，科委 1 册，林业 1 册，统计 5 册，教育已故人员 3 册，民政 5 册，公证 6 册，维稳 15 册，调处土地 18 册。

5. H（婚姻）：共计目录 123 册，其中民政局 69 册，各镇 54 册。

6. K（地名普查）：共计目录 1 册。

7. R（人口普查、个人档案）：共计目录 28 册，其中人口普查 1 册，个人档案 27 册。

8. W（公安）：共计目录 30 册。

9. Y（档案馆）：共计目录 7 册。

2020 年县档案馆档案检索目录（机检目录部分）

县档案馆档案机检目录按 264 个全宗分别设置，形成档案机检目录系统。2020 年，档案机检目录共计 918 691 条，其中案卷级目录 145 090 条，文件级目录 773 601 条。

县档案馆查档室
全宗档案编目柜

县档案馆查档室破产企业
档案、资料档案编目柜

县档案馆婚姻档案编目柜

（二）馆藏资料检索目录

县档案馆资料检索目录编制

1988 年前，县档案馆对接收的资料只作收藏保管，未编制资料检索目录。1989 年起，根据接收的资料较多的特点，开始编制馆藏资料检索目录，对馆藏资料 65 种 3687 册资料分类登记造册，形成检索目录。此后，每年对新接收进馆的资料，按类别编入手检目录。1990 年，对馆藏资料进行全面的清理及分类编目。在编目时，参照档案资料的分类方法，设大类和小类。全国和省市资料分为 17 大类 59 小类，共 2547 册；本县资料分为9大类39小类，共365册。分类后再按编目逐卷逐册登记，形成较完整的馆藏资料检索目录。

1991年起，县档案馆建立资料管理制度，设立图书资料分类登记簿、进馆登记簿。所有入馆资料先按类登记类号、标题、作者、出版单位、出版时间、进馆时间等项目，然后再逐一注明归入类号予以登记。1992年，对馆藏的地图、地形图及其他图样资料进行资料编目，共整理出永久保存的图样资料11卷盒共185张，作资料保存的15卷盒共252张。至2000年，县档案馆设立图书资料编目（累计）40册。

2001—2010年，县档案馆继续加强资料检索目录编制工作，及时对新接收的资料和馆藏资料统一编目，并完善新建编目与原始馆藏编目的有机结合，形成全面的馆藏资料手检目录系统。至2010年，县档案馆设立图书资料编目（累计）45册。

2011—2020年，在继续开展馆藏资料手检目录编制工作的同时，开展计算机录入工作，严格按分类标准建立馆藏资料机检目录系统。至2020年，馆藏资料全部完成建立机检目录工作。至2020年，县档案馆设立图书资料编目（累计）52册。

2020年县档案馆资料检索目录

2020年县档案馆资料检索目录包括图书资料（县外、县内）、编委文件汇编、县委文件汇编、专题目录，共52册。其中有：①手检图书资料目录共25册，其中县外（A—Q）13册，县内（1—10）12册；②县编委文件汇编目录共10册（2012—2016年）；③县委文件汇编目录：共3册（2018年）；④专题目录：共14册（1—5）。

2020年，县档案馆资料机检目录14 830条。

（三）档案资料专题目录

档案资料专题目录是按照重点工作专题收集的文件资料目录，以目录（检索）形式装订成册（与编研材料不同）。档案资料专题目录主要形成有重点工作文件资料汇编等类型的目录。

县档案馆档案资料专题目录根据馆藏档案实际和利用编制。1988年起编制专题目录。至2020年止（累计）共13种19册。主要有：发展山区经济政策、计划生育政策、落实知识分子政策、征用土地、自然灾害、招商引资、社会主义新农村建设、美丽乡村建设、农村综合改革等目录册。

表 4－1　1988—2016 年佛冈县档案资料专题目录表

专题目录名称	起止时间（年）	目录种类	目录总数（条）
合计:13 种共 19 册	1954—2016		8192
①山区经济政策专题目录(2 册)	1962—2003	文件、会议、报告、总结、经验材料等	348
②自然灾害目录(2 册)	1954—2015	预案、统计、调查、抗灾等	339
③征地转让土地目录(2 册)	1961—2015	文件、协议、地形图、报告、补偿表、收费表等	2025
④知识分子政策目录(2 册)	1981—1999	文件、汇报、规划、总结	102
⑤计划生育政策目录(2 册)	1974—2012	文件、会议、报告、决定、意见等	623
⑥招商引资目录(2 册)	1994—2014	文件、专报、会议、调查、信息、汇报、总结等	4294
⑦全域旅游目录	2002—2015	文件、信息、调查报告、请示等	25
⑧工业产业目录	2003—2015	文件、信息、请示、汇报等	27
⑨新农村建设目录	2006—2014	文件、会议、信息、方案、报告、通报、汇报等	266
⑩农村综合改革目录	2006—2015	文件、会议、方案、宣传、情况通报等	91
⑪创建卫生县城目录	2009—2016	文件	14
⑫美丽乡村建设目录	2013—2015	文件、会议、方案、摄影、报刊文章等	31
⑬精准扶贫目录	2016	文件、资料	7

注：本表所列档案资料专题目录存放于档案馆首层档案阅览室（现行文件阅览中心）。

第二节　档案管理规定及重点工作

一、档案接收（移交）规定

档案接收，是指县档案馆和基层档案室把接收（收集）的档案资料进行整理、鉴定后，分部门分类别立卷成册，按档案全宗编号进行存放。在档案接收与归档工作中，除了按正常工作程序进行外，还根据县内重点工作的开展情况和档案工作的需要开展规模较大的集中工作。县档案馆根据全县机构改革、镇级撤并、档案达标升级和创建工作的实际需要组织开展档案集中接收与归档工作。

（一）档案接收（移交）范围规定

1983 年，中共中央办公厅、国务院办公厅印发《机关档案工作条例》，规定：凡机关工作活动中形成的具有保存价值的文件材料（包括党、政、工、团以及人事、保卫、财会等工作中形成的文件材料），均由文书部门或业务部门进行整理、立卷，并定期向档案部门归档。同年，根据《佛冈县档案馆工作条例实施细则》的规定，档案接收（移交）范围是：①县直属部、委、办、局、公社、镇及其所属单位具有永久和长期保存价值的档案。②接收撤销机关、团体的档案；③接收中华人民共和国成立以前的各种档案、资料。1986 年，国家档案局印发《各级档案馆收集档案范围的规定》。1987 年，根据国家档案局《机关文件材料归档和不归档的范围》规定，归档文件的范围是：凡是反映本机关工作活动、具有查考利用价值的文件材料，均属归档范围。同时，列出归档文件材料的具体范围（4 类）和不归档文件范围（4 类）。

1997 年，根据县委办印发《佛冈县档案馆接收档案资料范围实施细则》规定，收集档案资料范围是：①收集文书档案范围（8 项）；②科技档案的接收（5 项）；③各种专门档案（11 项）；④其他资料（17 项）。

2000 年，根据县委办《关于向县档案局移交档案的通知》，移交档案范围是：①各镇党委和政府及其工作部门、县属各机关、企事业单位在工作活动中形成的具有永久、长期保存价值的档案。②撤销单位的档案。

2006 年 12 月，国家档案局令第 8 号《机关文件材料归档范围和文书档案保密期限规定》发布，规定机关文件材料归档范围是：①反映本机关主要职能活动和基本历史面貌的，对本机关工作、国家建设和历史研究具有利用价值的文件材料。②机关工作活动中形成的在维护国家、集体和公民权益等方面具有凭证价值的文件材料。③本机关需要贯彻执行的上级机关、同级机关的文件材料，下级机关报送的文件材料。④其他对本机关工作具有参考价值的文件材料。同时，规定机关文件材料不归档范围（4 种）。

2007 年，根据《广东省档案条例》（2007 年印发），对综合档案馆收集档案范围和专门档案、部门档案、企业事业单位档案收集范围做出原则性规定。是年，根据县委办《关于向佛冈县档案馆送交已公开现行文件及资料的通知》，移交现行文件的范围是：本县副科以上单位在履行工作职责中形成的现行有效可以向社会公开的政策性、规范性文件和其他可以向社会公开的信息资料。移交现行文件的内容是：教育、文化、科技、医疗卫生、计划生育、民政、劳动、人事、社会保障、公检法司、农林牧业、水利、经贸、工商财税、信贷、审计、计划、统计、物价、供电、市政、环保、国土房产、规划、城乡建设、精神文明、新闻出版、社会综合治理等方面及其他与人民群众生产、生活密切相关的政策性、法规性文件，涉及上述内容的文件汇编，政策法规汇编，政报、信息、年报、年鉴、志书及其他出版物。是年，根据县委办印发《佛冈县档案馆收集档案资料范围实施细则》规定，收集档案资料范围是：①县内组织机构（12 类机构及其下属单位和直属机构。②）中华人民共和国成立前的历史资料。③本县重大活动、重要事件档案（6 种）。④经协商同意相关组织档案资料可移交县档案馆保管。⑤单位职能活动形成的档案（34 种）。⑥声像档案（6 种）。⑦实物档案（3 种）。

2011 年起，根据国家档案局令第 9 号《各级各类档案馆收集范围的规定》（2011 年印发），各级各类档案馆要贯彻科学发展、以人为本的理念，在档案行政管理部门的监督指导下，按照统一规划、分级管理的原则，依法开展档案收集工作，将属于本系统收集范围的具有长久保存价值的档案收集进馆。同时，对各级综合档案馆和各部门、各镇收集档案的范围也作出原则性规定。

2013 年，根据县委办印发《佛冈县档案馆收集档案范围实施细则》，收集档案范围是：①组织机构档案（9 项），包括组织机构下属单位、派出单位及临时机构；②其他档案（8 项）。

2015 年 8 月，根据清远市档案局清档发〔2015〕53 号文批复佛冈县档案局编制的《佛冈县档案馆收集档案范围实施细则》，收集档案范围是：①组织机构档案（12 项），同时接收以上机构的下属单位和直属的临时机构应移交进馆的档案；②中华人民共和国成立前本地各个历史时期政权机构、社会组织、著名人物的档案；③本县重大活动、重要事件形成的档案（6 项）；④经协商同意可移交给县档案馆或县档案馆代为保管的档案资料；⑤要求移交县档案馆的其他档案（4 项共 43 种；⑥征集进馆档案（5 项）。是年 10 月，县府办印发《关于向佛冈县档案馆移交档案的通知》（佛府办〔2015〕45 号）。通知规定涉及单位的范围为：各镇（包括已撤并的镇）、县直各有关单位。规定移交的档案范围为：①文书档案。反映机关（企业、事业单位）主要职能活动或重要工作内容，如对国家和社会具有保存价值的文字、图表、电子文件等形式的历史记录。②专门档案。除党政工团

（文书）档案外，作为独立门类管理的专门档案及相应的电子档案，包括：县重点建设项目所形成的工程建设档案、重大科研项目档案、已故干部职工档案、县级财政预决算档案、各类普查统计档案、其他方面专门档案，共计 34 种。③声像档案。包括：党和国家、省、市主要领导人来佛冈视察、指导工作的题词、照片、底片、录像带、光盘等，国际组织、国家、省、市在本县召开的各种重要会议，县委、县人大、县政府、县政协、县纪委召开的重大会议形成的录音带、录像带、照片、光盘等，以及其他方面的声像档案，共计 6 种。④实物档案。包括：各级党委、政府授予的荣誉称号证书、资料、奖杯、奖状、奖旗等，公务礼品、废旧印章等，共计 3 种。通知附有《接收档案单位、应移交档案门类一览表》，分列 93 个单位（镇 6 个，县直单位 87 个）应移交的档案类目。以上收集档案范围具体内容参见本志“附录”。

2020 年，《档案法》（2020 年 6 月修订印发）对纳入归档范围的档案材料作出规定，直接形成的对国家和社会具有保存价值的材料应当纳入归档范围。包括：①反映机关、团体组织沿革和主要职能活动的；②反映国有企业事业单位主要研发、建设、生产、经营和服务活动，以及维护国有企业事业单位权益和职工权益的；③反映基层群众性自治组织城乡社区治理、服务活动的；④反映历史上各时期国家治理活动、经济科技发展、社会历史面貌、文化习俗、生态环境的；⑤法律、行政法规规定应当归档的。非国有企业、社会服务机构等单位依照上述第二项所列范围保存本单位相关材料。

（二）档案接收（移交）程序规定

20 世纪 80 年代前期，根据《佛冈县档案馆工作实施细则》的规定，档案接收（移交）的程序是：①进馆档案应保持完整性；分类清楚，组卷正确；文件排列有序；抄写目录，编有序号；拟写标题，装订结实。②立档单位编写的组织沿革、全宗介绍和检索工具随同档案一齐接收。③编制移交目录（一式三份），做好核对交接工作。④立档单位档案形成起，在本单位保存 5 年后即向县档案馆移交。

1991 年起，根据国家档案局《中华人民共和国档案法实施办法》的规定，属于县级国家档案馆接收范围的档案，立档单位应当自档案形成之日起满 10 年即向有关的县级国家档案馆移交（以上移交期限规定一直延续执行）。

2000 年，根据县委办《关于向县档案馆移交档案的通知》，各单位对列为移交范围的档案进行检查，要收集齐全、完整，做到分类合理、组卷准确、文件排列系统、编号符合要求、装具规范统一。立档单位应自档案形成起满 10 年即向县档案馆移交。

2007 年，根据《广东省档案条例》（2007 年印发）规定，机关、人民团体、国有企业事业单位和其他国有单位，档案自形成之日起满 10 年的，向县档案馆移交，并规定专门档案、部门档案的移交期限。是年，根据县委办《关于向佛冈县档案馆送交已公开现行文件及资料的通知》，移交的要求是：①送交佛冈县档案馆的已公开现行文件应是原件（复印件要加盖制发单位公章），并按一式两份（文件汇编、政策法规汇编、政报、信息、年报、年鉴、史书及出版物等各一式一份）移交。②交接双方需办理《已公开现行文件交接文据》，以邮寄方式送交现行文件的，佛冈县档案局于每月 5 日前将一个月接收现行文件情况以书面形式向移交单位反馈。③各单位在送交本通知下发之前形成的已公开现行文件时，应同时移交所送文件的目录一式二份。

2012 年起，根据国家档案局《电子档案移交与接收办法》（档发〔2012〕7 号），规定开展电子档案移交与接收工作。电子档案移交：①档案移交单位一般自电子档案形成之日起 5 年内向同级国家综合档案馆移交。②电子档案移交可采用离线或在线的方式进行。③电子档案移交单位应当对电子档案数据的准确性、完整性、可用性和安全性进行检验，合格后方可移交。电子档案接收：①国家综合档案馆应当建立电子档案接收平台，进行电子档案的接收、检验、迁移、转换、存储等工作。②电子档案接收的主要流程是：检验电子档案数据、办理交接手续、接收电子档案数据、著录保存交接信息、迁移和转换电子档案数据、存储电子档案数据。

2015 年，根据《佛冈县档案馆收集档案范围实施细则》，档案移交的要求是：①县直机关、团体形成的文书档案和专门档案，一般自形成之日起满 10 年移交；照片档案、录音录像档案、实物档案、电子档案等随文书档案一并移交。②重大活动档案，设立临时机构的，活动结束时移交；未设立临时机构的，按有关规定办理。③政府公开信息（纸质和电子版）按有关规定及时移交。④县直机关、团体在撤销时，县属企业、事业单位在撤销、破产、转制、合并时，临时性单位在工作结束时，其永久、长期（30 年）、短期（10 年）档案全部移交县档案馆。⑤凡向县档案馆移交的档案（包括纸质档案、实物档案、电子档案），移交单位必须收集齐全，正确划分保管期限，保证档案质量，并编制档案目录（包括案卷目录和卷内目录），全宗说明一式三份（交档案馆二份，移交单位留存一份）。经县档案馆检查验收，符合要求的方可向县档案馆移交。

2020 年，《档案法》（2020 年修订发布）规定，机关、团体、企业事业单位和其他组织应当按照国家有关规定，定期向档案馆移交档案。机构变动或者撤销、合并，应当按照规定向有关单位或者档案馆移交档案。档案馆除按照国家有关规定接收移交的档案外，还可以通过接收捐献、购买、代存等方式收集档案。

二、档案立卷归档规定

20 世纪 80 年代前期，根据《佛冈县档案馆工作实施细则》的规定，档案接收后做好立卷归档工作。①进行分类、排列、编号，建立全宗卷，记载立档单位和全宗演变情况。②档案库房坚固适用，档案入库排列整齐有序，检索工具完整。

1988 年，根据广州市档案局《关于改革文书立卷方法的通知》（穗档字〔1988〕13 号），在立卷时文件组合方法分为会议文件、专题文件、调研文件等 18 种，分别组合立卷。案卷装订包装形式为：案卷厚度以 30~60 页为宜，每个卷盒装一卷或数卷，盒脊注明全宗名称、全宗号、目录号、案卷号。是年起，执行《文书档案案卷格式》（中华人民共和国标准 GB9705—88）的规定，处理案卷、卷内文件目录等格式。

2000 年，按照广东省档案局《广东省文件材料归档方法改革方案》（2000 年 2 月印发）的规定，在使用电子计算机和国家档案局推荐的档案管理软件的基础上改革文件材料归档方法。改革的重点是：①归档方法：“顺其自然，单件归档”。即顺应文件形成的本来状况，以自然件为归档单位，逐件整理归档。②划分“年度”规划：一般的文件材料，放在其形成的年度归档；计划、总结等，应放在文件内容针对的年度；不同年度的文件，一般应分开排放。是年起，档案立卷归档按《归档文件整理规则》（中华人民共和国国家标准 DAT/22—2000）执行。按规定，归档文件的整理方法是：装订—分类—排列—编号—编目—装盒，然后入库上架。

2003 年起，根据国家档案局令第 6 号《电子公文归档管理暂行办法》（2003 年 7 月印发），处理电子公文归档，规定：①电子公文参照国家有关纸质文件的规定范围进行归档并划定保管期限。②电子公文一般应在办理完毕后即时向机关档案部门归档。③电子公文形成单位必须将具有永久和长期保存价值的电子公文，制成纸质公文与原电子公文存储载体一同归档，并使两者建立互联。④归档的电子公文，应按本单位档案分类方案进行分类、整理。

2012年起，电子公文归档按照国家档案局《数字档案馆建设指南》（2010年6月印发）关于“档案数字化”的规定，档案数字化加工一般采取自主加工和委托加工两种方式进行。在数字化加工后，再进行资源整理和建立数字档案资源库。

三、档案保管规定

（一）档案安全管理规定

1983年，制订《佛冈县档案馆工作实施细则》，细则第十条规定：“档案库房必须坚固耐用，并应具有抗震、防盗、防火、防水、防潮、防尘、防虫、防鼠、防高温、防强光等设施。”

1987年，县档案局发出《关于进一步做好档案安全保管工作的通知》，通知要求：必须贯彻“以防为主、防治结合”的原则。防止有害生物（昆虫、微生物、老鼠等）毁坏档案；落实防尘、防火、防盗措施，严禁在档案室（柜）内存放易燃物品（如汽油、煤油、酒精等）。

1988年，县委办发出《关于进一步做好档案保护工作的通知》。通知要求：①按照《档案法》的规定，重视档案保护工作，把档案保护贯穿于档案工作的全过程。②改善档案保管条件，确保档案安全。③建立和健全严格的档案保管工作制度。④提高文件形成的质量，维护档案的安全和完整。

1993年，县档案局《转发国家档案局〈关于做好防火安全工作的紧急通知〉的通知》，要求全县各级切实做好档案防火安全工作。

1997年，县委办《关于开展机关档案综合管理达标升级工作的通知》，要求机关建立《档案保管制度》，达到“三专八防”的要求，即档案保管要有专库（室）、专柜、专人负责，档案库房应有防火、防盗、防霉、防虫鼠、防光、防高温、防潮、防尘设施。

2006年，县档案局制定《佛冈县档案事业“十一五”规划》。规划提出的“主要任务”之一，是档案安全保管保护体系建设，包括：①完善档案安全保障体系；②完成重点档案保护制度；③加强馆藏档案的保护抢救工作。

2007 年，按照《广东省档案条例》（2007 年 7 月发布），档案馆应当配备防盗、防火、防雷、防震、防水、防潮、防高温、防霉、防虫、防光和防污染（简称“十一防”）等安全措施。对档案进行数字化处理，应当采取防泄密、防电子病毒等措施。档案保管单位应当改善保管条件。是年，县档案局印发《佛冈县档案馆灾害应急预案》，2015 年修改为《佛冈县档案局档案实体安全应急预案》。预案内容分为 9 部分：①组织领导；②预案目标；③灾害种类；④抢救重点；⑤应急准备；⑥应急行动；⑦值班责任；⑧善后工作；⑨奖惩措施。预案全文参见本志“附录”。

佛冈县档案馆《防火安全值班制度》《消防安全责任人主要职责》

2015 年，配合贯彻省委、省政府《关于加强和改进新形势下我省档案工作的通知》中关于“保障档案信息安全”的部署要求，县档案局制定《信息安全应急预案》，预案内容包括：①指导思想；②组织机构；③应急情况的标准；④应急小组的职责；⑤应急行动的基本制度；⑥应急物资器材保障；⑦日常工作需为应急行动做好的有关工作。预案全文参见本志“附录”。同年，县档案馆制定《档案保管与库房管理制度》《佛冈县档案库房管理制度》《防火安全值班制度》，形成档案安全防护制度体系。以上制度全文参见本志“附录”。

2020 年，根据《档案法》（2020 年 6 月修订发布）的规定，按照国家有关规定配置适宜档案保存的库房和必要的设施设备，确保档案的安全。健全档案安全工作机制，加强档案安全风险管理，提高档案安全应急处置能力。

（二）档案保密管理规定

1983 年，《佛冈县档案馆工作实施细则》第四条规定：档案馆建立严格的保卫、保密等制度，维护党和国家的机密，并提高工作效率和质量。

1988 年起，根据《档案法》规定，制订档案保密工作制度。1990 年，国家档案局、国家保密局发布《档案工作中国家秘密及其密级具体范围的规定》，对档案保密工作做出具体规定。

1992年，根据国家档案局、国家保密局《各级国家档案馆藏档案解密和划分控制使用范围的暂行规定》，做好解密和划分控制使用范围档案工作。

2000年起，按照《中华人民共和国档案法实施办法》关于保密档案的管理和利用、密级的变更和解密的相关规定执行。2007年，根据《广东省档案条例》，在对档案进行数字化处理时，采取严格的保密程序开展工作。

2013年，制定《佛冈县档案馆涉密档案管理制度》，制度根据《中华人民共和国档案法》《中华人民共和国保守国家秘密法》的相关规定制定。涉密档案是指被确定为“绝密”“机密”“秘密”“工作秘密”级的档案载体（包括图表、文件、资料、音像制品、磁盘等）。涉密档案的保密管理，遵守“控制源头、集中管理、分级负责、突出重点”的原则。同时，规定专人专责、立卷归档、保管、查阅、复制、销毁以及责任追究等方面的工作程序和纪律。是年，制定《佛冈县档案馆档案公开保密审查制度》。保密审查，是指对拟公开的档案是否涉及国家秘密、商业秘密、个人隐私以及公开后是否危及国家安全、公共安全、经济安全和社会稳定进行的审查。保密审查遵守“谁公开、谁审查、谁负责”和“初审、审核、审批”的审查原则。本制度分为18条，对保密审查的原则、程序、要求以及违法行为处理等作出规定。是年，县档案局组织开展对县档案馆保密工作基本情况调查。调查内容包括国家秘密载体管理、涉密人员管理、涉密内容和会议管理、计算机等办公设备及网络管理等4个方面共20项工作，并将调查情况报送省、市档案部门。2014年，根据省档案局转发国家档案局的紧急通知精神，县档案局开展档案数字化、开放档案及政府公开信息网上查阅专项保密检查。经检查，未发现违反保密安全工作规定的情况，并将检查情况报送省、市档案部门。

2015年5月，县府办印发《佛冈县档案馆开放档案实施办法》，对涉密档案的管理规定为：各单位印发的尚未解密的“三密”文件及解密后划为内控使用的档案资料，列为暂不向社会开放档案。是年6月，制定《佛冈县档案馆收集档案范围实施细则》，对涉密档案的管理规定是：涉密电子档案和纸质档案的数字化副本，应当严格按照保密规定进行保密、储存和使用。

根据2020年6月修订发布的《中华人民共和国档案法》关于档案保密管理的规定，佛冈县档案馆继续对涉及国家秘密的档案的管理和利用，密级的变更和解密，按照有关保守国家秘密的法律、行政法规的规定办理。

（三）档案统计管理规定

档案统计工作是以档案工作中大量的现象为对象，以表格、数字的方式揭示档案和档案工作中诸现象的现状、发展的过程及其一般规律性的工作。

20世纪50年代，佛冈县委办公室兼管档案工作时起，按上级档案部门要求开展档案统计工作。后因佛冈县并入从化县及发生“文化大革命”，档案统计工作中断。

1981年恢复设立县档案馆，即恢复档案统计工作，按上级部门的要求填写和报送统计报表。1984年县档案局成立后，档案统计工作逐步正常开展。档案统计的重点任务是填写和报送档案统计报表。档案统计报表分为季报、年报和专题报。

档案统计的项目主要有：①档案资料数量，包括接收、归档、馆藏数量；②档案人员及档案馆设施情况；③档案开放和利用情况。

90年代起，县档案局馆制定档案统计制度，以后逐步修订完善。2015年，制定《佛冈县档案馆档案统计制度》，规定档案统计的内容、方法和程序等7个方面：①统计作用；②统计内容；③统计任务；④统计对象；⑤统计方法；⑥统计期限；⑦统计人员。制度全文参见本志“附录”。

佛冈县档案局（馆）按国家档案局、国家统计局规定每年填报的统计年报主要有：

《档案工作基本情况统计年报》，1983年起，每年填报。主要项目有：机构、人员、馆藏档案（含资料），档案利用、编研材料，档案馆设施设备等。此后，统计年报的主要项目有所调整变化，先后调整为档案行政管理部门、国家综合档案馆、农业农村档案等项目。

《全国档案事业统计综合年报》，主要项目有：定编、人员、经费、馆藏档案，年度进馆、移出、销毁档案，档案历史分期，馆藏资料，档案编目，开放档案，利用档案。

《全国档案事业统计调查报表》，由各单位填报，县档案局（馆）汇总上报，填报项目有：①机构；②专职人员；③兼职人员；④培训教育；⑤室存档案；⑥档案利用；⑦室内设施；⑧数字档案。

除上报以上年报外，县档案局（馆）还按国家、省、市规定填报相关专题项目统计报表。

四、档案重点管理工作

（一）珍藏本《佛冈厅志》管理

佛冈地域在清嘉庆十八年（1813 年）前分属清远县和英德县。清嘉庆十八年，划清远县的吉河乡（今佛冈县的水头、石角 2 个镇）和英德县的大陂六乡（今佛冈县的高岗、迳头 2 个镇），建立佛冈直隶军民厅（简称佛冈厅），佛冈成为地方一级政权。

《佛冈厅志》（又称《佛冈厅志书》），是清道光十七年（1837 年）龚耿光任佛冈厅同知时组织修纂的，由龚耿光任主编，本厅生员宋章锡、黄澄溪任副主编，还有从事采访、资料搜集、整理的 20 多人，以及各乡乡绅、文人的配合，仅用一年多时间完成了初稿。《佛冈厅志》初稿形成后，适逢龚耿光调任云南，黄澄溪、宋章锡等人催促将厅志付印，龚耿光认为厅志初稿还比较粗糙，需要修改、补充和订正，没有同意立即付印。他把厅志初稿和有关资料带往云南，抽空继续披阅、修改。清道光二十一年（1841 年），龚耿光从云南调往广东高州任职，遂将厅志初稿誊清后寄回佛冈。

清道光三十年（1850 年）夏承煜任佛冈厅同知时，发现厅志稿很有参考价值，遂与原编纂人员商量，筹措资金，于咸丰元年（1851 年）将《佛冈厅志》刊印，成书分为上下 2 册，共 4 卷。

《佛冈厅志》是佛冈建厅以来的第一部志书，其历史价值在于：

该志书系统地介绍了佛冈建厅以来的历史，内容包括疆界、建置、物产、官职、军事、学校、礼仪、风俗、人物、文艺作品等方面，时间跨度为 25 年（1813—1838 年），对后人了解佛冈这段历史很有参考作用。

志书内容翔实，缕析条分，对了解佛冈的某一方面情况很有帮助。如建置一编，又分城池、衙署、乡里、圩市、铺递、桥梁等；又如军事编，下设营制、兵额、粮饷、装备、汛防、教练场等。志书不仅条目内容详细，而且记叙也很翔实。

疆界编除了介绍沿肇、分野、舆图、疆理、山川、形胜之外，还用列表的方式，介绍佛冈地域自西汉至清各朝代的疆界变化和所隶属州郡的嬗变以及一些重大事件的梗概。这些内容是一般志书所不包含的，使其别具一格，有鲜明的特点。

古代佛冈由于地处偏僻，文化落后，又因历史久远，遗留下来的有关佛冈厅的历史资料极少。佛冈县档案馆收藏的《佛冈厅志》是在佛冈地域的首次发现，据考是最早版。志书虽有微小的破损，但内容完整，仍可供阅读参考，特别是对发掘、研究粤中山区一带历史文化遗产的专业人士提供了极其重要的材料，属于珍贵的文献资料。

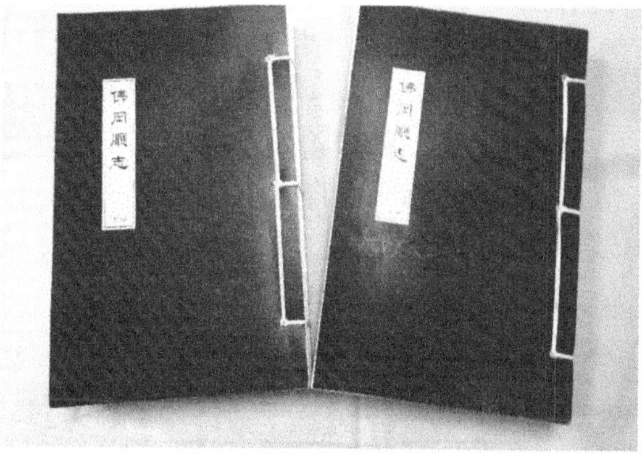
《佛冈厅志》（上、下册）修复文本

为做好志书的保护和开发利用工作，县档案局（馆）于20世纪80年代初聘请专业人士廖佰昭将志书译为现代语体文。90年代后期由县史志办公室作综合整理，于2007年编印《佛冈厅志·原文—译注对照本》，全书31万字。此书印成后，为全县各级各阶层及有关人士了解和利用佛冈清代及其前的历史提供了宝贵的资料。此外，《佛冈厅志》原本为县内孤本，为县档案馆保存的珍贵文献，于2004年起列入重点档案抢救范围开展抢救工作。2018年起，由县档案局拨付专款，委托清远市档案学会开展全面裱复（2020年仍未完成）。

（二）民国档案管理

佛冈县民国期间档案编号为全宗1号。

佛冈县民国档案所属年代从1912年至1949年9月止。1997年起经整理立档共有1447卷，排架长度36.6米。按年度—机构—问题分类组卷、排序。检索工具有电子计算机案卷级和手工检索目录。该全宗档案主要内容如下。

（1）国民党佛冈县政府的档案主要有：广东省政府的有关电文及县参议会情况、禁烟禁赌情况、征购实物、中医师公会、卫生、财会、农业、林业、各种登记调查表、工作计划报告、国籍、学校教育工作、各种名册等公文、材料。

（2）国民党佛冈县党部的档案主要有：党部颁发的国民党入党申请、国民党党员登记名册、筹措党费奖励办法、发展组织吸收新党员配额训令、违反党纪的处理规章制度、召开党代会情况、工作计划纲要、追缴违禁书刊、查禁共产党宣传品等公文、材料。

（3）国民党佛冈县三青团部的主要档案有：三青团团员甄核表、财产登记表、团员名册、团干部及工作人员履历表、人事任用令以及《佛冈团讯》《三民主义青年团》等公文、材料。

（4）国民党佛冈县政府看守所的档案主要有：看守所囚犯生产囚粮情况、囚犯名册、职员和员工名册等公文、材料。

（5）国民党佛冈县清剿工作团的档案主要有：清剿工作队职员名册，清剿共产党游击队的命令、作战方案、布告，关于共产党活动的情况通报以及防范措施指示，稿件，会议记录，职员官员政章公函，清剿有功人员情况通报等公文、材料。

（6）国民党佛冈县警察局的档案主要有：警员名册、警队（所）办事规则、活动情况通报、禁令、待遇、死亡抚恤、有关计划实施办法、督导注意事项、广东省政府关于特区交通调整和战区缉私及经济封锁办法、调查战犯、维护国税、取缔禁区进口物品商销的指示、保护盟军、民事刑事案件、处理国民党产业、搞好公共卫生及治安方面的公文、材料。

（7）国民党佛冈县政府人事科的档案主要有：人事任免委令、裁员整编和机构设置情况、人事任免办法、干部受训考核、职工福利、机关管理、安置转业退伍人员工作、公职人员奖惩规定、抗日自卫人员名册等公文、材料。

民国档案

（8）国民党佛冈县地方法院的档案主要有：刑事民事案件审理判决及有关报表、经费、职员名册、工作情况、户籍登记等公文、材料。

（9）国民党佛冈县县党工会的档案主要有：关于学校团体组织、审理被俘投诚自新指示、宣传、有关计划、训令、各种名册、报表、活动情况通报等公文、材料。

为做好民国档案的保护和利用工作，县档案局（馆）从 20 世纪 80 年代起，开展对部分民国档案的整理和破损档案抢救工作。至 2004 年起，对馆藏民国档案 1447 卷全部列入重点档案抢救范围。

（三）机关单位撤并档案管理

中华人民共和国成立后，县委、县政府及所属机关单位（这里不含镇机关）曾多次撤并。20 世纪 80 年代前撤并单位档案资料，大多把撤销单位档案资料移交给并入的主管单位，部分单位把档案资料移交给县档案馆。特别在“文化大革命”期间县革委会成立后，全县机关单位全部撤并，因当时档案管理未形成制度，致使不少单位档案散失不存。80 年代起，逐步重视做好机关单位撤并档案的管理工作。

2001 年，全县开展机构改革，机关单位撤并数量多。为保证撤并单位档案安全和完整，县档案局会同县编委，按照市档案局、市编委《关于在机构改革中加强档案管理的通知》，加强对撤并单位档案资料的移交和管理，撤并单位档案资料得到较好的保存。对原为独立编制单位归并入主管单位、对外仍保留牌子的，还有单位名称改变但其基本职能不变的，单位在县档案馆的档案全宗仍然保留不变。2002—2005 年，全县机关单位撤并后，县档案局接收撤并单位档案资料。

2010—2020 年，先后开展部分单位和全面的机构改革，涉及撤并的单位档案仍按以上方式处理。其中 2010 年、2013 年和 2014 年先后对部分单位设置改革，纳入改革范围单位的档案均按规定移交管理。2019 年，全县开展党政机关改革，县档案局加强对改革单位的档案移交变动管理。

（四）镇级撤并档案管理

1950—1958 年，全县镇级（先后称为区、乡）区划设置变动较大，档案资料分别由县民政、公安及县委办秘书室等部门管理，大部分散失，留存数量很少。

1958—1961 年，佛冈县并入从化县，镇级（人民公社）设置变动较大，各公社档案资料留存同样很少。

1961 年 5 月恢复佛冈县建置，当年全县划分为 12 个人民公社，由各公社办公室管理档案资料。

1961—1980 年，全县公社区划基本保持稳定（1970 年民安公社并入汤塘公社，1976 年从石角公社分出设立黄花公社），至 1980 年全县 12 个公社。因 12 个公社地域基本保持不变，各公社档案仍由各公社保存。

1981—2004 年，除 2002 年黄花镇并入石角镇外，其余公社地域均未变动，各公社档案保存责任也未变动。

2004 年 5 月起，实行镇域撤并，将全县 11 个镇撤并为 6 个镇（高岗镇、迳头镇、水头镇、石角镇、汤塘镇、龙山镇），撤销镇的部分档案划入并入后的镇管理，部分档案移交给县档案馆。县档案馆做好撤并镇的档案接收、整理和立卷归档工作，并调整档案全宗。

（五）干部档案管理

干部档案是组织人事等有关部门，按照党的干部政策，在培养和任用干部等工作中形成的文字材料。1991 年，中共中央组织部、国家档案局印发《干部档案工作条例》，条例对干部档案管理做出 8 个方面的规定：①体制、机构和职责；②档案的内容和分类，包括履历材料、自传材料、鉴定考察材料等 10 类；③管理范围，原则上应与干部管理范围相一致；④档案材料的收集、鉴别与归档；⑤档案的保管与保护；⑥档案的提供与利用；⑦档案的转递。此外，对干部档案的组织领导和队伍建设也做出规定。

2009 年起，按照中共中央组织部《干部人事档案材料收集归档规定》，开展对全县干部人事档案材料的收集工作。

2017 年起，根据中共佛冈县委组织部《关于转发〈中共清远市委组织部转发中共中央组织部关于完善干部人事档案材料的通知〉的通知》精神，重新整理收集干部人事档案材料，包括考核鉴定材料、审计材料、反映科研学术水平的材料、培训材料、廉洁情况材料、处理处分材料、申诉材料等 13 种档案材料。

（六）农业和农村档案管理

佛冈县内乡（镇）先后称为区、乡、人民公社、区、乡（镇）。在 20 世纪 80 年代初期，全县各乡（镇）开始收集、保管档案。因条件限制，各乡（镇）档案机构不健全，档案收集、整理和保管工作不规范。

1990—1991 年，县档案局（馆）派出人员到各乡（镇）指导，开展对农村土地承包合同档案的整理归档工作。

1997 年，省政府发布《广东省乡（镇）档案管理办法》，对加强乡（镇）档案管理工作做出部署。《管理办法》明确乡（镇）档案的范围、职责和任务。乡（镇）档案是指乡（镇）行政区划内各单位（包括乡镇机关、上级派驻单位、村民委员会、居民委员会、社会团体、企事业单位）在工作活动、生产建设和各项管理工作中形成的对乡（镇）和国家有保存价值的各种文字材料、图表、账簿、凭证、声像等不同形式的历史记录。乡（镇）应设立综合档案室，乡（镇）党政机关、社会团体在工作活动中形成的全部文件材料，应按照要求统一分类、整理，向综合档案室移交。

1998年，国家档案局印发《乡镇档案工作试行办法》，对乡镇档案工作做出规定：①实行平时立卷制度。设立当年文件材料类目卷宗，将处理完毕的文件材料及时归入有关类目卷宗。②一般性文件类目设置为：先分党委、政府、人大主席团、工青妇四大类目，分类目中按上级来文、本级文书分设卷宗，然后按文件材料内容联系和数量多少分设若干卷宗。③专题（专业）性活动形成的文件材料、人民来信及案件材料等单独设立类目卷宗。是年起，结合开展农业和农村档案目标管理工作，加强和规范乡镇档案管理。省档案局对试行办法转发实施。

1998年，县委办、县府办发出《转发清远市人民政府办公室〈关于开展全市农业和农村档案工作〉的通知》（佛委办〔1998〕53号），启动全县农业和农村档案建设工作。县档案局采取“先试点、后推开”的方式，选择1个镇（龙南镇）和1个管理区（水头镇坐下管理区）为试点开展工作。是年，龙南镇被评为省二级达标单位（全省首个镇达标单位），坐下管理区被评为市合格单位（全县首个管理区级合格单位）。

1999年5月，县委办、县府办发出《关于加强我县镇村两级档案工作的通知》，要求镇村两级达到“三个建立”和“六个有”标准。“三个建立”，即建立档案工作机构、建立档案管理制度、建立档案考核制度；“六个有”即有领导分管、有档案管理人员、有规章制度、有存放档案地点和器具、有整理好档案实体、有检索工具。在开展工作中，采取4项措施抓落实：①设立机构，加强领导。按照《广东省乡（镇）档案管理办法》规定，成立镇、村两级档案管理领导小组，加强全面领导。②建立健全档案管理制度。建立和完善档案立卷归档、档案保管、档案查阅利用、档案人员岗位责任等各项制度。③开展档案业务培训。先后举办镇、村两级档案人员培训班，提高档案业务水平。④开展档案收集归档工作、在全县撤销管理区办事处建立村民委员会工作中，做好各类档案的收集移交工作，防止档案资料的散失损毁。1999年，全县12个镇、115个村民委员会建立档案工作领导小组，开展镇级档案达标、村级档案建档工作。

1999年，佛冈县贯彻中央关于土地承包期再延长30年政策，县委、县政府印发《关于进一步稳定和完善农村土地承包关系的通知》（佛委〔1999〕1号），采取先试点、后铺开的方式开展农村新一轮土地承包工作。县档案局（馆）作出计划安排，做好土地承包的档案收集和归档工作。至2000年，全县6个镇新一轮土地承包档案资料移交县档案馆，共接收2800卷（册），经整理立卷归档共1646卷（册）。同期，全县开展农村山林责任制的稳定和完善工作，有偿承包山林期限延长50年。县档案馆接收全县6个镇山林承包档案。

2000年起，重点开展镇村档案员的业务培训工作，制定档案管理制度、开展业务指导，推动镇村两级档案工作。

2001年11月，省档案局召开全省农业农村档案工作会议，清远市委、市政府发出《关于全面抓好我市农业农村档案工作的意见》，县档案局（馆）启动农业和农村档案建设工作。2001年12月，水头镇、水头丰联村、民安榨油岭村、龙南龙塘村被评为省二级档案达标单位。2002年召开全县档案工作会议，对农业和农村档案工作作了重点部署，会上县政府与各镇签订《农业农村档案工作责任书》，加强责任管理，下决心在3年内全面完成镇级档案达标（省二级）和村级建档任务。同时，县政府采用“三个一点”的办法解决村级建档经费，即按每个村1000元计算，分2年由县财政解决所需经费总额的60%（共7.5万元），其余经费由镇、村筹集解决。2002年7月，县档案局举办镇级档案员培训班。是年，龙南镇（试点镇）8个村委会已全部建立村级档案。2003年，县府办发出通报，推动农村建档工作的开展。同年12月，全县达省二级的镇（累计）有龙南镇、水头镇；在全县115个村委会中，建立档案室的村委会54个。

2002年7月12日，召开全县农业农村档案工作会议，常务副县长缪树森（右一）与各镇签订档案工作目标责任书

2004年，结合全县镇级撤并、2005年全县村级撤并开展镇达标、村建档工作。是年，县委办转发市委办《关于全面抓好我市农业和农村档案工作的意见》，要求贯彻落实全省农业和农村档案工作会议精神，到2005年年底全面完成行政村村级建立档案工作

和乡镇级机关档案目标管理任务。至 2005 年累计，全县 6 个镇档案目标管理全部达到省二级标准，78 个村委会均建立档案室（其中省合格级村 1 个、省二级村 3 个）。2005 年 12 月，全县 78 个行政村建档工作通过市验收，全面完成村行政村级档案建设任务。据统计，当年全县 6 个镇档案室室藏档案共 5960 卷又 24 603 件，78 个村委会档案室室藏档案 3679 卷。

2006 年，在汤塘镇开展居民社区建档工作，采取以点带面的方式在全县铺开社区建档工作。全县社区居委档案建设仍按“三个建立”和“六个有”的标准开展。至 2007 年上半年，全县 6 个镇共 12 个居民社区全部建立档案室，并完成社区档案立卷归档工作。至此，全县农业农村档案建设任务全面完成。

2017 年，根据《广东省农村土地承包经营权确权登记颁证文件材料归档范围和档案保管期限表》开展档案统计工作。期限内 6 个镇确权完成率为 100%，应归档文件（含综合管理类、确权登记类、纠纷调处类、电子文件、数码照片）逐步整理归档，由镇档案室保存。

（七）其他专业档案管理

勘界档案管理

勘界档案是指在勘定行政区域界线工作过程中直接形成的、具有保存价值的各种文字、图表、音像等不同载体的历史记录。1997 年，国务院勘界工作领导小组办公室、国家档案局印发《勘界档案管理暂行规定》。暂行规定规定勘界档案的管理体制、职责，规定勘界档案属国家所有。勘界档案分为两大类：①文书综合材料类，在分年度的基础上，以问题为主结合其他特征进行组卷；②勘界成果材料类，在分界线勘定的基础上，以界线为主，结合文件载体、形式进行组卷。此外，规定勘界成果材料档案实行多套异地保存。

国土档案管理

1998 年，省国土厅、省档案局印发《广东省国土机关档案分类法》《广东省国土机关档案分类编号办法》，规定全省各级国土部门档案的实体分类、组卷和排架管理。国土档案的类别设置共分 13 大类，以英文字母作代字。每一大类下分设若干属类。国土档案的编号办法分为 6 类：①综合类，编号模式：大类代字加保管期限代号加目录顺序号加案卷顺序号；②会计类，编号模式：大类代字加一级属类代号加目录顺序号加案卷顺序号；③地籍类，编号模式：大类代字加一级属类代号加目录顺序号加案卷顺序号；④规划（区划）类，编号模式：大类代字加目录顺序号加案卷顺序号；⑤科研类，编号模式：大类代字加项目（题目）代号加案卷号；⑥基建设备类，编号模式：大类代字加一级属类加项目代号加案卷号。

会计档案管理

会计档案是指会计凭证、会计账簿和财务报告等会计核算专业材料，包括会计凭证类、会计账簿类、财务报告类、其他类 4 大类。会计档案保管期限分为永久、定期两类，其中定期保管期限分为 5 类（3 年、5 年、10 年、15 年、25 年）。1998 年，财政部、国家档案局印发《会计档案管理办法》，规定保管期满会计档案的销毁程序、单位分立或撤销会计档案的移交保管的方式等。

知青档案管理

1999 年，县档案局开展知青档案整理归档工作。

1968—1978 年，在全国各地开展知识青年（简称“知青”）上山下乡运动，佛冈县先后接收上山下乡知青 1300 多人。在此期间形成的知青档案集中在佛冈县上山下乡知识青年管理办公室（简称“县知青办”），一直未有整理。

1999 年，县知青办用三轮车把知青档案材料拉到县档案馆，要求县档案馆整理存放。知青档案材料是在“文化大革命”期间各地知识青年到佛冈“上山下乡”的材料，县知青办多年未进行清理，不但数量多而且十分散乱。县档案馆接收材料后，集中精力将材料按年度、公社分别整理，立卷 74 卷归档，使这一特殊时期的历史资料得以保存。

国有破产企业档案接收管理

2000 年下半年起，根据国家档案局《国有企业资产与产权变动档案处置暂行办法》和省档案局印发的《广东省执行〈国有企业资产与产权变动档案处置暂行办法〉实施细则》，佛冈县启动破产企业档案接收工作。《国有企业资产与产权变动档案处置暂行办法》实施范围包括国有企业在兼并、破产、出售、收购、股份制改造、与外商合资合作经营以及承包、租赁等其他资产与产权变动过程中的档案处置工作（以上各类企业在本志称为“破产企业”）。对破产企业档案接收管理，包括收集、整理、统计、保管等工作。破产企业档案经接收整理后，按档案发生的年度归档。

2001 年，县委办、县府办发出《关于国有企业转制档案处置意见的通知》（佛委办〔2001〕2 号），对开展破产企业档案接收工作提出了明确的要求，县档案局（馆）开展破产企业档案接收、整理和归档工作。在工作中，要主动配合县破产企业清算组，做好档案接收整理安排，做到破产一家接收一家，保证破产转制企业档案工作顺利进行。是年，接收进馆的有煤炭公司、耐火材料厂、香料厂3家企业档案906卷（册）。

2002—2005年，继续开展破产企业档案接收和整理归档工作。至2005年，接收整理49家破产转制企业档案，立卷归档档案13 500卷（册），并全部实行计算机案卷级和文件级录入，实行计算机检索，确保破产转制企业档案的完整与安全。

2006年起，继续执行《广东省执行国有企业资产与产权变动档案处置工作规程》的规定，协调相关部门做好接收档案归档工作，通过确定进馆范围、准确鉴定价值等工作，确保档案的完整与安全。2006年，接收14家国有破产和退市企业档案进馆，整理19家企业会计档案6468卷。至2010年，全县破产企业档案基本完成接收、整理和归档工作。

至2020年，县档案馆接收、整理、归档的破产企业档案累计总数为51 401卷。

房地产档案管理

2000年，省档案局印发《广东省房地产档案管理业务规范》。房地产档案是指房地产管理部门在进行房地产管理活动中形成的具有保存价值的各种文字、图纸、表册、卡片以及声像、电子文件等材料。房地产档案作为一种专门档案，按照《广东省机关档案分类办法》，大类代字为G，大类（G）下设置若干属类，属类下根据需要可再设小类。房地产档案的保管期限，按照《广东省房地产管理文件材料归档范围及保管期限表》的规定，分为永久、长期、短期3种。

旅游业档案管理

2000年，省旅游局、省档案局印发《关于加强旅游档案管理的意见》，意见提出旅游档案的归档范围是：凡在旅游行政管理、旅游建设、旅游经营活动中形成的具有保存价值的文字、图表、声像等门类和载体的各种原始记录，都应收集归档为旅游档案。具体包括旅游管理、会计、景区景点建设等14类。同时，要求做好旅游档案的编目、检索和旅游档案信息的编研工作。2004年、2009年，县档案馆编制旅游业专题编研资料。

（八）重点档案及破损档案抢救修复

1983年，县公安局将民国档案资料1135卷移交给县档案馆。1997年，县档案馆结合达标升级工作，将民国档案整理归档，重新编制卷号，立卷共1447卷。

2004 年起，县档案局制定计划并向市档案局报送请示，开展重点档案（《佛冈厅志》和民国档案）及破损档案的抢救修复工作。《佛冈厅志》是清咸丰元年（1851 年）刊刻版，是县档案馆保存的文献珍品；民国档案 1447 卷破损严重，在 20 世纪 80 年代曾开展抢救工作，但未完成，需重新抢救。2004 年，省、市档案局拨付档案抢救专项经费 6 万元，县档案馆开展对重点档案及破损档案的抢救工作，抢救重点档案 580 卷。

至 2015 年，民国档案已抢救 573 卷，待抢救 874 卷；其他破损档案已抢救 382 卷，待抢救 406 卷。

2016—2018 年，县档案馆继续开展重点档案及破损档案抢救修复工作。2016 年，利用馆内设置的数字化设施，扫描录入国家重点档案（民国档案）1447 卷共 61 866 页。中华人民共和国成立 30 年后应抢救修复的档案 2241 卷，已抢救修复 1090 卷（数字化扫描、刻录光盘）。2017 年，继续组织抢救修复重点档案工作，抢救修复 357 卷（数字化扫描、刻录光盘）。2018 年，全面完成破损档案的抢救修复工作任务。

五、编制档案馆（室）全宗指南

2016 年，县档案局（馆）配合晋升省特级综合档案馆工作，组织编制《佛冈县档案馆指南》，并在指导机关单位编制全宗指南的基础上，汇编《佛冈县县直机关全宗指南》。

（一）编制《佛冈县档案馆指南》

《佛冈县档案馆指南》除前言外，正文分为五章，共计 8.5 万字。

编辑组：主编曹榕村，副主编林绍嘉，执笔朱明采，责任编辑朱海燕、罗春燕、巢晓敏、胡翠雯。

前言：按照国家档案局颁布的《档案馆指南编制规范》编制，编制的原则是，尊重历史、实事求是，以馆藏档案资料为依据，客观、准确、系统地介绍本馆诸全宗档案的内容，并力求语言通顺、文字表达清晰。

第一章：佛冈县概况。简记佛冈县区域位置、建置沿革、地形地貌、气候河流、资源物产、革命传统、民俗文化、经济状况、社会事业、综合实力。

第二章：佛冈县档案馆概况。内容包括：①佛冈县档案馆沿革。记述 1958 年佛冈县档案馆成立至 2016 年机构、人员、设施设备以及达标升级等情况。②馆藏档案综述。记述佛冈县档案馆 5 个部分馆藏档案的情况：第一部分明清、民国档案；第二部分中华人民共和国成立后佛冈县行政、事业单位文书档案；第三部分专业档案；第四部分破产转制企业档案；第五部分图书资料。③馆藏资料综述。记述馆藏各类资料简况。④档案信息资源的开发与利用。记述根据《档案法》《档案法实施办法》《各级档案馆开放档案办法》的规定，佛冈县档案馆开放利用档案的情况。⑤馆库设备。记述佛冈县档案馆的设施设备及变化情况。⑥信息化工作。记述开展档案信息化工作的情况。

第三章：馆藏档案介绍。内容包括：①文书档案。包括中华人民共和国成立前明清、民国档案；中华人民共和国成立后档案（按全宗排列，重点全宗介绍）。②各类专门档案。包括婚姻档案、公证档案、普查档案、土地承包档案、已故干部档案、印章档案、照片档案。

第四章：国有破产转制企业档案情况。2001—2007 年，县档案馆接收整理 51 家破产转制企业各类档案 19 386 卷，其中文书档案 1048 卷，会计档案 18 338 卷。

第五章：馆藏资料综述，包括馆藏档案分类及资料概况。

（二）编制《佛冈县县直机关全宗指南》

《佛冈县县直机关全宗指南》，按档案全宗收集汇编成册，共收集 53 个全宗单位（其中包括全宗 1 号民国档案）。内容主要有单位机构沿革、工作机构、主要职能、档案室设置、室藏档案类别和数量、档案管理及利用等情况。全书共 17 万字，内容简况举例如下。

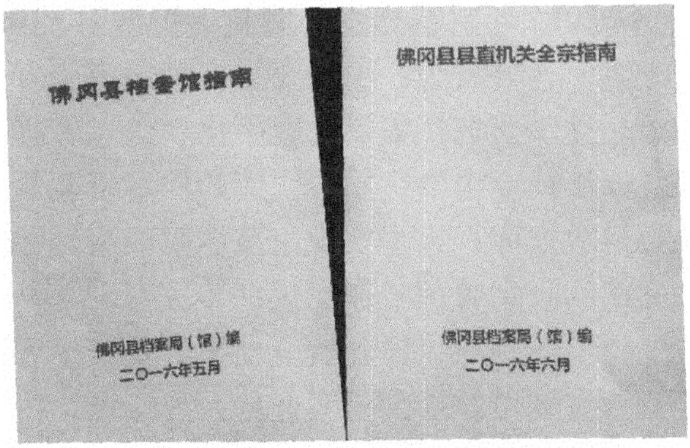

《佛冈县档案馆指南》
《佛冈县县直机关全宗指南》

全宗 1 号（民国档案全宗）：馆藏 1447 卷，所属年度为 1915—1949 年，排架长度 36. 6 米，按机构—问题分类组卷、排序。案卷内容包括九类：①国民党佛冈县政府档案；②国民党佛冈县党部档案；③国民党佛冈县三青团档案；④国民党佛冈县看守所档案；⑤国民党佛冈县清剿工作团档案；⑥国民党佛冈县警察局档案；⑦国民党佛冈县政府人事科档案；⑧国民党佛冈县地方法院档案；⑨国民党佛冈县党工会档案。

全宗 2 号（中共佛冈县委办公室），记述中共佛冈县委及办公室（1949—2016 年）档案情况。主要内容分为 4 部分：①机构沿革：②工作机构；③中共佛冈县第一次（1956.6）至第十二次（2011.9）代表大会简况；④室藏档案概况。

全宗 74 号（佛冈县人民法院）。主要内容有 3 部分：①组织沿革简介；②全宗内档案情况简介；③全宗内档案内容介绍。

六、档案信息化建设

（一）档案信息化建设的意义和内容

开展档案信息化建设，是档案事业适应时代发展、加快档案管理现代化的要求。档案信息化建设的主要内容包括 5 个方面：①基础设施建设；②档案信息资源建设；③应用系统建设；④标准规范建设；⑤人才队伍建设。

佛冈县档案局（馆）启动档案信息化建设后，逐步加快建设步伐。2007 年初建成新档案大楼，为档案信息化建设创造了更优越的条件。佛冈县档案局（馆）按照《数字化档案馆建设指南》和《清远市数字化档案馆项目建设方案》的规定，从硬件、软件、网络、安全、功能区 5 个方面，建成佛冈县档案馆数字化工作室。

2012 年，县档案局编制《佛冈县档案馆档案信息化建设实施方案》，方案内容要点为：①主要目标：适应全省信息化建设和档案事业发展的要求，逐步实现档案资源数字化、信息管理标准化、信息服务网络化，为全县经济社会提供优质、快捷的档案资源服务。②重点工作：建立馆藏档案条目数据库；逐步实现馆藏档案数字化，进行计算机在线查档；加强电子文档的收集管理工作；进一步完善档案局（馆）门户网站。③保障措施：加强组织领导，建立健全档案信息安全管理机制；加大资金投入，确保经费落实到位；加强档案业务人员培训，为档案数字化提供技术保障。

2015 年起，根据国家档案局印发的《全国档案信息化建设实施纲要》的部署，佛冈县从基础设施、信息资源、应用系统、标准规范、人才队伍 5 个方面加强档案信息化建设。

2020 年，根据新修订发布的《档案法》关于“档案信息化建设”

的规定，县政府将档案信息化纳入全县信息化发展规划，保障电子档案、传统载体档案数字化成果等档案数字资源的安全保存和有效利用。

（二）档案信息化建设概况

1992 年，县档案馆购置第一部电脑，可视为档案信息化（数字化）建设的启动。从 2000 年起，接收进馆的档案均实行计算机案卷级录入和文件级录入，实行计算机检索。

2001—2006 年，县档案馆档案信息化建设进展不快，工作处于滞后状态。主要原因是：信息化设施设备不足，原档案大楼实用面积小；全馆只有计算机 2 台，打印机 2 台，均已使用多年未更新；局（馆）编制人员少，经费不足，特别是缺乏计算机操作人员。由于以上因素制约，至 2006 年止，计算机录入档案目录数仅占馆藏档案总量的 20%。

2007 年初，在县人民中心新建成的县档案大楼启用，为档案信息化数字化建设提供了硬件基础。县档案馆新购置计算机、打印机，对新接收进馆的档案资料实行数字化录入和检索。2008—2010 年，县档案局根据县府办《关于进一步加强县政府门户网站认真推行网上政务公开工作的通知》，在政府网设置档案网页，为社会公众查阅利用档案提供信息平台。同时，开始对馆藏档案进行案卷级和文件级的计算机录入工作。至 2010 年，开展档案目录数字化录入和文件级录入工作，对重点全宗档案采用扫描、刻录光盘等进行备份管理，完成省、市关于档案信息化建设的目标任务，基本形成档案目标数据库和档案检索体系。

2011—2015 年，继续推进档案信息化建设工作。先后开展档案机检目录数据输入工作，建立档案案卷级、文件目录数据库，开展纸质档案与电子档案配套衔接工作。2011 年 3 月 25 日，县政府印发全县“十二五”规划（佛府〔2011〕18 号），提出：“加强基础信息网络和重要信息系统的信息安全建设，加快推进档案信息化建设步伐及信息化建设的组织管理。”把推进档案信息化建设纳入规划内容，县档案局领导为全县信息化工作领导小组成员。2012 年，县档案局制定《佛冈县档案馆信息化建设实施方案》，内容包括在“十二五”规划期间的信息化目标及任务。①档案信息化建设目标：建成馆藏档案条目数据库、馆藏档案全文数字系统、文档数字化管理系统、档案信息网。②加快档案数字化进程：通过建立电子文件数据中心，加强馆藏档案数字化建设，加强电子文件收集工作，完善档案局（馆）门户网站。③建立档案信息安全管理机制。2013 年，县档案局编制《佛冈县档案事业发展“十二五”规划实施方案》，全面推进档案信息化建设，重点工作是：加强信息化基础设施建设；加快数字档案建设；扎实推进电子文件管理工作。2015年，县档案局根据国家档案局《全国档案信息化建设实施纲要》的部署，结合创建国家二级馆工作，设立档案数字化工作室，全面推进档案信息化建设。档案数字化工作室根据《数字化档案馆建设指南》和《清远市数字化档案馆项目建设方案》，从硬件、软件、网络、安全、功能分区5个方面进行建设。工作室位于县档案馆重点安全保护区。是年，佛冈县档案学会成立后，由佛冈县档案馆委托负责档案信息化录入和处理工作。

2016—2020年，县档案馆加快档案信息化建设步伐。按照创建国家二级馆（省特级）的目标要求，先后开展4项重点工作：①馆藏纸质档案数字化与华夏文档管理系统网络版（含服务器）挂接。②馆藏照片档案和音频、视频档案数字化与目录挂接。③档案应用平台和网络建设。在应用平台方面，至2016年7月止，建立局域网。在网络建设方面，在佛冈县政府门户网站政务信息公开目录建立“佛冈县档案信息”网页并开通。④开放档案在互联网上查询。2017年起，结合全县创建国家文明县城工作，加快档案信息化建设。2020年，根据新修订发布的《档案法》关于“档案信息化建设”的规定，县档案馆对档案信息化建设工作加强推动和管理。是年，县档案馆按照全省档案信息化推进会议的部署，基本完成扫描档案资料的任务。

（三）档案信息化建设设施及人员配备

1992年，县档案馆购置计算机1台，开展信息化录入和管理工作。此后，逐步增加档案信息化设备。

2005年，县档案馆有计算机2台、激光打印机1台、扫描仪1台、复印机1台等设备，档案信息化建设进程有所加快。

2007年，县新档案大楼建成启用后，在大楼首层设置信息化室，并在档案阅览室设置档案检索用的电子计算机，相关办公室也设置应用电子计算机。

2008年，县档案馆购置“华夏文档一体化管理系统”网络版1套、服务器1个、惠普扫描仪1台、摄像机1台等设备，用于档案数字化管理。同时聘请临时工2人，开展对馆藏档案案卷级和文件级的数字录入工作，对重点全宗档案采取扫描、刻录光盘等方式备份。

2009 年，县档案馆聘请临时工 2 人，对馆藏档案进行案卷级和文件级电脑录入工作，对重点全宗档案采取扫描、刻录光盘等方式进行备份管理。是年，在县政府网站建立档案信息网页。

2010 年，根据国家档案局《数字档案馆建设指南》的指引，加强县档案馆信息化设施建设，重点开展电子文件接收管理、馆藏档案数字化两项重点工作。是年，县档案馆聘请的临时工增加到 4 人，加快数字化录入进度，基本形成档案目标数据库和检索体系。

2013 年，调整档案信息化工作用房，把档案数据专用服务器从大楼首层信息化室迁到二楼专用室。完善档案馆数据库管理系统扩容和电子数据备份系统的安装工作，新购置计算机 5 台，更新显示器 3 个，专用服务器追加 8G 内存，增加 2 个 600G 硬盘。是年，聘请负责电脑录入的临时工增加到 3 人。

2015 年，进一步完善档案馆软硬件设施，对档案管理数据进行全面升级，两年内新购置计算机 9 台、多功能传真机 1 台、高端扫描仪 2 台。为适应数字化建设的需要，设置数字化工作室 1 间。馆藏档案电脑录入工作交付县档案学会负责。是年，由县档案学会聘请临时工、合同工共 16 人整理馆藏档案。

数字化档案室内

2017—2020 年，建立馆藏档案目录数据库。2018 年，县政府拨付专款资金 47 万元，用于档案数字化建设。是年，新购置高速扫描仪 1 台。至 2020 年，数字化设施主要设备有服务器、计算机、A3 幅面平板式扫描仪、馈纸式高速扫描仪、打印机、刻录机。同时对原档案管理软件进行升级，在电子档案数据中心平台安装图像处理软件和档案扫描仪。建立物理隔离的档案数字化局域网，该网联通两台服务器、数字化工作室内全部计算机及信息查阅大厅的档案查阅专用计算机。在人员配备方面，根据《佛冈县档案馆纸质档案数字化方案》，设定数字化工作室工作人员为 9～11 名，分为档案整理组、档案扫描组、图像处理组、条目著录组、数据管理组 5 个小组，另配备管理人员和带班组长各 1 人。至此，县档案馆设施与人员配备基本适应档案数字化建设的需要。

（四）档案信息化建设制度管理

2005年起，县档案馆逐步开展档案信息化建设制度管理工作。此后继续完善相关制度。至2010年，先后制定档案数据安全管理制度，确保档案信息资源公开共享安全。

2015年，县府办印发《佛冈县档案馆收集档案范围实施细则》，其中对电子档案的管理规定为：建立电子文件（档案）备份中心，开展电子文件（档案）备份工作。涉密电子档案和纸质档案的数字化副本，应当严格按照保密规定进行保密、存储和使用。同年，县档案局（馆）对已制定的信息化管理制度进行全面修订，先后印发3项制度：①佛冈县档案馆档案数字化加工场所守则，包括保密措施、网络安全、保护设施等17条守则。②佛冈县档案馆档案数字化加工工作流程规范，包括档案接收、折卷、扫描、影像处理、还原卷流程和数据处理流程等6项工作流程。③佛冈县档案局信息安全应急预案，包括指导思想、组织机构、应急情况的标准、应急行动的基本制度、应急物资器材保障、日常工作中需为应急行动做好的有关工作等7方面内容。

2016年4月，县府办印发《佛冈县人民政府公开信息送交办法》，对公开信息的范围、送交公开信息方式程序以及查阅利用的要求做出明确的规定。

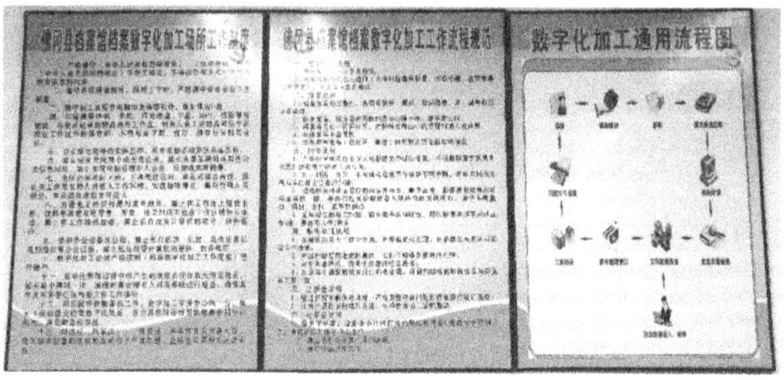

《佛冈县档案馆数字化加工场所工作制度》
《佛冈县档案馆数字化加工工作流程规范》
《数字化加工通用流程图》

至2020年止，县档案馆按照《中华人民共和国档案法》（2020年6月修订发布）关于“档案信息化建设”的规定，建立电子档案管理信息系统，开展档案数字资源的收集、保存和提供利用工作。在电子档案的存储方面，按照国家档案局印发的《电子档案存储结构》要求，设立电子档案存储系统，包括：①说明文件（TXT）；②文件目录（XML）及案卷目录（XML）；③其他文件。县档案馆为规范数字化工作室的工作流程管理，经修订和完善的各项制度有《档案数字化工作要求》《档案数字化加工场所管理规定》《档案数字化加工场所守则》《纸质档案数字化安全保密管理制度》；为加强数字化工作室的技术管理，编制《佛冈县档案纸质档案数字化方案》；为解决数字化工作室的密件处理、疑难字著录、图像命名等问题，编制《档案开放鉴定标准》《档案手写字体识别参考》《图像扫描命名规范与技巧》等技术指引细则。

（五）档案信息化建设成果

档案信息化的中心任务是进行档案数字化加工。档案数字化加工分为6个流程：①档案接收流程；②拆卷流程；③扫描流程；④影像处理流程；⑤还原卷流程；⑥数据处理流程。其中扫描流程是将纸质档案的内容转化为数字化电子文档（又称数据录入）。数据录入后再进行数据挂接。

数据录入

2000年起，佛冈县档案馆对接收进馆的档案，均实行计算机案卷级和文件级录入，实行计算机检索。

2001年，建立计算机机读目录有案卷级71 370条，文件级736 082条。

2008年起，佛冈县档案馆全面开展档案信息化建设，并取得相应的成果。主要成果包括6个方面：①国家重点档案的抢救与保护工作；②馆藏档案案卷级录入；③馆藏档案文件级录入；④文件级目录录入；⑤文件实体扫描；⑥刻录光盘。

2010年，馆藏档案机检目录数据录入工作顺利开展，对重点全宗的档案采取扫描、刻录光盘等形式进行备份管理。从2008年起至2010年，县档案馆累计完成档案信息化项目（包括案卷级录入、文件级录入、文件级目录录入）共计2.47万卷（件、条）。

2011—2015年，对馆藏档案进行文件级计算机录入工作，对新接收进馆的档案全部完成文件级电脑录入，对重点全宗的档案采取扫描、刻录光盘等形式进行备份管理。5年内，县档案馆累计完成档案信息化项目（包括案卷级录入、文件级录入、文件级目录录入、文件实体扫描）共计36.35万卷（件、条、页）。

2016—2020年，继续开展档案信息化数字化建设，加快对接收档案的分类、归档、整理及数字化管理。2016年，馆藏档案文件级录入全部完成，完成比例达100%。5年内，县档案馆完成档案信息化项目（包括案卷级录入、文件级录入、文件级目录录入、文件实体扫描）共计189.63万卷（件、条、页）。

从2008年起至2020年止累计，县档案馆完成档案信息化项目（包括案卷级录入、文件级录入、文件级目录、文体实体扫描）共计 228.44 万卷（件、条、页）。

表 4－2　2010—2020 年县档案馆档案资料数字化成果表

年度	小计	案卷级录入（卷）	文件级录入（件）	文件级目录录入（条）	文件实体扫描（页）
合计	2 284 434	66 921	62 010	84 547	2 070 956
2010	24 710	7722	7871	9117	
2011	4709	1207	1342	2160	
2012	17 320	3452	3559	10 309	
2013	11 749	1585	1691	8743	
2014	9823	1252	1308	7263	
2015	319 847	37 433	37 563	13 010	23 1841
2016	348 878	7112	1697	5069	335 000
2017	286 107	1108	1083	5816	278 100
2018	286 650	925	838	5887	279 000
2019	383 096	1021	992	4383	376 700
2020	591 545	4104	4066	13060	570 315

注：①本表 2010 年度为累计数，其他各年度数字为年度数。②本表数字由县档案馆信息化室提供。

数据挂接

数据挂接是档案数字化运用的一个重要环节，是将县档案学会通过扫描流程录入的数据（含图像）库加载到县档案馆华夏文档管理系统后即完成挂接，形成纸质文档与电子文档一致的对应关系，以供计算机快速查阅利用档案材料。

佛冈县档案馆数据挂接工作从 2015 年起开始，至 2020 年 10 月，完成挂接页数共 221.75 万页。其中，完成文书档案挂接 37 个全宗共 148.1 万页，完成专门档案挂接 9 个全宗共 73.66 万页。

表4－3 2015—2020年10月佛冈县档案馆文书档案挂接表

序号	单位名称	全宗号	挂接类别	挂接页数
	合计	37（个）	案卷号、件号	1 480 958
1	民国档案	1	案卷号	68 500
2	县委	2	案卷号、件号	324 183
3	县人大	3	案卷号、件号	36 538
4	县政府	4	案卷号、件号	336 592
5	县革委	5	案卷号、件号	44 091
6	县政协	6	案卷号、件号	27 223
7	县纪委	7	案卷号、件号	8927
8	县直工委	9	案卷号、件号	11 579
9	老干局	10	案卷号、件号	1194
10	县编委	11	案卷号、件号	17 923
11	人社局	12	案卷号、件号	62 334
12	档案局	13	案卷号、件号	30 502
13	总工会	14	案卷号、件号	35 524
14	县妇联	16	案卷号、件号	29 997
15	县经委	22	案卷号、件号	57 259
16	外经委	23	案卷号、件号	8868
17	体育局	27	案卷号、件号	2143
18	畜牧局	37	案卷号、件号	8577
19	统计局	44	案卷号、件号	12 641
20	财政局	54	案卷号、件号	50 955
21	二轻公司	57	案卷号、件号	26 359
22	粮食局	65	案卷号、件号	29 344
23	教育局	68	案卷号、件号	30 233
24	文化局	69	案卷号、件号	12 941
25	人民法院	74	案卷号、件号	26 052
26	检察院	75	案卷号、件号	22 002
27	司法局	76	案卷号、件号	24 560

续上表

序号	单位名称	全宗号	挂接类别	挂接页数
28	组织部	100	案卷号、件号	81 126
29	宣传部	101	案卷号、件号	7991
30	统战部	102	案卷号、件号	1066
31	政法委	103	案卷号、件号	7053
32	社保局	111	案卷号、件号	9347
33	县妇联	118	案卷号、件号	2382
34	知青办	135	案卷号、件号	14 066
35	三个代表	170	案卷号、件号	1906
36	村委选举	175	案卷号、件号	4503
37	防范办	251	案卷号、件号	4477

注：①本表记录2015年至2020年10月县档案馆文书档案挂接数量，2020年11—12月暂停挂接工作。②本表数字由县档案馆数字化室提供。

表4-4　2015—2020年10月佛冈县档案馆专门档案挂接表

序号	单位名称	全宗号	挂接类别	挂接页数
	合计	9（个）	专门档案	736 574
1	县档案馆	13	照片、光盘	3750
2	林业局	35	山林权证	1919
3	民政局	73	婚姻档案	576 660
4	司法局	76	公证档案	58 959
5	高岗镇	77	婚姻档案	29 078
6	烟岭镇	78	婚姻档案	9050
7	迳头镇	79	婚姻档案	16 461
8	水头镇	80	婚姻档案	28 470
9	三八镇	81	婚姻档案	12 227

注：①本表记录2015年至2020年10月县档案馆专门档案挂接数量，2020年11—12月暂停挂接。②本表序号1中，光盘数量8页。③本表婚姻档案包括结婚、离婚及补领证档案。④本表公证档案包括国内公证、涉外公证等。⑤本表数字由县档案馆信息化室提供。

第三节　档案保管

一、归档档案保管

县档案馆立卷档案存放是根据库房和装具编号分别存放。1990 年前，采用编号方式放置于库房木柜和铁皮柜。1986 年建成档案大楼，由县政府拨款添置一批档案柜、资料柜，改善档案保管条件。1989 年，县档案馆添置 6 套铁皮档案柜。是年，县档案馆档案装具有：双面档案柜 20 套，铁皮档案柜 18 套，玻璃资料柜 6 套。1990 年起，逐步将旧式箱柜更改为立式箱柜。

1996 年，县档案馆结合创建省二级综合管理档案馆工作，对原高低不一的档案装具进行整理，并添置立式档案柜。1999 年，为解决档案馆档案增加、装具不足的问题，由县财政拨付 2 万元，购置档案柜、资料柜共 30 套。

2001 年起，继续改善归档档案的保密条件。2007 年初，在县人民中心建成启用新档案大楼，在大楼二层三层设置档案一号二号 2 个库房，分别安装密集架，总容量 486 立方米。

2008—2020 年，归档档案保管工作按照《档案法》(1996 年修订发布）和《广东省档案条例》(2007 年发布）开展，档案库房设置“十一防”（防盗、防火、防雷、防震、防水、防潮、防高温、防霉、防虫、防光、防污染）设施设备，档案管理水平得到有效提高。

二、电子档案保管

2000 年起，档案信息化工作逐步开展，同时电子档案保管工作也逐步开展。2011 年起，电子档案数量增多，保管条件和保管设施也逐步改善。电子档案保管载体主要有服务器、U 盘、电子硬盘、光盘。同时，制订电子档案保管制度。

2015 年起，结合县档案馆创建省特级档案馆工作，按照《佛冈县档案馆信息化建设“十二五”规划》，加强电子档案保管工作。①配置网络版档案管理软件。完善局域网、购置服务器、交换机、防火墙、防病毒网关等配套设备，安装杀毒、木马检测、漏洞修补等专业软件。②完善电子档案管理系统。把电子档案管理纳入县档案馆管理系统，包括档案资源管理系统、档案库房管理系统、档案利用平台、档案安全管理平台等，保证电子档案的保管和利用安全。

至2020年，县档案馆制定的制度有《档案数字化加工场所守则》《档案数字化加工工作流程规范》，加强档案数字化工作的管理。同时，制定《信息安全应急预案》，科学应对网络与信息安全突发事件，有效预防、及时控制和最大限度地消除信息安全等各类突发性事件的危害和影响，保障信息系统的实体安全、运行安全和数据安全。

三、档案保管期限

（一）保管期限规定

1987年起，县档案馆根据国家档案局《关于机关档案保管期限规定》，将馆藏档案保管期限分为永久、长期、短期3种。其中，永久保管的档案包括反映机关单位主要职能活动和历史材料的重要档案，保管期限（从档案发生时起算，下同）为50年以上；长期保管的档案包括反映机关单位正常工作具有在较长时间查阅利用的一般性档案，保管期限为16—50年；短期保管的档案包括反映机关单位一般事务性可供短期查阅利用的档案，保管期限为15年以下。

2006年起，根据国家档案局《机关文件材料归档范围和文书档案保管期限规定》（国家档案局令第8号），文书档案保管期限分为永久、定期（30年或者10年）2种类型，延续至今。

2008年，根据省档案局《广东省机关文书档案保管期限表》的形式，佛冈县档案馆印发《佛冈县机关文书档案保管期限表》到立档单位，由每个立档单位分别填报，县档案局逐个批复后执行。各立档单位填报的文书档案归档范围和保管期限表，按永久、定期（30年、10年）两种期限填报。其中，永久保管的文书档案主要有本机关制定的政策性文件材料等8种；定期保管（30年、10年）的文书档案主要有本机关职能活动中形成的一般性业务文件材料等9种。以上文书档案的归档范围和保管期限，由立档单位根据自身职能和工作特点确定具体种类后填报，经县档案局批准后执行。此外，机关形成的人事、基建、会计及其他专门文件材料的范围和保管期限，按国家的有关规定执行。

2013 年 7 月，县档案局转发国家档案局《企业文件材料范围和档案保管期限规定》，指导县内国有企业制定文件材料归档范围和档案保管期限，报送县档案局审查备案。

（二）档案鉴定销毁

档案资料在接收、整理和立卷归档过程中都需要认真的鉴别，鉴别的内容包括档案资料的价值、类别及保存期限。县档案馆已归档的馆藏档案，要根据鉴别情况进行处理。因此，档案鉴别是决定档案完整和价值的关键环节，是档案管理的重要工作。在“文化大革命”期间的 1969 年，没有对档案认真鉴别，仅凭行政命令销毁一大批馆藏档案，对档案事业造成重大损失。

1990 年起，逐步重视对档案的鉴定工作。县档案局（馆）1996 年 1 月成立档案鉴定小组，并结合档案综合管理达标工作开展档案鉴定工作。档案鉴定需要有较扎实的档案业务知识，县档案局（馆）在每年开展档案业务培训时，特别加强对档案鉴别业务的培训，提高县档案馆及基层档案人员的档案鉴定水平。

1996—2020 年，县档案馆及基层档案室经鉴定需保存的档案资料，按年度、级别和保存期限进行编号归档；经鉴定不需要保存的档案资料，由本单位档案鉴定小组鉴定后，报单位领导审批，才能作销毁处理。

四、档案安全管理

（一）档案安全防护设施设备

1986 年，建成县档案大楼后，按照档案“十防”要求逐步增加档案安全防护措施。

2007 年，建成启用新档案大楼后，把档案安全防护设施建设纳入档案馆总体设施范围，在库房安装档案移动密集架。

2015 年起，结合佛冈县创建省特级档案馆工作，对馆内安全设施进行全面检查，按照档案安全“十一防”的标准进行完善。设置和完善安防监控、门禁、自动消防报警和灭火系统、温湿度调控、防有害生物、电子巡查、视频监控等 10 多种安防设施。

至 2020 年，县档案馆内档案安全防护设备有 7 类共 16 种：①安防监控设备，有视频监控头 23 个、远红外视频感应器 16 个；②门禁设备（库房、信息化加工室门禁系统），有门禁指纹机 4 个，均设置使用权限；③自动消防报警和灭火系统设备，有烟感探测器 52 个，温感探测器 52 个，消防报警按钮 7 个，消防栓 12 个，灭火器 16 个；④温湿度调控设备，有中央空调 1 套，柜式空调机 12 台，智能抽湿机 5 台；⑤防有害生物设备，有低温冷冻机、药物消毒设备各 1 套；⑥视频监控设备，有馆内及馆周界视频监控设备等 4 种；⑦计算机保密软件 1 套。

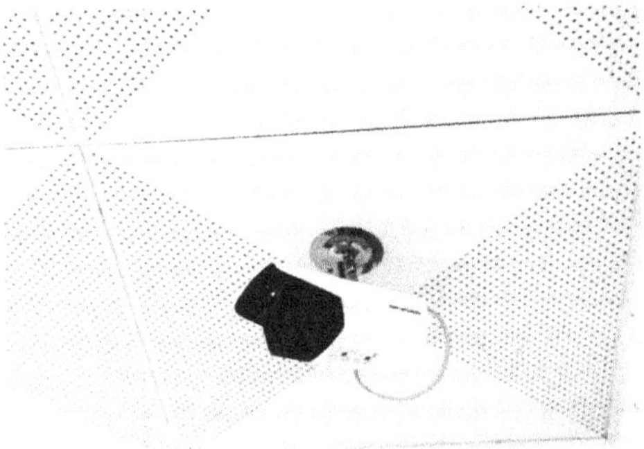

县档案馆视频监控设备

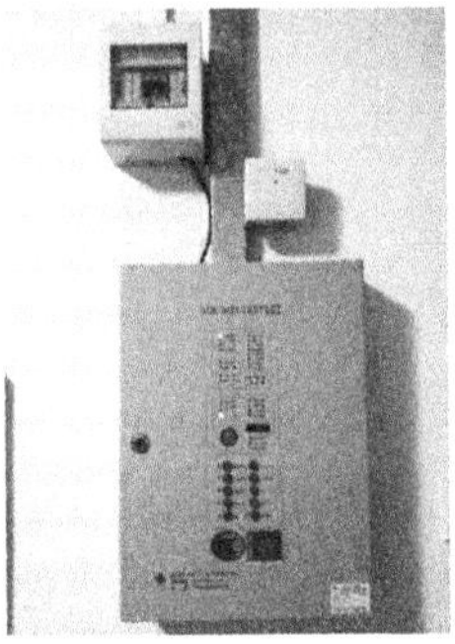

县档案馆火灾报警控制器、气体灭火控制器

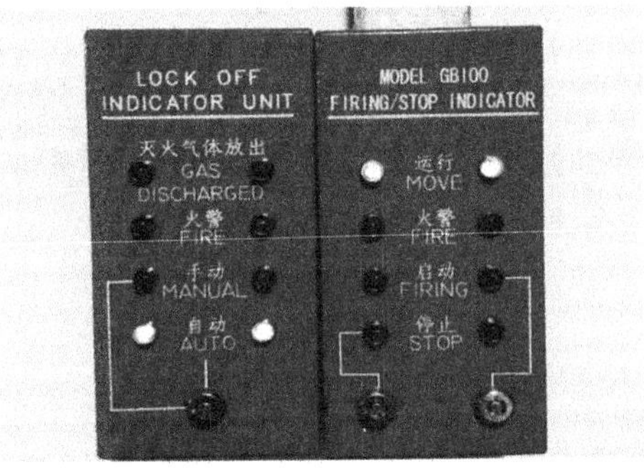

县档案馆气体灭火系统紧急启动停止盒

县档案馆烟感探测器

（二）档案安全防护制度

佛冈县把档案安全防护制度纳入档案管理制度体系，逐步健全和完善。1987 年起，建立《档案库房管理制度》等档案安全防护制度。至 2020 年，与档案安全防护有关的制度有：档案保管及库房管理制度、档案馆防火安全值班制度、档案馆消防安全责任人主要职责、档案安全保卫制度、档案实体安全管理应急预案、档案信息安全应急预案等。以上制度内容可参见本志“附录”。

（三）档案安全专项督查

档案安全管理是档案安全工作的重点。档案资源属于不可再生资源，加强档案安全管理和督查工作尤为重要。佛冈县档案局（馆）坚持执行档案法律法规，按照“安全第一，以防为主”的档案安全工作方针开展档案安全专项督查。档案安全督查重点围绕档案“八防”（防火、防盗、防霉、防虫鼠、防光、防高温、防潮、防尘）制度进行监督检查。2007 年根据《广东省档案条例》的规定，改为“十一防”（防盗、防火、防雷、防震、防水、防潮、防高温、防霉、防虫、防光、防污染），并制定相关督查制度开展指导督查工作。在开展档案安全专项督查的同时，结合档案执法检查开展档案安全的经常性督查工作（参见本志第六章）。

1993 年，根据国家档案局关于做好档案防火安全工作的通知精神，由县委办、县府办牵头组织，重点开展以下工作：①加强档案防火安全教育；②指导各档案单位对防火安全设施、工作制度及执行等进行自行检查和自行整改；③县组织重点抽查，发现存在薄弱环节和安全隐患的，责成限期整改。

2010 年、2011 年，根据省档案局关于开展档案安全督查的部署，佛冈县档案局（馆）成立档案安全督查小组，开展对县内档案安全督查工作。督查的重点工作有：①档案安全制度的制订和执行情况；②档案安全设施设备情况；③档案安全保管情况；④档案安全利用情况。经督查，全县没有发生重大档案安全事故，由县档案局向省档案局作出专题汇报。

在开展档案安全防护管理工作中，除开展档案安全专项督查外，还坚持执行安全管理制度，开展经常性的安全教育工作，严格落实“每日小检、节假日大检”的安全检查巡查，联合县消防部门等单位开展经常性的安全检查和消防演练。佛冈县档案馆自成立以来，未发生过重大安全事故。

五、档案制度与经费

（一）档案管理制度

改革开放后，特别是 1984 年成立县档案局后，档案制度逐步恢复建立。1987 年《档案法》及其实施办法颁布后，档案制度得到不断健全完善。此后，通过开展档案综合管理达标升级及档案创建等重点工作，档案制度覆盖档案工作的各个环节、各个层面，逐步形成全面系统的制度体系，推动档案工作向制度化、规范化方向发展。

1981 年，恢复设立县档案馆，并逐步制定档案管理的基本制度。至 1987 年，已建立《档案库房管理制度》《查阅利用档案资料制度》等制度和档案局、档案馆工作职责。此后，根据档案管理的范围和职责不断建立和完善档案管理制度，形成覆盖档案管理各方面和各环节的制度管理系统。2001 年，县档案局编印《制度汇编》，印发《档案保管制度》《档案鉴定销毁制度》等 13 项制度，以便各档案单位共同遵守执行。2015 年，结合县档案馆创建省特级工作，对历年制定的制度进行梳理、修改、补充、形成操作性强的档案管理体系。制度体系建立后，在工作中得到较好的执行，发挥好制度的规范管理作用。

至 2020 年，已建立并执行的档案管理制度主要有以下 18 项：①佛冈县档案馆收集档案范围实施细则；②佛冈县档案馆档案保管及库房管理制度；③佛冈县档案馆档案整理编目制度；④佛冈县档案馆档案保密制度；⑤佛冈县档案馆档案借阅利用制度；⑥佛冈县档案馆库房管理制度；⑦佛冈县档案馆档案资料查阅制度；⑧佛冈县档案馆档案人员岗位责任制；⑨佛冈县档案馆档案鉴定销毁制度；⑩佛冈县档案馆防火安全值班制度；⑪佛冈县档案馆消防安全责任人主要职责；⑪佛冈县档案馆档案统计制度；⑬佛冈县档案馆档案安全保卫制度；⑭佛冈县档案馆档案收集制度；⑮佛冈县档案馆档案实体安全管理应急预案；⑯佛冈县档案馆信息安全应急预案；⑰佛冈县档案馆档案数字化加工场所守则。⑱佛冈县档案馆档案数字化加工工作流程规范。

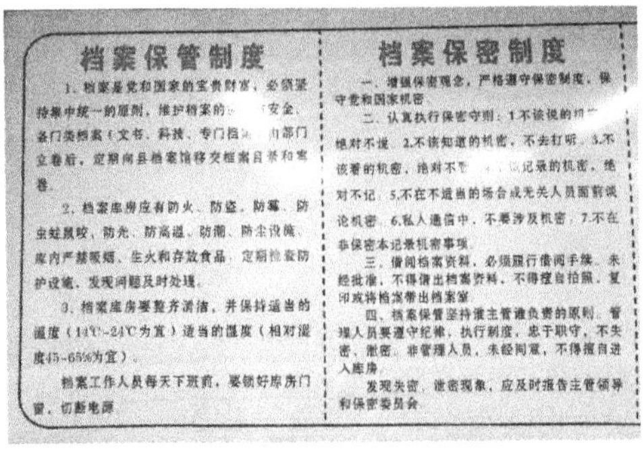

《档案保管制度》
《档案保密制度》

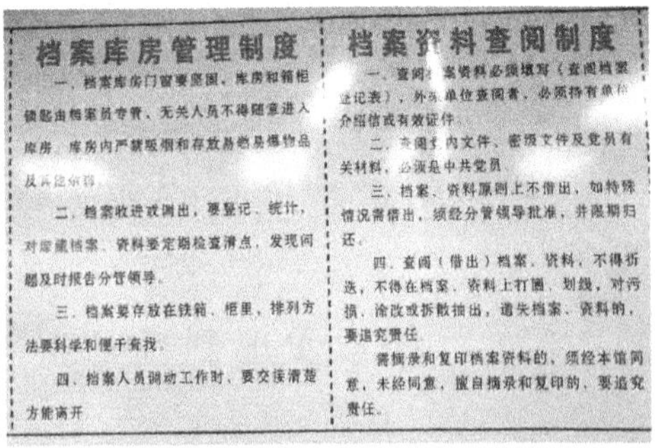

《档案库房管理制度》
《档案资料查阅制度》

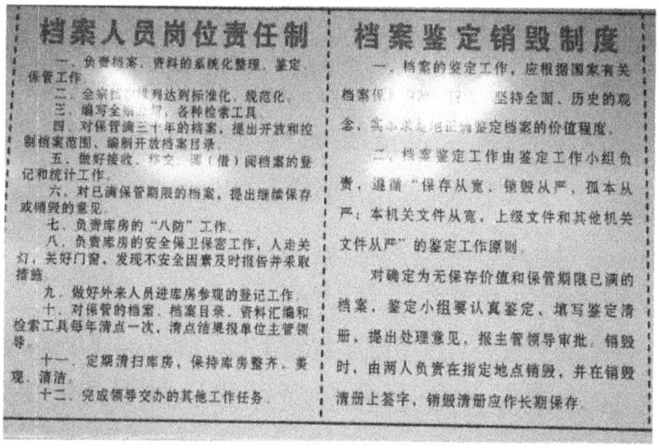

《档案人员岗位责任制》《档案鉴定销毁制度》

（二）档案经费

档案经费是档案工作开展的财力保证，每年由县财政拨付。1984 年前，档案经费纳入文化事业费拨付，经费很少。

1981 年后，档案事业经费有所增加。

1984 年县档案局（馆）成为独立编制单位，由县财政按事业单位全额拨款。

1985 年，县财政拨付档案事业经费 2.1 万元，其中办公经费 0.7 万元，购置档案柜、订书、培训等专项经费 1.4 万元。

1986 年起，县财政拨付档案事业费包干经费（不含人员经费）每年 0.7 万元。

1989—1997 年档案事业经费每年增加到 0.8 万元。

1998 年起，档案事业经费改为每年 1.5 万元。

1999 年，档案事业经费包括日常业务经费和追加各项建设项目费用共 3.5 万元。其中，县财政拨付专项经费 2 万元，用于购置档案柜和资料柜 30 套。

2000 年，县财政拨付档案管理经费共 17.5 万元，其中改善档案馆设施专项经费 16 万元。

2001—2003 年，县财政拨付档案管理经费共 27 万元，其中开展农业和农村档案建设专项经费 22.5 万元。

2004—2006 年，县财政拨付档案管理经费共 56.4 万元，其中开展农业和农村档案建设、抢救重点档案、改善设施等专项经费共 51.2 万元。另在县人民中心新建档案大楼专项经费 700 万元。

2007—2008 年，县财政拨付档案管理经费 192 万元，配置新建档案大楼设施设备（含库房密集架）等专项经费150万元。

2009—2012年，配合新档案馆建成完善设施工作，县财政拨付经费（含档案事业费和专项经费）共512万元，年均128万元。

2013—2015年，县财政拨付档案管理经费共229.1万元，其中从2013年起划拨重点档案抢救专项经费每年5万元，创建新农村建设档案工作示范县专项经费76.6万元。

2016—2020年，县财政拨付档案管理经费共499.9万元，其中完善档案数字化设施（含档案业务经费和专项经费）年均99.98万元。

表4－5　1991—2020年县财政拨付档案管理经费统计表

单位：万元

年度	合计	档案事业费	专项经费	备注
1991	0.8	0.8		
1992	0.8	0.8		
1993	0.8	0.8		
1994	0.8	0.8		
1995	0.8	0.8		
1996	0.8	0.8		
1997	0.8	0.8		
1998	1.5	1.5		
1999	3.5	1.5	2.0	购档案柜
2000	17.5	1.5	16.0	改善设施
2001	9.0	1.5	7.5	农村建档
2002	9.0	1.5	7.5	农村建档
2003	9.0	1.5	7.5	农村建档
2004	17.4	1.5	15.9	农村建档
2005	19.1	1.7	17.4	农村建档
2006	19.9	2.0	17.9	农村建档

续上表

年度	合计	档案事业费	专项经费	备注
2007	121.0	111.0	10.0	农村建档
2008	71.0	71.0		改善设施
2009	65.0	65.0		改善设施
2010	65.0	65.0		改善设施
2011	193.0	193.0		改善设施
2012	189.0	189.0		改善设施
2013	37.7	23.3	14.4	创建、保护
2014	38.9	24.6	14.3	创建、保护
2015	152.5	131.1	21.4	创建、保护
2016	179.3	173.9	5.4	创建、保护
2017	86.6	81.2	5.4	创建、保护
2018	70.2	61.4	8.8	创建、保护
2019	82.8	72.2	10.6	创建信息化
2020	81.0	70.4	10.6	创建信息化

注：①1991—2006 年年度合计经费单指业务费（不含人员工资及其他经费），并包括追加的专项经费；2007—2020 年年度合计经费为部门预算经费，含单位业务人员工资等费用，并包括追加的专项经费。②本表不含新档案楼（2006 年建成）建设费 700 万元。③创建费指创建省特级经费，保护费指档案保护经费（2013 年起按每卷档案 3 元拨付）。

第五章　档案开放利用

第一节　档案开放及查阅利用

一、开放档案及查阅概况

档案开放以供查阅利用，是各级档案部门的一项基本职能。各级档案馆根据档案法律法规规定，将保管的档案解除保密控制，以供公众查阅利用。档案开放从根本上改变了档案馆的封闭状态，发挥好档案的社会效益和经济效益，提高档案为经济社会服务的水平。

20 世纪 80 年代，县档案馆保存的档案主要是提供给县内机关单位查阅利用，其中较多用于党政机关编史修志、落实政策以及处理土地山林权属纠纷等。1983 年，制定《佛冈县档案工作实施细则》，其中第四章为“档案的利用”，要求档案馆设立档案阅览室，为查阅利用档案者提供方便。

1986 年 2 月，国家档案局发布《各级档案馆开放档案暂行办法》，佛冈县根据文件规定执行，对符合开放规定范围的档案提供有关单位和人士查阅。1987 年，在县档案馆阅览室设置档案资料陈列展览柜，查阅人员可通过查阅展览柜资料，查阅县内国民经济、文化教育、城乡建设以及县档案馆馆藏档案等基本情况。

20 世纪 90 年代，按照开放档案规定开放档案。1991 年 2 月，国家档案局修订发布《各级国家档案馆开放档案办法》（国家档案局令第 2 号），省、市档案局也相继发出贯彻落实文件。1992 年起，根据国家和省、市档案局关于档案开放利用的文件精神，县档案局（馆）对符合开放条件的档案资料开放供社会各阶层查阅利用。查阅利用档案资料，主要用于编史修志、工作查考、学术研究、经济建设。其中机关单位查阅档案资料，主要用于编写党史及地方志文献、解决土地及山林权属争议以及落实计划生育措施等；群众个人查阅档案资料，主要用于解决企业下岗工人办理社保、知青落实工龄、婚姻家庭财产纠纷等。县档案馆在县档案大楼首层设置档案检索室（放置档案全宗目录），为查阅档案服务。1997 年，县委办印发《佛冈县档案馆开放档案实施办法》，对开放档案的范围、开放档案的方式以及查阅档案的程序手续作出明确规定。

2001—2010 年，推进档案开放利用工作。2004 年 9 月，在县档案馆内设置档案阅览室，推出文件阅览服务，民众持身份证就可以前去阅览文件，为省内、市内最早提供文件阅览服务的单位之一。2006 年，在编制《佛冈县档案事业发展“十一五”规划》中，提出“档案信息开发利用”的工作任务，逐步推进档案开放鉴定工作制度化。2007 年，在新档案大楼首层设档案检索室、阅览室，并将经鉴定后向社会各界开放的档案资料在首层工作室集中放置，供档案利用者查阅，开放档案资料包括国家和省、市、县党政机关各类文件资料。是年起，执行《广东省档案条例》，县档案馆按规定将馆藏的经济、科学、技术、文化等类型档案向社会开放（国家另有规定的除外）。

县档案馆《免费开放》通告

2011 年起，每年坚持按照档案开放规定，建立档案开放鉴定工作制度，认真鉴定档案开放范围，按开放目录开放档案。2013 年，制定《佛冈县档案事业发展“十二五”规划实施方案》，在“主要任务”中要求结合政府信息公开工作，健全档案利用服务体系，推动档案馆由“保管型”向“公共服务型”转变。2014 年，县档案局印发《佛冈县档案馆公休日开馆公告》，公告从 2015 年 1 月 1 日起，公休日及节假日期间预约查档，并说明预约方式、预约时间。2015 年，县档案局根据《中华人民共和国信息公开条例》的规定，编制《佛冈县档案信息公开查阅指南》，指南规定：佛冈县现行文件阅览中心是佛冈县人民政府在县档案馆设置的政府信息查阅场所，为公民、法人或其他组织获取政府信息提供便利。同时，规定查阅政府公开信息的程序、手续、范围、时间及其他应遵守的事项。是年起，贯彻执行省委、省政府《关于加强和改进新形势下我省档案工作的意见》，拓宽档案服务利用渠道，做好档案查阅服务。

2016 年，县府办对 1997 年县委办对《佛冈县档案馆开放档案实施办法》进行修订，印发新修订的《佛冈县档案馆开放档案实施办法》。修订后的内容包括总则、档案开放的期限与范围、开放档案的条件、利用开放档案的手续和要求、档案的公布出版，共 6 章 32 条。《实施办法》印发后，县档案馆制定工作制度，按规定开展开放档案工作。2016 年 4 月 22 日，县府办发出《关于在佛冈县档案馆设置佛冈县信息公开查阅场所的通知》，在县档案馆设置佛冈县信息公开查阅场所（现行文件查阅中心）。2020 年，按照新修订发布的《档案法》开展档案开放利用工作，促进档案开放利用的规范化开展。至 2020 年止，县档案馆经鉴定后开放的档案累计 3340 卷。

县档案馆查档室（检索阅览室）

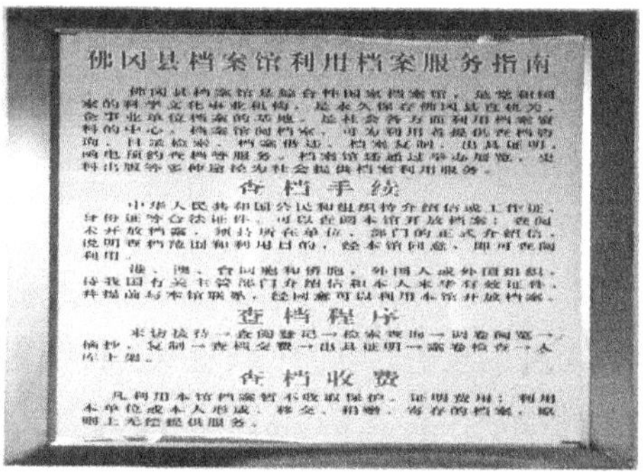

佛冈县档案馆《利用档案服务指南》

二、开放档案的期限范围和条件

（一）开放档案的期限和范围

对开放档案的期限和范围，《档案法》（1987 年公布）做出原则性规定。1991 年，国家档案局令第 2 号发布《各级国家档案馆开放档案办法》，规定：各级国家档案馆保存的档案，一般自形成之日起满 30 年向社会开放；经济、科学、技术、文化等类档案，可提前开放；涉及国防、外交、公安、国家安全等国家重大利益的档案，可形成之日起满 50 年开放。上述所有档案，如按国家有关规定需要继续保密或应控制使用，档案馆应继续延期开放。1997 年 1 月，佛冈县印发的《佛冈县档案馆开放档案实施办法》，均按以上规定执行。

2007 年印发实施的《广东省档案条例》规定：综合档案馆和专门档案馆保管的经济、科学、技术、文化等类型档案，进馆后及时向社会开放，国家另有规定的除外。2016 年 5 月，佛冈县印发《佛冈县档案馆开放档案实施办法》，仍按以上规定执行。

《档案法》（2020 年 6 月修订）规定，开放档案的期限和范围修改为：县级以上各级档案馆，应当自形成之日起满 25 年向社会开放。经济、教育、科技、文化等类档案，可以少于 25 年向社会开放；涉及国家安全或者重大利益以及其他到期不宜开放的档案，可以多于 25 年向社会开放。佛冈县按以上规定修订《佛冈县档案馆开放档案实施办法》。

（二）开放档案的条件

1991 年，国家档案局令第 2 号印发《各级国家档案馆开放档案办法》规定开放档案的条件是：各级国家档案馆开放的档案必须经过系统整理，并编有供利用者自行检索的案卷级或文件级开放目录。佛冈县档案馆在档案大楼首层设置档案编目检索室，并配备必要的阅览和复制设备，为利用者提供方便。

1997 年，印发《佛冈县档案馆开放档案实施办法》，改善档案开放查阅条件，在档案大楼首层档案整理室设置档案开放阅览的基本设施。2004 年，根据档案开放发展的需要，在档案大楼首层设置档案阅览室，为查阅档案提供方便。

2007 年，县档案馆搬迁到新档案大楼后，即设置档案阅览室。

2016 年，县府办修订印发《佛冈县档案馆开放档案实施办法》，规定开放档案的条件有 8 项，包括：档案开放前应征求档案形成单位的意见，县档案馆开放的档案必须进行鉴定审核，开放的档案与不开放的档案界限清楚、标记明显，开放档案必须有系统的编目等。是年，设立佛冈县现行文件阅览中心。

2017 年起，县档案馆继续完善档案开放查阅利用设施，为档案开放创造良好的基础和条件。

三、开放档案鉴定

根据国家和省、市档案部门关于开放档案鉴定的规定，佛冈县定期开展对开放档案的鉴定工作，经鉴定可以开放查阅的档案才能向社会及群众开放。

1991 年，根据国家档案局《各级国家档案馆开放档案办法》的规定，各级国家档案馆对所有到开放期限的档案，应组织鉴定小组及时进行鉴定，凡按国家规定无需继续保密或控制使用的，均可由档案馆报本级档案行政管理部门批准后开放，必要者报本级政府批准。

1992 年起，佛冈县对开放档案的鉴定工作按照国家档案局印发的《各级国家档案馆开放档案办法》的规定执行，认真开展开放档案鉴定工作。在鉴定机构方面，由县档案局领导和业务骨干组成佛冈县开放档案鉴定小组，并由小组集体决定开放档案的范围和内容。在鉴定内容方面，按照文件规定定期逐项对照鉴定。县档案局对馆藏满 30 年并符合规定的档案，包括经济、科学、文化等类别档案，实行向社会及需要查阅者开放。在开放程序方面，需查阅开放档案者，持有效身份证或工作证、介绍信，均可直接到县档案馆申请查阅。港、澳、台同胞及外国组织和个人需要到县档案馆查阅档案的，要具备规定的凭证。在档案利用方面，查阅者可申请县档案馆复制、复印原件，县档案馆应如实登记在册。

2001 年，通过鉴定，对馆藏满 30 年（1977 年前）的 44 个全宗 878 卷档案，编好开放目录向社会开放。

2004 年，县档案馆设立现行文件阅览室，为查阅开放档案提供服务。

2007 年，县档案局（馆）搬迁至新档案大楼后，在大楼首层设置现行文件服务中心，开放档案 1455 卷。

2008—2015 年，结合县档案馆创建省一级综合档案馆工作，认真开展档案鉴定工作。至 2015 年止，经鉴定到期开放的档案累计共 1615 卷。

2016 年 4 月，县开放档案鉴定小组根据《档案法》《各级国家档案馆开放档案办法》，县档案馆对馆库保管的 1950—1985 年形成的期满 30 年的档案进行了鉴定、编目、整理。经鉴定开放档案共 43 个全宗（累计）2191 卷，控制使用的档案 3709 卷。开放的主要内容有：党的方针、政策；上级机关领导及县领导视察、指导、检查工作的指示、讲话；县委、县政府和工、青、妇组织及县直机关单位的文件材料。通过此次开放鉴定工作，得出以上开放的档案符合《档案法》和《各级国家档案馆开放档案的办法》中关于向社会开放档案的原则和条件，可以向社会各界开放。是年 5 月，县委办印发《佛冈县档案馆开放档案实施办法》，对开放档案鉴定的规定是：县档案馆所有对外开放的档案，应严格按照县档案馆制定的开放档案鉴定办法进行鉴定审核。凡按国家有关规定可向社会公开的档案，由县档案馆报同级档案行政管理部门批准后开放，必要时报县政府审批。是年，经鉴定新增到期开放档案 698 卷。2017 年，县档案馆开放档案（累计）2889 卷。

2018—2020 年，经鉴定新增到期开放档案 451 卷。

至2020年，县档案馆经鉴定后向社会开放的档案（累计）3340卷。

四、查阅档案应知事项

查阅档案应知事项包括查阅档案人员、查阅范围、查阅程序手续以及利用档案等相关事宜。自20世纪80年代启动档案开放工作以后，对查阅档案的应知事项通过多种途径公布。1991年起，根据《外国组织和个人利用我国档案试行办法》的规定，外国组织和个人可以直接到各级国家档案馆查阅、复制、摘录或以函、电等方式利用已开放的档案。《试行办法》还规定外国组织和个人利用我国档案需出示的证件和需办理的手续等事项。

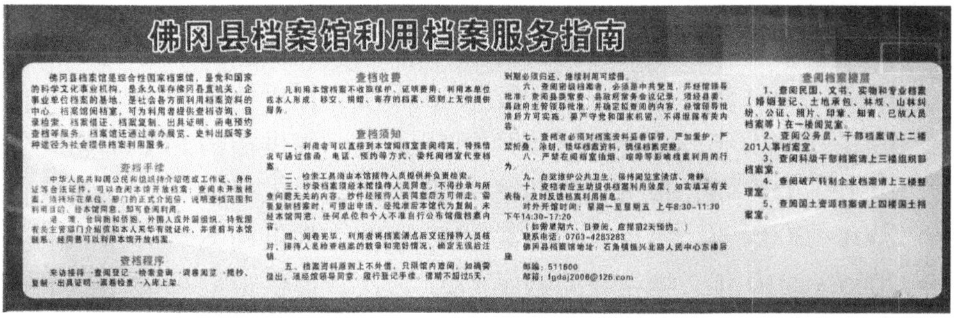

佛冈县档案馆利用档案服务指南

2015年，县档案局印发《佛冈县档案信息公开查阅指南》，指南内容包括9项：①佛冈县档案馆现行文件阅览中心是佛冈县人民政府在县档案馆设置的政府信息查阅场所，为公民、法人或其他组织获取政府信息提供便利。②根据《中华人民共和国政府信息公开条例》，公民、法人或其他组织可在县档案馆免费查阅政府公开信息。需持本人有效证件（单位介绍信、身份证、工作证、学生证等），外国人需持本人有效旅行证件（护照或在华机构工作证明等），并要办理查阅利用登记手续。③县档案馆提供本级政府部门根据《中华人民共和国政府信息公开条例》公开信息的纸质文本、电子文本及相关资料。④查阅利用公开信息，可根据需要自行阅读、摘抄，需要复印或照相方法复制的，由阅览中心工作人员负责提供服务，免收服务费。⑤公开的现行文件原件原则上不能外借。若因特殊情况需外借的，须经县档案局分管领导同意，方可借出，并要在规定的工作时段内归还。⑥查阅者应爱护检索目录和文件资料。不得勾划、折叠、涂改、抽出张页，以及其他有损文件的行为等，更不得带走文件。如有违反，应视损毁文件情况酌情处理。⑦利用公开信息的单位或个人，应主动提供利用效果，及时做好利用信息的反馈工作。⑧在阅览中心严禁吸烟，不得大声喧哗，自觉维护公共秩序和环境卫生，确保良好的阅览秩序。⑨对外开放时间：星期一至星期五，上午8：30—11：30；下午14：30—17：20。如需星期六、日查阅，应提前2天预约。

2020年，据《佛冈县档案馆档案事业发展“十三五”规划执行情况自查报告》，县档案馆加强档案服务窗口管理和窗口硬件设施建设，实现“零费用”“零距离”“全方位”为人民群众查阅档案服务。

五、档案查阅利用统计

1979年起，县档案馆建立档案查阅利用登记制度，按年度报送上级档案主管部门。

1981—1985年，接待查阅档案1021人次，提供档案1656卷（件）。

1986—1990年，接待查阅档案5143人次，提供档案11 369卷（件）。

1991—1995年，接待查阅档案4644人次，提供档案14 017卷（件）。

1996—2000年，接待查阅档案4726人次，提供档案13 768卷（件）。

2001—2005年，接待查阅档案1815人次，提供档案3767卷（件）。

2006—2010年，接待查阅档案1732人次，提供档案4383卷（件）。

2011—2015年，接待查阅档案2933人次，提供档案17 924卷（件）。

2016—2020年，接待查阅档案2318人次，提供档案8194卷（件）。

表5-1　若干年度县档案馆接待查阅档案情况表

年度	查阅人数（人次）	阅卷数（卷件）	档案资料利用
合计	18 168	61 283	编史志、查下岗工人情况、婚姻凭证及其他
1991—1995	4644	14 017	编县组织史（第一册）、县志及其他
1996—2000	4726	13 768	编县志、党史（第一卷）、教育志、电力志及其他
2001—2005	1815	3767	编《新世纪新佛冈》、党史二卷、建设志、下岗职工查阅及其他
2006—2010	1732	4383	编党代会文件选编、党史大事记、《佛冈200年》、佛冈年鉴、改革之路、党史三卷及其他
2011—2015	2933	17 924	编县人大文件选编（3册）、新农村报告及其他
2016—2020	2768	8194	编县志续志、人物志、党史简本及其他

表 5－2　1981—2020 年佛冈县档案馆利用档案统计表

年度	查阅档案（人次）	提供档案（卷件）	年度	查阅档案（人次）	提供档案（卷件）
1981	138	125	2001	228	652
1982	180	185	2002	215	375
1983	173	364	2003	500	680
1984	206	443	2004	560	690
1985	324	539	2005	312	1370
1986	743	1164	2006	467	594
1987	898	3209	2007	262	960
1988	1018	2185	2008	413	845
1989	1406	2513	2009	337	1221
1990	1078	2298	2010	253	763
1991	958	1664	2011	286	1444
1992	569	1013	2012	783	2357
1993	507	651	2013	582	4840
1994	996	3763	2014	813	5327
1995	1614	7016	2015	469	3956
1996	1462	4325	2016	1063	3753
1997	694	2845	2017	633	2033
1998	1053	3039	2018	386	937
1999	1165	2936	2019	236	611
2000	352	623	2020	450	860

注：本表数字摘自佛冈县档案局历年总结及档案年报。

第二节　档案资料利用实例

一、为单位利用档案服务实例

1983—1985 年，提供资料完成农业区划任务

1983—1985 年，佛冈县按照省的部署，开展农业资源调查和区划工作，涉及全县农业的各个方面，工作涉及面广，任务繁重。县档案馆全力配合佛冈县农业区划委员会办公室，提供全县概况及农林牧副渔等各方面资料，协助开展工作，最后顺利完成工作任务，由县农业区划办公室编印《佛冈县农业区划报告集》，并立专门档案 336 卷。为总结推广佛冈的经验，1985 年 7 月，广州市农业区划委员会、广州市档案局组织到佛冈县召开全市农业区划档案工作现场会。

1984—1985 年，协助县民政局编纂佛冈区划沿革资料

佛冈县历史以来区划建置变动较频繁，而且未形成较全面系统的区划沿革资料。1984 年起，县民政局组织编纂《佛冈县行政区划沿革》，县档案馆给予全面配合，查阅并提供大量的档案资料。至 1985 年，顺利完成《佛冈县行政区划沿革》。

1985 年提供档案资料评划革命老区

佛冈县评划革命老区工作于 1957 年开始。当年上报 5 个抗日老区村（下青竹、荆竹园、中洞、水尾、芹菜塘），并由韶关地区批复划为老区村。进入“文化大革命”期间，因事隔多年，对 5 个村庄是否评为革命老区引起争议。1981 年，县民政部门提请上级确认，但没有找到依据。

县档案馆在馆藏档案中找到 1963 年 9 月 3 日县人委《关于请求批准我县迳头公社青竹地区 5 个自然村为革命老根据地的报告》和 1964 年 1 月 5 日县人委发出的《关于批准迳头公社青竹地区 5 个自然村为革命老根据地的通知》，以上资料由县民政局报送广州市革命老根据地建设委员会办公室（简称“老建办”）。1985 年 9 月 25 日，广州市老建办恢复确认以上 5 个自然村为抗日游击根据地村。

1986—1992 年，利用档案资料编印组织史资料

1986 年起，县委根据省、市委的工作部署，开展佛冈县组织史资料的编纂工作。佛冈县组织史包括党的组织史和政军统群资料两大部分，时间跨度从1938年11月起至1987年12月止，编纂工作难度大、任务重，由县委组织部、县委党史研究室和县档案局联合编纂。编纂人员到县档案馆查阅摘抄档案资料2000多卷，经过3年多的努力，终于完成编纂任务，于1992年2月出版《中国共产党广东省佛冈县组织史资料》《广东省佛冈县政军统群组织史资料》。

1992年，提供档案资料解决乡镇企业委员会用地争议

1992年3月，县乡镇企业委员会副主任黄立钊到县档案馆，查阅石角公社划出土地供该单位使用的资料。县档案馆查找到该单位1979年3号卷档案资料，资料记载：1979年石角公社划出土地给县乡镇企业局建办公楼，县乡镇企业局负责建设该用地附近一座桥梁供群众通行。通过提供档案资料，解决该单位与当地群众的用地争议，挽回经济损失11万多元。

1993—1996年提供档案资料编纂《佛冈县志》

《佛冈县志》是佛冈县第一部新县志，编纂时限从古代起至1994年，时间跨度大、内容多、任务重。编纂工作从1983年启动，但启动后进展不大。至1993年重新部署编纂工作。在1993—1996年期间，县档案馆配合县志编纂工作，提供包括《佛冈厅志》（清代出版）及民国期间和中华人民共和国成立后的大量档案资料，供查阅和采用。经县志办人员多年编纂及审改，至2003年，《佛冈县志》由中华书局出版发行。

县档案馆提供档案资料编纂的组织史（3册）和《佛冈县志》

1996年，提供档案资料解决国营羊角山林场界线争议

1996年7月，清远市山林调处办公室干部黄廷立与国营羊角山林场派出所所长王其远等3人，到县档案馆查阅羊角山林场界线划定的资料。县档案馆找到县人委158号卷、县处理山林纠纷1号卷中记载的该单位山林界线划定资料，为解决该单位与当地三八镇白石洞村群众关于山林权属争议提供了证明材料。

20世纪90年代起，利用婚姻档案落实计划生育政策

从90年代起，通过利用婚姻档案，为计划生育部门落实计划生育政策、查找男女双方的籍贯与家庭地址提供了详细的情况，计划生育部门可依此上门督促计生对象落实有关计划生育政策。

1999 年利用档案资料解决企业土地权属争议

1999 年 9 月，县工业局在处理位于县城摩罗山的新超旺塑料厂破产事件时，对该厂用地权属争议问题难以处理。后县工业局派人到县档案馆查阅档案，找到该厂原用地为县氮肥厂用地的依据，属县的国有用地，从而解决了该土地权属争议问题。

2000 年起，为编史修志提供资料

党史和县志资料大多来自于档案，县档案馆所提供的史料是党史研究和编写党史书籍的基础。2007 年起，县档案馆全力配合县内的编史修志工作，提供多方面的档案资料，由县史志办编纂印成多种史志文献。其中重要文献有《中国共产党佛冈县历史》（一至三卷）、《佛冈县人民代表大会文件选编》（一至三册）、《中国共产党佛冈县组织史资料》（第二卷）等，还有各类地情书、《佛冈年鉴》等资料性文献 50 多部。

县档案馆提供档案资料县史志办编纂的县人大文件选编

县档案馆提供档案资料由县史志办编纂的县党史（一、二、三卷）

2007 年提供档案资料解决县造纸厂征地纠纷

2007 年 3 月，县房地产联合公司对原造纸厂用地进行房地产开发，受到当地莲溪村村民阻挠，引起土地权属纠纷。县征地拆迁指挥部和国土、公安等部门以及石角镇政府、莲溪村委等均派人前往排解，但因缺乏原始证据难以处理。县档案馆查找提供当年国家征收县造纸厂土地的档案资料，最终为解决这次土地权属纠纷提供决定性的依据，为国家挽回经济损失 1100 多万元。

2012—2013 年提供资料编纂政区大典（佛冈部分）

2012 年起，根据县府办《印发〈中华人民共和国政区大典·广东卷〉佛冈部分编纂工作实施方案的通知》，县档案局（馆）配合编纂委员会办公室（设在县民政局），提供档案资料开展编纂工作。提供的档案资料主要有政区概况、自然条件、经济概况、社会发展、基础设施、名胜古迹、重大事件、著名人物等300多卷（件），供编纂人员查阅收录。至2013年，政区大典（佛冈部分）经省、市验收合格，全面完成。

2016年提供档案资料编写专题资料

2016年9月，佛冈县史志办公室的工作人员需要在档案馆查找资料，用于编写佛冈县联产承包责任制的历程。查找的资料包括：①1979—1980年前县委组织工作组制止包产到户做法的相关资料。②1981年“县委召开全县三级干部会议，仍然强调不准搞包产到户，提高对农业生产责任制认识”“关于维护当前社会治安、巩固和发展大好形势的十项规定”“关于加强和完善包干到户生产责任制若干问题的意见”的具体内容。③1998年底至1991年初，县委、县政府颁发《关于进一步稳定和完善农村土地承包关系的通知》具体内容。④1999年关于延长农村土地承包期工作检查组到佛冈县检查的相关资料。县档案馆工作人员耐心为他们查找了上述文件资料，为撰写佛冈县家庭联产责任制提供了依据。

2002—2005年为审判办案提供相关依据

2002年起，高岗镇的三江村、新街村村民因山林权属争议事件不断发生。2006年，三江村的部分村民因山林地权属发生民事纠纷，县人民法院到档案馆查阅了三江村自留山林权证档案后，掌握了事实依据，为判案提供了凭据，平息了群众的纠纷，维护了社会的安定团结。

2014年7月2日，佛冈县人民法院派员到佛冈县档案馆，查找犯罪嫌疑人范某的离婚协议等相关材料。县档案馆工作人员及时提供了相关证明，从而保证了案件的有效进展。

2015年8月7日，龙山镇浮良村黄某等2人为出庭应诉辩护查找证明材料，到佛冈县档案馆查阅龙山镇浮良村大围苦坡山山林权证。档案馆工作人员复印并出具了证明，为搞好出庭辩护提出了依据，挽回经济损失。

二、为干部群众服务实例

档案资料是社会活动的真实记录，是最真实、最权威的原始凭证，具有特别的利用价值，县档案馆热情为群众提供档案利用服务。需要查阅档案的群众只要带有效的身份证件，就可以到档案馆查阅已公开的档案资料，解决实际问题。多年来，县档案馆提供查阅利用档案服务，为群众解决土地山林权属纠纷、下岗人员办理社保、知青落实工龄、婚姻家庭财产争议以及执行计划生育措施等问题提供凭证依据。

2005—2008年，县档案馆接待利用婚姻登记档案的单位和个人达到

120 多人次，通过利用婚姻档案，解决了继承遗产、户口外迁、子女抚养费支付及落实计划生育政策等问题，对维护社会稳定起到了重要的作用。据县档案馆统计，在 4 年内，县档案馆共接待全省各地前来利用知青档案的有 150 多人次。他们大部分是回城参加工作后又离开单位下海经商，在失去工作单位或单位（企业）破产、转制而无法确认工龄的情况下，前来县档案馆查阅当年上山下乡的证明材料，以补回他们上山下乡期间的工龄。

2006 年，高岗镇何某某准备将全家户口迁往中山市时，中山市要求提供婚姻情况，而何某某在无法找到结婚证的情况下，到县档案馆找到其当年结婚档案材料，档案馆出具婚姻证明材料。后来在县民政局补办了结婚证，顺利地将全家户口迁往中山落户。另有高岗镇刘某某要到香港继承直系亲属遗产，香港方要求其提供内地婚姻情况，而刘某某无法找到结婚证。后到县档案馆找到其 1999 年结婚档案资料，到县民政局补领结婚证，终于使其到香港继承亲属遗产。

2012—2014 年，汤塘镇档案室办理 3 宗利用档案为民解困的实事。①2012 年，原在汤塘镇七所八站工作过的职工周某才（原计生办司机）、张某妹（原广播站职工）等 4 人前来镇档案室，请求复印原来在职时的工资单等原始材料，以便购买社会养老保险，镇档案室及财政所为其办理相关资料复印手续，解决他们购买社会养老保险问题。②2012 年，汤塘镇围镇村第三小组村民刘某球，多次反映他从来没有领取本人责任田的政府补偿金，导致家庭兄妹不和。刘某明、刘某球、队长到村委会查询，村干部在文件柜查找 2006—2012 年种粮直补各农户花名册登记资料档案，经核查，刘某球在 2007 年起已收补偿金，且签有刘某球的名字，刘某球也确认实属本人的亲笔签名。通过查阅档案，从而化解刘某球对其弟刘某明以及队长的误解，维护了村委会信用度和队长的名誉。③2014 年，汤塘镇汤塘商住区张某婵到镇建设规划办反映，其因在汤塘商住区购地一块想建楼房，与附近周某标产生了矛盾纠纷，周某标不准其在此建房。于是镇规划建设办通过到镇档案室查阅购地相关档案资料，核实该地块的来源，找到周某标做好解释工作，成功化解了双方的矛盾。

2013 年为蓝女士孩子入户提供证明材料。蓝女士与丈夫离婚后，再婚生了一个小孩需要入户。因为丢失离婚证，不能为孩子办理入户手续。2013 年 5 月 13 日，蓝女士从博罗县来到佛冈县档案馆。工作人员为其调出县民政局 2007 年离婚档案第 40 卷，复印相关材料并出具了证明，为其孩子入户口提供了方便。

2013 年为莫女士提供办理户口迁移证明材料。莫女士要将其户口迁移到现任丈夫那里，派出所要求其出具其与原丈夫的离婚证明，但其离婚协议书已丢失。2013 年 10 月 17 日，莫女士来到佛冈县档案局查阅其离婚协议书，工作人员为其调出民政局 2012 年离婚档案 256 卷，复印相关材料并出具了证明，为其迁移户口提供了帮助。

2014 年为苏女士提供办理准生证证明材料。苏女士要办理准生证，计生办要其出具离婚协议书，但其离婚协议书已丢失。2014 年 3 月 25 日，苏女士来到佛冈县档案局查阅其离婚协议书，工作人员为其调出龙山镇 2002 年离婚档案第 8 号卷，复印相关材料并出具了证明，为其办理准生证提供了帮助。

2014—2015 年提供破产企业职工办理养老保险材料。2014 年提供材料帮助原县建筑公司职工李某办理养老保险。李某到了退休年龄才发现没有建筑公司的入职职工档案，没有材料就不能办理相关手续。2014 年 3 月 2 日，李某来到佛冈县档案馆，档案馆工作人员在基建局 1976 年文书档案找到了他的新职工推荐表并复印，出具了证明，帮助他办理了退休手续。2015 年 6 月 14 日，原氮肥厂职工刘某深准备办理个人养老保险有关手续，县社保局告知要办理养老保险，必须提供其单位工作过的原始凭证。然而，刘某深所在的氮肥厂在 20 世纪 90 年代已破产，他本人手中也拿不出任何材料证明是这个厂的职工，无法办理养老保险。后来，刘某深来到佛冈县档案馆查找资料。档案馆工作人员在氮肥厂的文书档案找到了他工作期间的职工花名册，为他复印相关材料，使其顺利办理了养老保险手续。

2015 年为干部郑某享受待遇提供材料。2015 年 4 月 13 日，为解决郑某提高待遇的问题，县委组织部派员到佛冈县档案馆查阅档案材料。工作人员为其调出 1993 年组织部任职文件（佛组干〔1993〕34 号），复印相关材料并出具了证明，为郑某享受待遇提供了依据。

2016—2017 年，县档案馆提供档案材料为干部、职工和群众解决疑难问题。其中：2016 年，为县教育局干部黄某（已故）之养子陈某招提供有关其养父的证明材料，帮助解决其房屋产权过户手续问题。为县粮食局干部狄某（已故）提供有关其生父的证明材料，帮助其解决在广州市的房屋继承权问题。为黄某提供其婚姻证明材料，使她顺利办理离婚手续。为教师刘某查找提供其参加教师队伍的证明材料，帮助其解决工龄问题。

2018—2020 年，县档案馆继续热心为干部、职工和群众排忧解难。同时借助档案数字化设施，把电脑检索、查阅、打印连成一体，提高工作效率和准确度，解决许多急需解决的问题。如：2018 年 9 月 3 日，范某走进佛冈县档案馆，她告诉工作人员，她坐了一夜火车从湖南长沙市赶到这里，想要调取她的婚姻登记原始档案。原来，因为工作调动，范某要将户口迁移到湖南省长沙市，当地户籍部门要求她提供结婚登记的原始材料。县档案馆工作人员了解情况后，便根据其身份信息在婚姻档案中快速检索。不到一分钟就找到了所需材料，并打印盖章递到范某手中。范某接过材料，既惊讶又感激，连声说："这么快就找到啦！你们服务太便捷高效了！没想到这么快就解决了我的问题，我能立刻坐火车赶回长沙，不会耽误盖章了。"

三、档案资料展览（教育基地）

举办"佛冈改革开放30周年成果展"

2008年，根据县委、县政府关于开展改革开放30年纪念教育活动的部署，县档案局（馆）举办"佛冈改革开放30年成果展"。展厅位于档案大楼首层，于是年7月3日开放展览。展览内容分为10个部分，展出照片共280张，以图文并茂形式展示佛冈改革开放30年的巨大变化及辉煌成就。是年，县档案馆被县委、县政府选定为全县第一批爱国主义教育基地。

展厅设有"前言"和"佛冈县概况"及"结束语"。展厅的10部分为：第一部分"科学决策加快发展"；第二部分"亲切的关怀，深厚的友谊"；第三部分"工业发展突飞猛进"；第四部分"农业农村持续加强"；第五部分"商贸购销繁荣活跃"；第六部分"特色旅游方兴未艾"；第七部分"基础设施日新月异"；第八部分"城乡面貌绚丽多彩"；第九部分"社会事业亮点纷呈"；第十部分"人民生活富裕安康"。

"佛冈县改革开放30周年成果展"图照（1）

"佛冈县改革开放30周年成果展"图照（2）

举办“佛冈县三打专项行动成果展”

2013 年，根据全县在 2012 年开展“三打”专项行动取得的重大成果，县档案局（馆）配合县公、检、法部门，在县档案大楼首层展厅（爱国主义教育基地）举办佛冈县“三打”专项行动成果展。

展厅布展内容主要是：全县开展“三打”（打击欺行霸市、打击制假售假、打击商业贿赂）专项行动的部署，“三打”专项行动的推进，“三打”专项行动的成果，上级对“三打”专项行动的巡视督导。其中在“三打”专项行动的成果中，展出县内“三打”的重点案例，并展出通过“三打”专项行动维护经济社会发展秩序、提高政府信誉等内容。

举办“佛冈县社会主义新农村建设成果展”

2015 年，配合全县社会主义新农村建设的广泛深入开展，县档案局（馆）在档案大楼首层展厅举办“佛冈县社会主义新农村建设成果展”专题展览会，于 2015 年 11 月开放展出，内容分为 10 部分，展出照片共 206 张。

“佛冈县社会主义新农村建设成果展”图照

展厅设有“前言”和“佛冈县概况”及“结束语”。展厅的 10 部分内容为：第一部分“全面筹划科学决策”；第二部分“同心共建新型农村”；第三部分“名镇名村开创新局”；第四部分“全力构建省试验区”；第五部分“风情长廊亮点纷呈”；第六部分“美丽乡村显现丰姿”；第七部分“农综改革深化发展”；第八部分“同步推进彰显成效”（农村产业方兴未艾、公用设施配套完善、村容村貌文明整洁、生活环境和谐优美）。

举办“佛冈县创建文明县城和爱国主义教育展览”

2017 年，为配合县委、县政府中心工作之一，举办“佛冈县创建文明县城和爱国主义教育展览”。

举办“学习十九大，奋进新时代暨爱国主义教育展”

2018 年，县档案局（馆）在档案大楼首层展厅举办“学习十九大，奋进新时代暨爱国主义教育展”展览会，于2018年11月开放展出，内容分为5部分，展出照片214张。

展厅设有“前言”和“佛冈县概况”，并按展厅空间布局，在展厅中间隔墙处（两面）设置“新时代·新篇章”专题内容，在展厅墙四周设置主题4部分内容。布展的4部分内容是：第一部分“深入学习贯彻落实习近平总书记讲话系列”；第二部分“重要讲话精神和治国理政新理念新思想新战略”；第三部分“深入学习《习近平谈治国理政》（第二卷）”；第四部分“沿着总书记指引的道路奋勇前进”；第五部分“以新的更大作为实现‘四个走在全国前列’”。

“佛冈县‘学习十九大、奋进新时代暨爱国主义教育展’”图照

展厅《新时代新佛冈》专栏

举办“佛冈县‘不忘初心，牢记使命’主题教育暨爱国主义教育展”

2019年12月，为配合全县开展的“不忘初心，牢记使命”主题教育和爱国主义教育，县档案局（馆）在档案大楼首层（爱国主义教育基地）举办“佛冈县不忘初心，牢记使命’主题教育暨爱国主义教育展”，于2020年1月初开放展览。整个展厅采用照片250多张和荣誉牌匾实物30多件。

展厅设有“前言”，主题展览分为5部分：第一部分“主题教育”；第二部分“红色资源”；第三部分“教育基地”；第四部分“经济发展”；第五部分“社会民生”。

展厅中间隔墙（两面）设置“新时代·新佛冈”，布展内容有10项：行政区划、自然地理、人口民族语言、历史文化传统民俗、资源物产、旅游资源、基础设施、城乡建设、经济建设。

佛冈县“不忘初心、牢记使命”主题教育暨爱国主义教育展厅图照

佛冈县“不忘初心、牢记使命”主题教育暨爱国主义教育展厅内部设施

第三节　档案编研材料

一、编研材料概况

档案编研材料，是指利用县档案馆的馆藏档案资料，分门类开展研究分析后编辑成各种专题性的资料集。县档案馆的编研工作从20世纪80年代前期开始，逐步加强。资料分为专题资料、专题文件两大类，其中专题资料是编辑研究县内某方面事业的资料以供参考，文件资料是编辑汇编县内某方面文件的资料以供查阅。

开展档案编研工作，不仅有利于保存和利用馆藏档案资料，而且有利于档案工作人员提高档案业务水平。县档案馆及达标单位档案室一直坚持开展编研工作，为挖掘和利用档案资源做出不懈的努力。

1997年，县档案馆结合升省二级工作，对历年编研材料进行整理和续编，形成档案专题材料（档案史料）15种，专题文件10种，专题档案目录6种。

2008年，结合升省一级工作，县档案馆自编及与其他单位合编编研材料2种。

2016—2017年，结合升省特级工作，认真开展编研材料的续编、整理工作。

至2020年止累计，县档案馆馆藏编研资料59册，其中专题资料28册，专题文件31册。

二、专题资料

1983 年起至 2020 年，每年坚持续编的专题资料有 5 种：①佛冈县大事记；②佛冈县档案工作基本情况；③中国共产党佛冈县历次代表大会介绍；④佛冈县历届人代会介绍；⑤县政协历届会议介绍。

1983 年起，县档案馆开展档案编研工作，为党政机关和社会服务。1983 年，启动《佛冈县大事记》的编写工作（此后每年续编）。编写的资料有《佛冈县历年党员和党组织基本情况表》《佛冈县党的领导机构沿革一览表》《佛冈县政府领导机关人事沿革一览表》《佛冈县历年干部受处分情况登记名册》等。1984—1990 年，编写县党代会、县人代会、县政协会等会议介绍，以及编写《佛冈县历史沿革》。同时，协助县民政局编写《佛冈县行政区划沿革》，协助县党史和组织部门编写《中共佛冈县组织史资料》《佛冈县政军统群组织史资料》。

90 年代，每年坚持开展专题资料的编写工作。坚持续写《佛冈县大事记》，并先后续编县党代会、县人代会、县政协会等会议材料（此后每年续编），编写《佛冈县历史人物介绍》《佛冈县自然环境介绍》《省部级以上表彰的先进单位和个人》等专题资料。

2001—2010 年，除续编《佛冈县大事记》和县党代会、县人代会、县政协会等延续性专题资料外，编写《清远建市 15 年佛冈县大事记》报市档案局，协助县委组织部、县史志办编写《中国共产党佛冈县组织史资料》（第二卷），同时编写佛冈县旅游、城建、交通等专题资料。

2011—2020 年，除继续编写《佛冈县大事记》及县党代会、县人代会、县政协会等延续性专题资料外，结合全县中心工作，组织编写《佛冈县社会主义新农村建设资料专辑》《佛冈县改革开放大事纪实》《佛冈县经济发展历程》《稳步壮大佛冈县工业产业规模》《积极构建全域旅游新局面》《加快推进县城扩容提质》等专题资料。2020 年上半年，组织人员启动《佛冈县档案志》编纂工作。

编研材料《佛冈社会主义新农村建设资料专辑》《佛冈改革开放大事纪实》《佛冈经济发展历程》

截至 2020 年，县档案馆编写保存的专题编研资料（累计）28 册。

表 5－3　1983—2020 年佛冈县档案馆编研专题资料登记表

序号	编辑时间（年）	专题资料名称（记载时限）	备注
1	1983—2020	佛冈县大事记（1950 年起）	每年续编
2	1983—2020	佛冈县档案工作基本情况（1983 年起）	每年续编
3	1983—2020	中国共产党佛冈县历次代表大会介绍（1956 年起）	每年续编
4	1983—2020	佛冈县历届人民代表大会介绍（1954 年起）	每年续编
5	1983—2020	佛冈县历届政协会议介绍（1983 年起）	每年续编
6	1991	佛冈县历史人物介绍（至 1990 年）	自编
7	1991	佛冈县自然环境介绍（至 1990 年）	自编
8	1991	中国共产党佛冈县组织史资料（第一卷）（1949—1987）	与组织部、党史室合编
9	1986—1991	佛冈县政军统群组织史资料（第一卷）（1949—1987）	与组织部、党史室合编
10	1996—1997	佛冈县历史事件人物名胜人物特产简介（至 1996 年）	自编
11	1996—1997	佛冈县获省部级表彰的先进材料（至 1996 年）	自编
12	2006	佛冈县交通公路建设发展情况介绍（1949—2005）	自编
13	2006	佛冈县交通公路建设进展概况	自编
14	2007	佛冈县城乡建设情况材料（至 2006 年）	自编

续上表

序号	编辑时间（年）	专题资料名称（记载时限）	备注
15	2004—2009	《中国共产党佛冈县组织史资料》第二卷（1988—2007）	配合县史志办
16	2015	佛冈社会主义新农村建设资料专辑（至 2015 年）	自编
17	2015	佛冈县社会主义新农村建设成果画册（至 2015 年）	自编
18	2015	佛冈改革开放大事纪实（至 2015 年）	自编
19	2015	佛冈经济发展历程（至 2015 年）	自编
20	2018	稳步壮大工业产业规模（至 2018 年）	自编
21	2018	积极构建全域旅游新局面（至 2018 年）	自编
22	2018	加快推进县城扩容提质（至 2018 年）	自编
23	2020	启动编纂《佛冈县档案志》（至 2020 年）	自编

注：①本表根据 2020 年县档案馆累计专题资料名称录入。②序号 24 ~ 28 号为其他专题资料。

三、专题文件

县档案馆汇编的专题文件有历届县党代会、县人代会、县政协会议专题文件集，群团组织（工、青、妇）以及重点行业、重点工作等专题文件集。对以上专题文件，从启动编辑后坚持每年续编。至 2020 年，县档案馆汇编专题文件（累计）31 册。

中共中央文件汇编

国务院文件汇编

中共广东省委文件汇编

广东省人民政府文件汇编

表 5－4　1991—2020 年佛冈县档案馆编研专题文件登记表

序号	编辑时间 （年）	专题文件名称	备注
1	1983—2020	中共佛冈县委文件汇编 （1949 年起）	每年续编
2	1983—2020	佛冈县人民政府文件汇编 （1949 年起）	每年续编
3	1983—2020	中共佛冈县历次代表大会文件汇编 （1956 年起）	每年续编
4	1983—2020	佛冈县历届人民代表大会文件汇编 （1954 年起）	每年续编
5	1997	中共中央文件汇编	每年续编
6	1997	国务院文件汇编	每年续编

续上表

序号	编辑时间（年）	专题文件名称	备注
7	1997	中共广东省委文件汇编	每年续编
8	1997	广东省人民政府文件汇编	每年续编
9	1997	中共广州市委文件汇编（1983—1987）	自编
10	1997	广州市人民政府文件汇编（1983—1987）	自编
11	1997	中共清远市委文件汇编（1988—1996）	自编
12	1997	清远市人民政府文件汇编（1988—1996）	自编
13	1997	国务院公报	每年续编
14	1997	全国人大常委会公报	每年续编
15	1997	广东政报	每年续编
16	1997	广东省山区工作会议文件汇编	自编
17	1997	各种报刊登载佛冈县的材料汇集	每年续编
18	2015	佛冈县教育工作文件汇编（2000 年起）	每年续编
19	2015	佛冈县卫生工作文件汇编（2000 年起）	每年续编
20	2015	佛冈县计划生育工作文件汇编（2000 年起）	每年续编
21	2015	佛冈县财政工作文件汇编（2000 年起）	每年续编
22	2015	佛冈县招商引资工作文件汇编（2000—2014）	自编
23	2016	佛冈县征地工作文件汇编（1966—2014）	自编

续上表

序号	编辑时间（年）	专题文件名称	备注
24	2016	佛冈县外来投资工作文件汇编（2000 起）	每年续编
25	2017—2020	佛冈县人民政府工作报告（1991 年起）	每年续编
26	2017	佛冈县精准扶贫工作文件汇编（2016 年）	自编
27	2017	佛冈县创建卫生县城文件汇编（2009—2016）	自编
28	2017	佛冈县机编委文件汇编（2014—2016）	自编

注：①本表根据 2020 年县档案馆累计专题资料名称录入。②序号 29 ~ 31 为其他专题文件。

第六章　档案宣传培训与执法检查

第一节　档案宣传培训

一、档案宣传

1985 年前，对档案事业的宣传工作主要是采用行政管理的方法，重点宣传档案工作的重要性、档案资料的收集和保管办法等，提高各级及社会对档案工作的认识。

1985 年起，县档案局（馆）按职能开展档案宣传工作。1987—1990 年，重点宣传《档案法》及其实施办法，全县开展《档案法》宣传工作。1987 年 10 月，县档案局印发《档案法》到县直单位、学校和乡镇，并印发《关于认真贯彻执行〈中华人民共和国档案法〉的通知》，推动学习贯彻工作。是年，以龙南乡为学习贯彻《档案法》的试点，总结经验后由县委办印发《关于做好实施〈档案法〉准备工作的通知》，加以推广。

1991—1995 年，继续宣传学习《档案法》及省制定的档案法规，在全县范围征订《广东档案》，扩大档案宣传范围。1991 年，档案事业列入《佛冈县志》第十八编记述，既保存档案发展历史资料，又扩大档案宣传面。1992 年，根据省档案局、省普法办关于开展《档案法》普及教育的精神，县档案局印发《档案法》资料 650 份发至各单位，并召开档案分管领导和工作人员座谈会，组织收看“广东省《中华人民共和国档案法》知识竞赛总决赛”现场直播实况。是年，组织参加全省印发试题的开卷考试，有 618 人参加（其中副科级以上干部 186 人）。收卷后，组织抽奖大会，对满 100 分的试卷（373 份）进行抽奖，获一等奖 5 名，二等奖 10 名，三等奖 85 名。对抽奖现场，县电视台进行录像，在县新闻节目中播放。1995 年，开展全县“二五”《中华人民共和国档案法》普及教育的检查验收和《广东省档案违法行为处罚办法》的学习宣传工作。县档案局、县普法办联合发出《关于对全县“二五”〈档案法〉普及教育工作进行验收的通知》，并下发验收报告表114份，按优秀、良好、一般、较差4个级别评定。

1996—2000年，重点宣传国家和省档案法规。1996年起，宣传9月在北京召开的第十三届国际档案大会精神活动，推动学习宣传《档案法》工作。1997年，根据新修订的《档案法》颁布实施的情况，县委办、县府办印发《关于组织学习宣传贯彻〈档案法〉的通知》和《关于开展机关档案综合管理达标升级的通知》，开展宣传贯彻工作。县档案局订购新修订的《档案法》200本，发至各单位组织学习。1998年，开展学习宣传《广东省档案管理规定》工作。

1998年10月6—12日，在四川省成都市召开新时期档案新闻宣传研讨会。佛冈县档案局局长黄榕棠（后排左四）、佛冈县供电局档案员黄梅英（前排左四）参加研讨会

1998年9月1日，举办“国际档案周宣传咨询”活动，县委常委、县委办公室主任李玉方（右一）到咨询点指导工作

学习宣传的方式有：①县档案局订购《档案法》200本，发至全县副科级以上单位。②县委办、县府办发出《关于贯彻〈广东省档案管理规定〉的通知》，要求各单位组织学习贯彻。③在《佛冈报》分期刊登规定的主要内容。④县档案局召开学习贯彻规定座谈会。⑤1998年，根据国家档案局、中央档案馆关于在全国举办“国际档案周”活动的精神，佛冈县在县影剧院门前举办首次“国际档案周”宣传咨询活动，主题是：“档案连着你和我”，活动中派发宣传资料500份，并由县新闻媒体采访录像后再通过佛冈新闻节目播放。1999—2000年，县档案局、县普法办发出《关于学习、宣传、贯彻修改后的〈中华人民共和国档案法实施办法〉的通知》，并订购本书200本，分发到各单位学习，加强宣传工作。

2001—2005 年，结合重要活动和日常检查开展档案宣传工作。2001 起年，结合“四五”普法开展档案法律法规宣传。2002 年，根据省、市档案局的部署，组织参加根据国家档案局、中央档案馆在《中国档案报》举办的“档案法制知识有奖竞赛”活动，订购档案法规知识问答 100 份，下发到全县各镇和县直机关单位，组织档案人员参加竞赛。2003—2005 年，结合开展“四五”普法和农业农村档案工作开展档案法律法规宣传。根据县委、县政府组织编印《新世纪新佛冈》一书的要求，县档案局（馆）编写《加强档案管理，提高服务水平》和《落实责任，搞好农业农村档案工作》两篇专文，汇入《新世纪新佛冈》书中，扩大档案知识宣传面。

2006—2010 年，结合“五五”普法以及县重点工作和档案工作检查开展档案法律法规宣传。2007 年，以《档案法》颁布 20 周年为契机，县档案局（馆）组织各单位参与国家档案局举办的“剑南春杯”档案与法制知识有奖竞赛活动。结合县内开展纪念改革开放 30 年和纪念佛冈建置 200 周年活动，编写《发展档案事业，增强服务功能》一文，汇入《佛冈改革开放之路》书中。通过以上档案专文，扩大档案宣传面。2007 年起，为配合《佛冈年鉴》的编纂工作，每年编写档案资料汇入《佛冈年鉴》出版。2008 年起，根据国家档案局的部署，开展首次“6・9”国际档案日宣传活动。

2011—2015 年，档案宣传工作结合“六五”普法和档案综合管理达标升级、创建新农村建设档案示范县、爱国主义教育活动等工作开展。2015 年 6 月 9 日，开展“6・9”国际档案日宣传活动，通过开展“让档案走进家庭”“让市民走进档案馆”“家庭与档案”等多种形式的活动，搭建档案与公众交流的桥梁，进一步增加社会档案意识和公民的档案法制观念。是年，成立佛冈县档案学会，履行档案宣传服务职责。

2016 年，在“6・9”国际档案日宣传活动中，开展“档案与民生”宣传活动。此后，每年开展“6・9”国际档案日宣传活动，以多种形式宣传档案事业。2017 年，加强档案法制建设。在全县开展学习宣传国务院《全面推进依法行政实施纲要》和中办、国办《关于加强和改进新形势下档案工作的意见》。2018 年，档案宣传活动主题是“档案见证改革开放”。在活动现场，向群众展示档案工作的成果和意义，并发放档案知识宣传扇子 500 多把。是年 9 月，在县档案馆爱国主义教育基地展览厅举办“学习十九大，奋进新时代暨爱国主义教育展览”。2019 年，在“6・9”国际档案日宣传活动中，县档案局联合县司法局开展宣传活动，主题是“新中国的记忆”。在活动中发放档案知识宣传小册子2000份、环保购物袋800个。2020年，在县人民公园举办“6·9”国际档案日活动，主题是“档案见证小康路、聚焦扶贫决胜期”。是年，组织开展新修订发布的《档案法》学习宣传工作。

2019年6月6日，举办“6·9”国际档案日活动现场

2020年6月5日，佛冈县档案馆开展“6·9”国际档案日活动。图为副馆长林绍嘉接受县电视台采访

【专记】学习贯彻《档案法》

1987年9月，《档案法》颁布，于1988年1月起实施。《档案法》颁布实施，从法律上明确档案和档案事业在国家和社会中的地位作用，为档案的保护、整理、开发、利用以及档案事业的发展提供了法律依据和保障。1987年10月，县档案局、县委办先后发出关于学习贯彻《档案法》的通知，组织开展学习贯彻《档案法》工作，把龙南乡作为试点，取得经验后在全县铺开。1988年5—6月，全县各级对照《档案法》进行自检，并由县委办、县档案局开展对《档案法》的学习贯彻情况进行检查。在检查中，重点抽查县教育局、县粮食局、县卫生局等19个单位。自查和检查后，由县委办、县档案局发出通报，推广好经验好做法，对自查和检查中发现的问题进行整改。

这次组织学习贯彻《档案法》的措施有3项：①组织学习培训。先后召开各级分管档案的领导和档案员，召开专题学习会开展学习培训。②开展广泛宣传。通过印发宣传资料、张贴宣传标语，提高学习贯彻《档案法》的自觉性。③结合自查检查工作开展整改。在自查检查中，对照《档案法》规定，肯定成绩，查找存在问题认真开展整改，提高全县档案工作水平。

1992年起，佛冈县根据省档案局、省普法办《关于认真组织好全省〈档案法〉普及教育的通知》，组织开展《档案法》普及教育，由县档案局、县普法办发出通知，把学习《档案法》纳入“二五”普法内容。此后，在连续开展的五年普法教育中，均把学习贯彻《档案法》作为普法学习和考核的内容。

【专记】组织开展《档案法》知识有奖测验

1992年，佛冈县按照省档案局的部署，开展《档案法》知识有奖测验活动。是年9月，县档案局发出《关于组织收看〈档案法〉知识竞赛总决赛的通知》，组织收听9月23日下午省档案局、省普法办、广东电视台联合举办的“广东省《档案法》知识竞赛总决赛”现场直播，全县各级350人参加收看收听。

9月23日至10月14日，县档案局组织开展《档案法》《档案法实施办法》知识有奖测验。活动发出《档案法》信息资料650份，同时发出测验卷618份，收回测验卷490份（其中副科级以上干部186份）。10月14日，县档案局、县普法办联合举办《档案法》知识测验抽奖活动，从满分的373份测验卷中进行抽奖。经抽奖，对一等奖5名、二等奖10名、三等奖85名分别给予30元、20元、10元的奖金奖励。清远市档案局局长、副局长和佛冈县委副书记参加现场抽奖活动并作讲话，县电视台对这次抽奖活动录像后在“佛冈新闻”栏目播放，并同时播放档案知识宣传资料。这次在全县范围内举办的《档案法》有奖知识测验圆满结束，为此后持续开展《档案法》学习贯彻活动打下良好的基础。

二、档案业务培训

（一）县内培训

1984年前，县档案局（馆）未成立，未开展档案管理人员的业务培训工作。

1985年后，县档案局（馆）逐步加强对档案管理人员的业务培训工作。1987年《档案法》颁布，在开展《档案法》宣传的同时，对全县机关单位的档案员开展业务培训。培训的方式，有以会代训、举办培训班培训、选送到上级培训等。1989年11月，县档案局组织县直机关单位档案员 60 多人，到从化县参观广州市档案局举办的《发展中的广州档案事业》展览会。1990 年，县档案局举办全县副科级以上单位档案员业务培训班。在培训班上 3 节辅导课：档案和档案工作、文书立卷的原则和方法、案件的整理归档。同时，印发国家档案局《关于机关档案保管期限的规定》，省档案局《机关档案综合管理升级试行办法》《广东省机关档案综合管理升级考核标准》《广东省机关档案综合管理升级考评细则》（下称《考评细则》）等文件资料。

1991—1995 年，坚持开展档案业务培训。1991 年，县档案局（馆）派出专人，与单位档案室加强联系，采取“指导 + 培训”的方式开展现场实践操作，帮助县新华书店、县房管所建立档案管理制度。1992 年 8—10 月，按照省档案局、省普法办的通知精神，开展对《档案法》及《中华人民共和国档案法实施办法》（下称《档案法实施办法》）的学习贯彻活动，县档案局召开档案工作人员座谈会，以会代训开展学习。1993 年 4—5 月，根据省、市档案和人事部门的部署，县档案局、县人事局在县林业局举办档案干部岗位培训班，共有 92 人参加培训。培训班组织学习《文书学》《档案管理学》《科技档案管理学》《档案编研概述》5 门课程。培训班结束后进行考试，考试合格率 100%。

1998 年 3 月 11—13 日，佛冈县档案局举办镇级档案员培训班，图为培训班全体人员合影留念

1996—2000 年，结合档案重点工作任务开展学习培训工作。1998 年 3 月 11—13 日，县档案局举办镇级档案干部培训班，组织学习《档案法》和国家档案局、中央档案馆颁布的《乡镇档案管理办法》以及省政府《乡镇档案工作试行办法》。1998 年下半年，县档案局在县工商局举办档案综合管理升级前档案人员培训班，参加人员有相关单位的档案人员 26 人。培训班学习文书、会计、基建档案、立卷归档办法，并进行实地操作训练。1999 年，配合单位开展达标升级工作，县档案局先后在县卫生局、县公安局、县建设局等 5 个单位举办兼职档案员业务培训班，共 86 人参加培训。其中，1999 年 8 月 17—21 日，县档案局在县公安局举办公安系统档案员业务培训班，公安系统档案员 25 人参加培训。

2001—2005 年，通过举办档案业务培训班，组织全县档案员学习《档案法》及《档案法实施办法》和《广东省档案管理规定》等档案法律法规。2002 年 7 月，召开全县农业和农村档案工作专题会议，各镇办公室主任及档案员参加会议。会议传达贯彻省、市会议精神，并采取以会代训的形式对镇档案员进行业务培训，档案管理的各项规定、制度和工作程序制成光盘分发到各单位、各镇村（居）。2003 年，以镇为单位举办镇村档案员培训班共 8 期，培训人员 130 人。5 年内，县档案局（馆）举办档案业务培训班 24 期，参加培训的档案管理人员共 185 人次。

2006—2010 年，结合档案综合管理达标升级开展档案业务培训。2007 年，县档案局举办全县档案员培训班，组织学习《广东省档案条例》和国家档案局《机关文件材料归档范围和文书档案保管期限规定》。2010 年下半年，县档案局派出专业人员到有关单位进行实地培训,培训档案人员 86 人。5 年内,举办机关单位档案员培训班 15 期,参加培训的档案人员共 282 人次。

2011—2015 年，结合创建新农村建设档案工作示范县，加强对档案员的业务培训。2012 年，组织专业人员到县城学校和县法院实地培训 4 次，培训人员 32 人。2013 年，县档案局（馆）举办镇级档案员和涉农单位档案员培训班，共办 8 期，160 人参加培训。同时，编印《镇各类档案立卷归档制度》《镇各类档案收录范围和保管期限表》《镇档案分类编号方案》《村（居）民委员会文件材料归档范围及保管期限表》等档案管理制度范本，分发到各镇、村，推动各镇、村档案工作规范开展。是年底，迳头镇和迳头村顺利通过验收，成为清远市社会主义新农村建设档案工作示范镇合格镇和合格村。这 5 年内，县内举办各层次业务培训班 18 期，参加培训的档案人员共 260 人次。

2016—2020 年，继续加强对档案员的业务培训工作。根据档案工作信息化的进展，以县档案学会的名义对专兼职档案员进行信息化数字化业务培训，提高数字化扫描、刻录光盘等技术操作效率和水平。同时，根据档案管理的需要，对档案员开展破损档案抢救修复、档案安全管理以及档案开放鉴定等业务培训，提高相应的知识水平。2017 年 5 月 11 日，县档案局举办佛冈县档案执法检查及档案综合管理复查工作培训班。同年 9 月 8 日，县档案局、县扶贫办联合举办精准扶贫档案培训班，50 多人参加。2019 年 3 月 6 日，县档案馆举办消防安全培训班。同年 5 月 8 日，县档案馆在人民中心主楼 110 会议室举办 2019 年档案执法及档案综合管理复查工作培训班。2020 年 12 月 10 日，县档案局、县档案馆联合举办新修订的《档案法》及档案业务培训班，参加培训人员 40 多人。

（二）参加省市培训

1980 年，佛冈县派员参加省档案局举办的全省档案干部培训班。

1984 年 6 月，佛冈县派员参加省档案局在肇庆举办的全省档案干部进修班。

1985 年 11 月 5 日，佛冈县派员参加省档案局举办的档案干部培训班。

1989 年 3 月 1 日至 4 月 30 日，县档案局组织档案员分批参加省档案局在佛山市举办的档案业务培训班。

1991 年 3 月 14—17 日，佛冈县部分档案员参加清远市档案局举办的第一期县（区）档案干部业务培训班（后排左一为县档案局朱明采）

1991 年 3 月，佛冈县派员参加市档案局举办的学习《文书立卷手册》培训班。

1993 年 4 月 12—15 日，清远市档案局在佛冈县举办第三期清远市档案干部岗位培训班，佛冈县档案局选派 3 人参加。

1995 年 2 月 22—25 日，县档案局组织档案员参加市举办的档案干部培训班。

1996 年上半年，市档案局举办档案干部基础业务培训班，佛冈县选派县直单位 3 名档案员参加，学习 5 门档案基础课程。

1997 年上半年，省档案局举办全省《档案法》行政执法员培训班，县档案局派出 2 名股级干部参加培训。

1997 年下半年，市档案局举办档案干部基础业务培训班，佛冈县选派县直单位 3 名档案员参加，学习 5 门基础课程。

1998 年上半年，省档案局举办全省农村档案管理专题培训班，县档案局派出业务股长带领各镇档案员参加。

1999 年，省档案局举办全省档案新技术研修班，县档案局派出业务骨干林绍嘉参加。

是年，市档案局举办档案岗位培训班，佛冈县选派专（兼）职档案员 5 人参加。

2000 年 4 月，省档案局在肇庆市举办全省档案行政执法培训班，县档案局业务骨干林绍嘉参加。

2000 年 11 月，市档案局举办档案岗位业务培训班，县档案局派出专（兼）职档案员 4 人参加。

2002 年 5 月 28—30 日，市档案局举办“文件材料归档方法改革”培训班，县档案局派出专（兼）职档案员 11 人参加。

2002 年 6 月 14 日，县档案局局长黄榕棠参加市委党校学习班（学习时间 1 个月）。

2003 年，市档案局举办档案专业知识培训班，县档案局选派档案员 3 人参加。

2006 年 6 月，县档案局组织全县镇级档案员参加市档案局举办的档案专业培训班，学习《乡（镇）档案管理》《社区居委会档案管理》等课程。

2009 年 4 月 8—10 日，县档案局林绍嘉参加省档案局在广州市举办的全省档案业务指导人员培训班。

2011 年 5 月，省档案局举办档案管理业务培训班，县档案局选派朱明采参加。同月，市举办档案岗位培训，县档案局选派朱海燕参加。

2017 年 12 月 5 日，县档案馆林绍嘉（前排左四）、朱海燕（前三排左八）、胡翠雯（前三排左 5）参加清远市档案系统新时期档案管理专题培训班

2013 年，市档案局举办档案专业知识岗位培训班，县档案局选派档案员 20 人参加。

2014 年 7 月 8—11 日，县档案局派朱明采参加省档案局在广州市举办的广东省档案专业技术人员继续教育培训班。

2014 年 8 月 4—6 日，县档案局选派 3 名合同制工人参加市档案专业岗位培训班。

2018 年 4 月 2—3 日，县档案局副局长林绍嘉到河源市参加全省中小学档案教育社会实践基地创建活动工作宣贯班。

2018 年 4 月 24—26 日，县档案局副局长林绍嘉到中山市参加广东省数字档案馆（室）建设标准宣贯及应用示范推广培训班。

三、档案专题会议及调研交流

1982—1985 年，县档案局根据省、市农业区划办公室和档案局《关于做好农业区划工作的通知》精神，配合县农业部门开展区划文件资料的收集整理工作，立卷归档的农业区划档案共 336 卷。1985 年 7 月，广州市农业区划档案工作会议在佛冈县召开，并通过了佛冈县农业区划档案验收工作。会议结束后，番禺、新丰、龙门、从化、清远和广州市郊区、黄埔区等县、区共 70 多人先后到佛冈进行学习交流。

1999 年 5 月 14 日，召开全县档案工作会议，各单位、各镇主管档案工作的领导和专（兼）职档案员共 186 人参加。会议上，县档案局局长黄榕棠传达省、市档案工作会议精神，总结佛冈县近几年档案工作，并部署此后档案工作任务。到会并做讲话的领导有县委副书记黄银带，县委常委、县委办公室主任李玉方，清远市档案局局长沈六、副局长朱小兵等。这次会议，是佛冈县历年来规格最高、规模最大的档案工作会议。

2002 年 7 月 12 日，县政府召开全县档案工作暨农业和农村档案工作会议。

2003 年 10 月 22 日上午，广东省档案局局长徐大章、《广东档案》副主编王恩汉一行，在清远市档案局局长沈六、副局长李杨爱的陪同下，到佛冈县档案局（馆）调研，在听取了佛冈县档案局（馆）长黄榕棠就全县档案工作及档案馆藏情况介绍后，察看了档案馆库情况，特别是对佛冈县档案馆从 1955 年以来从中央、国务院和省市委、省市政府、县委县政府的 2.3 万份文件整理成文汇编的做法给予了充分的肯定和高度的评价。徐大章一行还到佛冈县人民中心实地察看了规划中的新档案馆场地。中午，徐大章就佛冈县档案馆新馆建设等问题与县常务副县长黄裕团、副县长郑中化交换了意见。徐大章希望佛冈县新档案馆能尽快进入设计和施工，争取 2004 年底建成交付使用。

2012 年 7 月 13 日，清远市档案局局长杨宇率队到佛冈县档案局调研。

2014 年 9 月 29 日，县委书记华旭初率分管档案工作的副县长、县委组织部常务副部长、县人社局局长、县财政局局长、县编办在任、县委办公室副主任等到县档案局调研。座谈会上，县档案局局长曹榕村将全县档案工作开展情况、局（馆）存在的问题和建议做了汇报。听完汇报后，华旭初对县档案局的工作给予了充分的肯定，并指出：对人员编制问题，可逐步通过社会购买服务解决；档案局今后增人可优先考虑档案专门人才；当年从县财政拨 5 万元购置扫描仪等设备，从明年起档案保管保护经费按规定纳入预算。

2014 年 12 月 26 日，广东省档案局、清远市档案局监督指导科到佛冈县档案馆开展调研指导工作。

2015 年 7 月 23 日，清远市档案局副局长刘年强率队到佛冈县档案馆调研指导工作。

2016 年 10 月 21 日，清远市档案局局长刘龙山到佛冈县档案局调研。

2018 年 4 月 10 日，清远市档案局调研组到佛冈县档案局开展精准扶贫档案工作调研活动。

2018 年 8 月 7 日，县委书记董和平与有关领导到县档案局调研指导工作。

2019 年 8 月 20 日，清远市档案学会到佛冈县，与佛冈县档案学会进行档案学术交流活动。

2020 年 9 月 3 日，连南县档案馆馆长率队到佛冈县档案馆，开展档案工作学习交流。

2014 年 9 月 29 日下午，县委书记华旭初（左二）等县及相关部门领导在县档案局（馆）会议室召开档案局（馆）全体干部职工座谈会

2014 年 12 月 26 日，广东省档案局监督指导处处长李彩香（前右一）、科长赵修磊（前右二）和清远市档案局监督指导科科长翁惠娜（前左一）到佛冈县档案馆检查指导工作

2015 年 7 月 23 日，清远市档案局副局长刘年强（左三）、翁惠娜（左一）等在佛冈县档案馆检查重点档案抢救情况

2018 年 8 月 7 日，县委书记董和平（左一）到县档案局调研

第二节　档案执法检查

一、执法检查概况

1982 年前，由县委办公室和县档案馆对档案收集和管理归档工作进行一般性的行政指导和检查工作，未形成较为系统的档案检查制度。1982 年 12 月，由县委、县政府组织开展一次档案保密大检查工作，参加检查人员有县直机关和全县各区人员共 67 人。通过检查，对档案立卷归档工作打好认识基础和业务基础。1983—1986 年，每年年终开展一次档案保密工作检查，并在检查后召开评比表彰会议。

1987 年 9 月，《档案法》公布后，把档案管理工作纳入法制化轨道。《档案法》规定，有违反档案管理规定的 8 种行为，由县级以上人民政府档案行政主管部门、有关主管部门对直接负责的主管人员或者其他直接责任人员依法给予行政处分；构成犯罪的，依法追究刑事责任。1990 年 11 月发布的《中华人民共和国档案法实施条例》规定：有违反档案管理规定的 6 种行为，由县级以上人民政府档案行政管理部门责令限期改正；情节严重的，对直接责任人的主管人员或者其他责任人员给予行政处分；根据有关档案的价值和数量，对单位罚款 1 万元以上 10 万元以下，对个人罚款 500 元以上 5000 元以下；造成档案遗失的，根据损失档案的价值，责令赔偿损失。从 1987 年起，根据《档案法》及档案法实施办法赋予的职权，县档案局负有对全县档案工作执法检查的责任，坚持每年开展一次执法检查，实行依法治档、依法管档。执法检查的内容，重点是贯彻执行《档案法》及档案法实施办法的情况。1988 年 5—6 月，由县委办发出通知，对《档案法》贯彻执行情况开展全面检查，县档案局负责检查工作的落实。全县各单位按部署要求开展自查，县联合检查组对县直机关和乡镇共 19 个单位开展重点抽查。通过检查和抽查，促进单位和乡镇档案设施的完善、档案人员配备及责任的落实。

1991—2000 年，坚持开展每年一次的档案执法检查和评比工作。1992 年，按照国家档案局《档案执法监督检查暂行规定》，县档案局成立行政执法领导小组，由局长、副局长分别担任组长、副组长，成员由中层干部担任（领导小组根据人员变动适时调整）。领导小组负责组织开展档案执法检查工作，并按调查—处理—上报程序查处违反《档案法》的行为。1997 年，按照清远市的部署，县档案局、县法制局联合发出《关于在全县开展〈档案法〉执法检查的通知》，要求全县各单位做好检查和自查工作。县档案局、县法制局、县人大和县政协、教科文卫体派员组成执法检查组开展执法检查，重点检查县直单位 22 个。在检查中，采取听汇报、实地捡、提问题的方式进行。通过检查，肯定好的做法，查找存在问题并限期整改。检查结束后，再由市执法检查组实地检查验收。1997 年，县档案局（馆）2 人经考核领取行政执法证。1998 年 7 月 1 日施行的《广东省档案管理规定》，对违反《档案法》规定可处罚款的 3 种行为，对直接责任人员或组织的罚款数额作出具体规定。1998 年 12 月，按照依法治档工作安排，对全县各镇和部分县直单位档案室进行执法检查。1999 年，县委办、县府办发出《关于在全县开展〈档案法〉执法检查的通知》，按系统党委、镇党委开展执法检查。2000 年 5 月起，按照国家档案局《档案行政处罚程序暂行规定》，规范档案行政执法检查工作。

2001—2005 年，坚持依法治档、加大行政执法力度。2001 年起，县档案局持有档案行政执法证的有 3 人（持续至 2020 年），县档案局建立行政执法责任制，制定档案检查和行政执法制度，每年开展一次对全县机关单位档案执法检查工作。通过执法检查，完善各项档案管理制度，防止发生档案违法行为。2002 年，执法检查 70 个单位。2003—2005 年，每年对农业农村建档工作进行检查，并由县府办发文通报检查情况。2005 年，做好配合市人大常委会到佛冈县开展执法检查工作。

2006—2010 年，结合重大活动和日常检查，贯彻档案法规。2007

年7月，《广东省档案管理规定》修订改为《广东省档案条例》，对档案工作的检查执法作出明确的规定。其中，对违反《档案法》规定可处罚款的3种行为，对直接责任人最高罚款额5000元以下，对单位最高罚款额10万元以下。另对违反《广东省档案条例》的5种行为，对有关责任人员分别给予处分。同年，县档案局开展两年一度的执法检查工作，由县府办牵头组织县档案局、县法制局组成联合执法小组，检查全县50个管档单位。根据检查情况，对21个单位发出县档案执法监督检查整改通知书，促其整改。2008—2010年，执行《广东省档案系统推行档案行政执法责任制实施方案》，逐步完善档案部门依法行政体制和机制，健全依法行政制度，促进依法治档建设。根据上级文件部署，2009年，对全县6个镇档案工作进行行政执法检查，并对全县机关单位文件材料归档范围和文书保管期限进行全面审查。

2011—2015年，坚持每两年开展一次全面自查、重点抽查的检查工作制度，加强档案法制建设。2011年，县档案局组织档案专业人员到县一中、城东中学、振兴小学和县社保局4个立档单位，采取把档案检查与实地指导结合起来的方式，通过检查提高档案管理人员的治档水平，受教育的档案人员23人。是年，以上4个单位档案综合管理通过考核评审，达到省特级标准。2013—2015年，建立和完善档案执法检查制度。县档案局制定《佛冈县档案馆工作规范》，并根据国家档案局8号、9号、10号令，修订《佛冈县档案馆收集档案范围实施细则》，报县委、县政府印发执行。同时，根据国家保密局文件规定，加强档案安全保障体系建设，先后制定《佛冈县档案馆涉密档案管理制度》《档案数字化加工场所管理制度》《档案数字化加工工作流程规范》《佛冈县档案馆公开保密审查制度》等一系列制度，规范各项工作流程，防止泄密事故的发生。

2016—2020年，档案工作检查结合档案法制建设、档案达标升级复查等工作进行，开展全面自查、重点抽查工作，增强责权法定和权责一致观念，规范档案行政执法工作，坚持依法治档，依法查处违反法律法规的行为。2016年，对6个镇和12个机关单位进行档案执法检查，对存在问题进行限期整改。2017—2020年，每年选定一批立档单位进行执法检查，及时发现和整改存在问题，加强档案的合法、规范和安全管理。其中2017年重点对32个单位进行档案执法检查。

县档案馆制作的《中华人民共和国档案法》

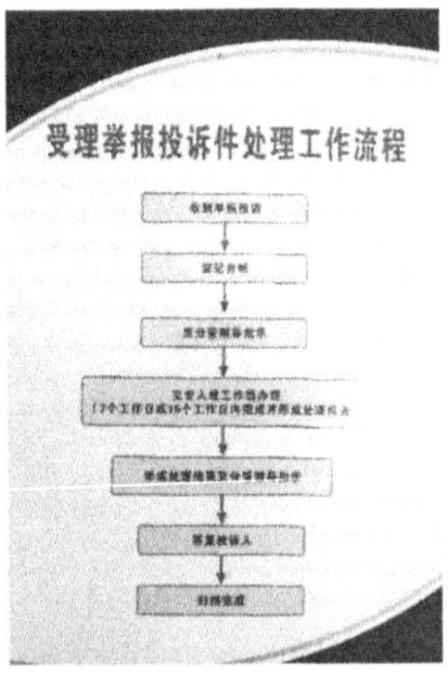

县档案馆《受理举报投诉件处理工作流程》

二、检查评比

1982 年起，佛冈县每年坚持开展档案保密工作检查，并根据检查情况召开检查评比会议进行总结表彰。1989 年，县档案局在 1 月和 12 月组织对 1988 年、1989 年贯彻《档案法》的检查评比工作，列入局评比的有县直各单位和乡镇。检查内容包括领导责任、人员配备、设备设施及档案管理等 4 个方面。通过检查评比，评为先进档案管理单位有县检察院、县农行、石角镇等 10 个单位。1990 年初，县档案局与县保密委联合开展档案保密工作检查评比。经检查评比，评为 1989 年档案工作先进单位的有检察院、县成人教育办、县林业局等 12 个单位。

1991—2000 年，每年开展档案检查评比工作。1992 年由县委办、县府办召开全县档案工作会议，对评选出来的县人行、县成教办等 22 个 1991 年度先进单位进行表彰，其中县成教办在会上做经验介绍。1993 年 2 月，县委办、县府办召开全县档案工作会议，表彰 1992 年度县人行、县林业局等档案先进单位 14 个，表扬单位 8 个。1994 年，县委办、县府办召开档案保密工作会议，对评选出来的档案工作先进单位 15 个，（县档案局为其中之一）和档案先进工作者 15 名（县档案局林绍嘉为其中之一），以县委、县政府的名义进行表彰奖励。1999 年，全县执法检查后，由县委办、县府办发文通报档案先进单位 33 个，先进档案员 35 名。

2001 年后，档案检查以全面自查、重点抽查为主要方式。对检查（抽查）中发现的存在问题，由县档案局联系指导立档单位整改，不再进行全面评比工作。

第七章　档案升级、创建及职称评定

第一节　档案达标升级

一、达标升级概况

（一）达标升级单位数量

1992年起，佛冈县先后开展各层次的档案达标升级工作。档案达标升级单位分为4个层次：①县机关单位；②镇；③行政村（管理区）；④居民社区。

达标升级总数：到2020年止，全县4个层次达标升级单位（按评定时统计，含后来已撤销及合并单位，并含二次升级单位）共178个，其中合格单位88个，省先进单位1个，省二级单位36个，省一级单位22个，省特级单位29个，国家二级单位2个。

表7－1　2020年佛冈县档案达标单位分层次统计表

单位：个

层次	小计	合格	先进	省二级	省一级	省特级	国二级
合计	178	88	1	36	22	29	2
1. 机关单位	81	1	1	26	22	29	2
2. 镇	7			7			
3. 行政村	78	75		3			
4. 社区	12	12					

注：①本表统计1992—2020年各层次单位达标升级的累计情况。②本表机关单位、镇村居数字按评定时数量统计（包含已撤销及合并的单位）。③本表数字不含县档案馆。

（二）达标升级时间划分

按达标升级时段统计，在达标升级的178个单位中，1992—1995年升级的8个，1996—2000年升级的39个，2001—2005年升级的116个，2006—2010年升级的2个，2011—2015年升级的11个，2016—2020年升级的2个。

表7－2　1992—2020年各时段佛冈县档案管理达标升级统计表

单位：个

时段	小计	合格	先进	省二级	省一级	省特级	国二级
合计	178	88	1	36	22	29	2
1992—1995	8				7	1	
1996—2000	39	2		19	3	13	2
2001—2005	116	86	1	17	8	4	
2006—2010	2					2	
2011—2015	11				2	9	
2016—2020	2				2		

注：①本表包括县直机关和镇、村，不含县档案馆。②评定等级后再升级的，按评定时统计。③合格栏含县烟草局、行政村（75个）、居委（12个）；先进栏为县气象局；省二级栏含机关、镇（6个）、行政村3个；省一级栏为机关企事业单位；省特级栏为机关企事业单位；国家二级为县邮电局、县供电局。④本表按评定时数量统计（含后来已撤销或合并单位）。⑤本表数字不含县档案馆。

二、县档案馆达标升级

（一）晋升省二级综合档案馆

1997年3月，县档案馆升为省二级综合档案馆。

县档案馆升级工作从1996年起开展。在档案馆达标升级工作中，按照《广东省各级国家档案馆业务建设实施细则》和《广东省各级国家档案馆工作达标升级考核标准》的规定要求，从制订方案、成立达标升级领导小组、明确目标、责任到人，到申请经费、购置设备等做了大量卓有成效的工作：①理顺全宗号、目录号、卷宗号、建立符合要求的档案目录80本。②对部分不符合规范化、标准化的馆藏档案重新进行鉴定、整理，打印案卷目录和卷内目录。③编写10种参考资料，汇编15种档案史料、5种档案专题目录。④修订了规章制度，规范了档案工作，使档案管理逐步走上规范化、制度化、科学化轨道。⑤在馆藏档案的重要库房和办公室安装4台空调机（其中3台空调机由省档案局无偿赠送），装机线路重新进行布设，办公库房条件逐步改善。

1997年初，县档案馆对照《广东省各级国家档案馆工作达标升级考核标准》，进行自检自评。自检自评结果总分78分。其中，行政管理15.3分，基础业务30分，管库设施14.1分，开发利用18.6分。自检自评总分和单项分均达到省二级标准。是年3月13日，县档案馆通过省档案工作升级评审委员会的考评，升为省二级综合档案馆。

1997年3月13日，县档案馆召开达省二级标准评审会，图为评审会会场

（二）晋升省一级综合档案馆

2008年7月，县档案馆晋升为省一级综合档案馆。

县档案馆晋升省一级档案馆工作从2007年5月开始筹备，从2008年初正式开展。2007年5月，制定《佛冈县档案馆晋升省一级标准工作方案》，方案根据省档案局《关于进一步推动全省档案馆目标管理工作的通知》（粤档发〔2007〕8号）的要求，项目内容分为7部分共22项。项目为：①行政管理；②基础业务；③馆库设施；④开发利用；⑤信息化建设；⑥功能拓展；⑦检查评估验收。

县档案馆晋升省一级工作从2008年初开展后，主要开展以下几项重点工作：①领导重视，保证档案工作的正常开展。县委、县政府不断加大对档案馆的投入，购置档案装具、库房密集架、档案信息化设备一批，从而有效地保证了档案馆各项工作的正常开展。②在省二级的基础上，以制度为保障，规范各项工作，以制度管事，以岗位职责管人，先后建立党务、政务、业务学习、岗位责任制，以及档案资料的接收、保管、保密、统计、查阅利用等制度。③巩固档案馆基础，丰富馆藏，促进档案信息资源的发展。依法接收档案进馆，丰富馆藏档案信息资源。通过县府办转发《关于向佛冈县档案馆移交档案资料的通知》，扩大档案资料的接收范围，做好接收档案进馆工作。2008 年 1—7 月，共接收 59 个全宗单位的文书档案 2961 卷又 3811 件；专门档案 6 种 31752 卷又 190 件；声像档案 2080 张、31 盘；实物档案 89 件；收集资料 168 册（件），抢救重点档案 132 卷共 9705 页。馆藏档案编研工作成绩突出，坚持每月编写《佛冈县大事记》，编写《馆藏档案全宗指南》《佛冈县招商引资情况介绍》《佛冈县城建介绍》《中华人民共和国成立后历届县委书记、副书记、常委及纪律检查委员会书记、副书记任职情况简介》《佛冈县旅游介绍》，续写专题文件汇编 12 种，包括佛冈县委、县政府文件汇编，党代会、人代会文件汇编，政协会议文件汇编，团代会、妇代会文件汇编，计生、教育、招商引资、县政府工作报告、县五年计划等文件选编。档案馆独立完成新增编研材料 2 种，与县史志办合编出版 1 种编研史料。做好馆藏档案管理统计工作，对馆藏档案进行一次清查，按照省档案局下发的统计台账样式，对档案的收进、移出、鉴定、销毁、保管等情况进行规范化管理，建立统一规范的档案管理台账。④积极开展档案信息资源的利用服务工作，共接待利用档案 413 人次，利用档案 845 卷（件），特别是为编写组织史资料提供翔实的史料。同时，依据国家有关规定，认真细致地做好档案的鉴定工作，对满 30 年（1977 年前）馆藏的 44 个全宗 5478 卷档案进行开放前的鉴定，编好开放档案目录向社会开放档案。2008 年上半年，县档案馆为协助广东省委、省政府收集《广东省改革开放纪事》提供照片 100 多张。⑤办公设备不断完善。购置《华厦文档一体化管理系统》网络版 1 套、服务器 1 个及普惠扫描仪 1 台、录像机 1 台等设备，数字化管理档案水平逐步提高。⑥创新机制，拓宽档案馆功能。做好展览大厅的设计规划布局，举办以“建设大气佛冈成果展”为主题的档案展览，反映了改革开放 30 年来佛冈县经济建设和社会各项事业发展的瞩目成就，前来参观人数达 1272 人次。档案馆的社会服务功能进一步拓展，被县委确定为第一批佛冈爱国主义教育基地。

2008 年 7 月 23 日，广东省档案局组织专家评审组，对佛冈县档案馆工作进行全面考核和评审，并对照《广东省市（地）县级国家档案馆目标管理考核标准》进行了逐条逐项评议、打分，评审总分为 91.1 + 17.5 分，总分和各单项分均达到省一级标准要求，评定佛冈县档案馆为省一级综合档案馆。

（三）晋升省特级综合档案馆

2017 年 1 月，县档案馆晋升为省特级综合档案馆。

县档案馆晋升省特级综合档案馆工作从 2015 年 4 月开始筹备，筹备晋升国家二级（与省特级同级）。是年 6 月，县府办印发《佛冈县档案馆创建国家二级综合档案馆工作方案的通知》（佛府办〔2015〕26 号），方案根据佛冈县创建全国文明城市关于县档案馆达国家二级的标准，按照国家档案局办公室《关于印发〈市、县级国家综合档案馆测评办法〉的通知》（档办发〔2013〕2 号）的规定制定。方案在说明创建工作重要意义的同时，根据国家档案局颁布的《市、县级国家档案馆测评细则》规定，列出创建工作的四大部分 17 项任务目标，并对创建工作机构、责任、经费等做出规定。

创建工作于 2015 年 4 月启动后，主要开展以下几方面重点工作：①依法接收各类档案资料，强化档案工作规范化管理，加强对档案馆的安全检查，高度重视档案的保管保护工作。当年共接收各类档案 26 575 卷（其中文书档案 8009 卷，专门档案 9274 卷，破产企业档案 9292 卷），收集图书资料 648 册，收集照片 95 张，光盘 2 张，实物 14 件；接收政府公开的政务信息 2150 件。②加快档案信息化建设，全力推进创文工作。建立了数字化办公室，聘请合同工加班加点进行文件录入及扫描工作，加快对本年度接收档案的分类、归档、整理、入库及数字化管理工作。至 2016 年 12 月 16 日止，馆藏档案数字化文件实体扫描 828 666 页，均已实现挂接，当年新增 33.5 万页（其中民国档案 61 866 页）；实现馆藏档案文件目录录入已全部完成，比例达 100%。当年录入案卷 7636 卷，卷内文件目录 1913 页。③做好破损档案的抢救修复、消毒工作。2017 年，加强重点档案抢救修复工作，扫描民国档案 61 866 页；中华人民共和国成立 30 年后应抢救档案 2241 卷，当年已抢救 1090 卷，均已实现扫描及挂接工作；余下的档案计划在 2018 年完成此项工作。④开展档案信息资源利用工作。县档案馆认真做好档案的服务利用工作，积极探索档案信息资源的开发利用，不断提高服务水平和服务质量，做到热情接待到馆查阅利用档案的人员。2016 年，共接待利用档案 1063 人次，利用档案 3753 卷（件）。为原民办、代课教师享受待遇提供有力证据，为机关单位工作人员补充档案材料，为下岗失业人员、村干部办理购买社保、医保，为编史修志等提供了档案材料，充分发挥档案的社会效益和经济效益。

2016年12月，县档案馆编制《佛冈县档案馆晋升省特级综合档案馆自查报告》，自查报告内容分为3部分：第一部分历史沿革，包括佛冈县区域位置、建置沿革、佛冈县档案馆机构沿革等。第二部分馆库地址变迁及馆藏情况，包括县档案馆址和档案大楼建设、馆藏全宗及各类馆藏档案的数量和特点等。第三部分自查情况，根据《市、县级国家综合档案馆测评办法》，分为4个方面自查：①条件保障，包括政策保障、档案馆舍建设、设施与设备、经费、干部队伍和机关建设5项。②基础业务，包括档案资源建设、档案整理保管与保护、检索工具编制3项。③开放利用，包括档案开放、政府公开信息查阅场所建设、档案整理编研、展览与社会教育4项。④信息化建设，包括规划方案、馆藏档案数字化、管理平台和网络建设3项。

佛冈县创建省级特级档案馆工作在经省、市档案局初评的基础上，2016年12月，县档案馆对照《市、县级国家综合档案馆测评细则》，对晋升省特级档案馆工作进行自检评分，总分为89.29分。其中，条件保障得分27.1分，基础业务得分28.19分，开发利用得分23分，信息化建设得分11分，各项得分均已达到省特级档案馆的要求。2017年1月，经省档案局组织专家评审，佛冈县档案馆晋升为省特级综合档案馆。

2017年1月12日，省晋升档案馆测评组在佛冈县档案馆审查评省特级测评材料

2017年1月12日，召开佛冈县档案馆晋升省特级档案室评审会，图为测评会会场

表7-3　1997—2017年佛冈县档案馆达标升级一览表

级别	晋升时间（年·月）	自评分（分）	考评分（分）
1. 省二级	1997.3	78.0	75.3
2. 省一级	2008.7	93.1	91.1

续上表

级别	晋升时间（年·月）	自评分（分）	考评分（分）
3. 省特级	2017.1	89.29	81.34
（1）条件保障		27.1	27.00
（2）基础业务		28.19	26.59
（3）开放利用		23.00	18.70
（4）信息建设		11.00	9.05

注：本表摘自县档案馆本部门档案。

三、机关单位档案达标升级

（一）机关单位档案达标升级规定

机关单位（包括行政事业企业单位）档案达标升级工作从1991年起开始，延续至2017年，2020年做全县机关单位档案达标升级统计总结。

1991年，省档案局印发《广东省机关档案综合管理升级试行办法》（1996年改为《广东省机关档案综合管理升级办法》），并随后印发《广东省机关档案综合管理达标升级考核标准》。

开展机关档案综合管理达标升级活动，是促进机关档案工作全面发展的一项重要措施，目的是要通过实行档案的综合管理，加强档案基础业务建设，改善档案工作条件，提高档案开发利用水平。开展机关档案综合管理达标升级的主要内容有：①划分省二级、省一级、省特级3个等级。②按《广东省机关档案综合管理升级考核标准》进行考核评审，采用百分制计分，总分与单项分双重考核的办法。考核项目分为行政管理、基础业务、库房设施、开发利用4项。③经评审，省二级总分不低于65分，省一级总分不低于80分，省特级总分不低于93分。其他项目分也要达到标准。④被评定为达标的单位，由省档案局颁发证书。以上规定，延续执行至2020年。

机关单位档案达标升级，省二级、省一级及部分省特级单位，由广东省档案局委托清远市档案局、佛冈县档案局评定，报省档案局审定发证；合格单位（烟草局）由清远市烟草局会同佛冈县烟草局评定；县派出所（省一级、省二级）由清远市公安局会同佛冈县档案局评定，报清远市档案局、广东省档案局审定发证。

（二）机关单位档案达标升级试点案例

县人行档案综合管理达标升级试点

1992 年，县档案局确定中国人民银行佛冈支行（简称“县人行”）为机关单位档案综合管理达标升级试点单位，从 6 月起开展档案达标升级试点工作。

县人行认真对照《档案法》和《档案法实施办法》，将档案工作列入该行的管理范围，列入工作计划，指定一名副行长分管，人秘股副股长主管并兼任档案员。设立专门的档案室、阅览室，先后购置铁皮档案柜 8 套，档案工作取得不断的进展。为了进一步提高档案综合管理水平，更好地为经济建设服务，支行领导把开展档案综合管理升级工作列入议事日程，成立档案室管理领导小组，从 6 月开始，有步骤地开展档案管理升级工作。在开展升级工作的过程中，得到清远分行和市档案局领导的关怀和支持，佛冈县档案局派出人员，从业务上做好咨询指导，按照省档案局重新修订的《广东省机关档案综合管理升级考核标准》和《广东省机关档案综合管理升级考评细则》，与该支行的升级小组人员一起，逐项逐条对照检查，发现不足之处，指导做好补充、修改、完善、提高工作，力求高标准、严要求。如发现 200 多卷文书档案在分类和确定保管期限上存在一些问题，则指导该行档案人员，并一起动手重新分类组卷，重新抄写卷内目录、重新打印，使整理的案卷符合质量要求。9 月 3 日，清远市档案局考评小组对该支行档案综合管理升级情况进行全面考评，通过验证材料、综合分析，考评结果总分达 87.8 分（其中行政管理 17.2 分，基础业务 37.8 分，档案保管 14 分，开放利用 19.3 分），总分和单项分均达到省一级标准要求，同意发给中国人民银行佛冈支行省一级机关档案综合管理证书，县人行成为佛冈县首家档案综合管理升级单位，对促进全县开展机关档案综合管理升级活动起到很好的表率作用。至年底，已有县中行、县检察院、县成人教育办公室等 11 个单位前往参观学习，有的单位已着手进行升级工作准备。

1994 年，县档案局指导县人行在获评省一级的基础上，再晋升为省特级。在指导过程中，县档案局与县人行分管档案工作的领导研究制定升级计划，分步实施。根据省特级的标准，组织人力，分工负责，逐条逐项开展完善工作。经过 2 个多月的努力工作，最后通过省评审小组的考评验收，总分达到96.1分，达到机关档案综合管理省特级标准，成为县内首家省特级单位。

县中行档案综合管理达标升级试点

1993年，中国银行佛冈县支行（简称“县中行”）确定为佛冈县机关单位档案综合管理达标升级试点单位，在县档案局的指导下开展达标升级工作。

在开展达标升级工作中，县中行领导班子高度重视，把达标升级工作列入本行的管理范围，列入工作计划，设立综合档案室，明确分工一名副行长分管档案，人秘股副股长主管档案工作，配备1名大专文化档案员，建立档案工作网络，拨出一定经费购置箱柜和设备，建立各种门类档案资料的归档制度和保管、借阅、鉴定等制度及档案人员岗位责任制。县档案局抽出人力给予帮助和指导，按照《广东省机关档案综合管理升级考核标准》的要求，逐条逐项进行对照检查，并不断修改、补充和完善相关设施和制度，从而有力地保证了档案综合管理达标升级工作的开展。清远市档案局于9月24日，组织7名评审员的考评小组对该行档案综合管理升级工作进行考评，考评采取听汇报、现场考核、验证有关材料、进行综合分析和逐项考证的方法进行。考评验收结果总分89.1分，总分和单项分均达到省一级标准。省档案局授予中国银行佛冈支行档案综合管理省一级机关档案综合管理合格证书，成为佛冈县继县人民银行之后第二个机关档案综合管理达标升省一级单位。

（三）机关单位档案达标升级进程

1991年，县档案局向县直机关单位派发省档案局印发的《广东省机关档案综合管理升级试行办法》《广东省机关档案综合管理升级考核标准》《广东省机关档案综合管理升级考评细则》等文件，并确定县审计局、中国银行佛冈支行为试点，开展机关单位档案达标升级工作。当年，县审计局、县中行2个试点单位对照省档案局的规定，成立达标升级领导小组，制定达标升级工作计划，设立综合档案室，完善设施设备，开展档案整理、归档和编制档案编目工作，推动达标升级工作的开展，为达标升级打好基础。同年，县检察院在县档案局的指导下，开展档案室的整理和编制编目工作，并改善档案室的设施设备，建立档案保管、归档、借阅登记等制度。以上工作的开展，为县直机关单位档案管理达标升级工作的开展开好头、起好步。

1992 年，佛冈县按照省档案局修订的《广东省机关档案综合管理升级考核标准》及《广东省机关档案综合管理升级考评细则》，选定县人行作为试点，开展机关档案综合管理达标升级工作。同年 6 月，县档案局派出专业人员到县人行开展指导工作，对照标准和细则逐项落实。9 月 3 日，清远市档案局考评小组到县人行进行全面考核。经考评，县人行总分 87.8 分（其中行政管理 17.2 分，基础业务 37.8 分，档案保管 14 分，开发利用 18.8 分），总分及单项分均达到省一级标准，同意县人行为省一级机关档案综合管理单位，县人行成为佛冈县第一家档案综合管理达标升级单位。县人行达标升级后，县档案局及时推广其做法经验，同年有县中行、县检察院等 10 多个单位到县人行参观学习。

1993 年，县档案局派员指导县中行机关档案综合管理达标升级工作。9 月，经清远市考评小组考评，县中行以总分 89.1 分达到省一级标准。

1994 年，县人行在原取得省一级的基础上继续按省特级标准开展升级工作。经省档案考评组考核验收，县人行以总分 96.1 分升级为省特级单位，成为佛冈县第一个省特级标准单位。同年，有中国人民保险公司佛冈县支公司（简称“县人民保险公司”）、佛冈县审计局和佛冈县税务局 3 个单位通过省一级评审。在达标升级工作中，县档案局与县人行一起研究制定计划，组织人员分工负责开展工作，经过 2 个多月的努力，县人行最后通过省评审组评为省特级的评审。县人民保险公司在开展达标升级工作中，调剂办公用房设立综合档案室，并购置计算机、空调机等设备，完善硬件设施。县税务局因刚从财政局分出，未设立档案室，档案材料也未收集整理。该局从 7 月起，持续开展建立档案室、配置设备、整理档案材料工作，到 11 月，以总分 90.3 分通过省一级达标评审。

1995 年，评定省一级单位 2 个：县检察院、县防疫站。是年，县档案局对机关单位达标升级的做法和经验进行总结推广。同时，加强宣传报道工作，请分管档案工作的县领导出席单位达标升级评审会并做讲话，请电视台拍成录像片在佛冈新闻栏目中播放。通过以上措施，推动全县机关单位档案综合人管理达标升级工作加快开展。

1996 年起，继续开展机关档案管理达标升级工作。是年，评为省特级单位 1 个：县建行。

1997 年，评为省二级单位 3 个：县委统战部、县新华书店、县建筑公司；评为省一级单位 1 个：县法院；评为省特级单位 4 个：县供电局、县公安交警大队、县邮电局、县检察院（省一级再升省特级）。

1998 年，评为省二级单位 1 个：县气象局；评为省特级单位 1 个：县财政局；评为国家二级单位1个：县邮电局（从省特级套转）。

1999年，县委办、县府办联合发出《关于加强我县机关企事业单位档案目标管理工作的通知》，推动工作的开展。是年，评为省合格单位1个：县烟草局；评为省二级单位9个：县环保局、县贸易局、县委办、县信访办、县粮食局、县人大办、县府办、县电大、县外贸公司；评为省特级单位3个：县农信社、县卫生局、县工商局；评为国家二级单位1个：县供电局（从省特级套转）。

2000年，评为省二级单位4个：县司法局、县机关事务局、县公安森林分局、县计划局；评为省一级单位2个：县林业局、县物价局；评为省特级单位4个：县国税局、县地税局、县住建局、县人民保险公司（从省二级再升级）。

2001年，评为省二级单位2个：县委党史室、县纪委监察局。

2002年，评为省二级单位6个：公安派出所6个；评为省一级单位8个：公安派出所8个；评为省特级单位1个：县教育局。

2003年，评为省二级单位1个：县计生局；评为省先进科技单位1个：县气象局（省二级再评）。

2004年，评为省特级单位2个：县公安局、县公路局。

2005年，评为省特级单位1个：县农行。

2007年，评为省特级单位1个：京珠高速公路大队。

2009年，评为省特级单位1个：县纪委监察局（从省二级再升级）。

2011年，评为省特级单位4个：佛冈一中、城东中学、振兴小学、县社保局。

2012年，评为省特级单位3个：城北中学、县一小、县法院（省一级再升）。

2013年，评为省特级单位1个：佛冈中学。

2014年，评为省一级单位1个：县四小；评为省特级单位1个：县审计局（省一级再升）。

2015年，评为省一级单位1个：县三小。

2017年，评为省一级单位2个：高岗中学、大陂中学。

至2020年止累计，全县机关企事业单位（按评定时的单位记录，含后已撤销或合并单位，并含二次评定升级单位）达标累计81个，其中合格单位1个（县烟草局），省先进单位1个（县气象局），省二级单位26个，省一级单位22个，省特级单位29个，国家二级单位2个。

表7-4　1992—2020年佛冈县机关单位档案达标升级统计表

序号	单位名称	达标时间	级别	评审分（分）	备注
1	县人行	1992.9	省一级	87.8	
2	县中行	1993.9	省一级	89.1	
3	县人保公司	1994.1	省一级	86.6	
4	县审计局	1994.7	省一级	87.3	
5	县人行	1994.10	省特级	96.1	再升
6	县税务局	1994.11	省一级	90.3	
7	县检察院	1995.9	省一级	90.5	
8	县防疫站	1995.12	省一级	94.3	
9	县建行	1996.1	省特级	96.3	
10	县统战部	1997.6	省二级	72.2	
11	县邮电局	1997.6	省特级	96.5	
12	县新华书店	1997.11	省二级	75.5	
13	县法院	1997.11	省一级	83.3	
14	县供电局	1997.11	省特级	97.5	
15	县建筑公司	1997.12	省二级	74.4	
16	县检察院	1997.12	省特级	97.4	再升
17	县交警大队	1997.12	省特级	97.3	
18	县邮电局	1998.1	国二级	89.5	转套
19	县财政局	1998.8	省特级	96.8	
20	县气象局	1998.12	省二级	79.8	
21	县工商局	1999.1	省特级	96.8	
22	县环保局	1999.7	省二级	73.1	
23	县贸易局	1999.9	省二级	73.1	
24	县委办	1999.9	省二级	77.6	
25	县信访办	1999.9	省二级	71.5	
26	县农信社	1999.10	省特级	94.8	

续上表

序号	单位名称	达标时间	级别	评审分（分）	备注
27	县卫生局	1999. 10	省特级	97. 3	
28	县粮食局	1999. 11	省二级	73. 9	
29	县供电局	1999. 11	国二级	97. 5	转套
30	县人大办	1999. 12	省二级	77. 2	
31	县府办	1999. 12	省二级	78. 0	
32	县电大	1999. 12	省二级	76. 6	
33	县外贸公司	1999. 12	省二级	72. 3	
34	县烟草局	1999. 12	合格	72. 1	
35	县林业局	2000. 3	省一级	88. 1	
36	县物价局	2000. 3	省一级	86. 4	
37	县司法局	2000. 5	省二级	71. 6	
38	机关事务局	2000. 6	省二级	79. 5	
39	县国税局	2000. 7	省特级	97. 7	
40	县住建局	2000. 9	省特级	96. 3	
41	森林分局	2000. 9	省二级	75. 6	
42	县计划局	2000. 12	省二级	71. 1	
43	县地税局	2000. 12	省特级	97. 6	
44	县人保公司	2000. 12	省特级	97. 6	再升
45	县党史室	2001. 12	省二级	73. 8	
46	县纪检监察	2001. 12	省二级	78. 3	
47	县教育局	2002. 1	省特级	98. 0	
48	烟岭派出所	2002. 7	省二级	70. 0	
49	水头派出所	2002. 7	省二级	73. 5	
50	龙南派出所	2002. 7	省二级	71. 5	
51	民安派出所	2002. 7	省二级	68. 0	
52	四九派出所	2002. 7	省二级	67. 0	
53	黄花派出所	2002. 7	省二级	70. 5	

续上表

序号	单位名称	达标时间	级别	评审分（分）	备注
54	高岗派出所	2002. 7	省一级	85. 0	
55	迳头派出所	2002. 7	省一级	87. 6	
56	城东派出所	2002. 7	省一级	88. 6	
57	沿江派出所	2002. 7	省一级	88. 5	
58	城南派出所	2002. 7	省一级	89. 5	
59	三八派出所	2002. 7	省一级	87. 5	
60	汤塘派出所	2002. 7	省一级	82. 5	
61	龙山派出所	2002. 7	省一级	86. 5	
62	县计生局	2003. 12	省二级	73. 0	
63	县气象局	2003. 12	省先进	84. 7	再评
64	县公安局	2004. 8	省特级	97. 3	
65	县公路局	2004. 12	省特级	96. 8	
66	县农行	2005. 6	省特级	97. 2	
67	高速公路大队	2007. 2	省特级	98. 0	
68	县纪检监察	2009	省特级	96. 3	再升
69	佛冈一中	2011. 5	省特级	95. 9	
70	城东中学	2011	省特级	96. 6	
71	振兴小学	2011	省特级	96. 5	
72	县社保局	2011	省特级	97. 4	
73	城北中学	2012	省特级	96. 3	
74	县一小	2012	省特级	95. 8	
75	县法院	2012	省特级	97. 2	再升
76	佛冈中学	2013	省特级	96. 8	
77	县四小	2014	省一级	83. 9	
78	县审计局	2014. 12	省特级	95. 6	再升
79	县三小	2015. 7	省一级	82. 0	
80	高岗中学	2017. 10	省一级	83. 4	
81	大陂中学	2017. 11	省一级	85. 1	

注：本表摘自县档案馆档案资料。

四、镇、村、社区档案达标升级

（一）镇、村、社区档案达标升级规定

佛冈县镇级档案达标升级工作与机关单位档案达标升级工作一并开展，各项规定相同共用。

佛冈县行政村级、社区级档案达标升级工作与农业和农村档案工作相结合，于1998年开展。

镇级档案达标升级（省二级），由广东省档案局委托清远市档案局、佛冈县档案局评定，报省档案局审批发证。合格单位（行政村、社区）由清远市档案局委托佛冈县档案局评定，报清远市档案局审定发证。

1998年起，通过贯彻《广东省农村管理区档案工作目标管理试行办法》，逐步启动全县行政村村委会（原称管理区）的建档工作，居委会档案工作参照执行。

村委会档案工作目标管理活动按省档案局试行办法开展。主要内容有：①原则。坚持全面开展、自愿申报、公正考核、实事求是的原则。②等级划分。划分为合格级、省二级、省一级、省特级4个等级。③考核标准。按照《广东省农村村民委员会档案工作目标管理考核标准》进行考核，采用百分制计分、总分与单项分双重考核办法。考核项目分为行政管理、检查业务、室库设施、开发利用4项。村委会合格级的标准是“六个有”，省二级的标准是总分不低于60分，省一级的标准是总分不低于75分，省特级的标准是总分不低于90分。另单项分也要达到标准。④证书。经考核评为“合格”等级的，由县档案局发给证书；评为省二级以上的，由省档案局发给证书。

（二）镇、村、社区档案达标升级进程

1998年，评为省二级的镇1个：龙南镇（农业农村档案管理试点镇）；评为省合格单位行政村1个：水头坐下管理区（农业农村档案管理试点村）。

2001年，评为省二级的镇1个：水头镇；评为省二级的行政村3个：民安镇榨油岭村、水头镇丰联村、龙南镇龙塘村。

2004年，评为省二级的镇2个：汤塘镇、石角镇。

2005 年，评为省二级的镇 3 个：迳头镇、高岗镇、龙山镇。

从 2002 年起至 2005 年止，全县撤并后的 6 个镇全部被评为省二级；78 个行政村中评为省二级的 3 个、评为合格的 75 个；12 个居民社区全部评为合格达标（石角镇 6 个，汤塘镇 2 个，其他 4 镇各 1 个）。

至 2020 年止累计，全县镇、行政村、社区档案综合管理达标升级单位 96 个，其中镇 6 个，行政村 78 个，社区 12 个；评为合格 87 个，评为省二级 9 个。

表 7－5　1998—2020 年佛冈县镇村居档案达标升级统计表

镇村名称	达标时间（年·月）	级别	备注
龙南镇	1998. 12	省二级	试点镇
水头坣下村	1998	合格	试点村
水头镇	1999. 12	省二级	
民安榨油岭	2001. 7	省二级	
水头丰联村	2001. 9	省二级	
龙南龙塘村	2001. 11	省二级	
龙山镇	2004. 8	省二级	
石角镇	2004. 12	省二级	
汤塘镇	2004. 12	省二级	
迳头镇	2005. 9	省二级	
高岗镇	2005. 11	省二级	
74 个村	2005. 12	合格	
12 个社区	2005. 12	合格	

注：①2005 年起，全县撤并为 6 个镇 78 个行政村 12 个社区。②6 个镇为省二级；78 个村中，省二级 3 个，合格 75 个；12 个社区均为合格。

五、档案达标复查

1998 年，根据省档案局《对档案综合管理已达标单位的复查办法》，县档案局开展对档案综合管理已达标单位的复查工作。按规定，对档案综合管理已达标达 5 年（含 5 年）的单位继续复查，此后按期复查。

在开展复查工作中，由县档案局对符合复查期限的单位发出《佛冈县档案综合管理达标复查通知书》。复查内容包括 5 个部分：①档案行政管理，包括档案机构、档案人员、档案制度等 6 项；②档案保管条件，包括档案库室、档案设施 2 项；③档案集中管理，包括档案实体、档案目录 2 项；④档案的提供利用，包括登记、事例、台账等 4 项；⑤档案的整理，包括文书、基建、会计、照片档案及本部门专门档案、实物档案的整理。

经县档案局组织复查后，向复查单位发出《佛冈县档案综合管理达标复查结果通知书》，内容包括单位档案室基本情况、达标时间、复查时间，并列明经复查发现存在问题的整改意见（1—6 个月内整改完毕），复查结论（同意或不同意保持达标等级）。

从 20 世纪 90 年代后期起至 2020 年，县档案局按照省档案局关于已达标单位复查的规定，有计划地开展复查工作。已达标单位积极配合复查，认真整改存在问题，全县已达标单位没有出现档案管理滑坡而被取消或降低达标等级的现象。

根据省档案局《关于开展全省各地国家档案馆工作达标升级复查的通知》(2000 年印发)，佛冈县档案馆达标升级复查工作由省档案局组织进行。

第二节　档案创建及职称评定工作

一、档案创建重点工作

2009 年起，县档案馆根据开展社会主义新农村建设的形势任务，启动新农村档案建设工作。同时，根据省档案局《关于加强我省社会主义新农村建设档案工作的意见》（粤档发〔2009〕18 号），佛冈县选定高岗镇长江村、汤塘镇汤塘村为新农村建设档案工作示范单位。

2011 年 9 月，根据省档案局的通知精神，佛冈县选定汤塘镇官山村民委员会为新农村建设档案示范点。

2013 年，佛冈县按照省、市档案部门的部署，创建社会主义新农村建设档案工作示范县。县政府十分重视创建工作，县府办印发《关于成立佛冈县创建社会主义新农村档案工作示范县领导小组的通知》（佛府办函

〔2013〕93 号)，并印发《佛冈县创建社会主义新农村建设档案工作示范县实施方案的通知》（佛府办〔2013〕82 号)，县政府常务会议决定从县财政拨付 22 万元投入创建工作。10 月 11 日，县政府召开佛冈县创建社会主义新农村建设档案工作示范县大会，在全县铺开创建工作。

2014 年 1 月，佛冈县迳头镇、迳头村分别通过市验收，创建为清远市社会主义新农村建设档案工作示范镇、示范村。5 月，县档案局由局长组成 6 人小组，到始兴县档案局，学习该局创建全国新农村建设档案工作的先进经验。在创建工作中，县档案局对全县 6 个镇和县涉农单位档案人员开展业务培训，举办培训班 8 期，参加培训人数 160 多人。县档案局编制《镇各类档案立卷归档制度》《镇各类档案收集范围和保管期限表》《镇档案分类编号方案》《村（居）民委员会文件材料归档范围及保管期限表》等档案综合管理制度及范本，印发到各镇，并开展专项督查工作，推动创建示范县工作的开展。7 月，县政府召开涉农单位创建社会主义新农村档案工作示范县协调会，把创建示范县工作与农业和农村档案工作结合起来。至 2014 年底，全县 6 个镇 90 个行政村和居民社区全部通过档案合格验收。

2015 年，执行省委办公厅、省政府办公厅《关于加强和改进新形势下我省档案工作的意见》，佛冈县发扬创建新农村建设档案工作示范县的成绩和经验，全面推进农业和农村档案工作。

二、档案职称评定工作

1987 年 5 月，佛冈县档案专业职称改革工作启动开展。8 月，根据县职称改革工作领导小组《关于组建佛冈县图书、资料、文博、档案专业技术职称推荐小组的通知》(佛职改字〔1987〕6 号)，推荐小组组长陈佛俊，成员 3 人中有县档案馆张伟林。是年，县档案馆有中级职称（馆员）1 人（陈佛俊)，初级职称（管理员）1 人（张伟林)。

1988 年 3 月，县档案馆被评为馆员 1 人（曾素添)，评为管理员 1 人（冯雪霞)。

1991 年，县档案馆在职人员 6 人，其中有馆员 2 人（陈佛俊、曾素添)，助理馆员 2 人（冯雪霞、朱明采)，管理员 1 人（朱海燕)。

1992 年 10 月 21 日，县档案馆发出《关于转发市档案局〈关于档案专业初级职务任职资格评审工作若干问题的通知〉的通知》(佛档〔1992〕5 号)，规定从事档案专业技术工作人员，具有中专毕业以上学历、从事档案工作一年以上，符合档案专业任职条件的，均可申报相应专业技术职务任职资格。

1993 年，经市档案专业技术人员初级技术资格评审委员会评审，佛冈县县直机关评为档案初级职务 43 人。

1994 年，佛冈县县直机关评定档案初级职称 9 人（其中助理馆员 5 人，管理员 4 人）。

1995 年，佛冈县县直机关评定档案初级职称 2 人（均为管理员）。

1996 年起，继续做好档案专业技术职务任职资格推荐评审工作。至 2020 年止累计，经省、市分别评定，全县（县档案馆及基层档案单位）先后评定为档案专业技术职称的有 54 人。其中中级职称 5 人（陈佛俊、曾素添、朱明采、杜平、朱燕伶），初级职称 50 人（助理馆员，管理员）。

表 7－6 历年佛冈县档案评定职称人员一览表

姓名	性别	职称名称	评定时间（年）	工作单位	2020 年否在岗
陈佛俊	男	馆员	1987	县档案局（馆）	不在岗
张伟林	男	管理员	1987	县档案局（馆）	不在岗
曾素添	女	馆员	1988	县档案局（馆）	不在岗
冯雪霞	女	管理员	1988	县档案局（馆）	不在岗
朱明采	男	助理馆员 馆员	2002 2003	县档案局（馆）	不在岗
朱海燕	女	管理员 助理馆员	2002 1996	县档案局（馆）	在岗
黄榕棠	男	助理馆员	2002	县档案局（馆）	不在岗
林绍嘉	男	管理员 助理馆员	1991 2002	县档案局（馆）	在岗
杜　平	女	馆员	2002	县卫生防疫站	不在岗
朱燕伶	女	馆员	2006	县住建局	在岗

注：本表记录县档案馆先后评为初级职称、中级职称人员，机关单位中级职称人员。

第八章　内部管理与荣誉奖项

第一节　内部管理

县档案局（馆）按照县委、县政府每个阶段的工作部署，加强单位内部管理工作，围绕全县工作中心组织开展党、政、群的各项管理和活动。

1990年起，按照县委的部署，开展党支部、党员“双目标管理”工作。

1996年起，按照县委、县政府关于开展扶贫、计生工作的部署，先后抽调3名干部下乡开展扶贫和计生工作。

1997年，县档案局与（与县烟草局）到挂钩的迳头镇陂下管理区开展扶贫工作，由局内个人集资帮扶，当年该管理区实现脱贫。

1998年，县档案局筹资支持挂钩点迳头镇陂下管理区建设办公楼（同年建成）。是年，发动干部职工捐款支援长江灾区。

1999年，县档案局支持迳头镇计生工作经费1300元。

2000年，按照县委部署，开展“三讲”（讲学习、讲政治、讲正气）工作。同年，县档案局个人捐资共1600元，支持县游泳场建设和全县扶贫攻坚“两大会战”。

2001年，开展“三个代表”重要思想学习教育活动，并抽调1名副科级干部参加镇村“三个代表”学习教育督导组开展指导工作。

2003年，经县主管领导批准，9月13—16日，县档案局（馆）组织本单位人员到湖南长沙、韶山、湘潭、衡山等地参观学习。

2005年，开展保持共产党员先进性教育活动。派1名党员干部参加县委组织的“十百千万”干部下基层驻农村工作，档案局支持挂扶村1000元。在同年开展抗洪救灾和“南粤助残”工程中，单位和个人捐资共2750元。

2006年，按照县委的部署，县档案局开展“三个走在前面”为主题的排头兵实践活动。8月7—16日，经县主管领导批准，县档案局（馆）组织本单位人员到四川省的黄龙、九寨沟、乐山、峨眉山等地参观学习。同年，支持挂扶村发展经济项目资金3000元。

2007年8月17—18日，县档案局组织本单位人员到阳山、连州、连南、连山参观学习。同年支持挂扶村发展经济项目资金3000元。

2008年，开展学习实践科学发展观和争创“五个一流”活动。3月14日，县档案局组织本单位人员到清城区档案局参观学习。同年，单位和个人为四川省汶川县发生“5·12”地震灾区捐资共5920元（单位3000元，个人2920元）。

2009年，开展学习贯彻党的十七届四中全会精神，开展“廉风和畅”活动。1月16日，县档案局组织本单位人员到挂扶点迳头镇大村进行春节慰问。5月2—6日，到广西北海、南宁市参观学习。同年，按照县委关于开展城乡基层党组织互帮互助活动，县档案局与迳头镇大村党支部结对帮扶，开展“一帮一”结对帮扶活动，按照“规划到户、责任到人”的部署，到扶贫任务分配到人，局（馆）干部6人帮扶贫困户11户，全年投入扶持资金5800元（其中干部个人帮扶农村党员群众共1800元）。

2010年，按照县委的部署，开展党组织和党员争先创优活动。同年，单位和个人为挂扶点贫困户和“扶贫济困日”捐资共4650元。

2011年，按照县委、县纪委部署，开展廉政风险防控工作。5月28—29日，经县主管领导批准，县档案局（馆）组织本单位人员到湖北省武汉市进行革命传统教育，先后到辛亥革命纪念馆、黄鹤楼、东湖等地参观学习。6月30日，县档案局组织干部职工开展慈善募捐活动，个人捐资共2980元。

2012年，配合全县“三打两建”工作，举办“佛冈县三打专项行动成果展”。4月，根据县委安排，县档案局（馆）长李小珑挂任迳头镇大村党支部第一书记。6月14—18日，经请示县政府领导同意，档案局组织在职干部职工10人到四川重庆、经三峡—宜昌—武汉等地参观学习。是年，单位和个人支持挂扶村建设和参加慈善募捐活动捐资共1.17万元。

2013年，根据县委、县政府部署，派出1名干部到挂扶村开展驻村扶贫。1月31日，县档案局组织本单位人员到挂扶村迳头镇大村开展春节慰问活动。2月25日，县委组织部、县关心下一代工作委员会联合发出《关于表彰全县2012年度“五好”关工委的决定》，县档案局关工委被评为“五好”关工委受到表彰，获牌匾1个。是日，县档案局局长李小珑与县委、县政府签订 2013—2014 年佛冈县维护稳定及社会治安综合治理目标管理责任书。4 月 26 日，县档案局赠送 2 套五层文书档案柜给挂扶点迳头镇大村村委。是年，单位和个人支持挂扶村和四川雅安抗震救灾、县内“5·15”洪灾抗洪救灾捐资共 2.27 万元。

2014 年，开展学习贯彻中央“八项规定”和党的群众路线教育实践活动。1 月 21 日，县档案局组织本单位人员到挂扶村汤塘镇洛洞村开展春节慰问活动。2 月 18 日，到洛洞村开展村情调查。2 月 24 日，县档案局召开党的群众路线教育实践活动动员会，县第二督导组副组长黄常佳等 4 人、县档案局全体党员干部参加会议。3 月 18 日，县群众路线教育实践活动第二督导组副组长黄常佳带领 4 名工作人员到档案局，就局领导班子在“四风”和服务群众等方面征求意见和建议。4 月 18 日，县档案局赠送一套铁皮五层文书档案柜给挂扶单位—汤塘镇洛洞村委会。5 月 25 日，佛冈县境内特大水灾发生后，县档案局副局长林绍嘉带队到局挂扶点洛洞村委及特困户家中慰问，支持该村抗灾资金 5500 元，其中支持村委 4000 元，支持 3 户特困户每户 500 元。6 月 30 日，县档案局领导班子成员一行 5 人，由局长曹榕村带队到局挂扶点洛洞村委进行“七一”慰问，送去节日慰问金。7 月 1 日，根据佛组通〔2014〕40 号文通知，曹榕村挂任汤塘镇洛洞村党支部第一书记。8 月 1 日，县档案局局长曹榕村带领局干部一行 3 人到挂扶村洛洞村委进行“八一”慰问，送去节日慰问金 2000 元。9 月 5 日，在中秋节即将来临之际，县档案局副局长林绍嘉带队到局挂扶村慰问，发给慰问金 2000 元，其中村委会 1000 元，5 户贫困户各 200 元。

2015 年，开展以为民务实清廉为主题的正风行动。同年，由局领导带队到挂扶村汤塘镇洛洞村开展挂扶和慰问特困户工作，为汤塘镇围镇村、水头镇莲瑶村捐资共 6000 元购置档案室设备。

2016 年，按照县委的部署，开展“两学一做（学党章、学系列讲话、做合格共产党员）”活动，开展机关“正风”行动和效能建设。1 月 28 日，县档案局（馆）组织本单位人员到汤塘镇洛洞村开展慰问贫困户工作。7 月 21—28 日，到“三连一阳”档案馆参观学习。9 月 14 日，县档案局领导到退休干部陈佛俊、罗显武家中进行重阳节慰问。同年，在开展新时期精准扶贫帮扶工作中，派出一名党员干部到扶贫村汤塘镇脉塘村开展驻村帮扶工作，捐资 7.53 万元投入村委建设和支持贫困户脱贫。

2017 年，开展学习贯彻党的十九大精神，加强机关作风建设和效能建设。4 月 10 日，成立佛冈县档案局工会。11 月 22 日，县委第二巡察组进驻县档案局（馆），开展为期一个月的常规巡察。是年，单位和个人支持挂扶的汤塘镇新塘村基础设施建设和开展扶贫工作捐资共 11.96 万元。

2018 年，深入学习贯彻党的十九大精神，学习《习近平谈治国理政》（第二卷），开展中心组学习、支部党日活动和主题宣讲活动。1 月 23 日，县委巡察二组召开对县档案局的巡察反馈会议。6 月 28 日，县档案局组织支部党员到挂扶村汤塘镇新塘村开展“庆祝建党 97 周年”党日活动。7 月 6 日，局党组组织支部党员到南雄市瑶坑村中共广东省委机关旧址参观学习。8 月 1 日，县档案局与新塘村党支部一起到高岗镇宝山村开展“参观初心讲堂、牢记初心使命”主题党日活动。8 月 16 日，县档案局组织本单位人员高岗镇宝山村“初心讲堂”红色教育基地参观学习。9 月 14 日，参观县内廉洁文化教育基地。12 月 26 日下午，到英德市连樟村开展主题党日活动。是年，落实精准扶贫责任，支持挂扶村落实帮扶项目 3 个，受益贫困户 21 户。

2019 年，按照县委的部署，开展“不忘初心、牢记使命”主题教育，并举办主题教育暨爱国主义教育展览。5 月 31 日，县档案局党支部开展“扫黑除恶”专项斗争主题党日活动。6 月 4 日，开展“我们的节日·端午节”庆祝活动。7 月 5 日，到东莞市沙角炮台、东江纵队纪念馆开展主题党日活动。9 月 14 日，进行党支部换届选举。10 月 31 日，到石角镇黄花存久洞村开展党性教育主题党日活动。是年，县档案局（馆）在脱贫攻坚战中，落实挂扶村脱贫项目 2 个，支持贫困户 42 户脱贫，并支持挂扶村开展基础设施建设，单位和个人捐资共 2.71 万元。

2020 年，县档案局、县档案馆深入学习党的十九大精神，开展党日活动和防控新冠肺炎疫情工作。1 月 17 日，县档案馆组织全体党员干部开展“学习党的十九大心得分享会”主题党日活动。2 月 1 日，县档案馆召开全体干部职工工作会议，馆长曹榕村带领学习《佛冈县档案馆关于新型冠状病毒感染的肺炎疫情防控方案》。2 月 8 日，为全面贯彻落实习近平总书记重要指示精神和党中央、广东省委、市委、县委决策部署，坚决打赢疫情防控攻坚战。县档案馆组织全体党员干部开展“抗击疫情，我们在行动”主题党日活动。3 月 6 日，县档案馆组织全体党员干部开展“学习基层组织工作条例，夯实党建工作检查”主题党日活动。4 月 20 日，县档案馆党支部书记曹榕村到汤塘镇新塘村访问扶贫户，了解扶贫户生产、生活情况。5 月 22 日，县档案馆开展“对照典型找差距，学习王烁、黄卓勇同志先进事迹”主题党日活动。6 月 1 日，县档案馆组织全体干部职工子女以“我在你身边”为主题。开展“六一”儿童节关心关爱职工子女活动。6 月 8 日，县档案馆党支部到汤塘镇新塘村开展抢险救灾工作。6

月 10 日，县档案馆组织全体党员干部开展“新冠肺炎疫情常态化防控工作”主题党日活动。6 月 17 日，县档案馆组织全体干部职工到市档案馆参观“古色清远摄影展”。6 月 30 日，县档案馆组织全体干部职工开展“630 扶贫济困日捐款活动”，活动上，共收到捐款 2750 元；同日，县档案馆党支部书记曹榕村带领党员干部到新塘村开展“七一”贫困党员慰问活动。7 月 1 日，为纪念中国共产党成立 99 周年，县档案馆组织全体党员干部到英德连樟村开展主题党日活动。7 月 7 日，县档案馆党支部书记曹榕村到汤塘镇新塘村上“向黄卓勇同志学习”的专题党课；同日，县档案馆组织全体党员干部到石角镇黄花村存久洞红色革命教育基地和佛冈县扫黑除恶定点展厅开展红色教育、警示教育。8 月 10 日，为进一步做好压力传导，给大家敲响警钟，切实明责、定责，推动全面从严治党主体责任落到实处，县档案馆组织开展“党风廉政专题学习”主题党日活动。9 月 2 日，在馆一楼党员活动室开展党章党规党纪教育主题党日活动。9 月 22 日，县档案馆党支部书记曹榕村到汤塘镇新塘村上“学习《中国共产党支部工作条例（试行)》”的党课。9 月 23 日，县档案馆党支部书记曹榕村组织党员干部到汤塘镇新塘村开展中秋访贫慰问活动，对 16 户贫困户进行走访慰问并送上节日问候及中秋礼品。10 月 9 日，县档案馆组织全体党员开展学习“党史、新中国史”主题党日活动。11 月 25 日，县档案馆党支部组织全体党员干部开展学习贯彻“习近平总书记出席深圳经济特区建立 40 周年庆祝大会和视察广东重要讲话重要指示精神”专题支部主题党日活动，同时邀请党外干部参加这次活动。12 月 8 日，县档案馆组织全体干部和员工开展“学习贯彻党的十九届五中全会精神”工作会议，传达学习党的十九届五中全会精神，研究部署学习贯彻工作。

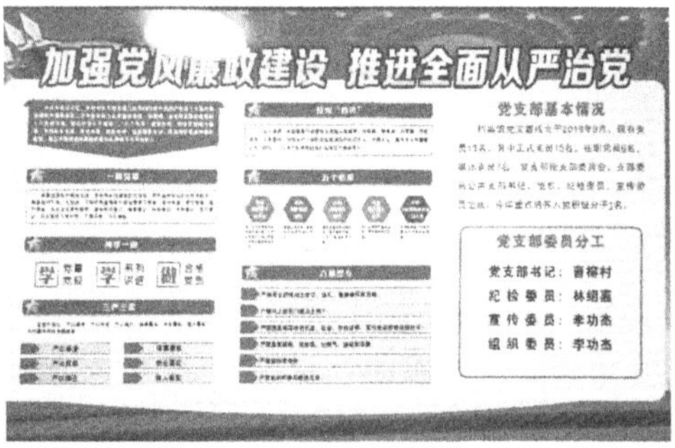

佛冈县档案局(馆)党建宣传栏(一)

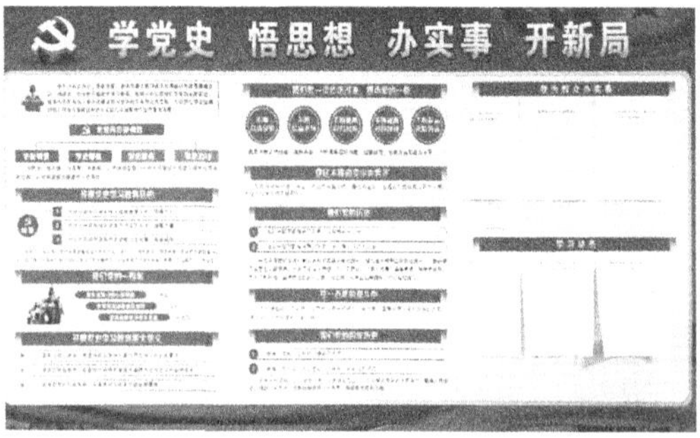

佛冈县档案局(馆)党建宣传栏(二)

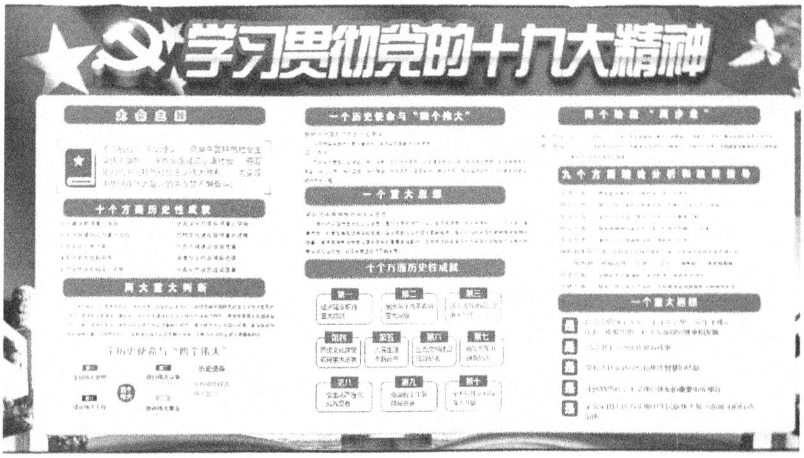

县档案馆学习十九大精神宣传栏

第二节　荣誉奖项

1983 年，广东省档案局表彰　广东省档案系统先进工作者：陈佛俊。

1987 年，广东省档案局表彰　广东省档案系统先进工作者：陈佛俊。

1987 年，广州市档案局表彰　广州市档案系统先进工作者：陈佛俊。

1989 年，县委、县政府表彰　1989 年档案工作先进单位：检察院、成教办、林业局、县农行、农业局、卫生局、县工行、交通局、建委、石角镇、龙山镇、黄花乡。

1990 年，县委表彰　优秀共产党员：曾素添。

1991 年，广东省档案局表彰　广东省档案系统先进工作者：陈佛俊。

1992 年，清远市档案局表彰　全市档案系统先进工作者：陈佛俊。

1993 年，县委、县政府颁发知识分子荣誉证书　陈佛俊、曾素添、冯雪霞。

1994 年，县委、县政府表彰　1993 年度全县档案工作先进单位 15 个（其中有县档案局），先进工作者 15 人（其中有林绍嘉）。

1995 年，清远市档案局、清远市人事局表彰　清远市建市八周年暨“八五”期间档案系统先进单位：佛冈县人民银行、佛冈县人民保险公司、佛冈县审计局；先进个人：陈佛俊、林绍嘉。

1995 年，县委、县政府表彰　先进工作者：朱海燕。

1999 年，广东省爱卫办表彰　无吸烟单位：县档案局。

1999 年，县委、县政府表彰　文明单位：县档案局。

1999 年，县委保密委员会表彰　保密工作先进单位：县档案局。

2001 年，清远市档案局、清远市人事局表彰　“九五”计划期间全市档案先进集体：县档案局；先进工作者：黄榕棠、林绍嘉、巫汉辉、肖妍娟。

2001 年，县直属机关党委表彰　优秀共产党员：朱明采。

2002 年，县委、县政府表彰　佛冈县 2002 年度人口与计划生育达标单位：县档案局。

2002 年，县委表彰　优秀共产党员：黄榕棠。

2003 年，广东省档案局表彰　广东省科技事业档案管理先进单：佛冈县气象局。

2004 年，广东省档案局、广东省人事厅表彰　广东省档案先进集体：佛冈县档案局（馆）；广东省档案系统先进工作者：林绍嘉。

2004 年，县直属工委表彰　优秀共产党员：林绍嘉。

2005 年，县直属工委表彰　优秀党务工作者：黄榕棠。

2006 年，清远市政府表彰　2001—2005 年清远市农业农村档案工作先进集体：佛冈县档案局；先进镇：佛冈县石角镇；先进个人：林绍嘉、邓春华、何高星。

2006 年，县直属工委表彰　先进党支部：县档案局党支部。

2007 年，县直属工委表彰　优秀党务工作者：李小珑。

2008 年，县委表彰　优秀共产党员：林绍嘉。

2008 年，县直属工委表彰　先进党支部：县档案局（馆）党支部。

2009 年，广东省档案局表彰　全省国家档案局 2008 年度评估优秀单位：佛冈县档案局（馆）。

2010 年，清远市政府表彰　“十一五”规划期间全市档案工作先进单位：县档案局（馆），先进个人：朱海燕。

2010 年，县委、县政府表彰　佛冈县精神文明建设先进单位：县档案局（馆）。

2010 年，县委、县政府表彰　2008—2009 年度佛冈县爱国主义教育基地建设先进单位：县档案局（馆）。

2011 年，清远市委办、市府办表彰　档案工作先进个人：林绍嘉。

2012 年，县委、县政府表彰　佛冈县年鉴编纂先进工作者：朱明采。

2012 年，县委表彰　优秀共产党员：李小珑。

2013 年，清远市档案局表彰　2011—2012 年度档案执法检查先进集体：县国税局、县财政局、县人口和计生局、迳头镇政府；先进个人：朱海燕、梁永丰、梁小清、黄少萍、林丽、黄梅英、朱燕伶、陈海燕、陈双任、周国明。

2014 年，县委组织部、县关工委表彰　2013 年度“五好”关工委：县档案局关工委。

2016 年，广东省档案局表彰　全省国家档案馆 2015 年度评估优秀单位：佛冈县档案局（馆）。

2020 年 7 月，国家档案局、中央档案馆颁发　从事档案工作三十年荣誉证书（档荣字〔2020〕689 号）：林绍嘉。

附　录

一、档案工作规范性文件目录

（一）国家和省档案规范性文件目录

《国务院关于加强国家档案工作的决定》（1956 年 4 月 16 日印发）。

《科学技术档案工作条例》（1980 年 12 月 27 日国家经委、国家建委、国家科委、国家档案局发布）。

《档案馆工作通则》（1983 年 4 月 26 日国家档案局发布）。

《机关档案工作条例》（1983 年 4 月 28 日中共中央办公厅、国务院办公厅发布）。

《地方各级档案馆人员编制标准》（1985 年 2 月 11 日劳动人事部、国家档案局印发）。

《各级国家档案馆收集档案范围的规定》（1986 年 2 月 7 日国家档案局发布）。

《档案馆建筑设计规范》（1986 年 2 月 27 日城乡建设环境保护部、国家档案局）。

《广东省档案馆收集档案范围实施细则》（1986 年 10 月 13 日广东省人民政府粤府〔1986〕142 号）。

《国家行政机关公文处理办法》（1987 年 2 月 18 日国务院办公厅发布）。

《档案库房技术管理暂行规定》（1987 年 8 月 29 日国家档案局发布）。

《机关档案工作业务建设规范》（1987 年 12 月 4 日国家档案局发布）。

《关于机关档案保管期限的规定》（1987 年 12 月 4 日国家档案局印发）。

《文书档案保管期限表》（1987 年 12 月 4 日国家档案局印发）。

《机关文件材料归档和不归档的范围》（1987 年 12 月 4 日国家档案局印发）。

《中华人民共和国档案法》（1988年1月1日起执行）；（1996年7月5日第一次修正发布）；（2016年11月7日第二次修正发布）；（2020年6月20日修订发布）。

《广东省档案馆开放档案实施细则》（1988年4月1日广东省人民政府办公厅发布）。

《广东省涉外经济合同档案管理规定》（1989年11月15日广东省人民政府粤府〔1989〕141号）。

《广东省国家行政机关文书立卷归档工作实施办法》（1989年1月15日广东省档案局印发）。

《档案工作中国家秘密及其密级具体范围的规定》（1990年2月14日国家档案局、国家保密局发布）。

《广东省中外合资、合作经营企业档案管理规定》（1990年5月16日广东省人民政府颁布）。

《中华人民共和国档案法实施办法》（1990年11月19日国家档案局令第1号发布）；（1999年6月7日国家档案局令第5号重新发布）。

《机关档案综合管理升级试行办法》（1991年广东省档案局印发）。

《干部档案工作条例》（1991年4月2日中共中央组织部、国家档案局发布）。

《各级国家档案馆馆藏档案解密和划分控制使用范围的暂行规定》（1991年9月27日国家档案局、国家保密局发布）。

《各级国家档案馆开放档案办法》（1991年12月26日国家档案局令第2号）。

《外国组织和个人利用我国档案试行办法》（1991年12月26日国家档案局令第3号）。

《全国档案馆设置原则和布局方案》（1992年3月27日国家档案局发布）。

《档案执法监督检查工作暂行规定》（1992年3月30日国家档案局发布）。

《广东省执行〈科技事业档案管理升级办法〉实施细则》（1992年4月30日广东省档案局、广东省科委、广东省建委印发）。

《广东省机关档案分类办法》（1992年7月2日广东省档案局印发）。

《档案馆指南编制规范》（1992年10月20日国家档案局印发实施）。

《广东省县级档案馆内部用房布局规范》（1994年6月14日广东省档案局印发）。

《**外商投资企业档案管理暂行规定**》（1994 年 12 月 29 日外贸经部、国家经贸委、国家档案局印发）。

《**广东省档案违法行为处罚办法**》（1995 年 6 月 26 日广东省人民政府粤府〔1995〕48 号；1998 年 1 月 18 日广东省人民政府第 35 号令公布修改）。

《**企业档案工作目标管理办法**》（1996 年 3 月 25 日国家档案局印发）。

《**广东省各级国家档案馆业务建设实施细则**》（1996 年 6 月 4 日广东省档案局印发）。

《**广东省实施〈机构档案工作业务建设规范〉细则**》（1996 年 6 月 28 日广东省档案局印发）。

《**广东省机关档案综合管理达标升级办法**》（1996 年 6 月 28 日广东省档案局印发）。

《**广东省名人档案管理办法**》（1996 年 11 月 1 日广东省人民政府令第 4 号发布）。

《**广东省乡（镇）档案管理办法**》（1997 年 3 月 11 日广东省人民政府令第 11 号发布）。

《**关于科技事业单位档案管理由省特级转套国家二级的通知**》（1997 年 6 月 3 日广东省档案局印发）。

《**国家重点建设项目档案管理登记办法**》（1997 年 8 月 19 日国家档案局、国家计委印发）。

《**国有资产产权登记档案管理暂行办法**》（1997 年 8 月 21 日国家国资局、国家档案局印发）。

《**广东省农村村民委员会档案工作目标管理试行办法**》（1997 年 11 月 20 日广东省档案局印发）。

《**乡镇档案工作试行办法**》（1998 年 1 月 5 日国家档案局印发）。

《**基本建设项目档案资料管理暂行规定**》（1998 年 3 月 17 日国家档案局、国家计委印发）。

《**对档案综合管理已达标单位的复查办法**》（1998 年 4 月 10 日广东省档案局粤档发〔1998〕21 号）。

《**广东省档案工作规定**》（广东省人民代表大会常务委员会 1998 年 6 月 30 日发布，1998 年 7 月 1 日起施行）。

《**会计档案管理办法**》（1998 年 8 月 21 日财政部、国家档案局印发）。

《**乡镇企业档案管理办法**》（1999 年 1 月 13 日国家档案局、农业部印发）。

《广东省执行〈国有企业资产与产权变动档案处置暂行办法〉实施细则》（1999 年 2 月 1 日广东省档案局、广东省经济体制改革委员会、广东省国有资产管理局印发）。

《关于统一若干档案业务口径的意见》（1999 年 5 月 31 日广东省档案局印发）。

《广东省文件材料归档方法改革方案》（2000 年 2 月 16 日广东省档案局印发）。

《广东省档案专业馆员资格条件》（2000 年 3 月 1 日广东省人事厅粤人职〔2000〕31 号）。

《档案行政处罚程序暂行规定》（2000 年 5 月 10 日国家档案局档发〔2000〕4 号）。

《2000 年统一若干档案业务口径的意见》（2000 年 6 月 22 日广东省档案局印发）。

《关于开展全省各级国家档案馆工作达标升级复查的通知》（2000 年 7 月 27 日广东省档案局印发）。

《广东省档案行政管理部门错案和执法过错责任追究办法》（2000 年 8 月 7 日广东省档案局印发）。

《电子公文归档管理暂行办法》（2003 年 7 月 28 日国家档案局令第 6 号）。

《机关文件材料归档范围和文书档案保管期限规定》（2006 年 12 月 18 日国家档案局令第 8 号，附件《文书档案保管期限表》。1987 年《关于机关档案保管期限的规定》《机关文件材料归档和不归档的范围》同时废止）。

《广东省档案条例》（2007 年 7 月 27 日广东省人民代表大会常务委员会修订发布）。

《广东省机关文书档案保管期限表》（2007 年 9 月 21 日广东省档案局粤档发〔2007〕30 号印发）。

《关于加强民生档案工作的意见》（2007 年 12 月 29 日国家档案局档发〔2007〕12 号）。

《广东省（地）县级国家档案馆目标管理考核标准》（2007 年广东省档案局印发）。

《档案馆建设标准》（2008 年 7 月 1 日国家档案局公布并实施）。

《档案馆防治灾害工作指南》（2010 年 2 月国家档案局印发）。

《数字档案馆建设指南》（2010 年 6 月国家档案局印发）。

《各级各类档案馆档案范围的规定》（2011 年 11 月 21 日国家档案局令第 9 号）。

《电子档案移交与接收办法》（2012 年 8 月 29 日国家档案局档发〔2012〕7 号）。

《全国中小学档案教育社会实践基地建设管理暂行办法》（2012 年 9 月 27 日国家档案局办公室、教育部办公室印发）。

《全宗卷规范》（2012 年 11 月 15 日国家档案局发布，2013 年 1 月 1 日实施）。

《企业文件材料归档范围和档案保管期限规定》（2012 年 12 月 17 日国家档案局令第 10 号）。

《广东省档案馆收集档案范围实施细则》（2013 年 1 月 23 日广东省人民政府修订实施；1986 年粤府〔1986〕42 号同时废止）。

《档案管理违法违纪行政处分规定》（2013 年 2 月 22 日监察部、人力资源和社会保障部、国家档案局令第 30 号）。

《市、县级国家综合档案馆测评办法》（2013 年 4 月 18 日国家档案局办公室档办发〔2013〕2 号）。

《关于加强和改进新形势下我省档案工作的意见》（2015 年 3 月 5 日粤委办〔2015〕11 号）。

（二）佛冈县档案工作规范性文件目录

1983 年，县委办档案科《佛冈县档案馆工作实施细则》。

1987 年 3 月 19 日，县委办《关于转发〈佛冈县档案事业发展“七五”计划（草案）〉的通知》（佛委办〔1987〕6 号）。

1988 年 8 月 23 日，县委办《关于进一步做好档案保护工作的通知》（佛委办〔1987〕6 号）。

1990 年 7 月 24 日，县档案局《转发国家档案局、国家保密局〈关于印发档案工作中国家秘密及其密级具体范围的规定〉的通知》（佛委办〔1990〕1 号）。

1992 年 8 月 2 日，县档案局《关于转发省档案局重新修定〈广东省机关综合管理升级考核标准〉的通知》（佛档发〔1992〕1 号）。

1997 年 1 月 2 日，县委办《关于印发〈佛冈县档案馆收集档案资料范围实施细则〉的通知》（佛委办〔1997〕5 号）。

1997 年 1 月 2 日，县委办、县府办《关于印发〈佛冈县档案馆开放档案实施办法〉的通知》（佛委办〔1997〕7号）。

1997年3月26日，县委办、县府办《关于开展机关档案综合管理达标升级工作的通知》（佛委办〔1997〕21号）。

1998年8月13日，县委办、县府办《关于学习贯彻〈广东省档案管理规定〉的通知》（佛委办〔1998〕33号）。

1998年10月26日，县委办、县府办《转发清远市人民政府办公室〈关于开展全市农业和农村档案工作的通知〉》（佛委办〔1998〕53号）。

1999年5月5日，县委办、县府办《关于加强我县机关企事业单位档案目标管理工作的通知〉》（佛委办〔1999〕30号）。

1999年5月5日，县委办、县府办《关于加强我县镇村两级档案工作的通知〉》（佛委办〔1999〕31号）。

2001年1月3日，县委办、县府办《关于国有企业转制档案处置意见的通知〉》（佛委办〔2001〕2号）。

2004年10月12日，县委办《转发清远市委办公室〈关于全面抓好我市农业和农村档案工作的意见〉的通知》（佛委办〔2004〕35号）。

2004年11月12日，县府办《关于印发〈佛冈县企业退休人员档案移交工作方案〉的通知》（佛府办〔2004〕66号）。

2007年5月17日，县委办《关于向佛冈县档案馆送交已公开现行文件及资料的通知》（佛委办〔2007〕80号）。

2007年9月14日，县档案局《关于印发〈佛冈县档案馆灾害应急预案〉的通知》（佛档发〔2007〕3号）。

2008年10月13日，县档案局《关于转发国家档案局第8号令〈机关文件材料归档范围和文书保管期限规定〉的通知》（佛档〔2008〕2号）。

2013年5月15日，县档案局《关于印发〈佛冈县档案局贯彻落实清远市档案事业"十二五"规划实施方案任务分解表〉的通知》（佛档字〔2013〕2号）。

2013年9月26日，县府办《关于印发〈佛冈县创建社会主义新农村建设档案工作示范县实施方案〉的通知》（佛府办〔2013〕82号）。

2013年10月22日，县委办《佛冈县档案馆收集档案资料范围实施细则》（佛委办〔2013〕77号）。

2015年6月15日，县府办《印发佛冈县档案馆创建国家二级综合档案馆工作方案的通知》（佛委办〔2015〕26号）。

2016年5月10日，县府办《关于印发〈佛冈县档案馆开放档案实施办法〉的通知》（佛府办〔2016〕22号）。

2015 年 10 月 22 日，县府办《关于向佛冈县档案馆移交档案的通知》（佛府办〔2015〕45 号）。

2017 年 7 月 31 日，县委组织部《关于转发〈中共清远市委组织部转发中共中央组织部关于完善干部人事档案材料的通知〉的通知》（佛组通〔2017〕42 号）。

2017 年 8 月 7 日，县档案局《转发清远市档案学会〈关于档案专业技术资格评审工作的通知〉的通知》（佛档发〔2017〕1 号）。

2019 年 3 月 4 日，县委办《关于做好县级机构改革中档案工作的通知》（佛委办〔2019〕5 号）。

二、档案工作规范性文件选录

1. 佛冈县档案馆工作实施细则

（1983 年县委办档案科印发）

第一章　总则

第一条　根据中共中央、国务院有关档案工作决定和指示。为加强我县档案事业的建设和发展，特制定本细则。

第二条　档案馆是党和国家的科学文化事业机构，是永久保管档案的基地，是科学研究和各方面工作利用档案史料的中心。其业务工作受同级和上级档案业务管理机关的指导、监督与检查。

第三条　档案馆的基本任务是在维护党和国家历史真实面貌的前提下，集中统一地管理党和国家的档案及有关资料，维护档案的完整与安全，积极提供利用，为社会主义现代化建设服务。档案馆进行下列工作。

1. 接收与征集档案；
2. 科学地管理档案；
3. 开展档案的利用工作；
4. 参与编修史、志的工作。

第四条　档案馆建立严密的保卫、保密等制度，维护党和国家的机密，并提高工作效率和质量。

第五条　档案工作人员要努力学习马克思列宁主义、毛泽东思想，坚持四项基本原则，认真执行党和国家的方针政策。热爱档案事业，刻苦学习档案业务和科学文化知识，不断提高政治思想水平和业务能力，以保证工作任务的顺利完成。

第二章　档案的接收与征集

第六条　档案馆接收档案的范围：

1. 本馆接收县直部、委、办、科、局、公社、镇及其所属单位具有永久和长期保存价值的档案，在本单位保存五年后由县档案馆授收；

2. 接收撤销机关、团体的档案；

3. 接收中华人民共和国成立以前的各种档案、资料。

第七条　档案馆接收档案的要求和手续：

1. 进馆档案应保持全宗的完整性，案卷质量达到如下标准：①归档文件齐全完整；②分类清楚，组卷正确；③卷内文件排列条理清楚；④保管期限，划分准确；⑤抄写目录、编写张号；⑥拟写标题，简明确切；⑦填写卷皮，整洁清楚；⑧装订结实，整齐美观。

2. 立档单位编制的组织沿革、全宗介绍和有关检索工具应随同档案一起接收。

3. 编写好移交目录（一式三份），交接档案时双方必须根据移交目录清点核对，并在交接文据上签名盖章，两份交档案馆，一份由移交档案的单位自存。

第八条　档案馆要接收和收集与本馆馆藏档案有关的各种资料。同时要加强对历史档案、资料的征集工作。

第三章　档案的管理

第九条　档案馆的档案，要以全宗为单位，进行科学分类、排列、编号。每个全宗都要建立全宗卷，记载立档单位和全宗历史演变情况。

第十条　档案库房必须坚固适用，并应具有抗震、防盗、防火、防水、防潮、防尘、防虫、防鼠、防高温、防强光等设施。

第十一条　档案馆应研究和改进档案保护技术，延长档案的寿命；对已破损和字迹褪色的重要档案，要及时修复或复制。

第十二条　档案馆对无需继续保存的档案，必须经过鉴定，并征求有关部门意见，报请主管领导机关批准，方能销毁；未经鉴定和批准，不得销毁任何档案。

第十三条　档案馆应进行下列工作：

1. 对档案的收进和移出、全宗和卷数数量、利用等况，及时准确地进行统计。

2. 按照统一规定和要求，向同级和上一级档案业务管理机关报送本馆基本情况统计表和全宗卡片，并于每年一月份补报上一年的全宗变化情况。

第十四条　档案馆应对馆藏档案和资料的保管情况进行定期检查，遇有特殊情况应立即检查，及时处理。

第四章　档案的利用

第十五条　档案馆应积极主动地开展利用工作，设立阅览室，积极改善阅览条件，为利用者提供方便。

第十六条　档案馆应编制必要的检索工具和开放档案目录，印发档案馆指南等，为各方面广泛利用档案和资料提供方便条件。

第十七条　档案馆提供利用档案，应遵循下列规定：

1. 利用者查阅、摘录或复制档案，必须持本单位正式介绍信，注明利用者的身份和利用档案的目的与范围。大量利用档案进行专题研究，必须事先将上级批准的研究计划抄送档案馆。

2. 利用者需要采用照相等方法复制档案，均由档案馆负责办理，并按规定收费。

3. 档案馆为利用者提供档案，应尽量以复制件代替原件。档案原件一般均不得借出馆外，如有特殊需要，须经主管领导人批准方可定期外借。

第十八条　档案馆应积极开展档案史料的研究和编纂工作，根据需要编辑文件汇集和其他参考资料。

第十九条　档案馆应及时、准确地掌握档案和资料的利用效果，不断改进利用工作。

第二十条　本细则公布之日起施行。

2. 关于进一步做好档案保护工作的通知

（1988 年 8 月 23 日佛委办〔1988〕12 号印发）

档案是历史的记录，是党和国家宝贵的历史财富。有效地保护档案是我国制定《档案法》的根本宗旨之一。加强档案保护，是贯彻《档案法》的重要任务。根据六月份对我县贯彻实施《档案法》进行全面检查的情况来看，自《档案法》公布和实施以来。不少单位的领导提高了对档案保护工作重要性的认识，切实解决了档案保护工作存在的一些实际问题。如落实档案工作人员、增添设备、改善保管条件等。但也应该看到，当前在档案的安全保护方面还存在一些问题，如有的领导对安保的重要性和紧迫性还缺乏足够的认识；有的单位档案不是集中统一管理，而是分散在各个股室保管，难以维护档案的完整与安全；有的单位档案保管不善，没有防虫、防潮、防尘等措施，特别是村级单位的档案散失、破坏严重，这些都要求我们必须进一步加强档案保护工作。

根据《档案法》的要求和上级管理部门的指示，结合我县实际，就进一步加强档案保护工作提出如下意见：

一、进一步认真学习、宣传《档案法》

《档案法》第三条指出“一切国家机关、武装力量、政党、社会团体、企业事业单位和公民都有保护档案的义务”，明确规定了保护档案是全社会应尽的一项义务。因此，各行各业和广大群众都必须承担保护的义务，按照《档案法》的要求，重视保护档案，各级领导干部必须提高对档案保护工作重要性的认识，认识到维护档案的完整与安全是自己义不容辞的法律责任，从而重视和支持档案工作，切实帮助解决档案保护工作中存在的问题。对档案工作人员来说，维护档案的完整与安全不但是应尽的义务，而且是首要的职责，必须带头认真学习《档案法》，加强档案保护意识，把档案保护贯穿于工作的全过程。

二、改善档案保管条件

《档案法》第十三条规定：“配置必要的设施，确保档案的安全。”要有效地保护档案，必须有必要的物质条件。因此，各单位必须有专柜保管，要求乡镇和公司以上的机关单位要有铁皮柜存放档案，村级单位要有较好的木质柜存放，并注意落实防虫、防潮、防高温、防尘、防火、防盗等安全保护措施；有条件的单位，设立专门档案室，统一集中保管单位的文书档案、科技档案、会计档案、人事档案等；暂时不具备条件建立综合档案室的单位，要积极创建条件建立。

三、建立和健全严格的规章制度

为了确保档案资料的安全保护，必须建立档案保管工作制度、安全保卫制度。凡查阅档案资料者，应切实负责所借阅档案资料的完整与安全，不得拆散案卷或撕去其中文件，不得在档案上作任何标记。对严重违反制度，特别是违犯档案法规的，必须严肃处理。

四、提高文件形成的质量

档案是由文件转化而来的，各单位在制成文件时，不但要符合公文的格式，而且要注意书写材料的耐磨性、耐久性。根据《国家行政机关公文处理办法》第二十六“草拟和签批公文，应使用钢笔或毛笔”的规定。今后各单位在草拟、修改、审核和签批公文时，不能使用铅笔或园珠笔，以免字迹发生模糊和褪色现象而不利于维护档案的安全和完整。

3. 佛冈县档案馆开放档案实施办法

（1997 年 1 月 2 日佛委办〔1997〕7 号印发）

第一条　为适应开展教育、科学、技术，文化、艺术等事业的研究与创作的需要，促进国内外文化艺术交流，根据国务院及省政府发布的《档案馆开放档案暂行办法》，结合佛冈县的实际情况，制定本实施办法。

第二条　佛冈县档案馆应根据《中华人民共和国保守国家密法》，划分档案秘密范国，准确区分开放与控制使用范围，有计划地向社会开放档案。

第三条　佛冈县档案馆成立档案开放和销毁工作审查小组，负责审查馆藏档案内容，提出开放档案范围，在征求档案形成单位意见后，报馆长批准开放。

第四条　档案形成虽然满三十年，但涉及党和国家秘密或有下列内容之一者，属内部控制使用，不属开放范国：

1. 涉及党内团结、民族团结、国家统一和统战工作而不宜公开的档案。

2. 有关我党和外国党及其领导人的关系，以及有关国际共运秘密的档案。

3. 有关我党秘密工作的组织关系、工作方案、策略手段、情报来源的档案。

4. 有关经济、军事、外交、公安、安全、科学技术等尚未解密的档案。

5. 涉及领士边界、中外产权、债权、涉外纠纷而需对外承担保密义务的档案。

6. 涉及国家、民族和党内争议尚未作出结论的重大问题、重大历史事件而不宜公开的档案。

7. 各级党政机关、团体、企事业单位的党政领导人会议、以及组织，人事、纪检、监察、保卫、涉外、统战等会议记录、纪要。

8. 中华人民共和国成立以来历次政治运动（土改、镇反、肃反，审干整风，整党、四清等）中不宜公开的档案。

9. 涉及个人隐私的档案和在移交、捐献、寄存时要求保密的档案。

10. 市以上党政军机关尚未公布的或规定不开放的档案。

11. 划有密级而尚未解密的裆案。

12. 属于单位或个人专利需保密的档案。

第五条　珍贵及重要的档案需要开放的、一律以复制件提供利用。其他开放档案，也应逐步用复制件代替档案原件提供利用。

第六条　佛冈县档案馆应对开放或控制使用的档案作出明确的标记，注明“开放”或“不开放”，并要编制开放档案目录和检索工具，供查阅者自行检索。

第七条　需要查阅开放档案者，必须办理借阅审批手续，并持有下列合法证明：

1. 查阅者属机关、团体、企事业单位的，须凭本单位介绍信。

2. 查阅者属机关工作人员、离退休人员、高等院校学生、街道居民的，分别凭所在单位介绍信或本人工作证、离退休证、学生证、居民身份证。

3. 查阅者属港、澳、台同胞的，凭本人护照或身份证以及有关单位（侨务办公室、对台办公室、合作共事单位、就读学校等）的介绍信。

4. 查阅者属外国人（含外藉华人）的，凭本人护照或身份证及由市以上外事部门开具的并经国家档案局或市档案局同意的介绍信。

第八条　查阅开放档案，必须在档案馆设立的开放档案接待室进行。查阅者领取档案时，应交本人证件，归还档案时再取回。

第九条　凡属开放档案所述的内容，查阅者均可以在著作中加以引用。

全文引用或用于展览、公布、汇编、出版的，必须经档案馆同意。其中，用于汇编出版的，必须与档案馆签订出版协议。

第十条　佛冈县档馆应有计划地配合社会，通过报刊、广播、电视（包括县电视台、电台）和展览等多种方式公布开放档案的目录。

第十一条　查阅档案者，需要复制、拍摄时，必须经佛冈县档案馆批准同意，并办理手续，然后由该馆负责予以复制或拍摄。

第十二条　查阅档案的收费标准，按国家档案局、国家物价局公布的有关标准执行。

第十三条　本实施办法由佛冈县档案馆负责解释。

第十四条　本办法自公布之日起实施。

4. 佛冈县档案馆档案信息化建设实施方案

（2012 年 6 月 29 日佛冈县档案局印发）

随着社会信息化进程的加快，信息资源已经成为人类社会活动和经济活动的战略资源。信息技术的发展与广泛应用使档案信息化建设提上了日程，给档案工作的科学发展带来了新的契机。为了全面加强我馆档案数字化建设的力度，丰富馆藏档案保管利用的方式，提高珍贵档案的公众利用率，按照全省档案数字化建设的发展要求，结合我馆实际，特制定本方案。

一、提高思想认识，明确档案信息化建设目标

在开展馆档案数字化工作时，要以“三个代表”重要思想和科学发展观为指导，以档案信息资源建设为核心，以扩大档案开发利用为目标，提高为群众服务的宗旨意识，坚持解放思想，不断加强档案数据库管理及计算机网络建设，努力适应全省信息化建设和档案事业发展的要求，逐步实现档案资源数字化、信息管理标准化、信息服务网络化，为全县经济建设提供优质、快捷的档案信息资源服务。

坚持统一标准、安全保密的原则，加快我县档案信息化基础设施建设，加强电子文件归档和电子档案的规范化管理，推动馆藏档案的数字化建设，建设数字档案馆，开展公众网上查询现行文件和档案信息服务，加快档案信息化标准体系、安全保障体系和人才队伍建设。争取在“十二五”规划内完成以下目标：一是，继续加强馆藏档案条目数据库建设，全面实现查档计算机检索；二是，加大馆藏档案数字化力度，力争2015年前建立全文数据库系统，逐步实现馆藏档案全文数字化；三是，将电子文件管理系统建设为“文档数字化管理系统”；四是，扩展档案信息网的各项功能，与电子文件数据中心有机融合，构建功能完备、便民利民的档案信息网站。

二、稳步推进，着实加快档案数字化建设进程

电子文件是未来数字档案馆建设的基础工作，必须在“十二五”规划中，将“电子文件数据中心”建设提上日程，将电子文件管理系统建设为“文档数字化管理系统”。主要解决对县档案馆馆藏档案进行数字化加工，扩大数据容量，建立档案数据库，开展开放馆藏档案的网上服务工作，增强全文检索功能，增加电子文件和电子档案管理、利用的权限控制机制，建立完善的备份机制和数据保障机制，增加客户端数据移交单位数量，方便系统扩展，实现大数据量的高效检索和安全存储等需求。

为了全面提升我馆馆藏档案数字化水平，结合国家档局在新时期提出对档案信息化建设的新要求，现计划通过“电子文件数据中心”项目建设，着力加强以下四个方面工作。

（一）建立馆藏档案条目数据库。一方面，逐年将馆藏档案目录输入计算机，建立馆藏档案条目数据库。在2014年完成80%，2015年全部完成馆藏档案目录输入工作。另一方面，接收各镇、县直机关单位条目数

据，建立区域档案目录中心，争取2015年前完成。

（二）逐步实现馆藏档案数字化，进行计算机在线查档。一是2012年争取将馆藏档案数字化工作列入全县“十二五”规划，全面开展馆藏纸质档案数字化工作，力争2015年前建立全文数据库系统，逐步实现馆藏档案全文数字化。二是加强数字照片档案的收集整理工作，不断增加馆藏照片数字化的数据文件数量，2015年前建立照片档案数据库系统。三是与县广播电视台联系，接收“佛冈新闻”的视频，进一步加强各种视频声像档案的征集整理。

（三）加强电子文件的收集整理工作。一是继续向县直机关事业单位推广统一的文件档案资料综合管理系统，力争在2015年前，所有的县直机关事业位都配有统一的档案管理软件，并完成旧版升级工作。二是加强各机关事业单位电子文件移交进馆工作，依托佛冈县电子政务综合应用平台，实现OA系统内各单位电子文件的在线移交，为建立电子文件归档和电子档案规范化管理奠定基础。三是在启动电子文件数据中心时，严格按照国家有关标准，建立电子档案的收集管理查阅系统。四是进一步加强网站建设和维护工作，更新升级服务器周边设备，加强电子文件数据中心的网络硬件安全性，为群众查阅现行文件提供方便快捷安全的服务。

（四）进一步完善档案局（馆）门户网站。完成对佛冈县档案信息站的建立，使网站成为栏目丰富、功能完备、浏览安全的佛冈县档案门户网站，进一步满足人民群众快捷获取档案信息的需求。第一步，争取在2015年，独立构建县档案局内部局域网，通过内部网络平台，将本单位部分内部工作进行处理、资源共享。通过逻辑防火墙技术，与外部门户网站隔离，在提高办事效率的同时，加强保密工作力度。第二步，在“十二五”规划期间，完成对档案信息网的构建，包括设计平台、版面设计、后台管理、数据更新等方面，都使用全新的设计理念，并对现行文件电子查阅中心进行技术改造，在提高安全性能的同时，也加强其后期维护的可操作性。第三步，在“十二五”规划结束前，基本构建起与政府电子政务平台之间的管理接口，使政务信息的发布、接收、查阅等功能可直接在本单位的内部网站中直接体现和操作，提高行政效率。同时，进一步完善信息网的安全预警系统。

三、加强组织领导，确保档案数字化建设顺利进行

（一）加强组织领导，建立健全档案信息安全管理机制。加强对档案数字化建设工作的领导，实行目标管理制度，明确时限、加快进度、落实责任。切实加快推进档案信息化法制建设，组织建设档案信息安全保障体

系框架，逐步健全档案信息安全管理体制。严格遵守《档案法》《计算机信系统保密管理暂行行规定》等相关法规，制定《网络与信息安全事件应急预案》，加强对计算机档案管理系统的管理，确保档案数据库安全。同时，要加强对电子文件归档工作的监督和指导，严格遵守中央办公厅和国务院办公厅下发的《电子文件管理暂行办法》，保证归档电子文件的真实、完整、有效；采取必要的安全防范措施，确保档案信息系统的安全。

（二）加大资金投入，确保经费落实到位。按照国家对档案信息化建设的新要求，结合我县档案事业的新任务，计划完成我县档案信息化相关工程，预计投入资金65万元。争取县财政的支持，加大资金投入，确保工程质量达标准，服务不走样。

（三）加强档案业务人员培训，为档案数字化提供技术保障。将计算机应用基础、数字化技术、网络技术、现代信息技术等知识作为档案干部继续教育的重要内容，提高档案业务人员掌握和运用现代化技术的能力，培养一批精通信息技术和档案业务的复合型人才。

档案数字化建设是一项长期而又复杂的任务，不可能一步到位。工作中我们力求分步实施，突出重点，讲求实效，持续发展，争取早日实现馆藏档案数字化。

5. 佛冈县创建社会主义新农村建设档案工作示范县实施方案

（2013年9月26日佛府办〔2013〕82号印发）

为使档案工作切实有效地服务于社会主义新农村建设，促进我县社会主义新农村建设档案工作的全面深入发展，根据国家档案局、民政部、农业部《关于印发〈社会主义新农村建设档案工作示范县实施办法〉的通知》（档发〔2010〕3号）和广东省档案局、广东省民政局、广东省农业厅转发国家档案局办公室、民政部办公厅、农业部办公厅《关于印发〈社会主义新农村建档案工作示范县预验收方案〉〈社会主义新农村建设档案工作示范县验收方案〉的通知》（粤档发〔2012〕14号）及清远市人民政府办公室《印发清远市档案事业发展“十二五”规划实施方案的通知》（清府办〔2012〕83号）的要求，2013年底前我县要作为社会主义新农村建设档案工作示范县。结合我县实际，制定本实施方案。

一、指导思想

以邓小平理论和“三个代表”重要思想为指导，全面落实科发展观，以农村档案的法制化、规范化为方向，立足实际，着眼未来，充分发挥档案工作在新农村建设和发展过程中的重要作用，为推动我县农村走向生产发展、和谐富裕、生态良好的文明发展道路贡献力量。

二、基本原则

建立和发展社会主义新农村档案工作，要坚持服务、创新求实的原则。要求各级档案部门针对实际情况，因地制宜，分类指导，要从农民群众最关心、要求最迫切、最容易见效的事情抓起，工作中要突出重点，分步实施，扎实推进，有计划、有步骤、有重点地把社会主义新农村建设档案工作推向一个新的起点。

三、工作目标

要紧紧围绕社会主义新农村建设这个主题，坚持统筹兼顾、全面规划、抓点带面、逐步规范的方针，进一步完善镇、村级标准化档案室的建设，规范镇、村级档案管理，巩固档案工作目标管理；指导建立健全农村土地承包、行政区划调整、落实民生政策、农村社会救助与保障、新型农村养老保险与合作医疗、免费义务教育、农村基础设施建设、民主政治建设、农村经济合作组织、农业科技服务和培育新型农民等重点档案；进一步建立健全农村农业科技档案信息网络，为农业发展、农民增收、农村稳定提供服务平台，确保农村档案资料依法科学管理，推动我县农村档案工作走上法制化、规范化的轨道。

四、实施范围

全县各镇、行政村、社区。

五、实施步骤

2013 年内完成新农村建设档案示范点工作，创建示范镇：高岗镇和迳头镇；创建示苑村：石角镇龙塘村、科旺村；龙山镇清水迳村；汤塘镇新塘村；高岗镇、迳头镇和水头镇各一个村，具体单位由镇政府确定。

2014 年其他镇、村和社区全面普开，年底前完成创建工作并通过验收。

六、工作标准

按照制定的新农村建设的基本原则和工作目标，各镇、村级档案建设应达到以下标准：

（一）成立档案工作领导小组，建立健全各项档案管理制度。

（二）建立综合档案室（柜），集中统一管理本镇、村的文书、科技、会计、专业、特殊载体等档案，并且要达到“十一防”（防盗、防火、防雷、防震、防水、防潮、防高温、防霉、防虫、防光和防污染）要求。

（三）各镇、村要配备责任心强、素质高的专兼职档案员，负责新农村建设的文件材料的收集、整理、编目和归档工作。

（四）配备必要的档案装具，每个镇、村配备充足的铁皮档案柜，有条件的乡镇、村要配备计算机、复印机、照相机、摄像机、空调、除湿机等现代化设备。

（五）各镇要加强所辖村级档案工作的领导，对所属村民委员会档案工作实行监督和指导。

七、工作要求

（一）领导重视，要将新农村建设档案工作纳入镇党委、村委的议事日程。各镇、村要充分认识加强社会主义新农村建设档案工作的重要意义，本着“对历史负责、为现实服务、替未来着想”的高度责任感，主动承担记录农业、农村和农民发展变化过程和历史面貌的责任，为新农村建设档案工作创造条件，确保新农村建设档案工作有序开展。

（二）提高认识，进一步增强新农村建设档案工作的紧迫感。随着社会主义新农村建设的不断深入，档案资料也将不断产生。这些档案资料真实地记录了社会主义新农村建设中农业、农村和农民的发展变化过程与历史原貌，是农民生产、生活及自治管理的主要参考和凭证，对于今后工作参考、经验借鉴、史实见证等都具有十分重要的作用。各镇、村要充分认识社会主义新村建设中档案工作的重要性和紧迫性，进一步解决好工作所需的经费、设备等问题，为新衣村建设工作创造良好的环境。

（三）健全体系，进一步提高镇机关档案工作水平。各镇要建立健全档案工作体系。一是要明确分管领导，落实档案人员，整合档案信息资源，实行集中统一管理，并逐步达到村档镇管的要求。二是要切实履行监督、指导职能。镇档案员要对镇机关档案管理负责，对所属村级档案工作进行监督、指导。

（四）强化管理，进一步加强村级档案规范化建设。村档案员要认真按照《社会主义新农村建设村级档案归档分类表》（另发）的要求，严把收集关，认真做好新农村建设文件材料的收集工作，避免新农村建设文件材料散落在个人手中或丢失、损毁等现象的发生，确保新农村建设文件材料的齐全完整。要严格按照《归档文件整理规则》要求，将收集到的新农村建设文件材料，按照上级和本级两个级别认真保管好，并按时整理归档完毕。要建立、完善档案管理、借阅等制度，确保新农村档案的安全和有效利用。

（五）加强业务指导，进一步推动工作的展开。社会主义新农村建设领导小组办公室和县档案局要高度重视新农村建设档案工作，及时进行部署和开展新农村建设示范点档案人员的培训工作，积极推动工作的开展。

县档案局要定期派人到各镇、村对档案的收集、整理、归档、保管、利用等进行监督指导。

（六）对社会主义新农村档案工作进行检查考核。新农村建设档案工作作为社会主义新农村建设的一项重要内容，与其他指标一起进行考核。县社会主义新农村建设领导小组办公室和县档案局每年度都将对镇、村的档案工作进行检查并通报，对表现突出的单位和个人予以表彰，对存在严重问题的，进行批评并责令限期整改。

6. 佛冈县档案馆收集档案范围实施细则

（2015年10月22日佛府办〔2015〕45号印发）

第一条　为了建设覆盖人民群众、内容丰富、结构合理的国家档案资源体系，加强档案收集工作，科学界定佛冈县档案馆档案收集范围，根据《中华人民共和国档案法》《中华人民共和国档案法实施办法》《广东省档案条例》和《各级各类档案馆收集档案范围的规定》（国家档案局9号令）等规定，结合佛冈实际情况，制定本细则。

第二条　档案收集工作贯彻科学发展、以人为本的理念，在档案行政管理部门的监督指导下，本着维护党和国家历史真实面貌，全面反映全县发展历程，便于社会各方面利用的原则，按照收集齐全、整理规范、编目准确、移交及时的要求依法开展。

第三条　本细则适用于佛冈县档案馆接收范围的党政机关、人民团体、企事业单位及其他组织（以下统称单位）和个人。

第四条　列入佛冈县档案馆接收范围的单位应当加强档案资料管理，按规定时限和整理要求，将具有永久、长期或30年保存价值的档案资料向县档案馆移交，任何单位和个人不得将属于国家所有的档案资料据为已有。

第五条　各单位向县档案馆移交档案，自本实施细则生效之日起，应将纸质档案和纸质档案数字化副本同时移交。

第六条　佛冈县档案馆依法接收下列组织机构的档案：

1. 中共佛冈县委及其所属各工作部门；佛冈县人民代表大会及其常设机构；佛冈县人民政府及其所属各工作部门和单位；佛冈县人民政协及其常设机构；佛冈县纪律检查委员会；佛冈县人民法院、佛冈县人民检察院；

2. 县直属各部、委、办、局及下属单位；

3. 佛冈县各民主党派机关；

4. 县总工会、团县委、县妇联、县科协、县社科联、县文联、县侨联、县残联、县工商联等人民团体；

5. 县属文化、教育、卫生、体育、科研等事业单位；

6. 县属国有企业；

7. 县人民政府直属工作部门的派出单位，其形成的档案一般作为派出单位全宗的组成部分；

8. 属于县政府和上级主管部门双重领导、其形成的档案以反映本县某项事业或建设活动为主的单位；

9. 撤销的县直机关、团体和撤销、破产、转制、合并的县属国有企业、事业单位；

10. 镇（街）党委和政府（办事处）及其工作部门形成的档案；

11. 县属各类开发区；

12. 县属工业园形成的档案。

同时接收以上机构的下属单位和直属的临时性机构形成的应移交进馆的档案。

第七条　县档案馆收集新中国成立前本地各个历史时期政权机构、社会组织、著名人物的档案。

第八条　县档案馆收集本县下列重大活动、重要事件形成的档案：

1. 中共中央、国务院和省委、省政府、市委、市政府在本县召开的重要会议；

2. 党和国家领导人、省、市主要领导人在本县参加的重要会议、视察、考察、调查研究和工作指导等活动；

3. 外国元首、政府首脑等高级政界人士和境外各界知名人士、友好团体在本县的考察、访问等重要外事活动；

4. 县委、县人大、县政府、县政协、县纪委召开的重要会议；

5. 县委、县人大、县政府、县政协、县纪委主要负责人出国访问、考察等外事公务活动；

6. 全县性重大经济、科技、文化、体育、外事、宗教活动，严重自然灾害和重大责任事故抢救处理，及其他具有重大影响或较大规模的活动。

第九条　经协商同意，本县社会组织，重要的中外合资、集体、民营企事业单位，基层群众自治组织，家庭和各阶层、各行业代表人物形成的对国家和社会有利用价值的档案，可移交给县档案馆或县档案馆代为保管。

第十条　凡反映县属单位主要职能活动和基本历史面貌的各门类和各种载体的下列档案，要求移交县档案馆：

（一）文书档案及相应的电子档案。

（二）各部门在业务活动中形成的反映本专业特点的专门档案及相应的电子档案，具体包括：

1. 县重点建设项目所形成的工程建设档案；
2. 重大科研项目档案；
3. 已故干部职工档案；
4. 县级财政预决算档案；
5. 各类普查统计档案；
6. 纪检监察案件档案；
7. 地名档案、土地管理档案；
8. 公务员培训、继续教育培训档案；
9. 重要的会计档案；
10. 旅游酒店管理、旅行社管理、导游资格档案、旅游资源档案；
11. 重要的审计档案；
12. 重大工伤事故鉴定档案、劳动技能鉴定档案、劳动人事仲裁档案；
13. 违反《价格法》查处档案、价格监督档案；
14. 投资审核档案、政府采购档案、房改档案；
15. 具有典型意义的工商登记档案；
16. 科技项目成果鉴定档案、科技进步奖项目档案；
17. 重要的教学档案；
18. 病残人员鉴定档案；
19. 医疗纠纷处理档案；
20. 公证档案、法律援助档案；
21. 婚姻登记档案、社会救济档案、“双拥”工作档案；
22. 保障住房建设档案、建筑单位资质审批档案；
23. 项目环评档案、环境监测档案、违反《环境保护法》案件处理档案；
24. 城市综合地下管理普查档案；
25. 年鉴、志书、党史档案；
26. 食品、药品违法查处档案；
27. 违章建筑查处档案；
28. 行政复议、行政诉讼档案；

29. 非物质文化遗产档案、文化执法档案；

30. 反映佛冈自然地理、风光的档案；

31. 本县传统工业产品、土特产品、名优产品的档案；

32. 具有地方特色的文化艺术档案、体育竞赛档案、地方名胜古迹等档案；

33. 佛冈县著名人物档案；

34. 其他有价值的专门档案。

（三）声像档案。

1. 党和国家、省、市主要领导人来佛冈视察、指导工作的题词、照片、底片、录音带、录像带、光盘等；

2. 外国元首、政党领袖、政府首脑等来佛冈参观访问时所形成的题词手迹、照片、录音带、录像带、光盘等；

3. 国际组织、国家、省、市在本县召开的各种重要会议，县委、县人大、县政府、县政协、县纪委召开的重大会议形成的录音带、录像带、照片、光盘等；

4. 佛冈县开展重大政治、经济、科技、文化活动以及举行重大庆典、纪念活动、重大抢险救灾活动所形成的照片、录音带、录像带、光盘等；

5. 县属单位拍摄录制的，具有历史保存价值的自然风光、新闻照片等录音带、录像带、光盘；

6. 县属单位重要活动形成的录音带、录像带、照片、光盘等。

（四）实物档案。

1. 佛冈县被国家、省委、省政府、市委、市政府授予的国家级、省级、市级荣誉称号的证书、奖牌、奖杯、奖状、奖旗等；

2. 县领导和县属单位领导在对外交往活动中接收的有保存利用价值的公务礼品；

3. 县属单位变更、撤销后，不使用的印章。

第十一条　县档案馆应通过接收、捐赠、购买、交换和复制等方式，将对国家和社会有利用价值的，反映佛冈历史文化记忆的档案资料征集进馆，其范围包括：

（一）佛冈各历史时期著名人物各种载体的档案；

（二）反映佛冈各历史时期重大活动、重要事件的口述历史档案；

（三）县内外、市内外、省内外、国内外有关机构保存的反映佛冈历史的各种语言文字和不同载体的档案；

（四）佛冈各历史时期编修的族谱、家谱；

（五）其他反映佛冈历史，与佛冈经济社会发展有关的历代文献资料。

第十二条　佛冈县档案馆要适应档案信息化建设的需要，收集电子档案和纸质档案的数字化副本，建立电子文件（档案）备份中心，开展电子文件（档案）备份工作。

属于向佛冈县档案馆移交档案范围的各单位应按相关标准和保密要求移交电子档案或纸质档案的数字化副本。

涉密电子档案和纸质档案的数字化副本，应当严格按照保密规定进行保密、存储和使用。

第十三条　佛冈县档案馆按照有关法律、法规、规章的规定，可分期分批接收县直单位档案。

移交进馆的档案须经佛冈县档案馆按有关标准进行检查验收，确认符合进馆质量要求的方可移交进馆。

撤并机关、团体、事业单位和职能下放单位的档案，原则上由原单位负责整理，撤并或职能下放后（以职能下放文件的日期为准）两年内，经佛冈县档案馆检查验收后方可移交进馆。以上单位的档案，经协商同意，也可提前移交进馆。

第十四条　县档案馆在收集档案时，同时收集反映本县历史与本县经济社会发展有关的历代文献资料，和有助于了解档案内容及其立档单位情况的各种资料，包括各种文件汇集、资料汇编、统计资料、大事记、组织机构沿革、传记、回忆录、报纸、刊物、图片、年鉴、史志、家谱、族谱和反映本市民间习俗、风土人情、宗教信仰、文物古迹等方面的资料。

第十五条　县档案馆在收集档案时，同时收集有助于管理和利用特殊载体档案所必需的电子、音像等专用设备。

第十六条　列入县档案馆接收范围的档案，应当按规定时间向县档案馆移交：

1. 县直机关、团体形成的文书档案和专门档案，一般自形成之日起满10年移交；照片档案、录音录像档案、实物档案、电子档案等随文书档案一并移交。

2. 重大活动档案，设立临时机构的，活动结束时移交；未设立临时机构的，按有关规定办理。

3. 政府公开信息（纸质和电子版）按有关规定及时移交。

4. 县直机关、团体在撤销时，县属企业、事业单位在撤销、破产、转制、合并时，临时性单位在工作结束时，其永久、长期（30年）、短期（10年）档案全部移交县档案馆。

5. 凡向县档案馆移交的档案（包括纸质档案、实物档案、电子档案），移交单位必须收集齐全，正确划分保管期限，保证档案质量，并编制档案目录（包括案卷目录和卷内目录），全宗说明一式三份（交档案馆二份，移交单位留存一份）。经县档案馆检查验收，符合要求的方得向县档案馆移交。

6. 确因实际需要，经县档案馆同意，可以提前或延期移交。如由于保管条件恶劣可能导致不安全或者严重损毁的档案，经县档案馆同意，可以提前接收；专业性较强或者需要保密的档案，经县档案馆同意，可以适当延长接收时间。

第十七条　本实施细则由县档案局负责解释，自发布之日起实施。原《佛冈县档案馆收集档案资料范围实施细则》（佛委办〔2013〕77 号）同时废止。

7. 佛冈县人民政府公开信息送交办法

（2016 年 4 月 22 日佛府办〔2016〕19 号印发）

第一条　为了规范政府公开信息送交工作程序，确保政府公开信息及时、完整地送交到政府信息公开查阅场所，提高政府公开信息查阅场所公共服务能力，保障公民、法人和其他组织依法获取政府信息的权利，根据《中华人民共和国政府信息公开条例》，结合工作实际，制定本办法。

第二条　本办法所称的政府公开信息送交工作，是指政府公开信息送交单位按照《政府信息公开条例》的要求，及时、完整地向政府信息查阅场所送交主动公开的政府信息。

送交内容包括政府公开信息全文，以及《政府信息公开指南》（以下简称《指南》）、《政府信息公开目录》（以下简称《目录》）、《政府信息公开工作年度报告》（以下简称《年报》等。

第三条　本办法所称的政府公开信息送交单位是指各级行政机关，法律、法规授权的具有管理公共事务职能的组织和与人民群众利益密切相关的公共企事业单位（以下简称送交单位）。

第四条　本办法所称的政府信息查阅场所是指各级人民政府为方便公民、法人或者其他组织获取政府信息，在国家综合档案馆和公共图书馆设置的查阅场所。

第五条　政府公开信息送交工作应遵循各负其责、及时有效、系统规范的原则。

第六条　各级政府信息公开主管部门负责政府公开信息送交工作的监

督与管理。

第七条 《指南》《目录》《年报》和属于主动公开范围的政府信息，各送交单位应当自该政府信息形成或者变更之日起20个工作日内，向政府信息查阅场所送交纸质文本一式两份，并通过政务网、互联网传输平台在线送交或采用离线方式送交电子文本，送交的纸质文本应为原件，电子文本应符合有关文件格式。

属于主动公开的联合发文的政府信息，由该文件的主办单位负责送交。

第八条 各镇信息公开工作机构负责向县政府信息查阅场所送交主动公开的政府信息。

第九条 各级送交单位对送交的政府公开信息做出修改或者废止时，应及时将修改后的全文和目录或者废止信息的目录送交同级政府信息查阅场所。

第十条 严格办理政府公开信息的交接手续，填写《政府公开信息交接单》（附件1）一式两份，交接双方各执一份。

第十一条 各级送交单位应将政府公开信息送交工作纳入本单位政府信息公开的日常工作中，明确专门机构和专门人员负责办理向同级政府信息查阅场所送交政府公开信息的具体事宜。

第十二条 政府信息查阅场所应定期向同级政府信息公开工作主管部门报告政府公开信息的送交情况和查阅利用情况。

第十三条 政府公开信息的送交工作和提供查阅服务工作纳入各级政府信息公开工作考核、评议内容。各级政府信息公开工作主管部门和监察机关负责定期对送交单位的政府公开信息送交工作和查阅场所提供查阅服务工作情况进行考核、通报。

第十四条 对违反本办法，不按规定送交政府公开信息的，或者不及时送交已变更公开的政府信息的，由监察机关、上一级行政机关责令改正。

第十五条 本办法自2016年5月1日开始施行。

8. 佛冈县档案馆开放档案实施办法

（2016年5月10日佛府办〔2016〕22号印发）

第一章 总则

第一条 为贯彻国家开放档案的方针，大力开发档案信资源，有效地保护和利用档案，更好地为社会主义现代化建设服务，根据《中华人民共和国档案法》及其实施办法、《广东省档案条例》、国家档案局《各级国家档案馆开放档案办法》（国家档案局令第2号）和《广东省档案馆开放档案实施细则》有关规定，结合我县实际，制定本办法。

第二条　档案向社会开放，是县档案馆的基本任务之一。县档案馆应坚持改革和实事求是的原则，做好开放档案的各项基础工作，有计划、有步骤地向社会开放。

第三条　县档案馆开放档案工作，需正确处理保密与开放的关系，划清开放与不宜开放档案的界限，做到既充分发挥档案的作用，又保障国家秘密的安全。

第二章　档案开放的期限和范围

第四条　县档案馆保存的档案，一般自形成之日起满30年向社会开放，经济、科学、技术、文化等类档案，可提前开放。涉及国防、外交、公安、国家安全等国家重大利益的档案，可自形成之日起满50年开放。上述所有档案，如按国家有关规定需要继续保密或应控制使用，应延期开放。

下列馆藏档案，暂不向社会开放：

（一）党政机关的会议记录，涉及党政内部有争议尚未做出结论的重大问题和历史事件不宜公开的档案；

（二）县（团）级以上领导干部和社会著名人物不宜公开的有关政治历史评述的档案；

（三）各单位印发的尚未解密的“三密”文件及解密后划为内控使用的档案资料；

（四）历次政治运动中形成的档案；

（五）有关干部、职工的纪律处分、个人检查、检举揭发、组织审查及个人隐私的档案；

（六）属于组织工作、纪检工作形成的内部材料和有关各种重大案件的档案；

（七）有关外事、军事、公安、边防、经济、科技的秘密，领土边界、重要资源以及中外产权、债权等档案；

（八）涉及国家安全或重大利益以及不利于党内团结，不利于民族团结、不利于国家统一、不利于统战工作、不利于社会稳定以及其他涉及敏感内容的档案。

第三章　开放档案的条件

第五条　档案向社会开放前，应征求档案形成单位意见后，方可开放，撤并单位其职能职责划归哪个部门则征求该部门的意见或由县档案馆鉴定开放。

第六条 县案馆所有对外开放的档案，应严格按照县档案馆制定的开放档案鉴定办法进行鉴定审核，凡按国家有关规定可向社会公开的档案，由县档案馆报同级档案行政管理部门批准后开放，必要时报县政府审批。

第七条 县档案馆应严格区分开放与不开放的档案，做到界限清楚，标记明显。

第八条 凡属开放的档案，须经过系统整理编目，并编有供利用者自行检索的开放目录，逐步实现数字化利用。

第九条 重要和珍贵的开放档案提供利用，一律以复制件代替档案原件；其余开放档案，应逐步做到用复制件代替档案原件。

第十条 县档案馆设立档案信息查阅中心，指定专门工作人员，为利用者提供方便。

第十一条 县档案馆在开放档案时要做好安全保护工作，防止损坏和丢失档案。

第十二条 县档案馆工作人员应树立良好的职业道德，忠于职守，热情为利用者服务。

第四章 利用开放档案的手续和要求

第十三条 单位和个人，持有工作证、身份证、单位证明、回乡证、护照等合法证明，办理查阅档案登记手续后，可利用县档案馆开放的档案。

第十四条 外国组织和个人的查阅手续按国家有关规定办理。

第十五条 利用未开放档案应按国家有关规定办理，档案形成单位查阅本单位未开放档案，利用者应持本单位证明（注明查档的内容、目的)、工作证、身份证，经县档案馆同意后方可查阅。

第十六条 利用档案者必须爱护档案，服从档案馆的安排，遵守有关规定，违者，档案馆可视情况给予劝告或进行其他处置。严禁损坏、丢失、涂改和销毁档案，违者，档案馆可根据档案价值责令利用者进行赔偿，直至追究法律责任。

第十七条 根据国家有关规定，利用档案馆馆藏档案不收费。

第十八条 大力推进档案信息化工作，为群众提供方便快捷的服务，通过互联网利用开放档案信息，按照国家、省档案行政管理部门的有关规定执行。

第五章　档案的公布出版

第十九条　县档案馆馆藏档案的公布、出版权，属于县档案馆及国家授权的有关单位。

第二十条　县档案馆可采取自编、与有关单位合编等形式开展档案史料的编辑出版工作，并有计划地配合社会需要和各种纪念活动，通过多种方式公布档案。

第二十一条　凡是开放的格案，利用者在不违反国家有关规定的前提下，可以在著述中引用，但不得擅自以任何形式公布，利用者在著述中节引的档案内容，均应注明档案收藏单位和档号。

第六章　附则

第二十二条　本实施办法由佛冈县档案局负责解释。

第二十三条　本实施办法自颁布之日起施行。原《佛冈县档案馆开放档案实施办法》（佛委办〔1997〕7 号）同时废止。

三、佛冈县档案事业发展五年计划

1. 佛冈县档案事业发展“七五”计划（草案）

（1987 年 3 月 19 日佛委办〔1987〕6 号转发）

中共中央、国务院中委〔1985〕29 号文件指示：“希望各级党委和人民政府进一步加强对档案工作领导，把档案工作作为一项事业列入国民经济发展规划，解决档案部门存在的一些实际问题，逐步实现档案管理现代化。《中华人民共和国国民经济和社会发展第七个五年计划（1986—1990)》，要求“加强档案馆建设”；中共广州市第五次党代会通过的《广州经济社会发展战略纲要（1986—2000 年）（草案)》，提出了“要搞好档案资料工作”的要求。为此，我们要在巩固提高“六五”期间所取得成果的基础上，进一步搞好我县档案事业。为使我县档案事业尽快适应国民经济和社会发展的需要，更好地为社会主义现代化建设服务，为振兴佛冈服务，现结合我县的实际，制订《佛冈县档案事业发展“七五”计划(1986—1990)（草案)》。

一、指导思想和奋斗目标

“七五”计划期间，佛冈县档案事业发展的指导思想是：认真贯彻全国档案事业发展“七五”计划提出的“改革、充实、巩固、提高”的方针，坚持把改革放在首位，坚持把档案馆工作作为档案事业主体和重点，坚持逐步实现档案管理标准化、现代化，坚持以档案服务效益作为档案工作的唯一准则。奋斗目标是：以发挥档案效益为中心，以档案馆工作为主体、档案室工作为基础，逐步建立一个多门类、多层次馆（室）藏丰富、基础扎实，方便利用的档案工作体系，逐步实现档案管理标准化、现代化。

二、档案工作

“七五”计划期间，要加强档案馆的建设，不断丰富馆藏，把档案馆初步建设成为永久保管档案的基地、科学研究和各方面利用档案史料的中心、科学文化事业的实体。

1. 完善案馆的管理体制。根据中共中央、国务院中发〔1985〕29号文件要求和劳动人事部、国家档案局颁发的《各级档案馆编制标准》，配齐与馆藏相适应的专业干部，拨足能适应工作需要的档案事业经费，把县档案馆逐步建成为科学文化事业的实体。

2. 逐步更新添设备，改善保管条件。县档案馆需购置吸潮机、复印机、照相机各1台，铁皮档案柜100个以及其他必要的设备。

3. 县档案馆根据县委办公室佛委办〔1986〕17号文件关于印发《佛冈县档案馆收集档案范围的实施细则》的通知精神，把应该收集、保存的各种门类、各种载体的档案、资料收集保管起来。“七五”计划期间，县档案馆收藏的档案要达到一万至一万二千卷（册）以上。

4. 县档案馆要采取多种形式和多条渠道，大力收集反映本地区的革命历史档案，旧政权档案和有关资料、照片，以及知名人士的档案。

5. 大力开发档案信息资源。做好档案利用工作。一九八八年，县档案馆要根据《档案馆开放档案暂行办法》的规定，做好中华人民共和国成立后档案开放准备工作。对满三十年的档案要做好划密解密工作，确定控制与开放范围，编制开放目录，创造条件逐步开放。

6. 县档案馆要编写馆藏全宗和全宗介绍、档案馆指南、中华人民共和国成立后三十五年大事记。要做好《历届党代会议文件汇编》《历届人代会议文件汇编》《历届政协会议文件汇编》和县委、县政府文件汇编工作，更好地发挥档案资料的作用。

7. 支持办好广州市建立市档案目录中心。县档案馆要按市规定，每年及时将县委、县攻府、县人大、县政协、县纪委全宗的档案目录报送市档案馆一份。

三、机关档案工作

“七五”计划期间，档案工作要进一步贯彻《机关档案工作条例》，健全档案室工作，完善各项制度，加强基础工作，逐步做到档案管理工作规范化、标准化，有效地为机关工作服务，为国家积累提供档案信息资源。

1. 坚持集中统一管理的原则。凡是机关工作活动中形成的各种门类（文书档案、财会档案、科技档案和其他专业档案）和各种载体（照片、录音、录像电视片带）的材料，要收集齐全，坚持一年一度的立卷制度，做好立卷、归档和编目工作，把机关档案室建成为档案资料信息中心。

2. 做好编研工作。机关档案室要编写《全宗介绍》，要建立健全大事记制度，局以上机关档案要编制重要文件汇编、专题资料和检索工具等。

3. 做好资料收集移交工作。各机关档案室，要按县委办公室佛委办关于印发《佛冈县档案馆收集档案范围的实施细则》的通知范围，做好向县档案馆移交档案材料工作。

4. 搞好库房建设和保管工作。各战线要对本系统所属单位的档案工作，进行指导和检查。要有保管档案的库房和设备，不断改善保管条件。

5. 搞好利用服务工作。要围绕本机关中心工作和各项工作及领导决策，采取各种形式，及时提供信息资源。

四、科技档案工作

"七五"计划期间，要大力加强科技档案工作。要加强科研档案和城建档案的立卷、保管工作，进一步贯彻《科技档案工作条例》，各专业主管机关要对本系统科技档案，科研档案和城建档案工作实行统一管理，要加强领导和监督检查。

为完成档案事业发展"七五"计划，我们要认真贯彻中共中央、国务院和省、市党委、政府关于做好档案工作一系列指示精神，在县委、县政府的直接领导和各部门的积极配合下，把档案事业发展"七五"计划列入佛冈县"七五"计划和年度计划，并解决发展档案事业需要的人力、物力和财力，把我县档案事业推向前进。

佛冈县档案局

一九八七年三月六日

2. 佛冈县档案事业发展"九五"计划

（1996 年 10 月 24 日佛档〔1996〕1 号印发）

"九五"计划是我县改革开放和现代化建设发展重要的五年，也是我县档案事业发展关键的五年。为了更好地规划我县档素事业，为 21 世纪我县的经济和社会进步服务，根据省、市档案事业发展“九五”计划的要求，结合我县的实际情况，特制定《佛冈县档案事业发展“九五”计划》。

“八五”计划期间，我县的档案事业在县委、县政府的领导以及省、市档案行政管理部门的指导下，团结奋斗，艰苦创业，开拓进取，各方面的工作都取得了一定的成绩。在这五年里，我们认真按照省、市档案行政管理部门的工作部署，加强了档案馆的基础业务建设工作，共接收进馆档案1451卷，收集资料961卷（册），不断地丰富了馆藏；在开展档案开发利用工作中，提供档案资料为社会主义两个文明建设服务，特别是在近几年为我县编史修志工作，提供了大量有价值的档案史料。五年来，共接待查阅档案资料4644人次，利用档策14107卷（册）；机关档案目标综合管理工作步上新的台阶，到“八五”末，全县共有9个机关档案室的档案综合管理通过考评，达到省一级省特级标准，有力地推动了全县档案工作整体水平的提高；档案教育健康发展，档案干部队伍建设不坚断充实壮大，有120多名档案干部参加过档案专业基础理论课的学习培训，为做好档案工作打下了坚实的基础；档案法制建设得到进一加强，依法治档以及社会档案意识观念有了新的转变，档案标准化、规模化、现代化建设水平不断提高。

“八五”计划以来，我县的档案事业虽然取得了显著的成绩，为“九五”期间全县档案事业的发展奠定了一定的基础，创造了许多有利的条件，但也仍存在着如下问题：一是全县档案工作发展不够平衡，机关档案综合管理达标升级上得慢；二是档案管理方式没有实现办公自动化提出的新要求，仍实行旧模式，档案馆的服务功能有待进一步发挥；三是档案办公经费严重不足，使档案得不到有效的保护，在很大程度上制约了档案工作的正常开展。上述这些问题直接阻碍了我县“八五”计划期间的档案事业的发展，如不能很好地解决，必将严重影响我县“九五”计划期间档案事业的进一步发展。

一、“九五”计划期间的奋斗目标、指导思想和工作重点

（一）奋斗目标

到2000年，基本建立起与我县国民经济和社会主义事业发展相适应的社会主义档案事业体系。

（二）指导思想

以邓小平同志建设有中国特色社会主义的理论为指导，坚持党的基本路线，适应建立社会主义市场经济体制的需要，加快档案工作改革开放的

步伐，提高档案工作的整体水平，大力开发档案信息资源，有效地为社会主义现代化建设服务。

（三）“九五”计划工作重点

“九五”计划期间我县档案事业建设面临着繁重的任务，为了实现预定的奋斗目标，必须抓好以下几项工作：

1. 结合“三五”普法活动，继续广泛、深入抓好《档案法》《广东省档案违法行为处罚办法》的宣传教育工作，规范档案行政管理和强化行政执法监督工作，不断加强和完善我县的档案行政管理的法规体系。

2. 扎实抓好全县机关档案综合管理达标升级工作，促进全县档案工作上新台阶，为社会主义现代化建设提供优质服务。

3. 加强“三资”企业、重点企业和重点建设工程项目的档案工作。

4. 积极做好档案干部的教育、培训、管理工作，提高档案人员的政治思想素质和专业知识水平。

5. 逐步推进档案办公自动化与档案管理的衔接工作，将档案现代化管理提高到一个新的水平。

二、“九五”计划期间的主要任务

（一）档案法制建设

1. 认真贯彻执行《档案法》，结合“三五”普法活动大力宣传《档案法》，提高整个社会公民的档案意识。

2. 建立档案监督机构，搞好档案监督检查工作，查处违法行为，逐步形成依法治档、依法管档新秩序，促进档案工作的健康发展。

（二）档案馆工作

进一步加强档案馆的基础业务建设和基础设施建设，拓宽档案馆整体功能，促进档案馆工作效能和业务工作水平的全面提高。

1. 县档案馆力争在一九九六年底达到省二级管理水平，以此带动全县档案综合管理工作上等级。

2. 做好馆内的安全防范、开发利用、综合管理等工作，档案馆内安装电子联网报警器，确保档案的安全；做好上级专项检查评比活动工作。

3. 添置一批档案装具，保证箱柜充足，同时每个库房购买一台空调机、吸湿机、除尘器等设备，以改善档案保护条件，延长档案的寿命。

4. 搞好档案的接收、征集工作，进一步丰富馆藏。有计划地接收各单位到期进馆和愿意提前移交的档案；采取各种形式广泛征集社会散存档案，有针对性地收集为本县经济建设服务的信息；开展名人档案、重点档案、实物档案的收集工作，建立名人、重点、实物档案库。

5. 逐步采用计算机管理档案，提高档案的现代化管理水平。

6. 认真做好进馆档案的编目工作，建立和完善科学的检索体系。建立以案卷目录、文件级分类目录、资料分类目录、各种专题目录、名人索引，档案馆指南为主的检索体系。

7. 努力扩大档案馆的服务领域，拓展档案馆的功能，逐步加快档案开放步伐，为社会主义现代化建设服务。

（三）机关档案工作

1. 继续坚持在全县范围内开展机关档案工作目标管理考评活动，根据上级的要求，力争在三年内，全县副科级以上各级党政机关、团体、事业单位全面通过考评，达到省二级以上管理水平，积极推动机关档案管理现代化进程，为领导决策和机关各项工作服务。

2. 根据市局要求，坚持每年度开展一次档案综合管理检查评比工作，对已达标升级的机关档案工作组织复查，并形成制度。

3. 做好机关到期进馆档案的移交工作。

4. 加强机关档案编研工作，积极主动为机关各项工作服务。

（四）档案教育和科技工作

1. 有计划地组派档案干部参加省、市档案部门举办的档案岗位、各种专题培训班的学习，提高档案人员的专业素质。

2. 逐步利用无酸档案卷皮、卷盒，确保档案永久保存。

3. 做好全县档案人员的专业技术职务申报工作。

（五）企业档案和档案宣传工作

1. 加强对中外合资，合作企业的档案管理工作，进行经常的检查指导，促进企业档案管理的规范化。

2. 协助有关部门做好第三次全国工业普查和首次全国农业普查档案资料归档工作。

3. 继续广泛、深入开展对修改后的《档案法》的宣传工作，运用各种形式，大力宣传档案为经济建设服务的情况，要求档案人员多向省市档案杂志期刊投稿，不断扩大档案工作的社会影响。

三、完成“九五”计划的主要措施

为实现“九五”计划确定的目标和完成各项任务，要采取如下措施：

1. 进一步加强档案行政管理工作。县档案局要在“统一领导、分级管理”原则指导下，做好统筹规划、制定政策、组织协调、信息指导、提供服务和检查监督等工作，促进我县档案工作的全面发展。

2. 争取县委、县政府对档案工作的重视，把档案事业的发展纳入全县国民经济和社会发展“九五”计划，县财政逐年增加档案事业经费，使之与社会发展增长比例相适应。

3. 深入贯彻《档案法》等有关法规、规章，以法律手段管理档案事业的发展。

4. 档案干部要加强政治思想和作风建设，坚持正确的政治方向，增强工作责任感和事业心。

5. 继续抓好档案综合管理达标升级工作，增强档案业务指导力度，促进我县档案管理水平的全面提高。

佛冈县档案局

一九九六年十月二十四日

3. 佛冈县档案事业发展“十五”计划

2001—2005 年，是跨入 21 世纪的头五年。随着新世纪的到来，我县将进入增创新优势，建设文明、富裕的新佛冈的重要发展时期。“十五”计划时期是我县全面建设小康社会，实现国民经济跨越式发展，缩小与珠江三角洲地区的差距，争取与“广东省率先基本实现现代化”同步的重要奠基期，也是我县档案事业配合省、市档案事业率先基本实现现代化而全面努力的重要时期。因此，我们要坚定不移地贯彻党的十五大精神，抓住机遇，迎接挑战，加快发展，更好地为全县的国民经济和社会发展服务。根据《清远市档案事业发展“十五”计划》和《中共佛冈县委关于制定全县国民经济和社会发展第十个五年计划的建议》，特制定佛冈县档案事业发展“十五”计划。

“九五”计划期间的档案工作回顾

“九五”计划期间，全县档案战线以邓小平理论为指导，坚持党的基本路线，实行改革开放，在县委、县政府的领导下，经过全县档案工作人员的团结奋斗，共同努力，档案事业取得了较大的发展。一是建立健全了档案管理机构。全县副科以上单位建立了档案室并明确领导分管档案工作并配备了专（兼）职档案员。二是档案管理达标升级工作全面铺开，整体水平有较大的提高。至 2000 年底止，全县有 41 个单位达到省二级以上标准，其中机关单位 21 个，科技事业单位 10 个，企业 9 个，农村 1 个。三是加强了档案馆的设施建设，改善了档案的保管条件，现代化管理档案的水平逐步提高。“九五”计划期间，配备计算机 1 台、空调机 6 台、抽湿机 2 台、复印机 1 台、电子联网报警器 1 台，档案装具由木柜逐步更换成规范统一的铁柜共135套。四是丰富了馆藏，各种档案门类结构渐趋合理。目前馆藏全宗100个，计有各类档案21 194卷册，比1995年的13 383卷册增长63.15%。资料5539（册），照片519张，荣誉奖旗奖杯实物17件，编制好符合规范要求的各种档案目录174本，档案排架长度380米。五是积极发挥档案馆的信息功能。搞好开发利用工作，根据需要，编制一批具有使用价值的编研材料。“九五”期间，共接待到馆利用档案2547人次，利用档案5148卷（册），为各级机关工作和经济建设提供服务，充分发挥了档案的经济效益和社会效益。六是档案的宣传教育工作取得一定效果。积极配合《档案法》及其实施办法、《广东省档案管理规定》等法律法规，开展了形式多种的宣传、贯彻实施活动，通过这些活动，进一步增强了社会档案意识。

“九五”计划期间，我县档案事业取得一定的成绩，但也存在着一些问题。主要是：①部分单位领导对档案工作重视不够，有法不依的现象仍然存在。②机关档案综合管理达标升级工作进度不尽人意，离上级档案部门的要求仍有一定的差距。③档案事业经费十年未变，办公经费不足，相对制约了全县档案事业的健康发展。④农业和农村档案工作还比较簿弱，村级的建档数量少。⑤机关各单位档案员的业务水平有待于学习提高。⑥档案局（馆）工作量大，人员编制少，不能满足档案馆自身发展的需要。以上问题的存在，直接影响着我县档案事业的进一步发展。为使档案工作适应形势发展和现代化建设的需要，“十五”计划期间要逐步解决这些问题，使我县的档案事业有新的发展。

“十五”计划期间的主要工作任务

一、指导思想和奋斗目标

以邓小平理论和江泽民总书记“三个代表”的重要思想为指导，深入贯彻落实党的十五大精神和省第八次党代会精神，保持我县档案事业的持续发展的势头，更好地为我县实现脱贫奔康、增创新优势、建设文明富裕的新佛冈服务。

根据我县目前档案事业发展的实际情况，今后五年的奋斗目标是：以档案基础业务建设为重点，抓好反映佛冈社会发展、经济建设的各门类、各种载体档案的全面收集、规范整理工作。以依法治档为手段，严格档案行政执法，保证各项档案管理措施的落实，以档案的现代化管理为手段，使档案管理的各个环节逐步与国民经济发展同步，适应时代要求。

二、档案法制建设

（一）进一步宣传贯彻《档案法》和《广东省档案管理规定》，努力提高社会的档案法制意识，以法代替行政手段，使档案事业持续向前发展。

（二）建立和完善档案法律监督机制，确保档案法规的顺利贯彻执行，有重点地开展档案执法检查工作，查处档案违法案件，以法律手段来管理档案和档案工作。

三、档案馆工作

（一）档案目标管理工作。“十五”计划期间，根据市局要求，原已升级的馆，力争再上高一等级。

（二）档案馆接收、征集档案工作。依法接收档案，采取各种手段开展征集工作，以丰富馆藏，改变我馆结构状况。有针对性地收集各种专门档案，增加馆藏价值含量。要加强声像档案工作，馆内指定专人负责声像档案工作，积极征集各单位各部门形成的有价值的声像档案，重点抓好县五套班子重大活动和上级领导来我县检查指导工作的声像档案的拍摄、收集、整理、保管和利用工作。

（三）馆库设施的完善工作。“十五”计划期间，积极争取资金逐年添置馆内设备，购买档案消毒机、传真机，库房内配齐空调机、吸湿机，有充足的档案柜使用。

（四）档案的开发利用工作。建立完备的档案检索体系，对到期开放的档案，积极采取措施，按有关规定及时开放，延长服务时间，保证满足利用者的需求。通过各种途径扩大宣传，吸引、指导群众来馆利用档案。积极探索档案为全县经济工作服务的途径，围绕县委、县政府的中心工作，开展档案资料的编研工作，为各级提供有效服务。此外，根据社会需要，积极举办各种档案展览和陈列活动，配合社会中心工作，举办至少一期的档案展览，努力把档案馆办成爱国主义教育基地。

（五）档案馆的现代化管理工作。在档案的检索、保管、利用等方面逐步采用现代化手段，使档案工作的发展与社会的现代化进程同步。逐步运用计算机和网络技术管理档案，逐步取代手工操作。基本建立计算机检索体系，文件级目录的录入量达馆藏量的70%以上，并逐步应用光盘技术刻录、保存珍贵、重点档案。

（六）积板争取县委、县政府的重视与支持，县档案馆跟随县府大院搬迁，将建馆工作纳入基建计划，按照新建档案馆库面积不少于1500平方米的要求，做好规划。

四、机关档案工作

（一）加强机关档案工作基础业务建设，巩固和发展档案综合管理的成果，防止滑坡现象，搞好宏观管理和微观指导工作。

（二）结合办公自动化给档案管理带来的新变化，将档案管理列入机关办公网络的范畴。大力推广"文件材料归档方法改革"，积极稳妥地推进文书立卷改革和电子文件归档试点工作，县直机关采用文件归档方法改革的单位达到35%。

（三）机关档案室档案管理要与办公自动化相结合，县直机关40%的档案室采用电脑管理。引导有条件的机关档案室实现档案管理的系统联网，达到档案信息传输网络化、信息开发专题化、档案利用远程化的要求。

（四）加强房地产、旅游、宗教、审计、纪检等专门档案工作；密切关注机关机构改革的动向，搞好机关机构改革中变动单位的档案处置工作。

（五）继续抓好机关档案综合管理达标升级工作，力争"十五"计划期间县直副科以上的机关、事业单位档案综合管理达省二级以上标准。

五、经济科技档案工作

（一）企业档案工作

1. 以国有企业为重点，根据企业改制的新情况、新问题，摸索企业档案工作的新路子，建立健全档案工作。对破产企业的档案收集整理，做好接收进馆工作。

2. 对中外合资、私有、民营企业建立档案工作进行指导和咨询。

3. 按照自愿的原则，继续开展企业档案目标管理认证工作。

（二）城建档案工作

1. 监督、指导和协调好城建档案工作。

2. 建立城建档案室，专门保管和开发利用城建档案。

（三）重点工程档案工作

1. 注重重点建设项目的建设情况，及时对文件材料的形成和积累归档工作进行指导和监督。

2. 加强重点工程建设档案的管理，积极与有关部门做好协调工作，把档案工作列入重点建设项目验收程序。

（四）科技事业单位档案工作

1. 按照国家档案局制定的标准，继续开展科技事业单位的档案目标管理活动。

2. 抓好科研、医疗、教学等专门档案工作，积极搞好开发利用工作。

（五）农村档案工作

1. 加强对镇档案工作指导，建立健全档案室，保证档案工作人、财、物的到位，有条件的要争取达标。

2. 2003 年前村民委员会应按“五有”要求，全部建立档案工作，把行政村在各种活动中形成的材料收集齐全，统一保管和开发利用。

六、档案的培训、宣传工作

（一）进一步加强档案人员岗位培训，根据各单位档案人员的业务素质情况，适时指派档案人员参加省、市档案部门举办的各种类专业培训班学习，提高档案干部队伍的整体素质。

（二）档案宣传工作要面向社会，走进社会，以增强公民的档案意识为目的，广泛深入宣传《档案法》和有关法规，要求档案干部多写文章宣传档案工作。

佛冈县档案局

2001 年 3 月 2 日

4. 佛冈县档案事业发展“十一五”规划

“十一五”规划（2006—2010 年）时期，是我县落实科学发展观，全面建设小康社会的重要时期，也是实现我县在全省山区县中率先崛起的战略目标、构建和谐佛冈的时期。为使档案事业更好地为我县经济社会发展和全面建设小康社会服务，根据佛冈县人民政府《关于印发佛冈县国民经济和社会发展第十一个五年规划纲要的通知》《清远市档案事业发展规划》，特制定“十一五”规划期间佛冈县档案事业发展规划。

一、“十五”计划发展回顾

“十五”计划时期，我县的档案工作在邓小平理论和“三个代表”重要思想指导下，树立和落实科学发展观，在县委、县政府的正确领导下，在全体档案干部的共同努力下，团结拼搏，创新发展，出色完成了“十五”计划提出的各项指标任务。主要体现在：

（一）档案基础业务得到提高。扎实开展档案馆的基础业务建设，大力丰富馆藏，到“十五”计划期末，馆藏档案 21 479 卷，比“九五”计划期末增长 35%。在省、市的关心和县委、县政府的重视下，投资 650 多万元，建筑面积近 3000 平方米的新档案馆即将完工，档案的保管将得到有效的保护。

（二）基层档案工作水平有新的发展。“十五”计划期间，为全面提升档案工作的整体水平，档案局加大了监督指导力度，积极推行档案目标管理工作。至“十五”计划期末全县各机关、事业单位共有56个达到省二级以上标准。开展了农业农村档案工作、社区档案工作，经过五年的艰苦拼搏，农业农村档案工作顺利完成。全县6个镇78个行政村全部实现了镇级达标、村级建档，全县12个社区建立健全了档案工作。在重点档案项目档案工作上，县档案局为达到有效的监控目的，加大了此项工作的力度，主动介入我县的重点工程建设项目的档案工作。

（三）档案法制建设不断加强。牢固树立依法行政的观念，积极推进依法治档的进程。运用档案执法检查、档案复查等手段，认真对机关事业单位档案工作开展执法监督工作。2005年，清远市人大常委会会同市档案局联合组成检查组，对我县执行《档案法》的情况进行了检查，起到了很好的推动作用，提高了社会档案意识。

（四）创新档案服务机制。我县不断拓宽社会服务渠道，开展了已公开现行文件利用服务工作，努力使档案馆成为党委、政府公开政务信息的场所，让“红头文件”直接为社会各阶层服务。热心为下岗职工、困难群众服务，受到了社会的广泛欢迎。

（五）档案信息开发利用工作取得新成果。“十五”计划期间，档案部门紧密配合县委、县政府的中心工作，找准为经济社会服务的切入点，积极挖掘档案信息资源，编纂了一批有价值的编研材料，如：《佛冈县建市十五周年大事记》《佛冈县历史人物介绍》《佛冈县自然环境介绍》等。档案馆发挥职能作用，在“十五”计划期间共接待利用档案1817人次，利用档案资料3768卷（件、册）。

“十五”计划期间，全县档案工作呈现出良好的发展态势，为我县“十一五”计划期间档案事业的发展奠定了基础。在发展过程中也存在一些问题，主要表现在：一是有的部门领导对档案工作重视不够；二是档案信息化建设落后，与珠三角相比差距很大；三是档案馆的服务创新工作做得不够。这些问题的存在，制约着我县档案事业的发展。

二、“十一五”规划档案指导思想与发展目标

（一）指导思想

坚持以邓小平理论和“三个代表”重要思想为指导，以科学发展观统领经济发展全局，坚持以发展为第一要务，坚持以人为本、和谐发展的方向，紧紧围绕“三年打基础，五年上台阶，十年翻两番，二十年全面建成小康社会”和构建社会主义和谐社会的总体部署，紧贴党和政府的工作大局做好服务工作。加强档案法制建设，强化机关、企事业单位、农业农村和社区档案工作管理，加强档案信息化建设，有效整合档案资源，实现档

案、文件信息资源共享，努力把综合档案馆办成公共档案馆，全面提高档案工作整体水平，促进档案工作更好地为经济社会与和谐社会建设服务。

（二）发展目标

总体目标是：全县档案工作全面振兴，争当山区发展排头兵。

“十一五”规划期间我县档案事业发展具体目标是：完善档案法制体系，进一步提高依法行政的水平，努力把档案馆建设成为政务信息公开场所和档案信息利用服务中心的公共档案馆；机关、企事业单位档案工作机制健全，并逐步达到与本单位办公自动化、信息化同步发展的要求；提高档案信息化、现代化管理水平。

三、主要任务

（一）档案法制建设

1. 深入开展宣传贯彻《档案法》和《广东省档案管理规定》，采取各种形式开展档案法规的学习和宣传工作，加强法制观念，提高社会的档案法制意识；加大档案的行政执法力度，认真开展档案行政执法检查和专项业务执法检查，严格查处档案违法案件。

2. 积极配合省档案局制定和修订各种档案行政法规和各种档案管理规章制度，确保各项法规制度在我县的贯彻执行。努安力营造依法治档，以法管理档案工作的新环境。

（二）档案信息化建设

1. 档案局（馆）建立和完善计算机网络，力争与县政府电子政务网联通，县档案馆建成电子文件（档案）管理中心。

2. 加强档案数据库建设，建立与完善档案机检目录数据库、重要纸质档案全文数据库和多媒体数据库。到“十一五”规划末期，馆藏档案文件级目录基本要实现机检，并完成照片、录音、录像档案数字化工作。

3. 认真执行电子文件制作、归档、整理、保存、鉴定、移交等制度，逐步建立电子文件管理系统，规范电子文件管理工作；全面推行档案馆信息化评估工作。

（三）档案资源建设

1. 加强国家档案资源建设。注重对经济、科技、文化和荣誉实物、名人名胜、名优特产档案以及反映地方特色的珍贵档案文献等各类档案的收集工作。

2. 积极创造条件，开展争创“广东省示范档案馆”和综合档案馆年度评估活动。

（四）档案安全保管保护体系建设

1. 完善档案安全保障体系，建立和完善安全应急方案、档案数据备份制度和灾难恢复机制。做好防光、防盗、防火、防高温、防潮湿、防虫、防有害微生物的工作，确保档案的安全。

2. 完善重点档案保护制度，按照《国家档案馆馆藏永久档案分级管理办法》的要求实行分级管理。

3. 加强国家档案馆馆藏档案的保护抢救工作，争取上级和县财政的支持，抢救珍贵档案，采取修复、裱糊技术，进行全文数字化的抢救工作。

（五）档案服务机制建设

1. 规范已公开现行文件利用工作。建立健全相关制度，把档案馆办成政务信息公开的场所之一。

2. 加强声像档案拍摄机制的建设。配备专门人员，重点做好县四套班子的重要政务活动、上级领导视察指导工作和突发事件的拍摄工作，实现规范化、制度化管理，逐步达到数字化管理的要求。

3. 加强档案信息网站建设。到“十一五”规划末期，档案馆基本建立信息网站或网页，利用网站或（网页）定期公布开放档案、业务信息，举办网上展览，开展网上文件目录查询和全文查询服务。

4. 开展历史文化活动。充分利用爱国主义教育基地，拓展档案馆的文化功能。

（六）档案信息开发利用工作

1. 积极开展档案开放鉴定工作，完善开放鉴定制度，规范档案开放鉴定工作，逐步使档案开放鉴定工作制度化。到“十一五”规划末期，经鉴定可开放的档案全部向社会开放。

2. 充分利用馆藏档案资源，积极举办或参与有关部门举办的相关档案展览和陈列，进一步拓宽服务功能，把档案馆建设成为国家重要档案安全保管基地、爱国主义教育基地、已公开现行文件利用中心和档案信息服务中心四大功能为一体的公共档案馆。

3. 档案编研工作，要充分利用馆藏档案资源与社会有关部门合作，有针对性地编印出版一批高质量的编研材料，完成编研成果不少于3种。

（七）机关、企事业单位档案工作

1. 加强机关事业单位档案工作的监督指导，完成机关单位档案综合管理达标工作。机关档案部门加强对各门类档案的建立和管理，将应归档的电子公文及时归档，依法向档案馆移交档案，保证国家档案资源的完整与安全。

2. 加强重点建设项目档案的管理，按照《清远市重点建设项目档案管理办法》，全面开展重点建设项目档案工作，加强对重点建设项目档案的业务指导，并按规定开展建设项目档案专项验收。

3. 做好城市化进程中的项目档案工作，及时指导小城镇建设进程中档案形成和积累工作。巩固农村建档成果，全面完成城市社区居委会建档工作，为建设和谐社会服务。

（八）档案科技、宣传、人才工作

1. 积极做好高新技术知识、现代管理技术知识的普及工作，提高档案信息化管理操作技能。

2. 面向社会宣传档案，以增强社会公民档案法律意识，广泛宣传《档案法》及有关法律法规，形成良好的社会环境。

3. 加强档案人才队伍建设，努力打造一支由管理型、专家型、技能型人才组成的档案人才队伍。健全档案工作人员持证上岗制度，开展多种形式的档案人员在职教育，做好档案专业技术队职称评审工作。

四、保障措施

（一）加大对档案事业的投入。政府重视、支持档案事业发展，将档案事业发展计划的主要指标列入国民经济和社会发展规划，不断加大投入，使档案事业经费总量的增长及管理和服务方式改进不断有所增加，保证档案馆的档案保护费每卷每年不少于2元，支持抢救重点档案和购置设备。

（二）全面履行档案行政管理和保管利用两种职能。切实做好档案事业的统筹规划、制定规章、组织协调、监督指导和信息服务等各项工作，使档案工作在建设“和谐佛冈”中实现可持续发展。

（三）把档案信息化建设纳入政府信息化相关规划。结合我县档案信息化建设的实际情况，制定档案信息化建设规划，将档案信息化建设纳入政府电子政务建设的规划中，同步建设、同步发展，使档案信息利用和现行文件利用成为电子政务的有机组成部分。

（四）加强档案人才资源建设。多种形式开展档案教育工作，鼓励在职人员学习新技术、新知识，提高档案业务水平和操作技能。引进培养电子计算机专门人才，从政治上、工作上、生活上关心爱护档案干部，充分调动广大档案工作者的积极性和创造性，造就一支忠于职守、专业素质高、复合型的档案干部队伍，为档案事业可持续发展提供智力支持。

佛冈县档案局

2006年12月28日

5. 佛冈县档案事业发展“十二五”规划任务分解计划

2013年5月15日，佛冈县档案局印发《佛冈县档案局贯彻落实〈清远市档案事业“十二五”规划实施方案〉任务分解表》，内容如下。

工作目标：①档案法制建设进一步完善，强化档案执法检查工作，档案管理体制不断优化，以人为本的便民利民措施更扎实有效。②力争实现晋升国家二级档案馆目标。③佛冈县档案馆基本建成档案安全保管基地、爱国主义教育基地、档案利用中心、政府信息查阅中心、电子文件（档案）备份中心“五位一体”的公共档案馆。④档案信息化与我县电子政务建设力争同步发展。档案馆全面启动数字化档案馆建设工程，于“十二五”规划末期初步建成数字档案馆；馆藏档案50%以上实现数字化；档案局（馆）信息网站全面开通并不断完善；各单位向同级档案馆移交档案实行纸质档案与数字化档案同步移交。

（一）加强档案法制建设

1. 主要任务

（1）认真贯彻国务院《全面推进依法行政实施纲要》，进一步完善与《档案法》相配套的规章制度，健全档案执法责任制，提升依法管理档案事业的水平。

2013年工作计划：5月完善各项规章制度、落实各项执法职责，依法管理。

2014年工作计划：加强制度学习，严格依法管档，依法开展档案执法检查。

2015年工作计划：不断完善各项规章制度，严格执法责任制，努力提高执法水平。

（2）修订完善各级档案馆收集档案范围，报县政府审核批准。打造一个富有地方特色全面记载本地发展历史、具有较高价值含量的馆藏结构和内容的档案保管基础。

2013年工作计划：6月前完成收集档案范围的修订并上报市政府批准。

2014年工作计划：做好新修订收集范围的宣传贯彻落实工作。

2015年工作计划：继续做好收集范围的贯彻落实工作。

（3）制定《佛冈县档案馆工作规范》等规范性文件。

2013年工作计划：6月前参照省、市馆规定制定工作规范性管理文件。

2014年工作计划：按照《佛冈县档案馆工作规范》做好一年的工作。

2015 年工作计划：继续贯彻落实《佛冈县档案馆工作规范》。

（4）建立和完善档案行政许可制度。县档案局的档案行政许可与电子监察实时监控系统实行无缝链接。根据行政许可任务，配合有关部门逐步实现网上审批。

2013 年工作计划：根据行政许可制度将档案行政许可项目挂上电子政务办事大厅，实现电子监察实时监控链接并做好审批工作。

2014 年工作计划：主动做好审批工作。

2015 年工作计划：不断完善工作机制，提供高质量服务。

（5）于 2012 年、2014 年及 2015 年全面开展全县档案执法监督检查，在此基础上评选全市“十二五”档案工作先进单位和先进个人。

2013 年工作计划：对 2010 年前晋升目标管理的单位进行复查；对 2012 年执法监督检查存在问题较多的单位进行整改督查。

2014 年工作计划：制定 2014 年至 2015 年档案执法监督检查方案，并对县直单位和县属企业进行档案执法监督检查。

2015 年工作计划：对各镇、有关单位进行档案执法监督检查，并依照 2014—2015 年档案工作执法监督检查方案结合对所有单位、企业的执法检查情况评选“十二五”规划档案先进工作单位和个人。

2. 责任人：林绍嘉、朱明采、朱海燕、巢柱燊、黄常义。

（二）优化档案管理体制

1. 主要任务

（1）调整和规范以综合档案馆为主体，以专门、部门、企业、乡镇档案馆（室）为辅的档案馆网体系。从体制、制度、效率上不断优化档案资源整合的模式，鼓励和引导各地区、各部门采用档案实体整合，或档案信息整合，或综合档案与专业档案实体的集中存储与利用的模式。

2013 年工作计划：抓好档案馆的建设，学习借鉴其他地方经验并按上级档案部门要求做好档案资源整合的基础工作。

2014 年工作计划：开展调研探索档案馆主体网体系建设的模式，并形成工作方案，按先在某领域或某些单位先行试点的方式开展此项工作。

2015 年工作计划：按成熟的试点模式形成工作方案，并形成有效机制，将全县范围内属国家所有的各种门类和载体的档案，重点是城建、国土、组织、人社、林业、农业、民政、扶贫等部门涉及民生的重要档案移交县档案馆实行集中统一管理，推进档案馆网体系建设工作。

（2）全面开展社会主义新农村档案工作，推进农村档案信息资源共享工程，形成高标准、高水平的档案工作示范县、镇、村。

2013—2015 年工作计划：拟定《佛冈县创建社会主义新农村建设档案工作示范县实施方案》，报请县委、县政府审定，由县委办、县府办行文，下发到县直相关涉农部门、各镇。力争 2013 年建成社会主义新农村建设档案示范县。

2. 责任人：林绍嘉、钟北湖、巢柱燊、黄常义。

（三）加强档案馆（室）基础设施建设

1. 主要任务

（1）加快综合档案馆馆舍建设。馆舍面积根据建标 103 – 2008《档案馆建设标准》的要求，档案馆应达到3000 平方米以上。

2013—2015 年工作计划：我县档案馆面积达到3040 平方米。

（2）改善档案馆社会服务功能场所和设施。设置政府信息公开文件查阅、电子档案查阅、图书资料阅览、多媒体档案查阅等场所，配置满足利用者需求的设施设备。

2013 年工作计划：我县档案馆已设置政府信息公开文件查阅、图书资料阅览场所。

2014—2015 年工作计划：争取设置电子档案查阅、多媒体档案查阅场所。

2. 责任人：林绍嘉、钟北湖、朱明采。

（四）强化国家档案资源体系建设

1. 主要任务

（1）完善档案收集机制。依法加强档案接收进馆的指导与监督，做到电子目录、全文数据与纸质档案同步进馆，确保应进馆档案全部接收进馆；创造条件将重点二级单位档案纳入接收范围，将各种新兴经济组织、新社会组织的档案纳入档案信息资源建设范畴；创新档案征集渠道，完善征集合作机制，采用集群式征集、口述历史访问等办法，加大对珍贵档案的征集力度，实现馆藏档案资源的优化配置。

2013 年工作计划：修改印发佛冈县档案馆收集档案资料实施细则。8 月制发征集具有特色档案资料的通知。

2014 年工作计划：做好档案进馆工作，加强对本地特色档案的征集工作。

2015 年工作计划：扩大档案进馆专业种类，加大对珍贵档案的征集力度。根据信息化建设的完善，再完善档案收集机制，依法加强档案接收进馆的指导与监督，做到电子目录、全文数据与纸质档案同步进馆。

（2）加强重大活动档案的监管和接收。对本地区、本单位重大活动形成的声像档案、实物档案、公务礼品档案要及时收集或采集，特别要加强当地新闻视频档案的采集编辑工作。要采用先进的现代技术，进一步做好县四套班子领导的重要政务活动、重要外事活动和各级领导来视察指导工作以及突发事件的抓取服务工作。

2013 年工作计划：与县委办、县人大办、县府办、县政协办、县接待科等联系好，加强对重大活动档案的监管和接收。

2014 年工作计划：每年年底对重大活动档案进行监督指导，有条件的可接收进馆。

2015 年工作计划：进一步加强对重大活动档案的监管和接收。

（3）2012 年底前全面完成各级机关团体、国有企业、事业单位文件归档范围和保管期限表的修订工作，把反映党和国家重点工作、反映本地区、本单位基本职能和涉及公民、关系广大人民群众切身利益的文件材料纳入归档范围。

2013—2015 年工作计划：于每年 6 月完成修订工作。

2. 责任人：林绍嘉、朱明采、朱海燕、巢柱燊。

（五）加强档案安全保障体系建设

1. 确保档案实体管理安全

进一步健全档案安全保管制度、档案消毒杀虫制度和档案馆安全应急预案，定期开展档案安全专项督查，确保档案实体和信息万无一失。有档案复制件（如电子档案、缩微胶片档案）提供利用的，档案实体原则上封存保管。

2013 年工作计划：6 月制定《佛冈县档案馆档案馆档案工作规范制度》。

2014 年工作计划：严格按照《佛冈县档案馆档案工作规章制度》，确保档案的安全。

2015 年工作计划：加强对佛冈县档案馆档案工作规章制度的实施。

责任人：林绍嘉、朱明采、朱海燕、黄常义。

2. 确保档案信息管理安全

进一步健全档案信息安全制度，规范上网信息审查流程，建立内控档案利用系统、档案信息的灾难恢复机制，完善电子数据备份系统，加强档案信息化系统安全技术防范管理，要创造条件对电子档案实行异地备份。

2013 年工作计划：6 月前完成各项安全制度、流程，机制的制定和规范工作；7 月前完善电子数据备份系统的采购安装工作，同时做好安全技术防范管理工作。

2014 年工作计划：严格执行档案信息安全制度，加强数据备份。

2015 年工作计划：力争对珍贵和重要档案实行异地备份。

责任人：朱明采、黄常义、朱海燕。

3. 改进档案抢救办法，争取安排专项经费，县档案馆全面完成馆藏中华人民共和国成立前国家重点档案的抢救任务

2013 年工作计划：做好抢救计划和方案并落实资金开展此项工作。

2014 年工作计划：完成抢救工作。

2015 年工作计划：完善保护重点档案的设备设施。

责任人：林绍嘉、黄常义、朱海燕。

（六）健全档案利用服务体系

（1）完善政府信息公开查阅场所建设。不断完善政府信息公开文件和已公开现行文件的收集和查阅利用办法，进一步加强网络利用等便民服务工作。

2013 年工作计划：已完成信息公开查阅场所建设、完善政府信息公开文件和已公开现行文件的收集和查阅利用办法，并开展好便民利用工作。

2014 年工作计划：实现政府信息公开的网络利用便民服务工作，加强收集工作。

2015 年工作计划：加大政府信息公开的宣传，扩大政府信息公开的内容。

责任人：钟北湖、朱海燕。

（2）落实档案馆档案开放鉴定工作经常化，及时完成到期开放档案的鉴定工作，依法及时开放应开放的全部档案。积极将未到进馆年限而又极具社会性、公共性的重要档案提前接收和开放。

2013 年工作计划：完成到期档案的鉴定开放工作，并依法开放所有应开放档案，做好未到进馆年限的重要档案的摸底工作。

2014 年工作计划：开展正常的档案鉴定工作和按计划提前接收重要档案并依法提前开放。

2015 年工作计划：开展正常档案鉴定工作和开放应开放档案，依法接收可提前接收主要档案并依法开放。

责任人：朱明采、巢柱燊、朱海燕。

（3）推动档案馆由保管型向公共服务型转变，简化利用手续，减免生活困难群体的查档费用，编好馆藏档案专题目录，大力推广网上查档、来函来电查档等便民利用方式。建立和完善利用者会员制和公众开放日制度。创新爱国主义教育基地和社会实践基地的活动形式和内容，拓展档案

馆的公共服务功能，塑造档案馆亲和、开放形象。

2013 年工作计划：①继续落实减免生活困难群体的查档费用规定。②续编好馆藏档案专题目录，开始实施来函来电查档便民服务。③完善创新爱国主义教育基地和社会实践基地建设工作。

2014 年工作计划：①做好档案馆网络建设，在网上公布公开档案目录；②建立和完善利用者会员制度和公众开放日制度。③建设多功能报告厅；做好重要档案、多媒体档案的利用挖掘工作和制作电教片；搞好展厅展室布展。

2015 年工作计划：①争取实现网上查档工作。②制定创新爱国主义教育基地和社会实践基地活动方案，并抓好实施，不断完善各种设施、功能，开展形式多样内容丰富的教育活动，提升服务质量和形象。

责任人：林绍嘉、朱明采、黄常义。

（4）深入开发利用档案信息资源。深入挖掘档案信息资源，编印《档案资政参考》等材料，主动为党政领导和有关部门决策提供服务。举办档案展览，制作档案文献电视片、动漫节目、网络视频节目，出版档案史料汇编，更好地为社会主义文化大发展、大繁荣服务。档案馆每年最少要开展一次专题展览，编研成果不少于 3 种。

2013 年工作计划：①新编或续编三种以上档案编研材料，五种以上档案专题汇编。②确定新的展览主题，完成资料收集工作。

2014 年工作计划：①完成一年一度的展厅专题展览工作。②按要求完成编研材料。③完善专业设备设施的购置探讨创新工作模式，抓好具备制作多媒体档案作品基础。(4) 完成网上介绍、资料和图片制作发布工作。

2015 年工作计划：①按要求完成编研和展览工作。②制作多媒体档案作品，争取完成一个电视片和一个网络视频节目。

责任人：朱明采、巢柱燊、黄常义。

（七）全面推进档案信息化建设

（1）加强信息化基础设施建设。完成以计算机网络设备和数据库为主要内容的档案信息化基础建设，建立与当地党政网、政务网相联接的档案信息服务平台，逐步实现面向机关、团体、企事业单位和社会公众的电子文件管理服务和利用服务。积极推进镇（乡、街道办事处）、村委会（社区居委会）档案信息共享工程，普及档案信息进村入户，服务到家。

2013 年工作计划：①完善档案数据库管理系统的扩容工作和建设好数字化档案馆任务。②探讨镇、村（现行行政村、社区）档案信息共享工程工作思路、新方法，借建设示范县之机，力促农村档案资源体系建设。形成初步设想与计划。③积极争取县把档案信息化建设纳入县信息化建设规划范围。

2014年工作计划：①用好县政府OA网。②积极与相关部门、各镇联系促进党员远程教育网、佛冈县政府门户网的建设和完善。③加强档案馆信息网络的建设和完善工作，建成县档案馆电子文件中心。

2015年工作计划：在县政府OA网建设的条件下完成档案档案馆馆内网与党政网党员远程教育网相联接的档案信息服务平台，通过县档案馆电子文件中心实现县、镇、现行政村（社区）三级档案信息资源整合，实现向机关、团体、企事业单位和社会公众的电子文件管理服务和利用服务。

责任人：林绍嘉、朱明采、黄常义。

（2）加快数字档案馆建设。按照国家档案局《数字化档案馆建设指南》的要求，建立和完善档案、政府信息公开文件机检目录数据库，馆藏档案文件级目录和政府信息公开文件目录全部实现计算机检索，建成档案电子目录中心。全面开展纸质档案数字化、多媒体档案数字化，开放档案数字化基本完成并向公众提供利用。

2013年工作计划：完成数据库建设工作，继续完善计算机检索设备设施建设，全面开展纸质档案实体数字化、多媒体档案数字化工作。

2014年工作计划：加强数字化工作管理，加快数字化进程。探讨数字化档案开放提供利用的管理模式和进行开放试运行工作。

2015年工作计划：完成多媒体档案、重点档案和应开放档案的数字化工作，并向社会向公众依法提供利用。

责任人：林绍嘉、朱明采、朱海燕、黄常义。

（3）扎实推进电子文件管理工作。按照统一管理、全程管理、规范管理、便于利用和安全保密的原则，积极贯彻《电子文件管理暂行办法》，规范电子文件移交流程，建立电子文件管理和利用系统，建立起与数字档案馆、室相适应的电子文件（档案）备份中心。

2013年工作计划：学习掌握和宣传《电子文件管理暂行办法》和制定本馆相应管理制度并做好电子文件接收基础性工作。

2014年工作计划：建成档案馆电子文件（档案）备份中心，并督查各单位电子文件（档案）规范管理工作。

2015年工作计划：在政府OA网的条件下建立电子文件管理和利用系统，实现按电子文件管理原则管理，并能规范进行文件移交，完善电子文件（档案）备份中心规范运行管理工作。

责任人：林绍嘉、朱明采、朱海燕、黄常义。

（4）提升档案信息网站水平。档案信息网站要扩充网上办事和网上互动等功能，定期公布开放档案目录，发布工作信息，举办网上展览，开展网上目录和全文查询服务，建成“一站式”档案信息资源共享和服务平台。

2013 年工作计划：确定在网上定期公布开放档案目录，发布工作信息的工作制定并能延续下去。

2014 年工作计划：做好网上展览的准备工作。探索网上办事和网上互动的成功经验。

2015 年工作计划：力争建成“一站式”档案信息资源共享和服务平台，实现网上办事和互动开展网上目录和全文查阅服务工作举办网上展览。

责任人：朱明采、黄常义。

（5）积极开展档案科研工作。

2013—2015 年工作计划：积极开展和鼓励档案人员进行档案科研探索工作，力争每年出一个以上研究成果或一篇以上科研论文。

责任人：林绍嘉、朱明采。

（八）加强档案人才工作

主要任务：加强档案干部队伍建设。完善档案人才评价激励机制，实行促进科学发展的档案干部综合考核评价办法，加强工作业绩考核，创新档案干部培训方法，着力培养紧缺人才与高端人才。

2013—2015 年工作计划：探索完善档案人才评价激励机制，实行按业务考核成绩评优评先；每年举办若干期档案干部培训班，确保档案人员持证上岗；每年举办以实操、座谈、研讨等形式的档案人员升级培训班；每年物色和鼓励条件好的档案干部参加职称培训和考试；派出局（馆）人员参加学术交流和专业，培养紧缺人才和高端人才。责任人：林绍嘉、钟北湖、朱明采。

（九）保障措施

（1）县政府进一步加强对档案工作的领导。将档案工作列入政府的议事日程，将档案事业建设列入本地区国民经济和社会发展规划，不断加大投入，使档案事业经费随档案总量的增长以及管理和服务方式的改进不断增加，要将档案馆舍建设、档案抢救保护和档案信息化建设经费纳入本级财政预算统筹安排。档案保管保护费每卷每年应不少于 3 元。档案馆应配备 3 名以上熟悉档案专业、年轻的业务技术员。

责任人：林绍嘉、钟北湖。

(2) 加强档案督查。建立督查队伍，定期或不定期对各地单位档案部门开展重大专项督查，依法保障档案事业健康发展。

责任人：林绍嘉、钟北湖。

(3) 加强专项档案工作的监督指导。档案部门要建立服务于经济发展方式转变的档案工作新模式，关注民生，积极推动“双转移”园区和高新技术开发园企业建立档案工作。促进重点企业和龙头实施《企业档案工作规范》，开展重大建设项目档案专项验收。

责任人：林绍嘉、巢柱燊、黄常义。

(4) 加大档案宣传的力度。充分利用各种大众传媒，深入持久地开展档案宣传，不断提高档案文化的影响力贡献力，不断提高社会大众的档案意识。

责任人：钟北湖、朱明采。

(5) 积极开展学术交流和研究活动。不断拓展与省内外档案部门合作的领域，促进与各地档案界的联系和合作交流，学习先进的理念和经验，不断提高全市档案队伍的整体水平。

责任人：林绍嘉、钟北湖。

6. 佛冈县档案事业发展“十二五”规划实施方案

为了进一步推进佛冈县档案事业更好更快的发展，全方位建立覆盖人民群众的档案资源体系、方便人民群众的档案利用体系和确保档案安全保密的档案安全体系，坚持不懈地围绕县委、县政府的工作大局创新服务，根据《广东省档案事业发展“十二五”规划纲要》和《清远市档案事业“十二五”规划要点》和《佛冈县经济社会发展“十二五”规划》，制定佛冈县档案事业发展“十二五”规划实施方案。

一、工作目标

全县档案工作力争达到全省经济欠发达地区领先水平，努力在“建立覆盖人民群众的档案资源体系、方便人民群众的档案利用体系和确保档案安全保密的档案安全体系”方面当好全省经济欠发达地区排头兵。

——档案法制体系进一步完善，强化档案执法检查工作，档案管理体制不断优化，以人为本的便民利民措施更扎实有效。

——佛冈县档案馆在已建成档案安全保管基地、爱国主义教育基地、档案利用中心、政府公开信息查阅场所、电子文件（档案）备份中心“五位一体”的公共档案馆的基础上，继续加大现行文件、电子文件的接收工作，提升服务水平，初步建成现代化公共档案馆。

——档案信息化与当地的电子政务建设力争同步发展。县档案馆要对照数字档案馆建设标准开展各项基础工作，力争馆藏档案50%以上实现数字化；各进馆单位向县档案馆移交档案实行纸质档案与电子目录同步移交。

——加强全县机关团体、事业单位，城镇社区及行政村档案基础业务建设，全面实现全县档案工作的标准化、规范化和制度化，努力推进全县档案管理的科学化、现代化。各机关事业单位要认真贯彻机关档案工作业务建设规范标准，使用档案管理软件，运用计算机辅助管理档案，逐步实现电子文件归案管理和档案利用微机检索，继续开展机关档案管理等级认定活动，“十二五”规划期间，全县各机关事业单位档案室要力争全部达到省级规范化管理标准；各村（社区）在全面建档并取得合格级的基础上，力争达到省级标准。

二、主要任务

（一）加强档案法制建设

1. 认真贯彻执行《档案法》《广东省档案条例》等档案法律法规，进一步完善与《档案法》相配套的规章制度，形成一整套与我县社会经济发展相协调的档案法规体系。

2. 规范档案行政管理行为。加强县档案局行政执法职能建设，将档案局依法进行档案业务指导、协调、监督和检查的职能纳入依法行政的内容，完善档案执法监督机制，依法加强对重要档案的监管督查力度，严肃查处各种违反档案法律法规的案件。县档案局分别于2012年、2014年及2015年组织开展档案执法监督检查，在此基础上推荐评选全市“十二五”档案工作先进单位和先进个人。

3. 开展档案法制宣传教育。采取不同形式，组织开展档案法制宣传教育活动，加大对档案法律法规的宣传力度，将档案法制宣传列入普法教育内容，提高干部职工和社会公众特别是各级领导干部的档案法制意识，优化档案工作的社会环境。

（二）优化档案管理体制

1. 调整和规范以佛冈县档案馆为主体，以专门、部门、企业、镇档案室为辅的档案馆网体系。从体制、制度、效率上不断优化档案资源整合的模式，鼓励和引导各部门采用档案实体整合，或档案信息整合，或综合档案与专业档案实体的集中存储与利用的模式。

2. 全面开展社会主义新农村档案工作，推进农村档案信资源共享工程，形成一批高标准、高水平的档案工作示范街镇和示范村（社区）。

2013年底前，要创建一个以上示范街镇，各镇要创建一个以上示范村（社区），到“十二五”末，全县各镇、各村（社区）要按照《社会主义新农村建设档案工作示范县实施办法》，全面开展社会主义新农村档案工作，争取全部镇以及村（社区）都通过验收。

（三）加强档案馆（室）基础设施建设

1. 改善档案馆社会服务功能场所和设施。县档案馆除设置传统纸质档案查阅室外，争取设置政府信息公开文件查阅、电子档案查阅、图书资料阅览、多媒体档案查阅等场所，配置满足利用者需求的设施设备。

2. 配置先进的监控设备和档案保护设施。县档案馆计划在一楼检索室、阅览中心区域各安装一个视频监控设备。机关和企业事业单位档案室配备必要的设备，落实“三铁”要求，切实做好档案保管“十一防”工作，满足档案安全保管和有效利用的需要。

（四）强化国家档案资源体系建设

1. 完善档案收集机制。依法加强档案接收进馆的指导与监督，做到电子目录、全文数据与纸质档案同步进馆，确保应进馆档案全部接收进馆；创造条件将重点二级单位档案纳入接收范围，将各种新兴经济组织、新社会组织的档案纳入档案信息资源建设范畴；创新档案征集渠道，完善征集合作机制，采用集群式征集、口述历史访问等办法，加大对散存于境外和民间的珍贵档案的征集力度，鼓励个人、家庭、社会组织向国家档案馆捐赠或寄存档案，实现馆藏档案资源的优化配置，加快档案信息资源整合步代，形成以档案馆为主体，各方共建、社会共享、机制完善的档案资源体系。

县档案馆要有针对性地接收部分有价值的专门档案、重点项目档案及名人档案，不断丰富馆藏档案门类及内容。

2. 加强重大活动档案的监管和接收，县档案馆、各机关事业单位档案室对本地区、本单位重大活动形成的声像档案、实物档案、公务礼品档案要及时接收或采集，特别要加强当地新闻视频档案的采集编辑工作，对佛冈县四套领导班子的重要政务活动、重要外事活动和中央领导、中央国家机关、省领导来佛冈县视察指导工作以及突发事件等形成的声像材料等，佛冈县政府、佛冈县新闻信息中心应及时提供进馆。

3. 贯彻国家档案局第8号令、第10号令，2013年底前全面完成佛冈县各机关事业单位、村（社区）、国有企业以及新成立（组建）单位的文件归档范围和保管期限表的审核工作，把反映党和国家重点工作、反映本地区、本单位基本职能和涉及公民、关系广大人民群众切身利益的文件材料纳入归档范围。

4. 各机关、团体、企事业单位在注重文书档案管理的同时，亦要注重其他门类档案如会计档案、声像档案、实物档案、基建档案、业务档案和档案信息的管理。农业和农村档案工作要继续抓好以村务公开、民主管理、土地承包、经济合同、财务会计和农业科技等档案为重点的农村档案管理工作。

（五）加强档案安全保障体系建设

1. 确保档案实体管理安全。县档案馆、各级档案室进一步健全档案安全保管制度、档案消毒杀虫制度和档案馆（室）安全应急预案，定期开展档案安全专项督查，确保档案实体和信息万无一失，有档案复制件（如电子档案）提供利用的，档案实体原则上封存保管。

2. 确保档案信息管理安全。县档案馆、各级档案室进一步健全档案信息安全制度，规范上网信息审查流程，建立内控档案利用系统、档案信息的灾难恢复机制，完善电子数据备份系统，加强档案信息化系统安全技术防范管理，县档案馆要逐步将电子数据转换成缩微胶片等其他载体保存，实行异地备份。县档案馆和各级档案室要创造条件对电子档案实行异地备份。

3. 改进档案抢救办法。县财政要不断加大投入，结合全国重点档案抢救与保护专项资金项目的实施，完善档案抢救制度和经费管理制度。县档案馆要全面完成建国前国家重点档案的抢救任务，同时对佛冈县早期形成的档案及有重大保存价值的重点档案资料进行抢救。有抢救任务的机关、单位档案室因地制宜开展档案抢救工作。

（六）健全档案利用服务体系

1. 完善政府信息公开查阅场所建设。县档案馆要深入贯彻《中华人民共和国政府信息公开条例》，不断完善政府信息公开文件和已公开现行文件的收集和查阅利用办法，进一步加强网络利用等便民服务工作。

2. 强化档案开放鉴定。县档案馆档案开放鉴定工作经常化，及时完成到期开放档案的鉴定工作，依法及时开放应开放的全部档案。积极将未到进馆年限而又极具社会性、公共性的重要档案提前接收和开放。

3. 建立高效、便捷的公共服务体系。县档案馆要积极推动由保管型向公共服务型转变，简化利用手续，减免生活困难群体的查档费用，编好馆藏档案专题目录，大力推广来函来电查档等便民利用方式。建立和完善利用者会员制和公众开放日制度。创新爱国主义教育基地和社会实践基地的活动形式和内容，拓展档案馆的公共服务功能，塑造档案馆亲和、开放形象。

4. 深入开发利用档案信息资源。档案馆和各级档案室要深入挖掘档案信息资源，主动为党政领导和有关部门决策提供服务。举办档案展览，出版档案史料汇编，更好地为社会主义文化大发展、大繁荣服务。档案每年最少要开展一次专题展览，新完成编研成果不少于3种。

（七）全面推进档案信息化建设

1. 加强信息化基础设施建设。县档案馆加强以计算机网络设备和数据库为主要内容的档案信息化基础建设，建立与佛冈县政府网相链接的档案信息服务平台，逐步实现面向机关、团体、企事业单位和社会公众的电子文件管理服务和利用服务。积极推进镇、村委会（社区居委会）档案信息共享工程，普及档案信息进村入户，服务到家。

2. 加快数字档案馆建设。县档案馆要按照国家档案局《数字档案馆建设指南》的要求，建立和完善档案、政府信息公开文件机检目录数据库，馆藏档案文件级目录和政府信息公开文件目录全部实现计算机检索，建成档案电子目录中心。全面开展纸质档案数字化、多媒体档案数字化，档案馆开放档案数字化基本完成并向公众提供利用。

3. 扎实推进电子文件管理工作。档案馆、各单位档案室要按统一管理、全程管理、规范管理、便于利用和安全保密的原则，积极贯彻中央办公厅、国务院办公厅《电子文件管理暂行办法》，规范电子文件移交流程，建立电子文件管理和利用系统，建立起与数字档案馆、室相适应的电子文件（档案）备份中心。

（八）加强档案人才工作

加强档案干部队伍建设。完善档案人才评价激励机制，实行促进科学发展的档案干部综合考核评价办法，加强工作业绩考核，营造充满活力、富有效率、更加开放的档案人才成长环境。创新档案干部培训方法，依托高校和党校的办学优势，着力培养紧缺人才与高端人才，造就与我县经济社会发展相适应的、符合现代档案事业发展需要的高素质档案队伍。

三、保障措施

（一）全县各单位进一步加强对档案工作的领导

将档案工作列入本单位的议事日程，将档案事业建设列入佛冈县国民经济和社会发展规划，不断加大投入，使档案事业经费随档案总量的增长以及管理和服务方式的改进不断增加，要将档案抢救保护和档案信息化建设经费纳入本级财政预算统筹安排。档案馆的档案保管保护费每卷每年应不少于3元。另外，档案馆应配备具有档案专业知识、年富力强的专业人员3名以上。

（二）进一步完善监管机制

以执法检查、行政许可、绩效考核等多种手段，强化对档案工作的依法监管。加强基层档案管理规范化制度建设，开展档案工作年度考核和目标管理及重要建设项目档案专项验收制度，依法查处档案违法行为。健全档案层级监督机制，不断提高档案行政监管规范化水平，依法保障档案事业健康发展。各级档案部门要建立服务于经济发展方式转变的档案工作新模式，关注民生，积极推动工业园区企业建立档案工作，促进重点企业和龙头企业实施《企业档案工作规范》，开展重大建设项目档案专项验收。

（三）加大档案宣传的力度

要结合县委和县政府中心工作，采取多种形式大力宣传档案工作方针、政策、法律、法规以及档案规范化管理、信息开发利用、档案工作的基本知识和档案的作用等，以增强社会大众的档案意识，提高档案和档案工作的知名度和影响力，努力营造档案工作的良好社会氛围。

（四）积极开展学术交流和研究活动

不断拓展与省内外档案部门合作的领域，促进与省内外档案界的联系和合作交流，学习先进的理念和经验，不新提高全县档案队伍的整体水平。

佛冈县档案局（馆）

2013年5月23日

7. 佛冈县档案局（馆）“十二五”规划档案工作情况和“十三五”规划档案事业初步设想

一、局（馆）基本情况

佛冈县档案局（馆）实行局（馆）合一，两个牌子，一套人员，正科级事业单位，编制6个。现有人员7人，其中局（馆）长1人、副局（馆）长1人，正科长级干部4人，副科长级干部3人。大专学历5人、中专学历1人、高中学历1人。取得馆员资格1人、助理馆员2人。工勤人员7人，其中政府购买4人，合同制3人。人员经费由县财政供给，归口县人民政府办公室管理。

档案馆大楼于2007年1月建成并投入使用，占地面积760平方米，总建设面积3040平方米，库房面积1500平方米，设有检索阅览室、现行文件阅览中心、整理室、展览厅、消毒室、珍藏室、培训会议室、库房等。

我馆应接收全宗115个，目前已接收全宗109个，占应接收全宗的94.7%。种类有文书档案、会计档案、基建档案、声像档案、已故人员档案、荣誉实物档案、印章档案、人口普查档案、地名普查档案、工业普查档案、山林纠纷调处档案、山林权证档案、勘界档案、农村第二轮土地承包档案、国土档案、公证档案、婚姻登记档案等。馆藏最早档案为1837年由龚耿光修编的《佛冈厅志》。

二、“十二五”规划档案工作情况

（一）加强档案法制建设

1. 认真贯彻国务院《全面推进依法行政实施纲要》，认真学习中办、国办《关于加强和改进新形势下档案工作的意见》和积极宣传省委办公厅、省政府办公厅《关于加强和改进新形势下我省档案工作的意见》、贯彻《清远市档案事业发展“十二五”规划实施方案》，进一步完善与《档案法》相配套的规章制度，健全档案执法责任制，提升依法管理档案事业的水平。我局根据相关的工作要求，制定了符合本地实际工作的任务分解书，认真抓好各项任务的落实。建立健全各项业务工作制度，根据实际，制定了切实可行的档案工作制度（包括佛冈县档案馆档案的保管、保密、查阅利用、鉴定销毁、消防安全、数字化工作流程、规则等）。

2. 修订并完善《佛冈县档案馆收集档案范围实施细则》，报市档案局审核，由县委办公室、县政府办公室发文，做好新修订收集范围的宣传、贯彻落实工作，打造一个富有地方特色、全面记载本地发展历史、具有较高价值含量的馆藏结构和内容的档案保管基地。

3. 参照省、市档案馆制定工作规范性管理文件，制定《佛冈县档案馆工作规范》等规范性文件，按照《佛冈县档案馆工作规范》做好工作。

4. 制定档案执法监督检查方案，全面开展全县档案执法监督检查，我局有档案执法证3人，开展行政执法检查2次，受检单位28个，对2010年前晋升目标管理的单位进行复查；对2012年执法监督检查存在问题和存在问题较多的单位进行整改督查。

（二）优化档案管理体制

1. 调整和规范以综合档案馆为主体，以专门、部门、企业、镇档案室为辅的档案馆网体系。抓好档案馆的建设，学习借鉴其他地方经验并按上级档案部门要求做好档案资源整合的基础工作。将全县范围内属国家所有的各种门类和载体的档案，重点是城建、国土、组织、人社、林业、农业、民政、扶贫等部门涉及民生的重要档案移交县档案馆实行集中统一管理，推进档案馆网体系建设工作。

2. 全面开展社会主义新农村档案工作，推进农村档案信息资源共享工程。根据清远市档案事业发展“十二五”规划实施方案，我县要创建社会主义新农村建设档案工作示范县，主要做了：一是以县政府办公室名义下发文件：《关于成立佛冈县创建社会主义新农村建设档案工作示范县领导小组的通知》《印发佛冈县创建社会主义新农村建设档案工作示范县实施方案的通知》；二是经县政府常务会议决定，由县财政安排31.2万元创建新农村建设档案工作相关工作经费；三是县政府召开了佛冈县创建社会主义新农村建设档案工作示范县动员大会，四是县档案局举办了各镇档案员业务培训班，就新农村档案工作的如何开展做了具体的布置；五是县档案局多次会同创建新农村建设档案工作示范县检查组到各镇及各相关单位进行专项督查，有效地促进了新农村建设档案工作示范县的开展。石角镇、汤塘镇的44个村（居）委的档案由镇档案室管理。

3. 创建国家二级档案馆工作，为我县创建文明县城打好良好的基础。在市档案局的正确指导、支持下，县政府的拨款151多万元来搞好创建工作，现佛冈县档案馆发生了巨大的变化，软件、硬件设施得到了进一步的改善。新设立1间数字化办公室，增加9台电脑、1台多功能传真机、3台高端扫描仪，在2号库房加装档案密级架182.7立方米，对照晋升“国二馆”的标准要求，各库房安装了气体自动灭火系统、110报警系统、视频监控集成系统、恒温恒湿调控和门禁系统，更换了柜式空调机，同时对档案文件管理系统进行升级、更新展厅、对档案馆内墙体进行翻新等。另外聘请临工、合同工加班加点整理破产企业档案、录入文件目录及文件实体扫描工作。对所有的馆藏档案进行消毒、整理、修裱等。现硬件设备基本完善，软件设施正在紧锣密鼓的进行着，现破产企业档案基本整理完毕，馆藏档案的消毒、整理工作也接近尾声。全局党员干部及工作人员一条心，争取在有限的时间内顺利完成各项工作，为创建国家二级综合档案馆奠定坚实的基础。

（三）强化国家档案资源体系建设

1. 完善档案收集机制。依法加强档案接收进馆的指导与监督，做到电子目录、全文数据与纸质档案同步进馆，确保应进馆档案全部接收进馆，扩大档案进馆专业种类，加大对珍贵档案的征集力度。

现馆藏档案78 371卷，“十二五”规划期间接收档案6594卷，其中民生档案10 763卷又19 711件，占馆藏总量16%。现继续接收档案，估计到年底馆藏量超过10万卷。今年接收归档电子文件1006件、实物档案

6件、光盘4张、图书资料379件。

2. 加强重大活动档案的监管和接收。对我县重大活动形成的声像档案、实物档案等及时收集。

3. 全面完成各级机关团体、国有企业、事业单位文件归档范围和保管期限表的修订工作，把反映党和国家重点工作、反映本地区、本单位基本职能和涉及公民、关系广大人民群众切身利益的文件材料纳入归档范围。

（四）加强档案安全保障体系建设

1. 严格按照《佛冈县档案馆档案工作规章制度》，确保档案实体管理安全。进一步健全档案安全保管制度、档案消毒杀虫制度和档案馆安全应急预案，定期开展档案安全专项督查，确保档案实体和信息万无一失。有档案复制件提供利用的，档案实体原则上封存保管。

2. 确保档案信息管理安全。进一步健全档案信息安全制度，规范上网信息审查流程，建立内控档案利用系统，完善电子数据备份系统，加强档案信息化系统安全技术防范管理，实行了档案目录异地备份。

3. 做好重点档案抢救方案，争取安排专项经费，并落实2013—2015配套资金15万元开展此项工作，馆藏档案每卷保护费3元纳入县财政预算，县档案馆“十二五”规划期间抢救重点档案2425卷。完善保护重点档案的设备设施。

（五）健全档案利用服务体系

1. 完善政府信息公开查阅场所建设，进一步加强网络利用等便民服务工作。不断完善政府信息公开文件和已公开现行文件的收集和查阅利用办法，在佛冈县政府门户网站的政府信息公开网创建了“佛冈县档案局”网页，制定了“佛冈县档案馆利用档案服务指南”和“佛冈县档案馆公休日开馆公告”。

2. 落实档案馆档案开放鉴定工作经常化，及时完成到期开放档案的鉴定工作，已对中华人民共和国成立前及成立后30年的档案进行鉴定，到期开放的档案5637卷，已形成开放档案目录，并按规定开放。清理涉密文件368件。

3. 推动档案馆由保管型向公共服务型转变，简化利用手续，免收查档费用，推广来函来电查档等便民利用方式。“十二五”规划期间共接待利用档案2938人（次）、利用档案17 541（件），为下岗失业人员、村干部购买社保、医保，公务员享受高一级待遇，编史修志等提供了大量的档案资料，取得了明显的社会效益和经济效益。

创新爱国主义教育基地和社会实践基地的活动形式和内容，拓展档案馆的公共服务功能，塑造档案馆亲和、开放形象。“十二五”规划期间举办档案展览两个，一个是“佛冈县‘三打’专项行动成果展”，一个是“佛冈县社会主义新农村建设成果展”。接待参观1367人次。

4. 深入开发利用档案信息资源。坚持编写《佛冈县大事记》。编印档案专题资料4本，分别是:《佛冈改革开放大事纪实》;《佛冈社会主义新农村建设专辑》;《佛冈经济发展历程》;《佛冈县社会主义新农村建设成果画册》。为党政领导和有关部门决策提供服务。

（六）加强信息化基础设施建设

现完成文件级目录录入796 696条，文件实体扫描415 441页。

（七）成立了“佛冈县档案学会”

三、“十三五”规划时期档案事业发展初步设想

1. 制定前瞻性、做好基础性、长远性的规划;

2. 继续搞好馆库建设、资源建设、信息化建设、国家重点档案抢救保护以及依法治档等重点工作;

3. 抓好保障，切实贯彻落实中办、国办《关于加强和改进新形势下档案工作的意见》及省的意见，切实解决好影响和制约全县档案事业科学发展的人、财、物等问题。

佛冈县档案局（馆）
二〇一五年十二月三日

8. 佛冈县档案馆档案事业发展“十三五”规划执行情况自查报告

“十三五”规划纲要实施以来，在佛冈县委、县政府的正确领导和上级档案部门精心指导下，全面贯彻党的十八大、十九大精神，以马克思列宁主义、毛泽东思想、邓小平理论、“三个代表”重要思想、科学发展观为指导，深入贯彻习近平总书记系列重要讲话精神，紧紧围绕协调推进“四个全面”战略布局，牢固树立和贯彻落实创新、协调、绿色、开放、共享的发展理念，坚持档案事业依法管理、走向开放、走向现代化，继续实施“以人为本、服务为先、安全第一”战略，深入推进“三个体系”建设，加快完善档案治理体系、提升档案治理能力，夺取全面建成小康社会决胜阶段伟大胜利的主要任务，取得了阶段性成效。

一、主要任务完成情况

（一）档案管理机制

1. 村档镇管情况。我县在档案事业发展“十二五”规划期间在汤塘镇、石角镇开展了村档镇管的试点工作。

2. 开发区档案工作情况。已联系佛冈县工业园管理委员会制定、完善开发区档案管理的各项制度，搞好各类档案工作。

3. 社会力量参与档案事务情况。根据《关于加强和改进新形势下档案工作的意见》中明确提出“规范并支持社会力量参与档案事务”的要求，2015 年 4 月佛冈县档案学会成立。目前，佛冈县档案学会在职人数 10 人，平均年龄 39 岁。成立五年间，档案学会工作已经渗透到我县档案工作的方方面面，是我县档案工作中强劲的“推进器”。

（二）档案法治建设

1. 配合做好规范性文件清理工作。在加强档案安全管理的基础上，严格按照党内规范性文件清理完善的范围、原则和标准，协助查找、复印文件，并做好档案安全保密工作，确保党内规范性文件清理工作有条不紊地进行。

2. 行政审批制度改革不断深化。全面梳理了执法依据、权力清单和责任清单，共梳理出权责清单 7 项，其中行政许可类 2 项、行政处罚类 1 项、行政奖励类 1 项、行政检查类 1 项、其他行政权力类 2 项，制定和完善了行政审批项目及办理流程，规定办结时限，扎实开展档案行政窗口服务工作。

3. 档案执法能力不断强化。根据档案事业发展出现的新问题、新情况，开展了档案安全、规范化管理等专项检查。“十三五”规划以来，共对全县 60 余个单位开展了行政执法检查，检查中对发现有问题的单位及时提出整改意见，并下发整改通知书限期整改，没有发生档案违法违纪案件。

4. 档案普法工作不断深入。认真贯彻落实《中央宣传部、司法部关于在公民中开展法治宣传教育的第七个五年规划（2016—2020 年）》，以“6.9 国际档案日”“宪法宣传日”为契机，先后举办了以“档案——与你相伴”“档案与民生”“档案——我们共同的记忆”“档案见证改革开放”“档案——新中国的记忆”等为主题的宣传活动。历年来开展的普法宣传活动，不仅利于宣传《中华人民共和国档案法》《广东省档案条例》等档案法律法规，更宣传了档案文化，普及档案知识，进一步增强群众档案意识，拉近群众和档案的距离。“十三五”规划期间共展出板报 100 余块，发放宣传册页 3000 余份，接待来访群众 150 余人次。

5. 强化督导推进民生档案资源建设。对照民政、精准扶贫、土地确权等工作的相关要求，联合县民政局、县扶贫办、县农业农村局等部门共同制定了归档制度。

（三）档案资源建设

1. 接收档案进馆情况。佛冈县档案馆已进馆163个全宗。2010年馆藏总量为89280（卷、件、册）。2019年馆藏总量为142743（卷、件、册），其中民生档案65734卷，占馆藏总量的46%。

2. 机关单位档案工作情况。按照国家档案局8号令《机关文件材料归档范围和文书档案保管期限规定》，我们加强了对机关档案室编制文件材料归档范围和文书档案保管期限表的监督指导工作，全县所有县直单位根据本单位工作职能制定了自己的《机关文件材料归档范围和文书档案保管期限表》。

3. 企业档案工作情况。“十三五”规划期间，我们对已经进馆的改制企业档案进行进一步整理，加大档案保护力度。同时，根据国家档案局10号令，开展企业档案工作，指导制定企业档案归档制度，做好国有企业改制重组档案的接收工作。确保国有企业在改制过程中档案不流失、不损毁。

4. 项目档案的监督管理情况。2018年9月参与市交通运输局组织相关人员对省道S252线、S354线的验收工作。

5. 农业农村档案管理情况。在对精准扶贫、土地承包经营权确权登记、集体林权制度改革、农村五保供养等档案的监督指导工作中，我们采取上门服务，对整理过程中存在的问题及时指出并要求整改，使这些档案的整理工作得以顺利进行。在巩固了农业农村档案工作成果的基层上，根据《村级档案管理办法》在我县石角镇冈田村开展档案服务基层社会治理试点工作。

（四）档案利用服务建设

1. 档案开放情况。以国家档案局颁布实施的档案保管期限表为依据，对馆藏超过保管期限的档案进行鉴定，鉴定档案严格遵守档案鉴定原则和有关政策，建立健全档案开放鉴定工作制度。馆藏1985年以前，我馆到期应开放档案5637卷，已完成开放鉴定档案2741卷。2018年鉴定档案451卷，开放手续正在报备中。

2. 档案公共服务能力情况。“十三五”规划以来，我馆加强档案服务窗口管理和硬件设施建设，“零费用”“零距离”“全方位”服务人民群众。共接待查档及咨询的群众2138人次，查阅案卷7070卷（件），主要解决工龄、户籍、社保、知青下放、经济纠纷、土地纠纷等问题，在解决人民群众最关心、最直接、最现实的利益问题上充分发挥档案工作服务凭证作用，有效地促进了社会矛盾的化解和社会活力的增长，档案服务利用收到了良好的社会效果。

（五）档案信息化建设。本馆于2015年启动数字档案馆建设，馆藏档案目录数字化比例达100%。截止2019年底，馆藏档案全文数字化文件实体扫描170万页，占馆藏档案比例39.7%。

（六）档案安全建设

1. 档案管库建设情况。2007年1月县档案馆综合大楼建成投入使用，大楼总投资近700万元，楼高4层，占地面积760平方米，总建筑面积3040平方米，其中：档案库房面积1058平方米，对外服务用房860平方米，档案业务和技术用房502平方米，办公用房150平方米，附属用房470平方米。新馆安装了消防气体灭火自动报警系统、红外线报警系统、安防监控报警系统、温湿度自控系统、门禁系统、档案货载电梯、密集架、消毒柜等相应的档案管理专业设备。

2. 档案实体安全情况。为加强档案实体安全的管理，成立了档案安全工作领导小组，健全了档案保管、保护等规章制度，完善了档案库房“十防”及档案安全应急预案。开展了消防安全知识讲座、消防实战演练。档案库房、档案保管保护设施实行专人管理，坚持定期对库房进行一次安全巡查；馆藏档案全部进行了消毒，对发现受损的档案及时抢救，库房按要求配备防虫防霉药品，定期保洁，使档案始终保持“整洁、安全、完好”的状态。

3. 档案信息安全情况。为加强档案信息安全的管理，健全并执行了档案数据安全管理制度，制定了应急预案，确保档案信息资源公开共享安全。

（七）档案队伍建设。

“十三五”规划期间，为提高干部的业务能力，我馆选派3名干部到发达地区参加各种培训，包括档案修复技术培训，数字档案馆建设培训，有力地提高了档案干部业务素质。

二、工作亮点

1. 创建省特级档案馆。2017年1月12日，我县档案馆顺利通过测评，正式晋升为省特级档案馆。省档案局测评组通过自查报告、实地查看、现场咨询、审核自评材料等方式，对我县档案馆进行测评。最终我县档案馆获得81.34的高分，达到了省特级的标准并正式挂牌。我县档案馆馆库布置合理、功能完善，馆藏资料丰富、物类齐全，特色档案突出、馆库安全保障技术和手段有效，档案信息化取得一定成效，提高了档案管理的现代化水平。“十三五”期间我县档案馆公共服务能力不断提高，档案信息化开发利用不断深化，档案的社会价值得到了体现。

2. 档案利用服务能力不断提升。积极开展档案信息资源的利用服务工作，近5年共接待利用档案2138人次，利用档案7070卷（件）复印档案资料18000余张。为原民办、代课教师享受待遇提供有力的证据，为机关单位工作人员补充档案材料、为下岗失业人员和村干部办理购买社保医保、为编史修志等提供了大量的档案材料，充分发挥了档案的社会和经济效益。利用馆藏档案资料编辑《佛冈县经济发展历程》《佛冈县改革开放大事纪实》《佛冈县社会主义新农村建设资料专辑》《佛冈县社会主义新农村建设成果画册》等编研材料。

3. 依托馆藏资源，倾力打造爱国主义教育示范基地。充分利用阵地优势，加大展厅开放力度。通过收集整理反映佛冈经济社会发展和人民生活巨变的档案史料，制作了《学习十九大、奋进新时代》和《不忘初心、牢记使命》两个展览。目前已有30多个部门单位400余人到场参观。通过打造爱国主义教育示范基地，拓展了档案宣传新途径，充分发挥了档案存凭、留史、资政、育人的作用。

三、存在的主要问题

1. 档案意识和法制观念淡薄。一些部门和单位领导对档案工作重视不够，把档案工作看作可有可无，说起来重要，忙起来不要，档案法律意识不强，档案执法难开展。

2. 档案工作经费保障不足。由于各种原因，对档案工作经费投入不足，主要是在档案信息化建设和档案保管保护方面，使我县档案信息化建设进展缓慢，不能满足新形势下档案工作发展的需要。

3. 档案专业人才资源短缺。随着社会经济的不断发展，档案内容不断丰富、载体形态和管理方式不断改变、利用服务体系不断完善、档案工作覆盖的领域和档案工作发挥作用的领域不断延伸，我馆档案专业人员的思想观念、知识学历、年龄层次、技术手段、管理办法都没有相应的改变，人员素质没有得到及时的提高，因而严重影响档案工作的有效开展。

4. 基层档案队伍不稳定。机关单位和乡镇档案工作人员不稳定、变动大、素质低、责任心不强，依赖思想严重，有的单位档案从业人员甚至一年一换，严重阻碍档案事业的发展。

以上这些因素导致有些部门和单位档案移交困难，保管保护不到位，不能有效地把档案收全、管好、用活，服务社会经济和人民群众生活的职能得不到提高。

四、“十四五”规划编制工作的意见建议

1. 加强对档案工作的领导。各部门各单位要指定专人分管档案工作，切实把档案工作纳入本单位事业发展规划、年度工作计划、绩效考核内容，把档案工作列入重要议事日程，关心档案工作，认真听取档案工作专项汇报，及时研究并协调解决档案工作中的重大问题，推动档案事业与经济社会协同发展。

2. 加大对档案事业的投入力度。各级各部门单位要进一步加大对档案事业的经费投入，要按照部门预算和档案管理工作的有关规定，科学合理核定档案工作经费，将档案资料征集、现代化管理、提供利用服务、抢救保管保护、安全保密、陈列展览、编纂、数字化、档案科研、设备购置维护及宣传教育等方面的经费列入同级财政预算。

3. 加强档案干部队伍建设。加强档案工作人员岗位专业知识培训和继续教育培训，坚持持证上岗，并保持档案干部队伍稳定，对政治素质好、业务能力强、表现突出的档案工作人员要提拔重用。科学合理核定档案部门人员编制，通过公开考选，引进一批档案专业人才，不断优化档案干部队伍结构，努力造就一支政治强、业务精、作风硬、纪律严的高素质档案干部队伍。

佛冈县档案馆

二〇二〇年三月五日

四、档案管理制度选录

1. 佛冈县档案馆档案保管及库房管理制度

档案保管工作是指采取一定的管理方式和技术手段对档案进行科学管理、保管，以便维护档案的完整与安全，最大限度延长档案寿命的工作。为了使档案资料管理有序，便于查阅利用，特做如下规定：

一、坚持“预防为主，防治结合”的方针，把保管工作贯彻到档案工作的各个环节，积极稳妥地搞好档案资料的保管和保护工作。

二、合理布局库房，选择标准、规范的档案装具，做好全宗之间与全宗内档案的科学排架和资料的合理排架。

1. 本馆馆藏的档案按全宗分类保管，全宗内按年度保管期限排列。

2. 本馆馆藏资料先分本县资料和全国性资料两大类，然后按《佛冈县档案馆图书资料分类表》分类排放。资料分类代号用英文字母和阿拉伯数字表示。

3. 本馆档案资料箱柜以库房为单位编号，并编制存放档案资料的指引图，编制存放档案的全宗号、目录号、年度、案卷起止号的标识卡和资料的类别标识卡。

三、建立严格的管理措施，确保档案资料的完整与安全。

1. 建立定期或不定期的对所有档案资料的保管情况进行认真检查的制度，及时发现问题，及时处理，防患未然。一般一周一小查，一月一大查，如遇特殊情况或意外事故应及时查，发生意外时，应采取有效的措施补救。库房检查工作由管理科负责组织，每次检查情况均列表登记，参加检查人员签名。

2. 档案资料进库或调出应建立严格登记制度。外借、归还及调阅后的档案资料应及时入库，放回原处，便于管理。

3. 档案资料库房指定专人负责管理，非本馆人员，未经许可不得擅自进入库房。

4. 做好档案资料库房的防盗、防火、防虫、防霉、防潮、防光、防雷、防震、防水、防高温、防污染等安全设施的检查，发现情况，及时汇报处理。采取调节和控制手段，保持库房温度控制在 14 ~24℃，相对湿度 45 ~60%，并及时做好库房温湿度记录。

5. 保持库房整齐清洁，搞好经常性的卫生，每季大清洁一次，每月小清洁一次。注意合理通风，建立温湿度登记制度。在搬动档案资料时，要尽量减少档案的磨损和污染。

6. 档案资料库房区域及通道、走廊严禁吸烟和存放易燃、易爆物品。定期检查消防器材和电路，对库房采用的“高压细水雾消防系统”每个月检查一次，每年检测一次，检查检测结果要记录归档。

7. 库房管理人员要加强责任心，下班前要检查库房、关闭门窗、关闭电源。

四、新接收的档案、资料要经过除尘、消毒处理才能入库。

五、档案资料库房每半年进行一次大检查，检查内容包括库房温湿度控制系统、消防系统、监控系统、门禁系统、档案保管情况、卫生情况等，发现问题及时报告局、馆领导，并迅速采取应对措施。大检查由管理科负责组织，分管领导参加，检查结果列表登记，参加检查人员签名，年终归档。

六、严格执行档案资料鉴定制度，严格履行档案资料鉴定、销毁手续。

七、档案资料保管人员因工作变动时，必须办理清点交接手续。

2015 年 6 月修订

2. 佛冈县档案馆档案整理编目制度

一、按照国家有关规定和档案工作规范要求，档案馆内所有档案必须按全宗进行整理，同一个全宗的档案不能分散，不同全宗的档案不能混杂，各全宗档案存放有序。

二、档案的系统整理，应在文件收集齐全的基础上，按照一定的原则和属性进行整理、分类、编号、排架。

三、档案实体的分类、编号和排架，一经确定，不可随意改动。

四、编制不同门类档案的文件目录、专题目录、文件字号索引等多种检索工具，逐步编制配套的档案馆指南，全宗介绍等参考资料。

五、档案馆在 11 月底前完成各类档案的整理、分类、编号、排架等工作。

六、重大活动、重要会议、工程项目、设备档案随时移交，随时归档。

2015 年 6 月修订

3. 佛冈县档案馆档案保密制度

一、档案工作人员和利用档案者，必须执行《中华人民共和国保守国家秘密法》，遵守保密守则，维护档案的完整与安全。

二、按照《中华人民共和国档案法》及其实施办法规定，区分好档案、资料的开放与不开放使用的范围，正确处理利用与保密的关系。

三、严禁擅自提供、抄录、复制、拍摄、公布档案材料。

四、对保密档案的管理和利用、密级的变更和解密，必须按国家有关保密法律和行政法规办理。

五、档案实行集中统一保管，专人管理，专柜、箱存放；档案库房要用铁门、铁窗枝；非档案工作人员不得随意进入档案库房。

六、属于国家所有和集体、个人存有的对国家和社会具有保存价值的或者应当保密的档案，严禁倒卖牟利、严禁私自卖给或者赠送给外国人。

七、属于国家所有的档案，任何机关、团体、企事业单位和其他组织以及个人都不得出卖。

八、违反保密制度泄露国家秘密或造成损失的，按《中华人民共和国保密法》和《中华人民共和国档案法》的有关规定追究责任。

2015 年 6 月修订

4. 佛冈县档案馆档案借阅利用制度

档案是各项工作活动的历史记录，是当前和今后工作查考的重要根据，也是党和国家宝贵的文化财富。为了既能充分发挥档案、资料的应有作用，又能保证档案、资料的完整与安全，特制定出如下制度。

一、档案馆工作人员负责档案、资料的管理、查找、调卷提供利用工作和督促办理借阅签字手续，归还档案、资料时要当面检查、清点、注销。

二、凡借阅档案、资料，必须按照《档案资料借阅登记册》的栏目进行登记。本单位人员借阅其业务范围的档案材料，可直接由档案工作人员提供；借阅非隶属业务范围的档案，需经本单位领导或档案馆负责人同意才能查阅。借阅档案、资料不得转借他人。

三、外单位借阅档案、资料者，必须持借阅单位的介绍信（注明查阅档案范围、内容、时间）；中华人民共和国公民和组织持有介绍信或工作证、身份证等证明，可以利用已开放的档案。档案、资料一般不可外借。

四、借阅者要确保档案、资料的安全，对档案、资料不得折叠、损坏，不许抽出或剪裁文件、资料，不准在文件上划线、圈点、打叉、涂改。阅览档案、资料时要严禁抽烟、饮茶水。

五、借阅者摘录档案材料，需经档案工作人员同意，翻印、复印、拍摄档案材料，需经有关领导批准并由档案馆工作人员负责复制，做好登记；摘录、复印的档案材料用完后退回档案馆处理。

六、利用档案的单位和个人，未经档案部门负责人同意或上级主管机关的直接授权或批准，均无权公布档案。

七、借阅者要在阅览室阅览档案，不准把档案材料带出阅览室阅读。
八、借阅档案人员利用工作结束后，应主动填写档案利用效果表，及时把情况反馈给档案馆。

九、凡违反借阅规定，造成损失者，按照《档案法》《档案法实施办法》和《广东省档案违法行为处罚办法》的有关条款处理。

2015 年 6 月修订

5. **佛冈县档案库房管理制度**

一、档案库房门窗要坚固，库房和箱柜锁匙由档案员专管，无关人员不得随意进入库房。库房内严禁吸烟和存放易燃易爆物品及其他杂物。

二、档案收进或调出，要登记、统计，对库藏档案、资料要定期检查清点，发现问题及时报告分管领导。

三、档案要存放在铁箱、柜里，排列方法要科学和便于查找。

四、档案人员调动工作时，要交接清楚方能离开。

2015 年 6 月修订

6. **档案资料查阅制度**

一、查阅档案资料必须填写《查阅档案登记表》，外来单位查阅者，必须持有单位介绍信或有效证件。

二、查阅党内文件、密级文件及党员有关材料，必须是中共党员。

三、档案、资料原则上不借出，如特殊情况需借出，须经分管领导批准，并限期归还。

四、查阅（借出）档案、资料，不得折迭，不得在档案、资料上打圈、划线，对污损、涂改或拆散抽出，遗失档案、资料的，要追究责任。

需摘录和复印档案资料的，须经本馆同意，未经同意，擅自摘录和复印的，要追究责任。

2015 年 6 月修订

7. **佛冈县档案馆档案人员岗位责任制**

一、负责档案、资料的系统化整理、鉴定、保管工作。

二、全宗档案排列达到标准化、规范化。

三、编写全宗介绍，各种检索工具。

四、对保管满三十年的档案，提出开放和控制档案范围，编制开放档案目录。

五、做好接收、移交、调（借）阅档案的登记和统计工作。

六、对已满保管期限的档案，提出继续保存或销毁的意见。

七、负责库房的“八防”工作。

八、负责库房的安全保卫保密工作，人走关灯，关好门窗，发现不安全因素及时报告并采取措施。

九、做好外来人员进库房参观的登记工作。

十、对保管的档案、档案目录、资料汇编和检索工具每年清点一次，清点结果报单位主管领导。

十一、定期清扫库房，保持库房整齐、美观、清洁。

十二、完成领导交办的其他工作任务。

2015 年 6 月修订

8. 佛冈县档案馆档案鉴定销毁制度

一、档案的鉴定工作，应根据国家有关档案保管期限的规定，坚持全面、历史的观念，实事求是地正确鉴定档案的价值程度。

二、档案鉴定工作由鉴定工作小组负责，遵循“保存从宽，销毁从严，孤本从严；本机关文件从宽，上级文件和其他机关文件从严”的鉴定工作原则。

对确定为无保存价值和保管期限已满的档案，鉴定小组要认真鉴定，填写鉴定清册，提出处理意见，报主管领导审批。销毁时，由两人负责在指定地点销毁，并在销毁清册上签字，销毁清册应作长期保存。

2015 年 6 月修订

9. 佛冈县档案馆防火安全值班制度

为搞好档案馆大楼的防火安全工作，确保馆藏档案的安全保管，特制定防火安全值班制度，请自觉遵守执行。

一、星期一至星期五由库房安全防火负责人负责每天的防火安全巡查并做好记录。

二、星期六、日及其他节假日，由局安全防火责任人确定值班人员值班。

三、值班人员应做好交接班签名，明确责任。

四、值班人员要坚守岗位，注意安全防火，检查馆内库房的门窗是否完好，楼馆周围及电源线路是否存在防火安全隐患因素，以确保档案的安全。发现火苗迅速报警，并组织人员灭火，转移档案。

2015 年 6 月修订

10. **佛冈县档案馆消防安全责任人主要职责**

一、与本单位属下的股室负责人签订《防火安全责任书》。

二、组织单位人员开展消防安全教育，制定用火用电等防火管理制度。

三、组织单位人员开展消防检查，整改防火隐患，制定应急疏散方案。

四、制定本单位灭火预案，开展灭火演练。

五、负责本单位灭火器等器材的配置。

六、组织扑救初起火灾和转移重点库房内的档案，保护火灾现场。

2015 年 6 月修订

11. **佛冈县档案馆档案统计制度**

（1）档案统计工作是以档案工作中大量的现象为对象，以表格、数字的形式揭示档案和档案工作中诸现象的现状、发展过程及其一般规律性的工作。

（2）统计作用。档案统计工作，为制定档案工作的方针、政策，编制档案事业发展规划，开展档案科学研究，进行定性分析与定量分析，提供科学的依据。

（3）统计内容。对档案的收进、移出、整理、鉴定、保管数量和状况，以及档案的构成、利用、机构和人员等情况的基本统计和其他专门统计。

（4）统计任务。对档案和档案工作的发展情况进行统计调查、统计分析、提供资料，实行统计监督。

（5）统计对象。对档案实体及其管理状况的统计和档案事业的组织与管理现状的统计。

（6）统计方法。档案统计工作，必须把零星的个别的原始资料，进行综合整理，使之成为能反映整体现象的资料，再进行分析和研究，总结出典型性的经验教训，以提高档案的科学管理水平。

（7）按期统计。平时必须积极收集资料，做好单项的统计；半年必须做好各项工作的初步统计；年终必须进行全面的系统的统计。

（8）专人统计。配备统计人员，熟悉统计业务；掌握统计资料，数字统计连贯；准确统计数字，按时统计上报。

2015 年 6 月修订

12. 佛冈县档案馆档案安全保卫制度

(1) 档案馆安全保卫工作实行责任制，由分管领导和档案安全保卫人员分别担负安全保卫的领导责任和直接责任。

(2) 加强对档案安全保卫人员的安全意识教育，树立安全第一的思想，严格执行安全保卫的有关规定，确保档案资料的绝对安全。

(3) 档案安全保卫人员应定期检查消防安全设施，对运行失灵、过期失效的消防设备应及时报告、及时维修、及时更换，并熟练掌握消防操作技能。

(4) 档案安全保卫人员每天下班后应及时检查档案馆的门、窗、水、电的关闭情况，发现问题及时反映和处理。

(5) 档案资料库房、阅览室、展览厅等防火重地严禁吸烟和使用明火，严禁存放易燃易爆物品。

(6) 严格执行定期检查和进出档案清点制度，档案库房管理实行专人负责，钥匙应妥善保管，如有丢失在及时汇报并采取措施，非管理人员不得随意出入库房。

(7) 每次长假前应对档案库房进行全面检查，切实消除安全隐患。

(8) 档案工作人员应熟悉消防器材的性能及使用方法；做好消防器材的保养更新工作，使之可靠有效。

(9) 发生火警、火灾要迅速报告，并全力扑救。

2015 年 6 月修订

13. 佛冈县档案馆档案收集制度

(1) 佛冈县档案馆档案的接收集工作，实行分工负责制，责任到人。

(2) 遵照有关政策规定，确定档案资料的收集范围和单位，编制收集单位和待收集单位名册，有计划地开展收集工作。结合实际，收集各单位形成的有保存价值的各种档案资料。按照相关文件精神，做好我县重大活动档案资料收集归档工作。

(3) 根据《佛冈县档案馆收集档案范围实施细则》接收本县各机关团体及其所属单位保管的永久、定期 30 年的档案和有关资料；接收撤销机关团体的档案和有关资料；接收中华人民共和国成立前的各种档案。

(4) 征集无产阶级革命家现任中央常委和知名人物在革命斗争中形成的著作原件、照片、来往书信、题词、日记、笔记等；征集历史档案资料等。

(5) 按照质量标准对须接收的档案资料进行检查、统计。凡不符合规定要求的案卷，一律不得进馆。

(6) 对散存在社会上的珍贵档案资料进行调查摸底；经常与古玩店，古旧书店加强联系，有计划地征集进馆。

(7) 接收档案时要同立档单位的组织沿革、全宗介绍和有关检索工具一并接收。

(8) 交接双方根据移交目录清点核对，并在交接文据上签名盖章，交接文据要建档立卷。

2015 年 6 月修订

14. 佛冈县档案局档案实体安全管理应急预案

为建立健全应对突发性重大灾害紧急处置机制，提高佛冈县档案局(馆) 馆藏档案的安全保障能力和救灾能力，最大限度地减少灾害造成的损失，确保馆藏档案的安全，结合我馆实际，特制定本应急预案。

一、组织领导

成立佛冈县档案局抢险救灾应急领导小组和佛冈县档案局抢险救灾应急工作队。

(一) 佛冈县档案局抢险救灾应急领导小组

组　长：曹榕村

副组长：林绍嘉

成　员：钟北湖　巢柱燊　朱明采　黄常义　朱海燕　罗春燕　宋振喜

(二) 佛冈县档案局抢险救灾应急工作队

抢险救灾责任人顺序：局长、副局长、办公室主任、档案库房管理人员、后勤保安人员协调指挥：抢险救灾应急领导小组负责抢险救灾工作的决策与协调，具体负责救灾现场的组织实施与指挥，现场工作人员必须绝对服从，不得各行其是。

二、预案目标

1. 在应急的情况下，采取最有效的行动消除对馆藏档案、资料的威胁；

2. 保护未受损的档案、资料；

3. 抢救已受损的档案、资料。

三、灾害种类

本预案所指灾害为自然灾害和突发性事故两大类。自然灾害包括：台风、龙卷风、风暴潮、暴雨、冰雹、山洪、雷电、地震、地质塌陷等；突发性事故包括：计算机信息管理系统崩溃和火灾（包括：设施设备故障、库房线路老化或短路引起的火灾以及蓄意纵火、爆炸）及其他可能对档案实体安全产生破坏的行为等。上述灾害如果对我局的馆藏档案、设施、设备、人员造成威胁，出现险情，应及时组织进行抢救。

四、抢救重点

（一）重点监视区：1 号、2 号综合档案室库房和珍藏室、资料室及人事、组织、纪检、国土档案库房。

（二）档案资料抢救顺序：①永久文书档案；②长期文书档案；③各种专门档案、重大活动档案、声像档案；④实物；⑤人事、组织、纪检、国土档案；⑥图书资料；⑦短期文书档案；⑧其他。

五、应急准备

（一）建立灾情预警联络系统：由局安全责任人负责与公安消防、水文、气象、地震、人防等部门联系，建立有关突发性重大事件报告制度，及时沟通信息，并按要求做好灾情预警工作。

（二）完善抢险救灾的演练工作：所有人员均应熟悉自己的抢险岗位、职责、消防器材的存放位置及使用方法等，真正做到责任到人，措施到位，方法得力。

（三）负责安全人员要对各种抢险救灾器材进行配备，保障后勤供给。消防器材应每年检查（更换）一次，并与相关人员配合，保证消防通道畅通。

（四）档案库房均应配备钥匙两套，一套由库房管理人员使用，一套由办公室保管。

（五）建立档案安全检查制度，把安全工作的重点从事后处理转到事前防范上来，树立预防重于抢险的思想。库房管理人员应对库房安全情况进行检查登记，加强对重点部位的检查，发现问题和隐患要及时整改。

六、应急行动

（一）基本行动：按照分工，楼层责任人及现场第一人应立即拉响警报，在可能的情况下利用一切应急抢险工具阻止灾情的发生，保护未受损的档案，并及时向领导汇报。

（二）办公室应协调消防、搬运等环节的组织实施和后勤保障工作。

（三）应急预案的操作步骤：分一般性灾害、较大灾害和重大灾害三种情况。

1. 一般性灾害的操作步骤

(1) 凡发现库房内任何部位有烧烤异味或库房屋顶地面漏水等异常现

象，每个人都有责任立即告知周围其他人，共同查找险源。如果险情不大，自己能处理的，除发出警报外，要立即采取切实可行的办法迅速扑灭险情。

（2）报告领导。

（3）查明原因，堵塞漏洞，彻底解决问题。

2. 较大灾害的抢险步骤

凡发现档案库房灾害险情比较严重，搞不清虚实，或估计依靠自身力量不能处理的，应立即发出警报，呼叫抢险救灾工作队全体人员参加抢险。有关责任人指定专人迅速完成以下工作：

（1）立即拨打消防电话及抢险救灾有关的外界联系电话，明确受灾地点；

（2）打开通往险区的通道大门；

（3）通知门卫保安人员，保证大门畅通，为消防车的靠近做好准备；

（4）消防队到来之后，应及时简单介绍险情，一切听从消防人员的指挥；

（5）发现库房进水时，应立即通知安全负责人员或分管安全工作的领导，查找原因，排除隐患，堵塞漏洞，并先利用现有人员采取一切排水措施，以保障档案资料的安全。

3. 重大灾害的抢险步骤

发生危害档案，同时又威胁到人身安全的灾害，如雷击、地震、火灾、洪灾、库房崩塌等，可按上述较大灾害抢险步骤进行排除。同时涉及人员伤害时，要兵分两路：一路应及时将受伤人员迅速转移到就近医院进行抢救，一路抢救档案资料；如险情危及到供水、供电、通信、热力及污水管线等，自身又不能处理时，应及时通知有关部门进行抢险工作。

七、值班责任

凡在工作时间以外，如双休日、法定节假日出现灾情时，门卫保安人员及带班领导为直接救灾责任人，其责任是：

（一）落实24小时值班制度和领导带班制度，确保通讯畅通，对楼内各部位做到勤转、勤看、勤检查；

（二）拨打电话报警；

（三）拨打电话通知局领导或其他责任人，抢险救灾工作队员接到求助电话后应迅速到达指定地点；

（四）可能的情况下，阻止灾情；

（五）通知门卫保安人员迎接消防车、供电抢险车及其他抢险人员的到来，并向消防人员指明灾情部位；

（六）抢险结束后，负责向领导报告发生灾害的情况。

八、善后工作

灾情消除后，立即做好以下工作：

（一）抢救能够补救和修复的档案；

（二）将灾害发生的原因、造成的损失及处理结果报告上级；

（三）及时将事件的原因、经过、处理结果记载清楚，由经办人和见证人签名后归档。

九、奖惩措施

根据情况对抢险救灾有功人员进行表彰和奖励，对消极冷漠，贻误战机，不听指挥者给予处分，对有关事故责任人将按有关规定严肃处理。

2007 年 9 月 14 日佛档发〔2007〕3 号印发

2015 年 6 月修订

15. 佛冈县档案局信息安全应急预案

为规范我局信息应急处理的程序和内容，提高单位信息化工作小组的应急处理能力，科学应对网络与信息安全突发事件，有效预防、及时控制和最大限度地消除信息安全等各类突发事件的危害和影响，保障信息系统的实体安全、运行安全和数据安全，完善信息安全应急机制，确保单位日常工作的安全、稳定运行，特制定信息安全应急预案。

一、应急预案的指导思想

佛冈县档案局信息安全应急处理应坚持“积极预防，严格控制，防控并重”的原则。在认真做好日常管理和监控的基础上，充分做好紧急情况下单位网络系统运行管理的应急准备，健全防控措施，完善处理机制，加强应急演练，确保在应急情况下做到反应迅速，处置果断，保障到位。

二、组织机构

为保证应急情况下应急机制的迅速启动和指挥顺畅，设立佛冈县档案局（馆）网络与信息安全应急小组，小组人员如下：

组　长：曹榕村

副组长：林绍嘉

成　员：钟北湖　巢柱燊　朱明采　黄常义　朱海燕　罗春燕　宋振喜

三、应急情况的标准

（一）应急响应启动条件

实施预警信息等级制度，按照事件严重性和紧急程度及对社会影响的大小，分为以下五级：

1 级：本级网络与信息安全事件对计算机系统或网络系统所承载的业务以及事发单位利益基本不影响或损害极小；

2 级：本级网络与信息安全事件对计算机系统或网络系统所承载的业务以及事发单位利益有一定的影响或破坏；对国家安全、社会秩序、经济建设和公共利益产生一定危害；

3 级：本级网络与信息安全事件对计算机系统或网络系统所承载的业务、事发单位利益以及社会公共利益有较为严重的影响或破坏，对国家安全、社会秩序、经济建设和公共利益产生较大危害；

4 级：本级网络与信息安全事件对计算机系统或网络系统所承载的业务、事发单位利益以及社会公共利益有极其严重的影响或破坏，对国家安全、社会秩序、经济建设和公共利益产生严重危害；

5 级：本级网络与信息安全事件对计算机系统或网络系统所承载的业务、事发单位利益以及社会公共利益有灾难性的影响或破坏，对国家安全、社会秩序、经济建设和公共利益产生特别严重的危害。

当发生 2 级和 2 级以上的网络与信息安全事件时，启动本预案，并及时向市网络与信息安全应急领导小组办公室报告。

特殊情况下，上述标准可酌情降低。

（二）应急响应流程

在发生网络与信息安全事件时，小组成员第一时间报告到领导小组组长，同时与相关的产品技术支持单位联系，获得必要的技术支持。

1. 预案启动

在发生 2 级（包括 2 级）以上网络与信息安全事件后，应急处理工作组尽最大可能收集事件相关信息，鉴别事件性质，确定事件来源，以确定事件范围和评估事件带来的影响和损害，确认为网络与信息安全事件后，对事件进行定级和上报。按照应急响应流程，由局（馆）网络与信息安全应急小组决定启动应急预案，并由组长负责应急处理协调工作。

2. 应急处理

①确认阶段。初步确定应急处理方式，确定是否存在针对该事件的预案，如有，则启动本预案。

②遏制阶段。及时采取行动遏制事件发展，限制潜在的损失与破坏，同时要采取积极措施，使危害降到最低。

③根除阶段。在事件被抑制之后，通过对有关事件或行为的分析结

果，找出事件根源，明确相应的补救措施，彻底消除安全隐患。

④恢复和跟踪阶段。在确保安全问题解决后，要及时清理系统、恢复数据、程序、服务。恢复工作应避免出现误操作导致数据的丢失。另外，恢复工作中如果涉及到机密数据，需遵照机密系统的恢复要求。

⑤问题解决后，还要加强宣传，公布危害性和解决办法，以避免产生社会负面影响。

3. 应急支援

当采用一般应急处置措施仍无法控制事态时，要迅速研究采取有利于控制事态的非常措施，并向市政府网络与信息安全应急领导小组办公室请求支援。

4. 安全事件的处理记录

在事件的上报、接收和处理过程中，事件接收人、处理负责人应及时作好完整的过程记录。事件处理完成后归档。

5. 结束响应

系统恢复正常运行后，应急响应小组对事件造成的损失、事件处理流程和应急预案进行评估，对响应流程、预案提出修改意见，总结事件处理经验和教训，撰写事件处理报告，同时确定是否需要上报该事件及其处理过程，需要上报的应及时准备相关材料，上报相关部门。

对于蠕虫病毒等易造成大范围传播的网络与信息安全事件，应及时向市网络与信息安全领导小组办公室提交预警信息。

因为重大自然灾害而引起的网络与信息安全事件，可根据灾害造成的损失情况参照上述流程进行应对。

四、应急小组的职责

1. 研究布置应急行动有关具体事宜；

2. 应急行动期间的组织指挥；

3. 负责应急行动的宣传教育和有关解释工作；

4. 负责与有关单位进行重大事项的工作协调；

5. 负责应急行动其他的有关组织领导工作；

6. 负责应急行动技术支持工作；

7. 负责应急行动的网站内容编辑工作；

8. 研究布置并组织应急行动期间单位网络系统监管的有关事项；

9. 认真详细地做好监管值班记录；

10. 向上级汇报网站监管的情况；

11. 完成上级赋予的其他任务。

五、应急行动的基本制度

1. 值班制度

应急行动启动后，应急小组成员应建立24小时值班制度，工作开展情况应坚持每日向上级相关部门汇报。

2. 请示汇报制度

应急程序实施期间，应急小组成员在坚持每日值班汇报的前提下，遇有重大情况和自身不能处理的事项应坚持随时汇报。

3. 演练制度

为保证应急行动的能力，应定期组织应急行动演练，日常情况下每年至少组织一次应急行动的综合演练，遇有可预见的应急情况，应在事前组织演练，以提高处理应急事件的能力。

六、应急物资器材保障

应急行动所需的物资器材应给予充分保障，以确保应急预案落到实处，应坚持对应急行动的设备器材进行定期维护保养，保证完好率达到95%以上，所需的物资应坚持定期补充和更换，始终保持有效性。

七、日常工作中需为应急行动做好的有关工作

（一）网络系统安全检测服务

1、安排工作人员加强网络系统的监控，发现问题及时报告上级，并采取初步的应急处理措施；

2、通过对操作系统和网络服务安全漏洞的周期检测，实现网络系统的安全。

（二）网站安全紧急救援服务；

记录厂商联系人的联系方式，出现问题后能及时得到厂商援助。

2015年6月订立

16. 佛冈县档案馆档案数字化加工场所守则

一、所有工作人员必须严格遵守《中华人民共和国保密法》《保密守则》以及《中华人民共和国档案法》等有关规定，不得以任何方式对外泄露档案信息的内容。

二、所有工作人员户籍必须为中国大陆公民、必须签订保密协议否则不予录用。

三、所有工作人员不得携带挂包、手机、移动硬盘、U盘、MP3、纸张等可拍摄、存储或记录的物品进入工作区，不得下载、留存、持有和使

用任何档案信息，违者承担法律责任并予严厉经济处罚。

四、自觉接受现场的安防监控，所有电脑的USB接口和光驱必须拆除或盖上印有单位印章的封条，所有电脑必须安装杀毒软件。

五、确保电脑网络系统安全，禁止安装无线网卡或无线设备，禁止连接互联网或其他公共信息网络，禁止使用电脑处理私人事务、玩游戏或听歌等。

六、禁止与工作无关的人员进入工作区域，如因特殊情况，需向管理人员报告，在获得批准后方可进入。

七、全体员工必须准时上班，不得无故迟到、早退或擅自离岗。

八、禁止带任何食物进入工作间，就餐时必须在指定的地点进餐。为避免文档资料遭到意外损坏，特别要注意办公桌上除必要的办公物品外禁止摆放水杯、饮料等流质物质（应放在专门的区域），禁止在工作台上摆放食品及吃零食、用餐。休息时间不能在工作区域随意走动，不能喧哗起哄。

九、爱护办公设备及公物，禁止私自乱拆、乱放、乱换计算机及扫描仪等办公设备，禁止私自改变计算机的硬件、软件程序。

十、确保工作环境的安全，禁止在工作场地抽烟（含所有禁烟区域），以防火灾。禁止携带易燃、易爆、有毒、有害等物品进入工作室。

十一、禁止随意丢垃圾，废弃纸张必须丢在指定的废纸箱内，食品袋、纸巾等垃圾需丢在工作室外的垃圾桶内。

十二、保持工作场所整洁，下班后，所有办公物用品需放回原位并摆放整齐，所有档案需整理好并放入相应临时档案柜。

十三、加强保密意识，禁止将办公物用品、纸张等带出工作间外。

十四、数字化整理过程中所产生的废纸必须存放在指定地点，每星期集中清理一次。清理时需安排专人对废弃纸张进行检查，确保其中没有夹带任何档案文件方能清出工作场地。

十五、切实做好数据备份工作，每逢节假日进行一次数据备份和安全、保密检查，及时消除不稳定因素。

十六、数字化加工成果备份工作必须由专门人员负责，并使用经过统一配备，统一登记，统一标志，统一管理的存储介质进行数据备份。

十七、每天下班后进行加工场所内的公共环境卫生打扫，由管理员及值日人员负责检查灯、电脑及空调的电源关闭情况，并将门窗关好，注意防火防盗，做好安全防范工作。

二〇一五年五月十三日

17. 佛冈县档案馆档案数字化加工工作流程规范

一、档案接收流程

1. 接收需数字化的各类档案。

2. 对接收的档案登记造册（内容包括案卷数量、案卷标题、总页数等相关事项），交接双方签名确认。

二、拆卷流程

1. 检查案卷的完整性，是否有缺页、漏页、错编现象，正、副卷标注是否正确。

2. 拆开案卷，将案卷背面的封条小心撕干净，剪开装订线。

3. 将案卷内页一页页分开，对特殊页做出标识提醒扫描人员注意。

4. 取掉案卷中金属物。

5. 注明每卷案卷（包括正、副卷）的页数及其他的特殊情况。

三、扫描流程

1. 严格按照规定命名方式对影像文件进行命名。并根据数据交换规则设置扫描影像的输出存放位置；

2. 对于封面、内页、手写体或是发票等各类不同资料，需用不同的比例或是扫描方法进行扫描；

3. 扫描影像与档案原件的内容要吻合、顺序正确，影像清晰效果达到档案实体一样。并将扫描页数和拆卷人所注明的页数核对，确保不能重扫、漏扫、多扫、顺序颠倒扫。

4. 采用规定的格式扫描，确保案卷的清晰度。同时影像歪斜不超过正负 2 度、黑边不大于 2 毫米。

四、影像处理流程

1. 采用软件及人工结合方法，对影像优化处理，使影像效果达到或超过实体效果；

2. 对因扫描原因造成的黑边、歪斜等特殊影像进行处理；

3. 对非正常格式、容量文件进行检查处理；

4. 对案卷中漏编的页面进行科学处理，确保扫描好的影像页数与原案卷页数一致。

五、还原卷流程

1. 经过扫描和影像处理后，严格质检没有问题的档案进行装订还原；

2. 注意还原档案归类和归还，保持档案加工室的整洁。

六、数据处理流程

1. 每天下班前，提前半小时将扫描的数据用保密 U 盘提交给管理人员，由其汇总到保密中心主机。

2. 清空各扫描计算机中的数据。

3. 做好清洁卫生工作。

二〇一五年五月十三日

五、档案经验材料选录

接收破产转制企业档案的做法和体会

佛冈县档案局

（2003 年 4 月）

按照国有资产逐步退出一般性竞争领域的需要，佛冈县国有企业破产转制工作顺利进行。到 2002 年 12 月底止，县属公有制企业 87 家，已按照《破产法》计划实施破产的有 32 家。为做好破产企业档案的接收工作，我们按照国家《国有企业资产与产权变动档案处置暂行办法》和《广东省〈执行国有企业资产与产权变动档案处置暂行办法〉实施细则》的规定，从 2000 年下半年开始，着手考虑和做计划安排，并积极主动争取县政府和有关单位及部门的密切配合，确保我县破产企业档案的接收工作顺利进行。到目前为止，已终结的 12 家破产企业的档案均已全部接收进馆，经鉴定整理共立卷 5357 卷（册），其中文书档案 714 卷，基建档案 39 卷，会计档案 4604 卷。在整理中，我们实行一步到位，除会计档案外，文书和基建档案全部实行计算机案卷级和文件级录入，与馆藏档案一样实行计算机检索。下面就如何做好我县破产企业档案的接收整理工作谈点做法和体会。

一、争取县政府的重视和支持，使档案局的意见和建议变为政府行为

做好国有企业资产与产权变动中的档案处置工作，是档案部门的重要职责。为此，我们根据国家《国有企业资产与产权变动档案处置暂行办法》和《广东省〈执行国有企业资产与产权变动档案处置暂行办法〉实施细则》的文件要求，从 2000 年下半年就开始着手考虑这方面的工作，并做好计划安排和具体设想。我们认为要使这项工作能顺利进行，必须得到县政府的高度重视才能实现。为此，我们多次向县政府分管档案工作的副县长缪树森同志汇报，把上级文件的主要精神和要求作了阐述，并根据我县的实际情况，提出了我们的意见和建议，即参照国家和省的有关文件

精神，以县委办、县府办两办名义发文，印发《关于佛冈县国有企业破产转制档案处置意见的通知》到有关单位和企业。《通知》规定："凡资产和产权变动的国有企业，应成立企业档案处置工作领导小组，在资产清算组织的领导下，负责档案处置工作，业务上接受县档案局的监督和指导。档案的处置费用在破产企业经费中一次性支付。"这样就使我们档案部门的意见和建议变为政府行为，确保我县破产企业档案处置工作有序进行。

二、提前介入，争取主动

2001年1月县委办、县府办两办《通知》下发后，我们多次主动与县破产企业资产清算领导小组办公室研究实施处置破产企业档案工作事宜，并达成了共识。商定由县清资办头，县档案局、县法院经济庭等单位和部门共同负责档案处置工作。具体工作程序是：县清资办每终结一个破产企业即通知档案局派员到该企业检查档案情况，并做好接收整理及保管费用的预算，送清资办领导及法院主管领导审定后，由法院经济庭从该破产企业经费中支付这笔经费给档案局，档案局具体负责接收整理和保管。这样做有如下好处：一是可随时掌握破产企业的动态，做到心中有数。二是使破产企业档案能及时接收和规范整理，确保破产企业档案的质量和完整。三是保证破产企业档案整理和保管经费的落实，避免企业破产后，档案整理保管费用没有做入预算而无法解决的状况，为我们做好接收整理破产企业档案工作争取了主动。

三、统一思想、团结协作，认真做好破产企业档案的处置工作

1. 树立企业档案是企业生产经营及一切活动的真实记录的观念。国有企业档案的所有权属于国家，是国家的宝贵财产，做好国有破产企业资产与产权变动中的档案处置工作，是我们档案行政管理部门重要职责。我们局现有干部5人，人员偏少、工作量大，特别是镇级档案达标和村级建档工作任务十分繁重。全县计划实施破产的国有企业有32家，这两项工作都得同时进行，怎么办？首先局领导班子统一思想认识，然后召开全局会议进行讨论，群策群力、各抒己见。开始有两种意见，一种是认为本局人员少，破产企业档案应请人整理为好；另一种意见即认为应结合本局档案整理室面积小，且很难找到安全、理想的地方集中请人整理的实际，可试由本局人员整理。这样既可以保证组卷的质量一步到位，又可以为局里增加收入，适当改善干部的生活福利，补充办公经费的不足，并提出每周利用一天的休息时间和晚上加班加点整理等意见。通过全局干部的讨论，局领导班子认为第二种意见可行。思想统一后，局领导班子即认真做好计划安排，做到有条不紊，经过全局人员团结协作、共同努力取得了较好的

效果，达到预期目的。

2. 积极争取县政府分管领导的支持，想方设法从县财政拨款购置1台电子计算机，作为档案馆接收整理破产企业档案的专用设备，保证了永久、长期保存的破产企业档案实行案卷级和文件级录入，实现计算机检索，确保破产企业档案的完整和馆藏质量。

二年来，我们共接收整理国有破产企业档案12家，做到破产企业终结一个，接收整理一个，使整个破产企业档案的接收整理工作有序进行，同时也为局里创收取得较好的经济效益，改善了大家的福利待遇，还适当解决部分办公经费。

在接收破产企业档案工作中，我们虽然做了一定的工作，取得一定的成效，但也到了一些极需解决的问题。主要是①企业的改革进程加快，我县还有20家国有企业正在清资审理搞破产，工作量还相当大。②面临国有企业转制，根据上级文件精神，企业转制前的档案均要接收进馆，我县现有55家国有企业在搞转制，接收这些转制企业档案的工作量也相当繁重。由于我们档案部门人员偏少，如此大量的接收整理工作，如果继续按现行办法去做，是很难适应形势要求跟上国企改革的步伐。因此，我们面临的一个问题就是如何转变思维方式，从传统的办法观念中解放出来，结合本县实际，开拓创新、与时俱进，探出更好更为有效的办法。通过努力，使我县破产企业和转制企业的档案接收工作顺利完成，确保破产和转制企业档案的完整和安全，防止这部分档案的流失。

（注：此件为在清远市档案工作会议上的发言材料）

加强档案管理　提高服务水平

佛冈县档案局

（2006年5月）

“十五”规划期间，县档案局（馆）在省、市档案局的监督指导和县委、县政府的领导及各方面的配合支持下，以邓小平理论和“三个代表”重要思想为指导，以科学发展观统领全局，以对历史负责，对人民负责为己任，坚持与时俱进，开拓创新的精神，卓有成效地开展档案工作。全县档案工作围绕经济建设中心，服务大局，紧密结合实际，真抓实干，迎难而上，推动了档案事业的持续发展，为我县工业立县、工业强县、构建和谐佛冈作出了贡献。我局先后被广东省档案局、广东省人事厅评为“广东省档案工作先进集体”，被清远市人民政府评为“全市农业农村档案工作先进集体”，副局长林绍嘉被评为全省档案系统先进工作者、清远市农业农村档案工作先进个人。

一、以邓小平理论和”三个代表”重要思想为指导，加强领导班子和干部队伍建设

（一）坚持政治理论学习制度。每月坚持二个半天组织全局人员学习党基本路线和业务知识，以档案工作服务党和政府的中心工作，努力开拓档案服务的新渠道，使档案工作更好地为我县的三个文明建设服务。

（二）加强党风和廉政建设及纪律教育。为切实加强局领导班子的党风廉政建设，局党支部按照县委《佛冈县实行党风政建设责任制实施办法》的文件要求，结合本局的实际，相应制定了本单位党风廉政建设责任制。经常组织党员干部学习《党风廉政建设教育资料汇编》《廉政准则》《廉政守则》，自觉做到“八个坚持、八个反对”。深入开展社会主义荣誉观教育，淡泊名利，清政廉洁，进一步提高了全局党员干部的政治思想觉悟，增强了遵纪守法和廉洁自律的自觉性。多年来，全局人员没有出现违法乱纪的现象。

二、深入开展档案法律、法规的宣传教育工作，以行政执法检查为手段，依法管理档事业

（一）我们结合县的普法工作实际，通过各种形式学习、宣传、贯彻《档案法》《档案法实施办法》《广东省档案管理规定》。如通过举办档案业务知识培训班宣传档案法律法规，通过《佛冈报》开辟专栏宣传《广东省档案管理规定》，结合档案监督指导，大力宣传做好档案工作的重要性。通过开展档案咨询活动，增强社会档案意识。

（二）坚持依法治档，加大行政执法力度。一是建立和健全局行政执法的责任制。我们根据上级档案行政管理部门的工作要求，结合本单位的实际制定了一系列档案行政执法检查制度，完善了行政执法责任制，使整个档案行政执法过程有法可依，有章可循。二是坚持每年开展一次对全县机关单位全面的档案行政执法检查工作。由县政府办公室牵头，组织县有关单位、部门联合组成档案行政执法检查组，对全县各镇、县直机关事业单位进行档案执法检查。通过执法检查，完善了各项档案管理制度，加强了硬件建设，促进了各种应归档文件材料的及时归档，有效地防止了档案违法现象的发生，档案事业逐步走上制度化、规范化、法制化轨道。三是做好档案目标管理达标期满三年的复查工作。五年来，我们依照省、市档案局的要求，对档案目标管理达标期满三年的单位的档案目标管理工作进

行复查。通过复查，有地防止了档案工作滑波或停滞不前的现象。

三、机关企事业档案目标管理和农业农村档案工作成效显著

（一）以档案目标管理为手段，全面提高机关、企事业单位档案管理水平。我们根据省、市档案部门的工作部署，结合我县的工作实际，认真地开展了档案目标管理工作。到目前止，全县已有72个单位档案综合管理达省二级以上标准，其中，国家级2个，省特级14个，省一级18个，省二级38个。

（二）破产转制企业档案得到妥善处置。为了加强我县国有破产转制企业档案管理，保证国有破产转制企业档案依法处置，防止国有资产和国家档案的流失，使国有企业档案得到有效的保护和利用，根据《国有企业资产与产权变动档案处置暂行办法》和《广东省〈执行国有资产与产权变动档案处置暂行办法〉实施细则》的规定，我们从2000年下半年开始着手这方面工作。我馆积极主动配合县破产企业清算组，做好接收计划，做到终结一家接收一家，有效地保证了全县破产转制企业档案接收工作的顺利进行。到目前为止，已终结的47家破产转制企业档案全部接收进馆，经鉴定整理立卷12 224卷（册），且全部实行了计算机案卷级和文件级录入，实行了计算机检索，确保了破产转制企业档案的完整与安全。

（三）积极开展农业农村档案工作。我们认真贯彻省、市档案局召开的农业农村档案工作会议精神，依照市委、市政府《关于全面抓好我市农业农村档案工作的意见》，积极开展农业农村档案工作。2002年召开全县档案工作会议，对农业农村档案工作作了重点布置。会上县政府与各镇签订《农业农村档案工作责任书》，下决心在三年内全面完成镇级达标和村级建档任务。经过档案部门的监督指导及各方面的努力，争取了县领导的重视，解决了建档所需资金。经过几年时间的艰苦努力，我县镇达标和村级建档取得了较好的成绩。全县6个镇的档案目标管理全部达到省二级以上标准，78个村民委员会建立起档案工作（其中，省合格级1个，省二级3个），2005年12月通过了市组织的全市农业农村档案工作检查组的检查验收，全面完成了市档案部门提出的农业农村档案工作目标任务，有力地推动我县社会主新农村建设。

四、档案管理和档案馆的基础建设工作显著提高

档案是历史的真实记录，是人类文明进步的阶梯，是党和国家的宝贵财富。档案事业是一项保存历史、传承文明、服务社会、造福人民的崇高事业。我县档案馆现为省二级工作目标达标单位，馆内各项基础工作完善。2000年9月，我馆达标三年期满，经省、市档案局复查，各项工作得

到省、市档案领导的充分肯定，受到通报表扬。当时省档案局直接复查的10个档案馆中，我县档案馆是4个复查合格单位之一。2005年经省档案局组织专家组评估后，认定为合格单位。

（一）档案馆的基础业务建设得到明显改善，馆藏不断丰富。到“十五”计划期末，进馆全宗111个，馆藏各类档案47 269卷（件、册），比“九五”增长353.7%。馆藏档案中，有资料6499册，照片档案202张，实物档案2253件。同时编制了符合规范要求的各种检索工具213本，档案排架长度496米。从2001年起，接收进馆的档案均实行计算机案卷级和文件级录入，实行计算机检索。

（二）档案馆的硬件设施不断完善。为逐步实现档案管理的规范化、标准化、现代化，我们先后购置了电子计算机2台、激光打印机1台、扫描仪1台、复印机1台、空调机8台、吸湿机5台、档案消毒柜1台、传真机1部、档案专用衣车1部、数码相机1部、档案柜125套，较好地改善了档案馆的硬件建设。

（三）利用编印档案资料为各级领导提供服务。坚持每月做好《佛冈县大事记》的编写工作，延续各种档案史料，协助县委组织部、县史志办做好《中共佛冈县组织史资料》（第二卷）的编纂工作。

（四）紧贴中心和现实，做好档案信息资源的开发利用服务工作。服务是档案工作的永恒主题，如何提升服务工作的内涵，拓宽服务领域，让档案为我县“三个文明”建设服务，是我们工作的根本宗旨。为此，我们主要做好三个方面的工作。一是做好现行文件阅览服务。2004年9月在县档案馆内挂牌推出现行文件阅览服务，干部群众凭身份证就可享受阅览现行文件服务。二是档案馆为各部门和社会各界群众提供档案信息资源服务。据统计，“十五”计划期间，共接待查档1817人次，利用档案资料3050卷（册）。充分发挥了档案在我县“三个文明”建设中的重要作用，取得了较好社会效益和经济效益。三是为我县的重点工程项目档案工作服务。“十五”计划期间，我县重点工程项目有9项，其中已竣工项目4项，在建项目5项。为使工程档案工作纳入全程监控，我局派出业务指导人员到重点工程项目单位，介入工程建档工作，有效地保障了档案的完整收集和规范整理。

五、档案干部队伍素质不断加强

（一）加强档案人员政治思想教育。我局组织全体干部认真学习邓小平理论和“三个代表”重要思想，开展保持共产党员先进性教育，深入学习社会主义荣辱观，树立正确的人生观、世界观和价值观，树立全心全意为人民服务的思想，不断增强档案干部对历史负责的使命感。

（二）开展不同形式的档案业务培训。我们除推荐参加省、市档案部门举办的岗位培训外，还先后举办了各类档案业务知识培训班24期，培训档案人员185人。

（三）组织档案干部专业技术职称评审工作，“十五”计划期间有6人评定档案专业技术职务资格，其中馆员2人，助理馆员4人。

（注：本文录入佛冈县史志办公室编印的《新世纪新佛冈》一书）

落实责任　搞好农业农村档案工作

佛冈县档案局

（2006年5月）

佛冈县档案局认真贯彻落实省、市档案部门关于开展农业农村档案工作的部署和要求，结合我县的实际开展工作。在开展工作中，做到不怕困难，不辞辛苦，克服了没有工作用车的困难，坐班车、骑摩托车，加班加点，下大力气抓好镇机关档案目标管理和村委会建档工作。经过几年时间的艰苦努力，至2005年底，我县镇级达标和村级建档取得了较好的成绩，全县6个镇的档案目标管理全部达到省二级以上标准，78个村民委员会建立起档案工作（其中省合格级1个，省二级3个）。2005年12月通过了市档案局组织的农业农村档案工作检查组的检查验收，全面完成了省、市档案部门提出的农业农村档案工作目标任务。

一、争取政府的重视和支持，作好规积极划，落实责任

为争取县委县政府对农业农村档案工作的重视和支持，我们经常主动向县分管领导汇报档案工作。特别是对如何做好农村档案工作，多次反映意见和提出建议。2002年2月，我们根据全省农业和农村档案工作会议关于“两个力争”和落实“六有”的精神，围绕力争三年内全部乡镇机关档案综合管理水平达省二级标准，力争二年内全部村民委员会建立起档案工作，并实现“六有”的要求，向县政府提交了《关于做好我县农村档案工作的几点意见和建议》，提出了铺开我县农业农村档案工作的指导思想、基本措施和工作重点，得到县政府的同意。根据以上规划，我们具体开展以下几项工作：

（一）2002年7月，召开了全县农业和农村档案工作专题会议，各镇指定一名领导和办公室主任、档案员参加。会议认真贯彻落实全省农业农

村档案工作会议精神。县委副书记黄银带、副县长缪树森等领导参加了会议并作了重要讲话，对全县农业农村档案工作作了重要部署，提出了明确的目标。

（二）落实档案工作责任。在全县农业农村档案工作会议上，县政府分管档案工作的副县长缪树森在会上与各镇领导签订了《农业和农村档案工作责任书》。

（三）建议把村级建档工作列入镇精神文明建设奖励方案的计划内容，与村干部薪酬挂钩，从而提高“村官”对建档工作的重视和认识，配备必要的人、财、物，确保村级建档工作的顺利开展。我们的建议，得到了县委、县政府领导的重视和支持。

（四）解决建档所需经费。县政府同意我们“三个一点”解决村级建档经费的建议。按每个村100元计算，分二年由县财政解决所需经费60%，共7.5万元（当年拨3万元，2003年拨4.5万元）作为农村建档的专项经费，从而保障了农业农村档案工作的顺利开展。

二、充分发挥镇综合档案室和干部的骨干作用

镇综合档案室既是保管全镇各部门及农业档案的基地和中心，又是村与档案局联系的桥梁。因此，我们借开展全县农业和农村档案工作这股东风，要求各镇档案室要做出示范。首先，建立起综合档案室，确保所辖农村的档案完整收集、系统整理、妥善保管、有效利用。如农村第二轮土地承包合同等档案资料得到及时收集整理。其次，建立起一个以镇综合档案室为中心，辐射所有村委会的农村档案管理网络。再次，明确镇档案员职责。规定镇档案员要负起对村委会建档工作进行监督和指导的责任。

三、抓好镇村档案人员的业务培训指导

佛冈县档案局针对镇、村的专、兼职档案员对档案的收集、整理等都较为生疏的情况，注重抓好业务培训这一环。一是帮助档案人员提高业务水平和操作技能，树立做好档案工作的紧迫感和责任感。2001年以来，我们先后举办了镇、村专兼职档案员业务培训班15期，为做好镇村档案工作打下坚实的基础。二是帮助各镇、村建立、健全各种档案管理制度。包括档案管理实施办法和各类档案的收集、整理、鉴定、保管、利用等各种制度，制成光盘发至各镇，再由镇打印发至各个村委会。三是采取以点带面的做法，每个镇选择一两个条件相对较好，领导比较重视的村作为村级建档的先行点，先易后难逐步铺开。四是采取“三集中建档”的方法，由副局长林绍嘉带领业务人

员到各镇进行业务培训指导，以镇为单位，集中人员、集中材料、集中时间，边进行业务培训，边立卷归档。随时解决业务上的问题，确保案卷质量。同时，档案人员的业务水平和操作技能也得到较大的提高，为做好农档工作提供了保证。

四、加强监督检查

佛冈县档案局每年会同县人大、县政府、县政协及县法制局联合组成检查组，对各镇逐一开展了档案执法情况检查。在检查中，除了听取各个镇的情况汇报外，还实地检查了镇机关档案室，并从贯彻实施档案法律法规的高度，提出了抓好农业农村档案工作的要求，并把检查情况以县委办、县政府办名义通报全县各镇及有关单位。如在2003年7月，在签订了责任书一周年之际，进行一次全县性农档工作专项检查，并以县政府办的名义发文，向全县通报农业和农村档案工作情况，表扬了龙南、水头、汤塘等镇，认为他们抓的力度较大，措施较得力，效果较明显。同时，对一些农档工作开展较慢，领导不够重视，工作不得力、效果不够理想的镇进行通报批评。2004年8月，我们认真贯彻省、市农业和农村档案工作会议精神，特别对村级建档工作进行重点检查，并将检查情况以县府办〔2004〕59号文通报全县。2005年5月，我们结合清远市人大组织的《关于开展〈中华人民共和国档案法〉和〈广东省档案管理规定〉执法检查的通知》要求，对农档工作再次进行监督检查。通过以上的多次检查、督促，特别是通过认真贯彻落实市委办《关于全面抓好我市农业和农村档案工作的意见》后，引起了各镇领导对农业农村档案工作的高度重视，在人力、物力、时间等方面给予了大力支持。

通过以上各项工作，取得了明显的成效：一是全县农业农村档案工作机构、人员得到健全和落实。二是农村档案室库、设备逐步得到解决。三是建立和完善了村务档案、满足了农民群众需求，维护了广大农民的合法权益。四是较好地为今后做好农业和农村档案工作奠定了基础。五是为构建和谐社会、推进社会主义新农村建设做出了积极的贡献。

（注：本文录入佛冈县史志办公室编印的《新世纪新佛冈》一书）

坚持改革创新发展　增强档案服务功能

——佛冈县档案事业改革开放30年发展进程

佛冈县档案局

（2008年12月）

佛冈县档案事业随着开放的进程加快发展，取得显著成绩，档案工作面貌发生巨大的变化。改革开放30年来，全县档案事业不断发展，档案法制建设不断完善。与改革开放前相比，档案馆面积增长了11倍，档案数量增长40倍，档案利用人数及利用量均增长3倍，档案整理工作逐步由传统手工方式向现代化方式转变。县档案馆先后三次荣获“全省档案工作先进单位（集体）”称号，两次“清远市档案工作先进单位（集体）”称号。改革开放30年，我县档案事业发展进程呈现以下七大亮点：

一、依法治档工作稳步推进

档案法制建设不断加强，牢固树立依法行政的观念，积极推进依法治档的进程和推行档案目标管理工作，全县档案事业不断发展，档案法制建设不断完善。坚持深入宣传贯彻《档案法》和《广东省档案条例》，加强档案法制观念，提高全县各级的档案法制意识。同时，加大档案行政执法力度，认真开展档案行政监督检查，促进依法治档工作。目前，全县机关、事业单位档案综合管理达到省二级以上标准的有58个。积极开展农业农村档案、社区档案工作。全县6个镇、78个行政村全部实现镇级达标、村级建档，12个社区建立健全档案管理。县档案馆于2008年7月被评定为广东省一级综合档案馆。

二、档案库房设施不断完善

改革开放之初，县档案馆的库房面积仅有280平方米。根据档案事业发展的需要，1987年新建一幢面积为444平方米的五层新馆，档案馆设施、功能有了一定的改善。2007年佛冈县档案馆搬迁至位于县人民中心的新馆，新馆为独立式四层楼房，面积为3040平方米，严格按照档案管理的标准要求设计和建设。馆内档案库房布局合理，设施齐备，严格按档案保管“八防”要求安装消防警报、中央空调、视频监控录像系统以及去湿机、温湿度计等设备。一层设有档案检索阅览室、现行文件阅览中心、档案展览大厅等。二至四层分别为文档、会档、科档、资料、培训、珍藏室等用房。档案装具由原先的木制柜、铁皮柜改为手摇式档案密集柜，不仅节省了档案用房的占地面积，也大大提高了库容量，更方便查找调阅利用档案。档案库房设施的完善，为有效安全保管档案提供了硬件基础，促进档案管理向科学化、规范化和标准化发展。

三、档案馆藏更加丰富

改革开放带来了我国经济社会的深刻变化，也为档案资源增添了新的内容。根据《中共中央、国务院关于集中统一管理档案的规定》和《档案馆工作通则》的要求，佛冈县档案馆加大档案收集力度，丰富馆藏，使馆藏档案逐步实现三大变化：一是档案数量由少变多。到2007年止，档案馆共接收进馆档案资料109个全宗，馆藏档案由80年代末的1583卷(册)，增加到现在的63 374卷又28 825件。二是档案门类由单一变多种。档案门类由过去单一文书档案发展到拥有会计档案、科技档案、人口普查档案、土地管理档案、照片档案、声像档案、印章档案、实物档案、专业档案、婚姻登记档案以及各类报刊、资料等多种。三是档案内容由较少变为丰富。馆藏档案内容由过去的以政治为主发展到政治、经济、科技、文化等多领域，还有党和政府制定的各类惠民政策、各种法律法规汇编，并为群众查阅档案提供方便。

四、档案管理工作更加规范

档案保管工作是档案工作有机组成部分。县档案馆加强档案管理工作，采取各种科学的方法和措施，利用各种物质技术条件，保证档案的完整与安全，为全县经济社会发展提供档案资料。一方面，不断改进管理方式方法。档案排列有序、整齐划一、统一编号，按全宗编号顺序，划分保管期限，不同门类档案分库管理，彻底改变过去因库房面积限制而混合保管的混乱局面。另一方面，不断完善现代化办公设备。现配有电脑6台、复印机1台、华夏文档一体化管理系统网络版1套、服务器1个、扫描仪1台、刻录机2台、激光打印机2台、档案消毒柜1个、摄像机1台、数码相机1台、除湿机5台等现代化设备。设备的完善，为档案的安全保管和科学管理提供了良好的条件。

五、档案编研工作成果丰硕

县档案馆根据当前和长远需要，把管理档案和研究档案结合起来，对档案资料进行研究、分析、选择，编纂系统的或专题性的参考资料和检索工具，提高档案利用率，促进档案利用工作由被动提供利用变为主动提供利用。近年来，档案编研工作成绩突出，先后编制出档案专题参考资料和专题文件汇编两大类，共22部600多万字。其中，档案专题参考资料有

《中国共产党佛冈县历次代表大会介绍》《佛冈县历届人民代表大会介绍》《佛冈县大事记》《佛冈县历史人物介绍》《佛冈县自然环境介绍》《中国共产党佛冈县组织史资料》（第一卷，与县党史办、方志办合编）等8部。编辑的专题文件汇编有：《中共佛冈县委文件汇编》《佛冈县人民政府文件汇编》《中共佛冈县党员代表大会文件汇编》《佛冈县人民代表大会文件汇编》等14部。

六、档案的利用成效显著

档案是人类活动的真实记录，是各种记录中最原始、最可靠、最具有权威性与凭证性的一种，在社会生活中具有独特的意义、作用和价值。改革开放以后特别是近几年来，县档案馆围绕构建和谐社会这个中心，积极转变档案利用服务观念，坚持以人为本，为各单位、社会各界及人民群众提供档案利用服务，如为一些单位核实个人档案、落实相关人员待遇提供依据。同时，根据档案工作面向基层、面向人民群众的需要，尽量扩大档案利用范围，普通群众只需带有效的身份证件就可以在档案馆阅览利用已公开的档案或现行文件，解决实际问题。据统计，2000年至2007年，共接待利用档案的干部群众2898人次，利用档案5945卷次。通过利用档案，先后为广大群众解决土地山林权属争议、企业下岗工人办理社保、知青落实工龄、婚姻家庭财产纠纷和落实计划生育政策等提供了翔实的凭证依据。2007年3月，佛冈县联合房地产开发有限公司对原佛冈县造纸厂进行重新开发时，因土地权属纷争而受到莲溪村村民的多次阻挠。在县征地拆迁指挥部、县国土局、县公安局、石角镇政府，莲溪村村委等有关部门因缺乏原始证据难以处理时，县档案馆及时提供了当年县造纸厂的征地档案材料，为圆满解决纷争提供了重要的事实依据，直接挽回经济损失1100多万元。这是我馆近年来通过提供档案利用服务所取得的重大成效之一。

七、档案工作质量全面提高

改革开放为档案工作注入了生机和活力，促进了档案工作质量的全面提高。特别是近年来，县档案局根据社会经济发展状况，做到两个贴近，积极为基层档案工作提供规范指导服务。一是贴近市民和民生，重点加强对劳动就业、社会保障、教育、卫生、社区、司法等领域档案的监督指导。二是贴近经济社会，加强经济建设领域档案工作。通过指导服务，全县民营经济、开发区和工业园区、环境保护以及安全生产等多个领域档案建设和档案管理工作均按规范化要求开展。同时，县档案馆根据县委、县政府关于纪念改革开放30周年的部署，举办“佛冈改革开放30年成果展”大型展览会。全面反映佛冈县经济建设和社会各项事业发展变化历程，于今年7月3日正式展出。展览内容共分十个部分，以图文并茂的形式，展示了佛冈改革开放以来的巨大变化和辉煌成就。展览会展出以来，社会反映热烈，取得了良好的社会效益，受到广大干部群众的高度称赞。至目前止，已接待前来参观人数1272人次。而且还通过展览，吸引更多的人民群众走近档案，熟悉档案，了解佛冈发展变化的辉煌历史，感受改革开放的巨大变迁。档案馆的社会服务功能进一步拓宽，被县确认为全县第一批爱国主义教育基地。

改革开放为档案事业发展创造了良好的环境，档案事业的发展为改革开放增添了色彩。展望未来，我们决心继续坚持以邓小平理论和“三个代表”重要思想为指导，深入贯彻落实科学发展观，认真贯彻党的十七大和县委十一届三次全会精神，解放思想，开拓创新，进一步增强历史使命感和时代责任感，使档案工作更好地为全面实现小康社会服务。

（本文录入佛冈县史志办公室编印的《佛冈改革开放之路》一书）

与时俱进，整合资源，开拓档案管理新局面

佛冈县档案局

（2016年2月）

档案管理工作是党和国家的一项重要工作，它具有借鉴、总结、指导、凭证的作用，也具有存史、资政、育人的作用。古人云：以史为镜，方能知兴衰；以人为镜，方能明得失。

近年来，佛冈县档案局十分重视档案管理工作，在省、市档案局的指导和县委、县政府的正确领导下，按照“打牢基础、精细管理、争先创优、深化利用”的16字档案工作思路，转变观念、创新手段、加大投入，努力提高档案管理工作水平，提高档案工作透明度和时效性，积累了一定的工作经验，为各项工作良性开展奠定了坚实的基础。

一、抓住机遇，走出人员不足困局，为创建工作奠定坚实的基础

随着经济的不断发展，机关单位工作量也不断增加，借调人员是缓解当前机关人手紧张的有效手段，可以促进单位的资源优化组合以及工作的协调配合，有利于更好地推动政策落实，提高工作效率。根据《清远市档案事业发展“十二五”规划实施方案》的要求，2015年，我馆要达到国家二级综合档案馆目标。由于创建工作任务繁重，而档案局机构编制只有6人，平均年龄在52岁，面临严重的人手不足和年龄偏大问题，急需1个

能熟练掌握计算机操作而又有一定写作能力的人配合办公室工作。为了适应档案信息化发展的需要，保证创建国家二级综合档案馆工作顺利进行，局领导班子就该问题多次开会讨论，商讨解决办法。经过多次商讨，决定向县委、县政府领导提出申请，阐明创建国家二级综合档案馆是提升我县档案馆的管理能力、把档案馆打造成“五位一体”综合档案馆的重要任务，更好地为党委、政府和广大人民群众服务。在县委、县政府的大力支持下，借调了1名年轻的、能熟练掌握计算机操作并具有一定文字功底的富余教师加强县档案局馆工作，同时配备了6名工勤人员和11名临工。在创建国二馆工作中，县委、县政府领导多次亲临指导工作，全力解决创建中存在的问题，同意全额拨付创建经费150多万元，使我局的创建工作顺利开展。同时借调教师的能力较全面，很快进入了角色，适应了档案局的各项工作，能跟上我局工作的节奏，把办公室的工作安排得有条不紊。配备的6名工勤人员及临工负责数字化文件级目录的录入及实体扫描工作。对以上人员指定一名科长负责管理，每周定期召开会议，明确工作目标和任务。经过挑选的人员责任心强，工作认真负责、任劳任怨，在一年的时间内完成了堆积10年的工作，现文件级目录录入工作已100%完成。2015年，实体扫描完成29 954页，超额完成省、市局下达的任务。

二、整合资源，优化管理，实现档案管理规范化

近年来，佛冈县委、县政府高度重视档案事业发展，逐年加大档案经费投入，全县档案保管、保护、管理条件不断改善。2013年，我县被市列为社会主义新农村建设档案工作示范县。为确保该项工作的有序开展和取得实效，县政府高度重视，相继出台了一系列的政策、措施，全面推进档案工作开展。具体做法如下。

一是加强组织领导。我县成立了由分管常务副县长任组长，县直有关部门负责同志和各镇分管办公室的领导为成员的佛冈县创建社会主义新农村建设档案工作示范县领导小组，全面负责创建活动的各项组织、协调工作。各相关部门及各镇、村（社区）也相应成立领导小组，加强对创建工作的领导。各级、各部门各司其职，互相配合，互相支持，严格分工，形成了县、镇、村（社区）三级联动，齐抓共管的局面。

二是细化分解任务。县政府组织召开全县创建社会主义新农村建设档案工作示范县动员大会，制定出台一系列措施，对硬件建设、资料归档等事项作出具体安排。在强化档案部门工作主体的前提下，进一步明确领导小组成员单位档案工作职责和任务，并将示范点建设任务分解到各镇、社区和有关部门，落实到具体责任人。通过查资料、听汇报、召开座谈会等

形式，对各涉农部门和镇、村（社区）档案室的安全保管措施落实、相关设施配备、档案工作制度建设、档案资料收集整理、档案信息化管理、档案利用、档案人员配备和经费保障等工作进行全面督查，查找不足，限时整改，及时通报，确保创建工作任务的按时完成。

三是着力化解难题。县委、县政府及档案局领导多次深入镇、村（社区）调查研究、指导工作、现场办公，解决创建工作中遇到的题，以确保创建目标的实现。同时，将此项工作列入县政务会议议题，进行专题研究，定期听取阶段性创建工作情况汇报。对创建活动中的阶段性、临时性、突发性问题，通过牵头组织召开工作会议、协调会议、现场办公会议等方式协商解决，同时安排32万元经费用于改善档案室（库）条件，购置档案设备和信息化建设设施等。

四是推动创新发展。由县档案局派员指导，将镇村形成的文件资料，按照《社会主义新农村建设村级档案归档分类表》要求进行归档整理。同时，不断吸收借鉴先进管理保护经验，确保档案资料充分、完整、全面，实现了农村档案工作的规范化、标准化、科学化管理。在创建过程中，我们不断积累经验，开拓创新，记载了新农村的点滴变化，形成文字编写了《佛冈社会主义新农村建设资料专辑》《佛冈社会主义新农村建设成果画册》，得到县委、县政府的充分肯定和高度赞扬。

五是搭建农村管理新平台。我们积极围绕服务社会主义新农村建设这个主题，主动争取县委、县政府和各镇政府的重视支持，不断探索，寻求方法，建立村级档案工作长效机制，采取统一经费、统一整理、统一保管、统一利用即“四统一”的措施。在石角镇、汤塘镇的44个村（居）委的档案实现由镇档案室统一管理，村民共享即“村档镇管”的管理模式。如今，在汤塘、石角2个镇中，只要打开计算机中的档案管理系统，全镇辖区内44个自然村的重要档案状况清清楚楚，系统中详细地记录着每个村庄的村务公开、财务管理、土地承包、集体经济合同等农村社会管理的重要档案。档案查阅，成为化解农村矛盾的重要途径，搭起了农村社会管理的新平台。

（注：此件为在清远市档案工作会议上的发言材料）

六、本志图表索引

（一）本志图索引

（二）本志表格索引

后　记

为保存佛冈县档案事业发展的历史资料，按照国务院《地方志工作条例》和《广东省地方志工作条例》的规定，经佛冈县档案局（馆）领导班子研究，决定编纂《佛冈县档案志》。2020年3月，县档案局（馆）组成《佛冈县档案志》编委会和编辑部，并邀请上级部门和县分管档案工作的领导、原县档案局（馆）领导、县史志办领导及专业人士分别担任特邀顾问、顾问、特邀指导和编审，正式启动志书编纂工作。

在本志编纂过程中，编辑部人员在编委会的指导下查阅档案、调查采访，做好收集、整理材料和统稿总纂系列工作，于2021年6月形成本志送审稿。送审稿分发给本志编委会、编辑部人员审核修改和补充后，于2021年8月10日召开《佛冈县档案志》编委审稿会议，会后开展审稿工作。各审稿组按照审稿分工分别召开小组审稿会议进行讨论、审稿，经修改、完善形成三审稿。9月上旬，本志编委会和编辑部召开定稿会议，定稿后送交出版社。

本志的编纂出版工作得到有关部门、老领导、老同志的关注与支持，尤其得到佛冈县史志办公室的专业指导，在全体档案工作者的共同努力下得以顺利完成，在此一并表示感谢。

因编者水平有限，加上有些历史资料缺失，本志仍存有错漏及不足之处，敬请读者原谅。

编辑部

2021年9月